WIENER GEOGRAPHISCHE SCHRIFTEN

GEGRÜNDET VON LEOPOLD G. SCHEIDL

HERAUSGEGEBEN VON KARL A. SINNHUBER

GEOGRAPHISCHES INSTITUT DER WIRTSCHAFTSUNIVERSITÄT WIEN (HOCHSCHULE FÜR WELTHANDEL IN WIEN)

46/47/48

BEITRÄGE
ZUR
WIRTSCHAFTSGEOGRAPHIE

II. TEIL

Herausgegeben von

ERHART WINKLER und HERWIG LECHLEITNER

Wien 1976

VERLAG FERDINAND HIRT, WIEN

Der Druck dieser Schriftenreihe wird dankenswerterweise unterstützt
durch das Bundesministerium für Wissenschaft und Forschung
und die Österreichische Gesellschaft für Wirtschaftsraumforschung
an der Wirtschaftsuniversität Wien (Hochschule für Welthandel in Wien)

ISBN 3 7019 5137 3

Druck: Ferdinand Berger & Söhne OHG, 3580 Horn, Niederösterreich

Dem Andenken an

LEOPOLD G. SCHEIDL

(† 15. Dezember 1974)

gewidmet

von seinen Mitarbeitern

und Schülern

Inhaltsverzeichnis

Seite

Vorwort der Herausgeber 7

ERNST WEIGT: Leopold G. Scheidl 70 Jahre 9

SHINZO KIUCHI: Leopold G. Scheidl — his Work and Travels in
Japan 12

ALLGEMEINE GEOGRAPHIE

JOSEF MATZNETTER: Wirtschaftsgeographische Kenntnis und Erkenntnis als Basis einer Umweltforschung 17

ÖSTERREICH

KLAUS ARNOLD: Standortdynamische und standortstabile Entwick-
lungsfaktoren im regionalen Wachstumsprozeß
der niederösterreichischen Industrie 31

FELIX JÜLG: Die Fremdenverkehrsentwicklung der Gemeinde
Heiligenblut. Ein Beispiel für die vielfältigen
Veränderungen der Wirtschaftsstruktur im alpi-
nen ländlichen Raum 51

HORST NOWAK: Die Wirtschaftsstruktur der internationalen Binnenschiffahrt auf der Donau im Vergleich zur
Rheinschiffahrt 86

NORBERT STANEK: Die sozio-ökonomische Struktur im Mittleren
Ennstal 102

CHRISTIAN STAUDACHER: Räumliche Ordnung und Dynamik in Ländlichen
Siedlungen dargestellt an den Beispielen Neu-
siedl, Podersdorf und Rust 125

EUROPA

RANDOLF RUNGALDIER: Die Kleinen Karpaten um 1930 — eine landes-
kundliche Skizze 147

LEOPOLD SCHEIDL †:   Eine Durchquerung des Ost-Balkans 179

AMERIKA

ROBERT SINCLAIR: Ghetto Expansion and the Urban Landscape.
A Case Study in Detroit 191

LEOPOLD G. SCHEIDLS LEBENSWERK

Wissenschaftliche Arbeiten 204
Berichte über Studienreisen und Studienaufenthalte im Ausland . . . 218
Besprechungen 221
Wissenschaftliche Veröffentlichungen, herausgegeben und bearbeitet von
Leopold G. Scheidl 221
Dissertationen, betreut von Leopold G. Scheidl 224

Vorwort

Die „Beiträge zur Wirtschaftsgeographie" waren ursprünglich als Festschrift zum 70. Geburtstag Leopold G. Scheidls vorgesehen gewesen. Nach dem unerwarteten Ableben des Jubilars im Dezember 1974 mußten sie zur Gedächtnisschrift gestaltet werden. Besondere Umstände ermöglichen es den Herausgebern erst jetzt, eineinhalb Jahre nach Scheidls Tod, den zweiten Teil der „Beiträge" vorzulegen, in dem zehn weitere Fachkollegen, fast durchwegs ehemalige Mitarbeiter und Schüler des Verblichenen, zu Worte kommen.

Die Entscheidung, die „Beiträge" entsprechend dem Zeitpunkt des Einlangens der Manuskripte in zwei Teile zu gliedern, dabei aber Ansprachen und Vorträge des Festkolloquiums vom 28. Juni 1974 in den zweiten Teil zu stellen, war noch zu Lebzeiten Scheidls gefallen. Daher eröffnet diesen Band Ernst Weigts Laudatio, deren Schlußworte an einen Jubilar gerichtet waren, der sich noch große Aufgaben gestellt hatte. Niemand, der Scheidl kannte, wird diesen Beitrag und ebenso den folgenden seines japanischen Freundes Shinzo Kiuchi ohne Erschütterung lesen. Der Band enthält auch ein vollständiges Verzeichnis von Scheidls Publikationen sowie eine bisher unveröffentlichte Jugendarbeit über eine Forschungsfahrt in Bulgarien, die noch gedruckt zu sehen — wie die Herausgeber wissen — ein besonderer Wunsch des Verstorbenen gewesen war.

Auf das erwähnte Festkolloquium geht auch der Beitrag von Josef Matznetter über „Wirtschaftsgeographische Kenntnis und Erkenntnis als Basis einer Umweltforschung" zurück, wobei die Herausgeber dem Verfasser dafür zu besonderem Dank verpflichtet sind, daß er die lange Verzögerung der Drucklegung seines Festvortrages in Kauf genommen hat, um dadurch noch weiteren Mitarbeitern Scheidls die Beteiligung an diesem Sammelband zu ermöglichen.

Leopold G. Scheidl war ein weitgereister Geograph, der in vielen Ländern als Repräsentant österreichischen Geisteslebens bekannt war. Die Pflege der Beziehungen zu zahlreichen Fachkollegen in allen Kontinenten war ihm ein dringendes Anliegen, entsprach sie doch der Weltverbundenheit, die er für einen Wesensbestandteil der Geographie ansah. Die Herausgeber hoffen, daß sie die beiden Bände der „Beiträge zur Wirtschaftsgeographie" in seinem Sinne gestaltet und damit seinem Andenken gedient haben.

E. Winkler   H. Lechleitner

Leopold G. Scheidl 70 Jahre *

Ernst Weigt, Nürnberg

Normalerweise wird zum 70. Geburtstag ein abgeschlossenes Lebenswerk gewürdigt. Mehr als ein Dutzend Veröffentlichungen allein im vergangenen Lebensjahr beweist aber, daß es dafür bei Leopold Scheidl viel zu früh ist. Er steht noch mitten im Schaffen und der Übergang ins 8. Jahrzehnt kann mit der Entpflichtung von unumgänglichen Lasten als Hochschullehrer und Chef eines großen Instituts nur neue Möglichkeiten für Fortführung und Abrundung des bisherigen Werkes eröffnen.

Erstaunlich, wie Scheidl die ständig wachsenden Anforderungen an seine Arbeitskraft meistern konnte, als Herausgeber und Schriftleiter der Wiener Geographischen Schriften, des Seydlitzschen Geographie- und Wirtschaftskunde-Lehrbuchs für österreichische Schulen, der Österreichischen Schriften zur Entwicklungshilfe, von „Geographie und Wirtschaftsentwicklung", der Mitteilungen der Österreichischen Gesellschaft für Wirtschaftsraumforschung und des Luftbildatlasses Österreich. Damit nicht genug, betreut er die Geographie im Institut für Österreichkunde, ist Mitherausgeber von Geoforum und Mitarbeiter am Atlas der Republik Österreich [1].

Ebenso wie hierbei wird die Weite seines Horizontes, seine Einsatzbereitschaft aber auch Souveränität sowie sein verbindlicher Charme in der Berufung in zahllose Gremien deutlich, allem voran als Präsident der Österreichischen Geographischen Gesellschaft wie der Gesellschaft für Wirtschaftsraumforschung, deren Begründer er war, sowie der Österreichisch-Japanischen Gesellschaft oder — bis vor kurzem — als Mitglied der Studienkommission für Raumplanung und Raumordnung an der Technischen Hochschule Wien und der UNESCO-Kommission, insbesondere deren Fachausschusses für Entwicklungsländer. Scheidl war u. a. Leiter des Forschungsinstitutes des Österreichischen Auslands-Studentendienstes sowie an den Lehrgängen für Internationale Studien und der Sommerhochschule der Universität Wien beteiligt. Zehn Jahre lang leitete er die Österreichischen Geographentagungen. Der Verband Österreichischer Wirtschaftsakademiker sicherte sich seine Mitarbeit als Aufsichtsratmitglied und ehrte ihn durch das Ehrenzeichen in Gold am Bande. Andere Ehrungen waren vorausgegangen: Die Verleihung des Japanischen Ordens des Heiligen Schatzes und des Österreichischen Ehrenkreuzes für Wissenschaft und Kunst I. Klasse.

Voraussetzung für all das sowie für seine wissenschaftlichen Veröffentlichungen und zahlreichen Vorträge war Scheidls weitgespanntes Interesse

* Laudatio, gehalten am 28. 6. 1974 im Rahmen des Festkolloquiums, das zur Feier von Scheidls Geburtstag und aus Anlaß seines Ausscheidens aus dem akademischen Lehramt vom Geographischen Institut der Hochschule für Welthandel und der Österreichischen Gesellschaft für Wirtschaftsraumforschung veranstaltet wurde.

[1] Für die Vervollständigung des hier nur andeutungs- und auszugsweise vermittelten Bildes von Leistung und Bedeutung des Jubilars sei auf die weit umfassenderen, kenntnisreichen Ausführungen von J. MATZNETTER in der Festschrift Leopold G. Scheidl zum 60. Geburtstag (Wien 1965), die von R. RUNGALDIER zum 60., 65. und 70. Geburtstag in den Mitteilungen der Österreichischen Geographischen Gesellschaft 1964, 1970 und 1974 verwiesen sowie auf die Laudatio des Instituts für Österreichkunde (Österreich in Geschichte und Literatur, 13. Jg., Folge 5, 1969).

und intensives, weltweites Studium. Am 11. 5. 1904 in Amstetten, Niederösterreich, geboren, unternahm er schon in seiner mit Auszeichnung beendeten
Schulzeit größere Reisen durch sein Vaterland und Deutschland.

In einer fast ideal zu nennenden Kombination von naturwissenschaft-
lichen und historischen Interessen legte Scheidl am Beginn seiner Studienzeit
beste Grundlagen für eine Hinwendung zur Geographie, die er später noch
durch Wirtschaftswissenschaften ergänzte. Als Historiker bei H. v. Srbik
promoviert, erhielt er seine geographische Ausbildung ausgehend von dem
historisch ausgerichteten E. Oberhummer über E. Brückner und F. Machatschek
mit ihren mehr physisch-geographischen Interessen bis zum umfassenden
H. Hassinger, der auch sein Anreger für die Wirtschaftsgeographie war.

Noch in seiner Studienzeit führten Scheidl wohl noch als Sprach- und
Bildungsreisen zu bezeichnende Besuche nach Frankreich und England, bis
dann mit dem Eintritt in das klassische Arbeitsgebiet der Wiener Geographen,
den Balkan und Kleinasien, die Geographie voll zum Zuge kam und in der
Hausarbeit für die Lehramtsprüfung über „Die Verkehrsgeographie Kleinasiens" ihren ersten Niederschlag fand. Wenn auch noch einige Südost-Reisen
folgten und die Bekanntschaft mit DeMartonne und Demangeon in Paris
möglich wurde, trat doch bald die Neue Welt an die erste Stelle des Interesses,
das schon durch die Mitarbeit an der Nordamerikanischen Bibliographie
B. Dietrichs im Geographischen Jahrbuch geweckt worden war. Als Research
Fellow für Sozialwissenschaften der Rockefeller Stiftung konnte Scheidl die
Vereinigten Staaten von New York aus bereisen, um schließlich als Research
Associate der Universität von Kalifornien bei C. O. Sauer in Berkeley als
Kultur- und namentlich Wirtschaftsgeograph entscheidende Anregungen zu
empfangen. Das Gebiet des Rotholzes, der Riesenbäume, der Sequoia semper-
virens nördlich von San Francisco und seine Umwandlung von einer Natur-
in eine Kulturlandschaft hatten es ihm besonders angetan.

Damit aber nicht genug mit pazifischem Einfluß! Forschungsstipendien
ermöglichten einen zweijährigen Aufenthalt in Japan als Forschungsgastprofes-
sor an der Universität Tokyo bei T. Tsujimura. Japan wurde dadurch zum
Schwerpunkt seiner wissenschaftlichen Arbeit. Sie erhält, ihrer Bedeutung entsprechend, eine eigene Würdigung von kompetenter japanischer Seite in dieser
Festschrift. Mit Japan und den gewonnenen Eindrücken in Korea, der Mandschurei und China war Scheidl für einen Lehrauftrag an der Universität
Berlin für die Länderkunde Ostasiens bestens ausgewiesen. Der 1973 bei
F. Hirt in Wien erfolgte Neudruck seiner 1942 bei H. Schmitthenner in Leipzig
eingereichten Habilitationsschrift „Untersuchungen zur Geographie Mitteljapans" zeigt deren bis heute bestehende Gültigkeit am besten.

Nach der Heimkehr aus dem Zweiten Weltkrieg wirkte Scheidl zunächst
sieben Jahre lang in Graz als Dozent und Lehrbeauftragter am Geographischen Institut der Universität bei H. Spreitzer und zugleich als Professor
an der Bundes-Handelsakademie. In diesen Jahren erhielt er mehrere
Berufungen nach den Vereinigten Staaten, entschloß sich aber, in der Heimat
zu bleiben.

Mit der Übernahme der Lehrkanzel für Geographie an der Hochschule
für Welthandel in Wien beginnt Scheidl ab 1954 eine außerordentlich verdienst-
volle Aktivität. Sie verschafft mit dem Ausbau des Geographischen Instituts
und der Intensivierung des Studiums durch Kartographie und Wirtschaftsraumforschung ihm und der Wirtschaftsgeographie nicht nur in Wien eine

sehr geachtete Stellung. Scheidl hat nie einen Zweifel daran gelassen, daß die Wirtschaftsgeographie ein integrierender, unablösbarer Teil der Gesamtgeographie ist, hat sie aber stets in engstem Kontakt zu den übrigen Wirtschaftswissenschaften betrieben. Neben die bisherigen Schwerpunkte tritt nun noch die Wirtschaftsgeographie Österreichs und, mit dem Blick in die Welt, eine intensive Beschäftigung mit den Entwicklungsländern, insbesondere bezüglich der Mithilfe der Geographie an der Lösung ihrer Probleme. Damit gewinnt nun auch noch Afrika die besondere Anteilnahme des Jubilars. Kaum jedoch dürften damit weitere Interessen erlahmen; zeigen doch allein die durch Vorträge und Diskussionen bezeugte aktive Teilnahme an Kongressen und Tagungen oder in Kommissionen, wie der für Angewandte Geographie der Internationalen Geographischen Union, sowie Exkursionen und Studienreisen, daß immer wieder neue Gesichtspunkte und Fragestellungen auftauchen, die eine geographische Betrachtung herausfordern und mit ihrer Hilfe verständlich gemacht und einer Lösung zugeführt werden können. Der Jubilar hat das schon mehrfach bewiesen, und wer Scheidl kennt, weiß, daß er noch manches vorhat; dazu gutes Gelingen zu wünschen, ist allen ein Herzensbedürfnis.

Leopold G. Scheidl — his Work and Travels in Japan

SHINZO KIUCHI, Tokyo

The best understanding of a nation and a people is more than a mere sum of analytical studies. It becomes complete by a researcher's devotion to the nature and culture of his study area. Professor Leopold G. Scheidl has contributed many articles and lectures on Japan, blended with his warm insight. I have several foreign friends who have brought their wives on later visits to show them their study area to which they are so deeply inclined. Professor Scheidl was no exception, as he made his fourth visit to Japan, in 1968, as the leader of an Austrian delegation, with Frau Scheidl.

The first excursion of young Dr. Scheidl after he had just arrived in Tokyo from Berkeley, from Professor Carl O. SAUER[1], in the winter of 1934—35, was arranged by Professor Taro TSUJIMURA, chairman of the Geographical Institute, Faculty of Science, University of Tokyo, and joined by us students of the Institute, namely T. OKUBO, T. NOH, and S. KIUCHI. The field of study was Izu peninsula, located 100—150 km southwest of Tokyo. This peninsula with its rugged coast facing the Pacific Ocean has often been called the Riviera of Japan, but is also endowed with volcanoes and hot springs which make it famous as a national park and a winter resort. Geographically, it provides typical examples of how the Japanese people developed their way of living adjusted to nature. Professor SAUER and Professor TSUJIMURA at that date had similar thoughts on Landscape morphology and on *Naturlandschaft* which by cultural factors is transformed to *Kulturlandschaft*. — So it happened that Dr. Scheidl had the role to form a connection across the Pacific between two scientists with the same concepts.

Many coastal inlets of Izu are settled by fishermen, engaged in various types of fishing methods, including diving, communal set-net fishing, ocean trawling, and so on, adapted to the coastal and oceanic conditions. The lower sunny slopes are terraced for mandarine orange cultivation and the valleys are used as paddy rice fields. Shrines and villages are surrounded by evergreen trees, such as Shii *(Pasania genus)*, Kusu *(Cinnamomum camphora)*, Tabu *(Machilus Thurnbergii)*, Tsubaki *(camellia)*, and Take *(bamboo)*, endemic in this warm oceanic climate. Latin names were easily understood by Dr. Scheidl and allowed him a comparison with observations in Europe. In winter, the summits of Volcano Amagi rising ca. 1500 meters above sea level are covered with snow under the clear sky of the winter monsoon. The higher slopes of Amagi are forested with Sugi *(Cryptomeria japonica)* well managed for wood production by the National Forestry Agency. Abundant ground water of 10—15° C supplied from pumice beds irrigates Wasabi *(Eutrema genus)* fields. The strong taste and fragrance of this plant is indispensable for the Japanese dish of raw fish. The port of Shimoda, located in the southernmost part of Izu, has had historical importance, and is now a tourist center.

---

[1] Dr. Scheidl had been Research Associate Professor with Professor SAUER, then chairman of the Dept. of Geography, University of California at Berkeley.

As a foreign geographer, Dr. Scheidl was very eager to know everything and made efforts to accustom himself to the Japanese way of life. This way of approach was different from that of some American people. We could make plenty of observations without feeling rushed by cars and hampered by urbanization as today. We had active discussions on the fields and in traditional inns (Ryokan) where we enjoyed hot spring bathing. Professor Tsujimura was not only a leading geomorphologist but also an excellent teacher of wide fields of geography. He supplied creative theories, based on sharp observations, and rich information from literature. Dr. Scheidl with his Austrian background and with a worldwide experience offered international comparisons. The results of these observations and studies were published later.

Dr. Scheidl travelled nearly all over Japan and was acquainted with geographers of each region. Toyama Chigakkai (Geographical Society of Toyama, on the Japan Sea Coast) lead by Professors H. Ishii and R. Kodera was one of the active local geographical groups. This group was succeeded in the next generation by geographers who have not only promoted homeland studies, but also foreign area study of East Siberia. Dr. Scheidl and the author visited Toyama twice. The alluvial plains within the bounds of the Hida Mountain Range (The Japan Alps) are irrigated by canals that make them a rich rice crop region. Contrary to the ordinary type of settlement of agglomerated villages, Tonami plain is settled by *Einzelhof*. The origin, development, form, and social relations have been much studied by geographers and historians. The settlement should be compared with European hamlets; there would be much similarity and difference as well. The difference is that life on the Tonami plain is based on rice culture which requires laborious water management, especially on this gravel bedded alluvial fan. Besides, pre- and postwar changes of the social and economic situation as a whole and technical improvement had their imprint on the local farming system and land use. Land reform in 1947, mechanization of agriculture, and the spead of urbanization are some of the most important factors, with which Dr. Scheidl has been concerned.

Dr. Scheidl wrote many papers, mostly from a general point of view, which were based on field observations and knowledge. He was always ready to watch, hear, and record in his unique stenography. In the evenings, at the hotel, the field records were translated into German, with confirmation of the place names and discussion of doubtful points

At the Regional Conference of the IGU in Japan in 1957, Professor Scheidl came again to Japan as Austrian delegate. He stayed after the Conference and saw post-war changes of Japan. Some of his friends, now bald or with gray hair, enjoyed with him an excursion to northern Izu. Professor Tsujimura, of course, joined the trip. We climbed up Mt. Daruma, from which we had a beautiful view of the long beach of Suruga Bay and of snow-clad Mt. Fuji in the background.

To our greatest joy, Professor Scheidl's book „Untersuchungen zur Geographie Mitteljapans" was reprinted and published in 1973. As most copies of its first edition in 1943 were destroyed by the war, we had been disappointed so long. Its survey was based on his first visit, and the whole volume consists of 15 chapters, namely Introduction, The Structure of Japan, Landforms and Waters of Japan, Central Honshu (study area), Geomorphology, Climate, Soils, Vegetation, Animal Life, People, Land Occupation, Cultural Landscape and Economy, Population and Settlement, Transportation, and Geographical Individuality of Central Honshu. Japan has much changed since then, but the book gives a picture of the country a generation ago and contains vivid descriptions of the regions of Central Honshu, such as Izu peninsula, Kofu Basin, and Toyama Plain described before.

Austria and Japan are different countries in many respects. Aside of the general mutual interest in their culture, they have a similar neutral political situation between the West and the East, and they have to develop their industry on small resources and to keep their landscapes clean for human beings. The author wishes that Professor Leopold G. Scheidl will enjoy the best of healths in the future and not only make more contributions to geography, but also continue to develop a wider and deeper understanding between the peoples of Austria and Japan.

Contributions of L. G. Scheidl to the geography of Japan

(For the complete list of publications confer J. MATZNETTER in Festschrift Leopold G. Scheidl zum 60. Geburtstag, 1965, and R. RUNGALDIER in Mitteilungen der Österreichischen Geographischen Gesellchaft 1964, 1970 and 1974).

Die geographischen Grundlagen des japanischen Wesens. Kokusai Bunka Shinkokai, Nr. 35, Tokyo 1937.
Die Kulturlandschaft Alt-Japans. Japan.-Österr. Gesellsch., Tokyo 1937.
Der Boden Japans. Mitt. Deutsch. Gesellsch. f. Natur- u. Völkerkunde Ostasiens, Bd. XXX A, Tokyo 1937.
Shimoda (Stadt auf der Izu-Halbinsel). Mitt. Geogr. Gesellsch. Wien, Bd. 82, Wien 1939.
Das Gebiet von Nikko in Mittel-Japan. Peterm. Geogr. Mitt. 85. Jg., Gotha 1937.
Die Entwicklung der Bevölkerung des Japanischen Reiches seit 1868. Geogr. Zeitschr., 45. Jg., Leipzig—Berlin 1939.
Landesplanung im alten Japan. Ostasiat. Rundsch., 20. Jg., Hamburg 1939.
Untersuchungen zur Geographie Mitteljapans. 335 pp., Vowinckel, Heidelberg—Berlin—Magdeburg 1943.
Die japanische Fischerei. In „Japan", Leipzig—Berlin 1943.
Die Bevölkerung Japans. Ebenda, 1943.
Die Agrarreform in Japan. Peterm. Geogr. Mitt., 98. Jg., Gotha 1954.
Neue Beiträge zur Siedlungsgeographie Japans. Peterm. Geogr. Mitt., 99. Jg., Gotha 1955.
Die Anbaufläche Japans. Festschr. Hundertjahrfeier d. Geogr. Gesellsch. in Wien, Wien 1957.
Japan's Agriculture as Seen from a European Viewpoint. IGU-Reg. Conf. in Japan, Tokyo-Nara 1957; and Japan. Journ. Geogr., Bd. 68, Tokyo 1959.
The Development of the Geographical Knowledge on Japan in Western Countries. Intern. Symp. on Hist. of Ec. and W. Cultural Contacts, Tokyo and Kyoto 1957.
Das japanische Bevölkerungsproblem. Festschr. z. 60. Geburtstag Prof. KINZLS, Innsbruck 1958.
Der Globus in Japan. Globusfreund, Nr. 8, Wien 1959.
Betrachtungen im heutigen Japan. Meinl-Collegium, Wien 1963.
3 Lectures after the visit of 1968, published in „Die Industrie", Wien 1970:
Japans Sprung in die Zukunft. — Japan: Industriemacht Nr. 3, Handelsnation Nr. 4. — Verkehr und Tourismus im heutigen Japan.
Japans Land und Volk u. Die Wirtschaft Japans. Festschrift 10 Jahre Österr.-Japan. Gesellschaft, Wien 1973.
Untersuchungen zur Geographie Mitteljapans. XVII + 257 S., 9 Karten, 61 S. m. 121 Bildern, 2. Aufl., Hirt, Wien 1973.
Beiträge zur Geographie Japans. Eine Auswahl von Arbeiten aus den Jahren 1936 bis 1974. 2 Bände, rd. 450 S., 92 Bilder, 10 Karten, Octopus Verlag, Wien 1974.

ALLGEMEINE GEOGRAPHIE

Wirtschaftsgeographische Kenntnis und Erkenntnis als Basis einer Umweltforschung *

Josef Matznetter, Frankfurt/M.

Magnifizenz, hochansehnliche Festversammlung,
mein verehrter Jubilar und Freund Leopold Scheidl!

Wenn ich mir beim heutigen Anlaß erlaube, ein Thema zum Verhältnis zwischen Wirtschaftsgeographie und Umweltforschung aufzugreifen, so sind einleitend wohl einige Worte zur Vorstellung der Umwelt selbst, so, wie sie sich — bis vor ganz kurzem wenigstens — bei den Kulturnationen entwickelte, zu sagen.

Der Ausdruck „Umwelt" umschließt wörtlich und auffassungsgemäß den unmittelbar um uns selbst herumliegenden und überschaubaren Teil der „Welt" und ist demzufolge vom Begriff der „Welt" nicht zu trennen. Ursprünglich, d. h. bis in den Anbeginn der historischen Neuzeit herein, war die Auffassung von der „Welt" eine vornehmlich kosmologische und ebenso auch geographische. Spätestens mit der Aufklärungszeit setzt hiebei jedoch ein entscheidender Wandel ein, der den Menschen immer mehr in den Vorder- und den natürlichen Raum um ihn in einer solchen „Welt" immer mehr in den Hintergrund treten läßt.

Ihren Höhepunkt fand diese anthropozentrische Entwicklung dann vor gut dreißig Jahren in der damals in den USA aufgekommenen Vorstellung von der „One World", also der „einen", zu einem großen Ganzen gewordenen einheitlichen und allseits gleichen, von gleichen Menschen bevölkerten Erde. Von einem derartigen Grunddenken her erscheint es schließlich und endlich als gegeben, wenn auch die „Umwelt" nur mehr als eine ganz auf die Menschen bezogene, im soziologischen Sinne im Bereiche der Nachbarschaften, Sozialgruppen, -schichten und dergleichen, gesehen wird, wobei dann die naturräumlich gegebene „Umwelt" zu einem bloßen neutralen Substrat absinkt.

In diesem Zusammenhang ist nun freilich darauf zu verweisen, daß aus einer gewissen geographischen und auch biologischen, d. h. also einer von der naturräumlichen Umwelt her mitbestimmten Sicht gerade diese in der totalen Anthropozentrie verhaftete Denkensbasis unserer jüngsten Vergangenheit und wohl auch noch Gegenwart — namentlich in den sogenannten „westlichen" Ländern — als ein unrealistisch gewordenes „a"-Denken anzusehen ist. Dieses gedankliche Verhalten, das sich so gibt, als ob gewisse von Natur aus gesetzte Gegebenheiten überhaupt nicht bestünden, vermag sich in verschiedener Weise zu äußern. So ist es einmal als *„a"-geographisch* zu bezeichnen, d. h. also ein Nicht-Erkennen-Können oder -Wollen einer bestehenden Differenzierung des Erdraumes und der davon wiederum bedingten unterschiedlichen Voraussetzungen für Leben und Wirtschaften in den einzelnen Teil-

---

* Festvortrag, gehalten am 28. Juni 1974 an der Hochschule für Welthandel in Wien beim Festkolloquium anläßlich des 70. Geburtstages und der Verabschiedung vom akademischen Lehramt von Leopold G. SCHEIDL. Wiedergabe des Vortragstextes mit einzelnen Änderungen und Beifügungen durch den Vortragenden.

räumen. Ebenso ist dieses spezifische Denken unserer Zeit aber auch „a"-*bio-logisch* zu nennen, d. i. demnach ein Nichtbegreifen-Können oder -Wollen einer von Natur aus vorhandenen Unterschiedlichkeit der Menschen und ihrer Gruppen, woraus sich dann wiederum ein Nicht-Verstehen von deren verschiedener Mentalität und Wirtschaftsauffassung, bzw. -gesinnung ergibt. Mutmaßlich liegt gerade in diesem Falle eine fundamentale Verwechslung mit der ja tatsächlichen Gleichheit jedes Individuums vor Gott und dem Gesetz vor.

Aus diesen beiden erstgenannten, grundsätzlichen „a"-Vorstellungen heraus resultieren dann in logischer Folge zwei weitere. Die erste von diesen, die „a"-*genetische,* bezieht sich auf die Unklarheit über das Vorhandensein eines von der Natur vorgegebenen Entwicklungsprozesses, dem nicht nur das Leben, sondern auch die dem Erdraum immanenten Gestaltungsvorgänge unterworfen sind. Aus ihr heraus ergibt sich schließlich die „a"-*historische,* nämlich die Unkenntnis der Tatsache, daß jeder Zeitpunkt der Menschheitsgeschichte auch ein Ergebnis der vorausgegangenen ist und demnach nirgendwo ein Gegenwartszustand alleine aus sich selbst heraus erklärt werden kann.

Diese, für das Denken unserer Tage so charakteristisch gewordenen Vorstellungen — ich scheue mich hier nicht, sie als Fehlvorstellungen anzusprechen — sind im wissenschaftlichen Bereich inzwischen innerhalb der Sozial- und Geisteswissenschaften besonders maßgeblich geworden und wurden darüber hinaus auch in einzelnen Teilgebieten der Wirtschaftswissenschaften stark fühlbar. Sie sind nun namentlich durch das Streben nach dem allgemein gültigen, d. h. überall und jederzeit gleich anwendbaren „Modell" gekennzeichnet, das alleine aufgrund quantitativer Merkmale — also durch Zählen oder Messen gewonnenen Daten — innerhalb eines homogen gedachten Raumes erarbeitet und errechnet werden kann. Als wesentlich erscheint dabei die völlige Nicht-Beachtung aller qualitativen Merkmale, so insbesondere der gegebenen natürlichen Differenzierungen von Land und Menschen und der gleichermaßen unterschiedlichen historisch-genetischen Voraussetzungen, da diese ja kaum oder jedenfalls nicht ohne weiteres quantifizierbar sind. Diese Denkensweise ist inzwischen bereits sehr merklich auch in die Politik, die Verwaltung und selbst in die Wirtschaft eingegangen. Unter diesen augenblicklichen Verhältnissen ist es endlich beinahe zur Selbstverständlichkeit geworden, daß alle auf erdräumlicher und/oder historisch-genetischer Basis arbeitenden Wissenschaften — also auch die Wirtschaftsgeographie — in ihrer allgemeinen Stellung und Anerkennung abgesunken sind und ihre noch so begründeten Ergebnisse kaum zur Kenntnis genommen werden.

Nun können freilich bei der Konfrontation mit der Wirklichkeit die nun einmal vorhandenen Ungleichheiten und Unterschiede nicht einfach hinweggewischt werden. Es scheint nun für diese extrem anthropozentrische Einstellung eigentümlich zu sein, daß man vielfach glaubt, diese Differenzierungen vornehmlich auf bestehende, bzw. bis kurz vorher bestanden habende Verhältnisse von Herrschaft, Unterdrückung und Ausbeutung zurückführen zu müssen. Derartige Zustände sind verschiedentlich leider ja auch tatsächlich gegeben, in manchen Fällen mag man sie aber doch, gerade um diese geschilderte Denkensgrundlage halten zu können, mehr oder weniger für diesen Zweck erst ideell konstruiert oder zumindest sehr stark überbetont haben. Wie ernst wir solches zu nehmen haben, beweist etwa der Fall unserer westlichen Entwicklungshilfe, deren philosophischer Denkansatz auf der ausschlaggebenden Verursacherrolle von Unterdrückung und Ausbeutung bei der Ausbildung struktureller Unterschiede und deren Wiedergutmachung beruht. Die gerade in diesem Bereich im Vergleich zu den Verhältnissen bei fast allen Industrie- und Kulturnationen so deutlich sichtbaren Unterschiede in Klima und Landesnatur, Art der Menschen, deren Lebens- und Verhaltensweisen, Wirtschafts- und Siedlungsformen usw. will man — wenigstens längere Zeit hindurch — als Gegebenheiten an sich nicht wahrhaben; erst sehr allmählich muß man sich dann, mehr durch die inzwischen begangenen Fehler denn durch wirkliche Erkenntnis gezwungen, dazu durchringen, diese Tatsachen zumindest teilweise in die Überlegungen mit einzubauen.

Neben diesem allgemeinen Beispiel der Wirksamkeit unrealistischer Vorstellungen möge aus der Fülle der vorhandenen noch ein weiteres, spezielleres gebracht werden: Für die Bundestagswahlen des Jahres 1972 in der benachbarten Bundesrepublik Deutschland warb eine der beiden Großparteien, durchaus mit Erfolg, wie sich dann zeigte, u. a. auch mit dem Versprechen, jedem Bürger in jedem Ort im ganzen Land die gleichen Lebensbedingungen, vor allem hinsichtlich der Bereitstellung von Dienstleistungen, verschaffen zu wollen; und dies in einem flächenmäßig immerhin mittelgroßen Staat mit sehr mannigfaltigen und ausgeprägten Strukturunterschieden. Nun ist es, alleine schon aus geographischen Gründen, schlechterdings unmöglich, den Bewohnern der Halligen an der Nordseeküste oder jenen der Umrahmung des Berchtesgadener Talkessels dieselben Lebensverhältnisse wie denen von Frankfurt oder Düsseldorf bieten zu können. Auf österreichische Verhältnisse übertragen, wäre es also das Gleiche, der Bevölkerung etwa des Lungaus alle jene speziellen Vorteile modernen Lebens zu offerieren, in deren Genuß die Bürger von Wien und auch von Linz eben einmal stehen. Verständlicherweise ist es nach der Wahl gerade um dieses Versprechen bald recht still geworden. Mit Sicherheit kann gesagt werden, daß in diesem Falle keine bewußte Täuschung des Wählers vorlag; vielmehr hatten diejenigen, die solche Maßnahmen in Aussicht stellten, und die vielen, die diesen die Verwirklichungsmöglichkeit glaubten, keine blasse Ahnung von den maßgeblichen Ursachen struktureller Unterschiede.

In jüngster Zeit werden nun verschiedene Anzeichen einer in dieser Denk- und Vorstellungsweise einsetzenden Krise feststellbar, deren auslösende Motive vornehmlich wohl bei den folgend genannten Faktoren zu suchen sind:

1. dem so gut wie weltweiten Bekannt- und Bewußtwerden des Problemkreises Umweltgefährdung und Umweltschutz und seiner drohenden Bedeutung für die gesamte Menschheit;

2. der nicht nur in den Industrieländern zwingend werdenden Notwendigkeit einer umfassenden Raumordnung und Planung als Folge zunehmender Zersiedlung und auswuchernder Agglomerationen, von Stockungen im Verkehrsablauf, des unabdingbar werdenden Bedürfnisses nach mehr Erholungsraum u. a. m.;

3. den — wie eben schon angedeutet — einfach nicht mehr ableugbaren Rückschlägen und Fehlverläufen in der Entwicklungshilfe und Entwicklungspolitik;

4. der seit dem Herbst 1973 allgemein fühlbar gewordenen Öl- und Energiekrise und endlich

5. der jetzt weithin aufkommenden Furcht vor einer Bevölkerungsexplosion und einer ihr gleichlaufenden Nahrungs- und Rohstoffverknappung.

Gerade bei den beiden letztgenannten Punkten handelt es sich nicht nur um eine Folge von eben stattgefundenen und auch noch anhängigen schweren politischen und wirtschaftlichen Pressionen gegenüber den westlichen Industriestaaten, sondern durchaus auch um ein Echo auf die erst 1972 erschienene und rasch allgemein Aufsehen erregende Studie „Die Grenzen des Wachstums" [1], die auf Veranlassung des „Club of Rome" im bekannten Massachusetts Institute of Technology (MIT) erarbeitet wurde. Gerade von Seiten der Wirtschaftsgeographie sind gegenüber diesem Bericht, an dessen Erstellung unseres Wissens nach kein einziger Geowissenschaftler teilhatte und dessen Erkenntnisse aus einem in vieler Hinsicht problematischen „Weltmodell" geschöpft wurden, sowohl bezüglich der angewandten Methode wie ebenso auch, daraus folgend, bezüglich seiner Ergebnisse erhebliche Bedenken anzumelden. Auch diese Studie ist nämlich noch auf dem Boden des vorhin geschilderten „a"-Denkens gewachsen, nur daß sie, um 180° gewendet, entgegen der sonst vorherrschenden optimistischen wachstumsbezogenen Einstellung diesbezüglich ebenso pessimistisch ist. Ja, man ist geradezu versucht, die „Grenzen des Wachstums" als das Ende der Weisheit dieses „a"-Denkens anzusehen. Andererseits muß jedoch betont werden, daß dieser Arbeit insoferne ein bedeutender Wert zuzuerkennen ist, als sie es versteht, aus eingefahrenen Vorstellungen wachzurütteln.

Wenn ich mich in meinen bisherigen, einleitenden Ausführungen bemüht habe, die derzeit üblichen Begriffe von „Welt" und „Umwelt" und den sie tragenden Vorstellungen kurz zu umreißen, so soll nunmehr versucht werden, die Realität unserer Umwelt zu skizzieren. *Primär* ist eine solche Umwelt als das Ergebnis des wechselseitigen Verhältnisses zwischen dem von Natur aus gegebenen Raum und seinen in ihm wirkenden Eigenkräften einerseits und dem in ihm lebenden, in ihn tätig eingreifenden und die Naturkräfte nutzenden Menschen andererseits zu sehen.

Sekundär kann man sie dann auch noch, ganz auf den Menschen alleine bezogen, als gegenseitiges Verhältnis der Mitmenschen untereinander, also als Umwelt im soziologischen Sinne, auffassen.

Die Auseinandersetzung mit dem Erdraum und damit auch ein Umweltproblem i. e. S. setzt an sich bereits mit dem ersten, bewußt in die ihn umgebende Natur eingreifenden menschlichen Wesen ein und rollt seitdem als ein unterbrechungsloser und auch nicht abbrechbarer, gelegentlich in seiner Intensität schwankender und den räumlichen Schwerpunkt wechselnder, generell sich jedoch zunehmend verstärkender und ausbreitender Prozeß ab. Im Grunde genommen ist es ja nur das, was uns schon die Heilige Schrift, Genesis I 28, mit dem bekannten „machet Euch die Erde untertan" verkündet.

Bei dieser Auseinandersetzung zeichnen sich bisher drei Hauptphasen ab:

In der *ersten Phase* steht der Mensch noch einer ihm übermächtig erscheinenden, dämonisch auf ihn einwirkenden Natur gegenüber; er dringt nur zögernd und tastend sowie endlich langsam seine Hilfsmittel verbessernd in die Naturlandschaft ein, die er allmählich auch für seine Zwecke, d. h. die Notwendigkeiten seiner Daseinsfunktionen, umzugestalten versucht. Es sind dies in etwa die Verhältnisse unserer vor- und frühgeschichtlichen Zeit und wohl auch jene, wie sie selbst heute bei den sogenannten Naturvölkern, soweit

---

[1] Dennis MEADOWS (et alii): The Limits to Growth. New York 1972. Deutsche Ausgabe: Die Grenzen des Wachstums — Bericht des Club of Rome zur Lage der Menschheit. Stuttgart 1972.

überhaupt noch existierend, bestehen. Eine Gleichzeitigkeit jeder Phase über den ganzen Erdraum ist somit nicht gegeben, wenngleich es mit dem Fortschreiten der Entwicklung eine Tendenz in dieser Richtung gibt.

Mit der *zweiten Phase* der erzwungenen Auseinandersetzung mit der ihn umgebenden Natur entfaltet der Mensch mit der Zeit Fähigkeiten und Kenntnisse, die ihm technische Mittel und Maßnahmen entwickeln lassen, um seinen Lebensraum auszubauen und sich Naturkräfte dienstbar zu machen, welches Bestreben schließlich zu einem unbekümmerten Ausgreifen in den Raum hinein führt. Mit der Weiterentwicklung kommt es dann in deren Zentren zur Vorstellung einer bloßen Dienstbarkeit des Naturraumes und der Naturkräfte unter dem ausschließlichen Willen des Menschen. Dieser verliert damit auch, namentlich in den fortgeschrittenen Gebieten und den großen Ballungsräumen, das Gefühl vom Naturraum als einem ihm maßgeblichen Partner, dessen Gegebenheiten auch für ihn, den Menschen, unbedingte Gültigkeit haben. Der Mensch glaubt schließlich, sich ganz auf sich selbst und die alleine aus ihm bzw. seiner Gruppe, d. h. der Menschheit, resultierenden Probleme ohne jegliche Beachtung der Natur konzentrieren zu können.

Die *dritte Phase* schließlich wird durch die inzwischen erfolgten dauernden und schweren Eingriffe in den Naturraum und seinen Haushalt, ebenso aber auch durch die — namentlich infolge der Leistungen der Medizin und anderer Wissenschaften — rasch wachsende Weltbevölkerung ausgelöst. Dabei kommt es zu Mangelerscheinungen an Roh- und Hilfsstoffen, Energiequellen u. ä. sowie auch gebietsweise zu einem fühlbaren Knappwerden des Raumes, wie schon vorhin angedeutet worden ist. Als Folge dessen tritt nun ein Gefühl der Beengtheit, ja sogar der Beklemmung ein. Mit dieser dritten Phase — und es erscheint wesentlich, das zu betonen — kehren nunmehr der naturgegebene Raum, seine ihm innewohnenden Kräfte und damit seine Bedingungen wiederum in das menschliche Bewußtsein zurück. Letztlich muß dabei die „primäre Umwelt" voll erkannt werden.

Die allgemeine Situation, in der wir uns augenblicklich befinden, ist allen Anzeichen nach die eines sehr raschen Überganges von der zweiten in die dritte Phase hinein. Damit erhebt sich aber die Frage, ob ein Pessimismus, ja sogar Resignation angebracht sind, wie sie aus der schon erwähnten Studie „Die Grenzen des Wachstums" sprechen oder auch, fast noch stärker, in dem etwa gleichzeitigen Memorandum des seinerzeitigen Präsidenten der EWG-Kommission Sico MANSHOLT — diese Meinungsäußerung war nur für einen ganz kleinen Kreis bestimmt gewesen, über den hinaus sie aber dennoch bekannt wurde — zu finden sind, wobei sogar ein gezielter industrieller Abbau gefordert wurde. Diese Frage ist zu verneinen, da der unerläßliche weitere Ausbau des Lebensraumes nur durch ein Mehr an Arbeit und Leistung und damit auch erhöhter industrieller Produktion zu schaffen ist und einem wiederum verstärkten Arbeitseinsatz ja keine wirklich unüberwindlichen Hindernisse entgegenstehen.

Freilich muß es, um das zu erreichen, unbedingt zur allgemeinen Kenntnis kommen und zur Bewußtheit im gesamten politischen, wirtschaftlichen und sonstigem menschlichen Handeln werden, daß das Verhältnis des Menschen zum Erdraum in seinen tatsächlichen Gegebenheiten und seine weitere Erhaltung, Erschließung und Inwertsetzung als Lebensraum *absoluten* Vorrang als ausschlaggebendes Gemeinschaftsproblem besitzen. Demgegenüber erscheinen alle jene Probleme, die nicht irgendwie diese Grundfrage betreffen, als ausgesprochen sekundär. Dies gilt selbst für manche der heutzutage besonders in den Vordergrund geschobenen und oft sogar als „gesellschaftlich relevant" deklarierten Angelegenheiten, wie es verschiedentlich bei bestimmten Forderungen von Berufs- oder auch Sozialgruppen u. ä. m. der Fall ist.

Bringen wir hiezu noch ein ganz einfaches und in verschiedenen Abwandlungen gar nicht selten anzutreffendes Beispiel: Es dürfte wohl außerhalb jedes Zweifels stehen, daß eine in jedem Fall ausreichende Versorgung einer Gemeinde mit geeignetem Trinkwasser noch wichtiger ist als der schönste Fußballplatz oder eine andere vergleichbare Einrichtung, um Leben und Gesundheit der Bürger zu sichern. Ungeachtet dessen wird von manchen Gemeindevertretungen im umgekehrten Sinne gehandelt. Der Grund dafür ist vor allem darin zu suchen, daß der Wahrscheinlichkeit nach — wenigstens in unseren Breiten — Wahljahre regelmäßiger und in kürzeren Abständen wiederkehren als Jahre mit katastrophalem Wassermangel. Man entschließt sich daher zur Durchführung jener Maßnahme, die mutmaßlich früher vom Wähler honoriert werden wird. Wenn dann — mit Sicherheit — irgendwann einmal die große Dürre wiederkehrt, dann mag bereits eine andere Verwaltung im Amte sein. Statt um Trinkwasserversorgung kann es sich selbstverständlich auch um Hochwasserschutz usw. handeln. Angesichts unserer nunmehrigen Kenntnis der Umweltproblematik und im Sinne der soeben erhobenen Forderung darf der traurige Grundsatz „hinter uns die Sinflut" keine Anwendung mehr finden.

Habe ich bis jetzt versucht, die in Behandlung stehende Thematik von ihren allgemeinen Voraussetzungen her zu betrachten, so ist nun endlich die wesentliche Frage aufzugreifen, welche Rolle dem hier speziell vertretenen Fach, nämlich der *Wirtschaftsgeographie,* in bezug auf die wissenschaftliche Kenntnis und Erkenntnis der Umwelt zukommt. Unser Wissenschaftszweig hat an sich zwei prinzipielle Aufgaben, von denen die erste den Stand und das Ausmaß der jeweiligen Erschließung und Inwertsetzung der Erde als Lebensraum unter besonderer Beachtung der bestehenden Differenzierungen darzustellen hat, d. h. also eine *Kenntnis* über den Zustand als solchen zu geben hat. Diese Kennntnisgabe kann dabei, jeweils die Gesamtverhältnisse betreffend, weltweit oder auch nach Landschaften oder politischen Räumen abgegrenzt sein. Gleichermaßen kann sie aber auch, ebenso räumlich bezogen, nur einzelne oder Gruppen von Elementen oder Faktoren betreffen, wie z. B. die geographischen Bedingungen der Agrar-, Industrie-, Verkehrsstruktur usw., jeweils für sich. Die andere grundsätzliche Aufgabe der Wirtschaftsgeographie aber ist darin zu sehen, daß sie die Art und Weise untersucht, in der die Erschließung und Inwertsetzung der Erdoberfläche als menschlicher Lebensraum vor sich geht. Dieses Streben nach einer *Erkenntnis* der Vorgänge selbst betrifft insbesondere das Herausfinden von Regelhaftem — nicht eigentlich jedoch von Gesetzmäßigkeiten im mathematisch-physikalischen Sinne, die auf einem derart vom Menschen mitbestimmten Bezugsfeld auch kaum zu erwarten sind — in Form typischer Abläufe und von ihnen entspringenden räumlichen Verteilungsmuster der verschiedenen wirtschaftlichen Aktivitäten. Hiezu gehört auch das Feststellen jeweils eigentümlicher örtlicher Ansatzbedingungen für einen bestimmten ökonomischen Tätigkeitsbereich und die ihm entsprechenden Raummuster des Anfangs- und Reifestadiums wie ebenso dann jene der Schrumpfung und Auflösung.

Ihrem Wesen nach liegt der Zustandskenntnis ein mehr oder weniger statisches, der Vorgangserkenntnis aber ein ebensolches dynamisches Moment inne. Diese Dynamik kann nun ihrerseits recht unterschiedlicher Art sein, wobei sich einzelne Prozesse oft miteinander verbinden oder einander überlagern und damit weitere Bewegungsvorgänge hervorrufen. Zur Verdeutlichung dieser theoretischen Aussage sollen einige dieser möglichen Abläufe kurz angeführt werden. Unter diesen wären einmal Veränderungen im zentralörtlichen Gefüge zu nennen, die als solche zwar im allgemeinen schon die Folge anderer Prozesse darstellen, aber besonders deutlich und auch relativ bald sichtbar werden. Zum anderen kann es sich um den Verlauf der räumlichen Ausbreitung wirtschaftlicher Innovationen handeln, wobei der Wirksamkeit natürlicher wie technisch geschaffener Leitlinien im Landschaftsraum spezielle Beachtung zu widmen ist. Ein weiterer maßgeblicher Untersuchungsbereich betrifft die Verlagerung wichtiger wirtschaftlicher Tätigkeiten mit der nicht nur betriebswirtwirtschaftlich sondern ebenso geographisch gestellten Frage, warum ein Betrieb von wo wohin verlegt wird oder werden muß und welche Folgen sich daraus für den alten wie für den neuen Standort einstellen. Daraus ergibt sich aber wiederum der große Problemkreis des Funktionswandels, -zuwachses oder -schwundes bestimmter Örtlichkeiten, Gebiete oder Landschaftstypen. Dabei ist dann auch herauszustellen, ob eine bloße räumliche Ausweitung gewisser Funktionen und Aktivitäten unter Verbleib eines Teiles von ihnen — im gleichen oder geschmälerten Umfang — von den bisherigen Standorten vorliegt, oder ob diese durch andere, ganz oder teilweise für das betreffende Gebiet neue ersetzt werden. Schließlich aber auch, ob dort nicht ein völliges wirtschaftliches Absinken eintritt. Auch hiezu mögen einige spezielle Beispiele angedeutet werden:

Als erster Fall sei der der landschaftstypischen industriellen Verlagerung, namentlich wie er für Mitteleuropa gilt, angeführt. Bis zum Anfang des 19. Jhdts. lagen die hauptsächlichen Standorte einer ihrem Wesen nach kleinbetrieblichen, in summa aber durchaus bedeutenden Industrie in den oft sogar schmalen Tälern der Mittelgebirge. Holz, tierische Produkte, Minerale, Steine und Erden als Rohstoffe, strömendes Wasser und Holzkohle als Energie waren dafür die Voraussetzung. Die industrielle Revolution mit der Steinkohle als Energiebasis, erweiterten Raumbedarf der generell stark vergrößerten Betriebe und einem entscheidend erhöhten Transportvolumen verursachte eine fast völlige Verlagerung aus den Mittelgebirgen hinaus zu den im Vorland entstandenen neuen Eisenbahnknotenpunkten, an die Ufer schiffbarer Flußläufe, zu den Kohlenrevieren oder wenigstens in weite Beckenlandschaften hinein. Die aufkommende hydraulische Gewinnung von elektrischem Strom zu Beginn unseres Jahrhunderts führte dann, vor der Entwicklung von Übertragungsleitungen auf größere Enfernnungen, zu dem kurzen Zwischenspiel der Lokalisation von Industriebetrieben an die Ränder der Gebirge oder sogar in diese hinein. Dieses wiederholte sich dann, allerdings aus strategischen Gründen aber ebenso kurzfristig, während des 2. Weltkrieges. Unsere Tage, d. h. die beiden letzten Jahrzehnte, erleben dann, erstlinig ausgelöst durch die technische Verbesserung und damit Verbilligung und Beschleunigung maritimer Transporte, namentlich von Erzen und Mineralölen, eine Ausweitung — weniger aber eine Verlagerung i. e. S. — der Standortlage großer industrieller Produktionsstätten in den Küstenbereichen. Die Mittelgebirge haben dann endlich, nach einer längeren Periode erheblichen wirtschaftlichen Absinkens, einen wenn auch nur teilweisen Ersatz durch die Erholungsfunktion erhalten.

Als weiteres, eben erwähntes Beispiel mögen die Küsten selbst dienen. Bis gegen das Ende des 19. Jhdts. war an ihnen die punktuell vertretene Umschlagsfunktion der Häfen vorrangig, neben der es dann nur linearhaft die relativ schwache und weitgehend subsistenzwirtschaftliche Produktion der Küstenfischerei gab, soferne man die — an sich ja gar nicht küstenbezogene und meist ebenfalls recht dürftige — Landwirtschaft außer acht läßt. Im Laufe unseres Jahrhunderts tritt dann, bei quantitativ sich weiter verstärkender Funktion des Güterumschlages, immer mehr und ausgessprochen linear sich enwickelnd jene der Erholung hinzu. Ihr gegenüber zeitlich etwas verzögert schließt sich endlich — punkthaft mit linearen Ansätzen — die industrielle Produktion an. Strichweise kann letztlich auch eine Intensivierung der küstennahen Landwirtschaft wahrgeommen werden. Insgesamt ist somit festzustellen, daß sich in einem allmählich weltweit werdenden Prozeß die Küsten zu geschlossenen Streifen hoher wirtschaftlicher Aktivität und dichter Besiedlung hin entwickeln.

Diese Beispiele abschließend, ist zuletzt auch auf Vorgänge in der Strukturentwicklung der Hochgebirge, allen voran der Alpen, die als durchaus typisch bezeichnet werden können, zu verweisen. Während sich von ihren ursprünglichen Hauptfunktionen, nämlich denen des Transitverkehres, der Energiegewinnung durch Wasserkraft und Holzkohle sowie der alpinen Landwirtschaft die beiden erstgenannten in jeder Hinsicht modernisiert und intensiviert haben, ist die dritte nicht nur relativ, sondern auch absolut außerordentlich rückläufig geworden. Diese agrarische Produktion in ihrer früheren Bedeutung ganz und gar übertreffend, ist an deren Stelle die Erholungsfunktion mit zweisaisonaler Spitze als bestimmender Faktor getreten. Neben ihr gewinnt auch gebietsweise die vor längerem schon hin und wieder vorhanden gewesene industrielle Erzeugung wiederum an Gewicht. Mit einer ausgebauten Trink- und Nutzwasserversorgung für ein weiteres Vorland zeichnen sich zudem Zukunftsperspektiven ab.

Diesen beispielhaft eben genannten und vielen anderen räumlichen Mechanismen mit charakteristischen Bewegungen entsprechen bestimmte maßgeblich werdende Folgewirkungen. An erster Stelle sind dabei die jeweils verstärkten Eingriffe in das naturräumliche Gefüge und den Landschaftshaushalt, d. h. also die Umweltschutzproblematik im gegenwärtig gebräuchlichen Sinn, zu nennen. In einer Wechselbeziehung damit steht dann die sehr erhöhte Bevölkerungsmobilität, die einerseits Räume verdünnnter Besiedlung und andererseits Ballungen entstehen läßt, von denen aus dann wieder als eine weitere Folge die Zersiedlung ihren Ursprung nimmt. Aus diesen verschiedenen Änderungen in der Raumverteilung der Schwerpunkte und -linien von Besiedlung und Wirtschaft resultieren dann Richtungswechsel in den wesentlichen Verkehrsrelationen, dem Einkommensgefälle, den politischen Einflüssen usw. Alle diese Prozesse verlaufen insgesamt irgendwie in einem Kreis, wobei auslösende Ursachen und Folgen oft gar nicht voneinander abgrenzbar sind und die letzten Endes immer wieder in ein ausschlaggebendes Verhältnis gegenseitiger Beeinflussung mit dem Naturraum und seinem Gefüge münden.

Die maßgebliche *zeitliche Bezugsbasis* wirtschaftsgeographischer Forschung bildet in der Regel die unmittelbare Gegenwart. Freilich ist sie dabei aber auch untersuchungsmäßig auf zeitliche Rück- und Vorgriffe angewiesen, wobei fast immer der Entwicklungsablauf aus der Vergangenheit her erkannt und ebenso häufig eine Perspektive in eine absehbare Zukunft hinein versucht werden muß. Abgesehen von der grundsätzlich engen Bindung an die Gesamtgeographie wie gleichermaßen an die Kernfächer der Ökonomie wird mit zunehmender zeitlicher Entfernung von dieser Bezugsbasis eine verstärkte Zusammenarbeit mit anderen Wissenschaften unumgänglich. Dies gilt namentlich für die historischen, biologischen und technischen Fächer sowie nicht zuletzt bei der Zukunftsprojektion für die Raumplanung. Ob dies auch mit der jung etablierten und in ihrer Wissenschaftlichkeit noch sehr umstrittenen Futurologie möglich sein wird, hat sich erst zu erweisen.

Wenn ich hier, dem gewählten Thema entsprechend, die besondere *Basisaufgabe* der Wirtschaftsgeographie innerhalb einer Umweltforschung darzulegen habe, so muß davon ausgegangen werden, daß der gegenwärtige Übergang zur dritten Phase in dem schon vorhin geschilderten Verhältnis zwischen Mensch und Erdraum gebieterisch eine Umwelterkenntnis und ein Umweltverhalten und damit auch eine demgemäße Forschung erfordert, die sehr weit über das hinaus geht, was derzeit allgemein darunter verstanden wird, nämlich erstlinig der Schutz vor Luft- und Wasserverseuchung sowie vor Lärm. Es muß sich vielmehr um eine Umweltforschung handeln, deren Ziel und Zweck es ist, die geistigen, technischen und planerischen Grundlagen zu einer erfolgreichen Aus- und Umgestaltung des irdischen Lebensraumes für eine weiterhin an Zahl wachsende Menschheit zu erarbeiten und zu einer generellen Erkenntnis werden zu lassen. Daraus ergibt sich aber auch, daß eine derartige Umweltforschung eine integrierte Gemeinschaftsaufgabe zahlreicher Wissenschaftszweige aus dem Gesamtbereich der Natur- und der technischen, der Wirtschafts-, Geistes- und Gesellschaftswissenschaften zu sein hat.

Die der Wirtschaftsgeographie innerhalb einer solchen Gesamtheit zuzusprechende Basisrolle ist nun damit zu begründen, daß sie als tatsächlich einzige Wissenschaft die Aus- und Umgestaltung der Erde durch den wirtschaftlich tätigen Menschen unter Einbezug und Zusammenschau aller maßgeblichen Faktoren sowie in ausgesprochener Realitätsbezogenheit, d. h. unter voller Beinhaltung der durch die Natur und den Menschen selbst gegebenen Differenzierungen, behandelt. Über diese ihre spezielle Aufgabe und Fähigkeit bestehen allerdings, außerhalb von ihr selbst und den ihr unmittelbar verwandten Fächern, noch erhebliche Fehlvorstellungen. In der allgemeinen, auch wissenschaftlichen Meinung wird nämlich irrtümlicherweise sehr oft nur die statische Darstellung, d. h. das, was vorhin als Kenntnis ausgesprochen wurde, für die einzige Aufgabe der Wirtschaftsgeographie gehalten. Selbst dabei besteht dann noch häufig die ganz und gar falsche Vorstellung, daß dies eine relativ einfache, da im wesentlichen nur auf einer bloßen Zusammenstellung und Aufzählung statistischer Daten beruhende Angelegenheit wäre. Noch viel mehr als das ins Gewicht fallend ist aber dann der Umstand, daß die Erkenntnissuche unseres Faches nach den sich räumlich vollziehenden Mechanismen und den regelhaften Zügen in den den Erdraum unter menschlicher Ein- und Mitwirkung umgestaltenden Vorgängen so gut wie völlig übersehen wird. Diese weitverbreitete Unkenntnis des Inhaltes wirtschaftsgeographischer wie geographischer Forschung überhaupt hat namentlich in den letzten beiden Jahrzehnten bereits mehrfach zu der geradezu grotesken Situation geführt, daß andere Wissenschaften Teile des schon längst bestehenden und ebenso auch betriebenen wirtschaftsgeographischen Forschungsprogrammes einfach auf-

griffen und als einen aus ihnen selbst heraus entwickelten neuen Forschungs-
zweig deklarierten. Als Beispiel hiefür sei die sogenannte „Sozialökologie" der
Soziologen oder auch die jetzt namentlich in westlichen Ländern und bei der
UNESCO propagierte „human ecology" genannt.

Die geschilderte Basisaufgabe der Wirtschaftsgeographie ergibt sich nämlich
alleine schon daraus, daß eine in dem eben behandelten Sinne als Erkenntnis
und Sicherung des Lebensraumes aufgefaßte Umweltforschung letztlich nur
von dem Zustand ausgehen kann, den die bisherige Auseinandersetzung des
wirtschaftenden Menschen mit dem ihn tragenden Erdraum erreicht und geschaffen hat. Weiters hat sie dann genauso auch für ihre folgenden Überlegungen den
— soweit schon erkannten — Mechanismus der dabei gestaltend wirksamen Vorgänge unbedingt mit einzubeziehen. Gerade das aber zu erarbeiten, sind als
Kenntnis und Erkenntnis die beiden wesentlichen Aufgaben der Wirtschaftsgeographie. Hiezu kommt aber noch ein Drittes, nämlich die außergewöhn-
liche Koordinationsfähigkeit dieses Faches, die sich aus der ihr selbst innewohnenden Fähigkeit ableitet, vielfältige und dabei oft sehr unterschiedliche
Erscheinungen gleichzeitig zu überschauen und das gemeinsame Resultat ihrer
räumlichen Wirksamkeit zu erfassen. In der Praxis heißt das, die Ergebnisse
zahlreicher auf einzelne Erscheinungen und Fragenkreise hin spezialisierter
Wissenschaften in ihrem räumlichen Bezug auf einen gemeinsamen Nenner
zu bringen. Dabei hat die Wirtschaftsgeographie verschiedentlich auch als Re-
gulativ und als Ergänzung zu dienen und zwar dann, wenn es gilt, rein theore-
tische Erkenntnisse und Ergebnisse anderer Wissenschaften zur Realisierbar-
keit, d. h. zur Anwendung angesichts der gegebenen Differenzierung des Erd-
und Lebensraumes, zu bringen. Dies ist etwa, um nur ein Beispiel zu nennen,
hinsichtlich der „regional science", eines relativ jungen Zweiges der Nationalökonomie, der Fall, deren wirklich wertvolle allgemeine Erkenntnisse sozusagen erst geographisch umzusetzen sind, wenn sie auf einen ganz bestimmten
Landschaftsraum bezogen werden sollen.

Bei der Erfüllung der ihr in einer derartigen Umweltforschung gestellten
Aufgaben sieht die Wirtschaftsgeographie diese, ihrem eigenen Rollenver-
ständnis nach, vornehmlich als vor- und aufbereitende sowie verbindende und
endlich auch zusammenfassende. Auf die sich ebenfalls aufdrängende Frage,
inwieweit unser Fach derzeit für eine solche Aufgabe vorbereitet erscheint,
kann wohl eine im großen und ganzen bejahende Antwort erteilt werden.
Allerdings ist ein gewisses Überdenken der Koordinaten ihres Arbeitsfeldes
und deren allfälliges leichtes Verrücken anzuraten. In diesem Sinne wird einerseits eine etwas deutlichere Abgrenzung gegenüber der Sozialgeographie —
mit der ja von Haus aus ein selbstverständlich enges Verhältnis besteht —
und deren spezifischer Betrachtungsweise geboten sein, da sich diese in ihrer
gegenwärtigen Entwicklung unter dem Einfluß der Soziologie auf einige ganz
bestimmte Fragestellungen einengt, während für die Wirtschaftsgeographie
die Weite des Blickwinkels unerläßlich bleibt. Andererseits sollte — eben in
Hinsicht auf die Umweltforschung — eine verstärkte Zuwendung in Richtung
zur Ökologie und Physischen Geographie, zur Technologie und endlich auch zu
den Rechts- und Verwaltungswissenschaften eintreten. Bezüglich der Nennung
zweier naturwissenschaftlicher Fächer sei darauf verwiesen, daß es gerade
unser Jubilar war, der aus seinem wissenschaftlichen Gesamtverständnis heraus
beharrlich auf der Bezeichnung seines Institutes als „Geographisches" bestand.
Auch zwischen Wirtschaftsgeographie und Technologie gab es gerade an dieser

Hochschule schon vor längerer Zeit eine enge und fruchtbare Zusammenarbeit, die ebenfalls Leopold SCHEIDL und den beiden leider schon verstorbenen Herren Edmund GRÜNSTEIDL und Walter STRZYGOWSKI zu verdanken war. Ein näheres Verhältnis zu den Rechts- und Verwaltungswissenschaften schließlich ergibt sich nicht allein aus gewissen praktischen Fragen, wie z. B. Gebietsabgrenzungen, sondern grundsätzlich vor allem daraus, daß alle Entwicklung und Erschließung im Landschaftsraum sowohl des Rahmens wie ebenso des unmittelbaren Zusammenhanges mit gesetztem Recht und geordneter Verwaltung bedarf.

Wenn ich nun zum Schluß komme, so ist festzustellen, daß wir gegenwärtig — aus einer aufkommenden Zwangslage heraus — unmittelbar vor oder — wahrscheinlicher noch — sogar schon im Beginn einer Richtungsänderung des allgemeinen Denkens stehen. Diese Richtung wird eine ganz andere sein, als sie noch vor kurzem angenommen worden war, nämlich nicht mehr ganz so abstrakt-theoretisch und gar nicht mehr illusionistisch; sie wird vielmehr wieder hin zur gegebenen Wirklichkeit sowie der Ausnutzung und dem Ausbau der vorhandenen Möglichkeiten zielen. Diese neue Denkrichtung wird daher auch nicht mehr sosehr wie in der jüngeren Vergangenheit vom Glauben an ein automatisches Wachstum und an einen selbstverständlichen Fortschritt im Sinne von immer weniger Arbeit und einem stets angenehmen Leben bestimmt sein, wie es derzeit noch weitum der Fall ist. Demgegenüber wird nunmehr das Bewußtsein notwendiger, ja unabwendbar gewordener großer Anstrengungen aufkommen, um einen Fortschritt zu erreichen, der erstlinig als Ausbau und Inwertsetzung des verfügbaren Lebensraumes für eine auch weiterhin zunehmende Menschenzahl zu verstehen sein wird. Vermutlich wird es dabei auch wieder mehr Nachdenken über den Sinn dieses unseres Lebens geben. Auch der Begriff und die Vorstellung von der „Welt" wird neuerlich eine merkbare geographische und ebenso auch — bedingt durch die in Entwicklung gekommene Raumfahrt — eine kosmologische Komponente erhalten.

In dieser nun sich herausbildenden Situation wird auch — so gut wie sicher — die Wirtschaftsgeographie sich im Rahmen der einschlägigen Wissenschaften wiederum in einer günstigeren Position befinden, als es speziell in der letzten Zeit der Fall gewesen ist.

ÖSTERREICH

Standortdynamische und standortstabile Entwicklungsfaktoren im regionalen Wachstumsprozeß der niederösterreichischen Industrie

KLAUS ARNOLD, Wien

1. Problemstellung

Zwischen 1955 und 1974 hat die Zahl der Industriebeschäftigten in der niederösterreichischen Industrie um rund 7000 Personen (= 6,3%) zugenommen, während sich gleichzeitig die Zahl der industriellen Betriebsstätten um rund 160 Betriebe (= 16,2%) vergrößerte (Tabelle 1).

Im selben Zeitraum wurden rund 640 Betriebe mit 25.000 Beschäftigten neu gegründet. Etwa 20% dieser neu geschaffenen Betriebsstätten mit ca. 14% der Arbeitsplätze wurden allerdings bis 1974 wieder gelöscht [1], sodaß der Nettoeffekt der Neugründungsaktivität, gemessen an den persistenten Betrieben [2] und Beschäftigten, merklich niedriger als der Neugründungszuwachs zu veranschlagen ist. Diesem Nettozuwachs an neugegründeten Betrieben steht eine Löschungsziffer [3] gegenüber, die sich auf nicht weniger als 32% der Betriebe (7,5% der Beschäftigten) des Jahres 1955 beläuft.

Neugründungen und Stillegungen einerseits und Betriebserweiterungen bzw. Betriebseinschränkungen andererseits sind nun jene Prozesse, mit denen der industrielle Sektor seine Anpassung an veränderte regionale Rahmenbedingungen vollzieht. Ihr Ergebnis sind Umschichtungsvorgänge intra- und interregionalen Charakters (Umstrukturierung der Branchenzusammensetzung und des regionsspezifischen industriellen Entwicklungsgrades).

Neugründungen und Betriebsstillegungen sind Entwicklungsvorgänge, welche zu einer Änderung des Standorts industrieller Betriebsstätten führen; sie sollen daher hier zusammenfassend als die *standortdynamische (standortverändernde) Komponente* der industriellen Entwicklung bezeichnet werden.

Arbeitsplatzerweiterungen bzw. -einschränkungen unterscheiden sich davon grundsätzlich dadurch, daß dabei keine Veränderung des Betriebsstandortes erfolgt; sie werden im folgenden als die *standortstabile (standortfeste) Komponente* bezeichnet. Beide Komponenten zusammen stellen die wichtigsten statistisch faßbaren und raumwirtschaftlich relevanten Ergebnisse des industriellen Entwicklungsprozesses dar.

Dabei werden strukturschwache Regionen mit einem hohen Anteil wachstumsschwacher Branchen in besonderem Maße vom Zusammenspiel von Neugründungen und Stillegungen abhängen, sollen die strukturellen Hemmnisse aufgebrochen werden. Gerade für sie wird daher die Standortdynamik besondere Bedeutung besitzen. Stark vereinfacht weist Niederösterreich eine raum-

---

[1] Die Löschung eines Betriebes erfolgt bei Zurücklegung der Gewerbeberechtigung durch Streichung des Betriebes aus der Kartei des zuständigen Fachverbandes und der Handelskammer. Leider gibt es Fälle, wo zwischen der eigentlichen Produktionseinstellung und der Löschung mehrere Jahre liegen. Aus diesem Grund hätte auch eine Zuordnung der Löschungen zu einem bestimmten Jahr wenig Aussagekraft.

[2] Persistente Betriebe = Neugegründete Betriebe minus gelöschte Neugründungen.

[3] Löschungsziffer = Anteil der gelöschten Betriebe an den Betrieben eines Basisjahres in %.

wirtschaftliche Struktur auf, welche durch das Nebeneinander eines ausgeprägten *industriellen Agglomerationsraumes* (Wiener Becken)[4] und wirtschafts- und industrieschwacher *Randgebiete* charakterisiert ist. Ein wesentlicher Teil der niederösterreichischen Randzone ist zudem Grenzgebiet gegen
einen Staat des Warschauer Paktes (ČSSR), wodurch die Negativfaktoren eine
zusätzliche Akzentuierung erhalten.

Im Zusammenhang mit dieser ungleichgewichtigen Struktur erhebt sich
die Frage, wieweit es in Niederösterreich gelungen ist, den Industrialisierungsprozeß in die regionalpolitisch erwünschte Richtung zu lenken, die auf einen
Ausgleich der bestehenden regionalen Disparitäten hinarbeitet, und wieweit
durch eine Verstärkung der mobilen, standortverändernden Komponente eine
Auflockerung des industriellen Ballungsraumes erreicht wurde bzw. die industrielle Entwicklung in den Randzonen in Form von Ausbreitungseffekten
initiiert werden konnte. In der folgenden Untersuchung wurde ein makroräumlicher Ansatz angestrebt, der die industrielle Entwicklung in Niederösterreich auf zwei räumlichen Aggregationsniveaus untersucht:

(1) Die Merkmalsanalyse und die standortdynamische Entwicklung wurden auf
der Basis einer vereinfachten räumlichen Dreiteilung vorgenommen: Als
industrieller Kernraum wurde das *niederösterreichische Wiener Becken*
abgegrenzt, wobei infolge der dominierenden Stellung Wiens auch teilweise Daten dieses industriellen Ballungszentrums herangezogen werden
mußten[5].
Die Randzone wurde in 2 Teilzonen aufgespalten, um die Entwicklung
im Grenzgebiet Niederösterreichs gesondert untersuchen zu können. Dies
erwies sich wegen der hier auftretenden spezifischen Problematik als
notwendig[6]. Somit wurde eine Einteilung in die *Grenzzone* und in die *westliche Randzone* (westliches Niederösterreich) vorgenommen. Die genaue
Abgrenzung dieser 3 Regionen ist aus Abbildung 1 ersichtlich.
Die standortstabile Komponente kann durch einen Vergleich der Beschäftigtenentwicklung in der Industrie zwischen 2 verschiedenen Zeitpunkten
(1955 und 1974) mit der durch die Standortdynamik eingetretenen Veränderung abgeschätzt werden.

(2) Auf einem etwas verfeinerten Aggregationsniveau wurde die Entwicklung
der einzelnen politischen Bezirke Niederösterreichs untersucht, wobei die
Statutarstädte (Krems, St. Pölten, Waidhofen an der Ybbs und Wiener
Neustadt) jeweils ihrem Umlandbezirk zugerechnet wurden[7].

---

[4] Der industrielle Kernraum Wiener Becken, der die Bundeshauptstadt einschließt,
kann dabei als Wachstumspol („pôle de croissance") im Sinne von F. PERROUX gedeutet
werden, dessen Entwicklung und Erweiterung sich in Form von Polarisations- oder von
Ausbreitungseffekten vollzieht (F. PERROUX, G. MYRDAL, A. HIRSCHMAN, H. SIE
BERT). Vgl. LAUSCHMANN, E.: Grundlagen einer Theorie der Regionalpolitik. Taschenbücher zur Raumplanung, Bd. 2, Hannover 1973.
[5] In der Folge soll die Bezeichnung Wiener Becken jeweils nur für den niederösterreichischen Teil, also ausschließlich des Wiener Stadtgebietes, Geltung haben.
[6] Welches Gewicht diesem Grenzlandproblem zugemessen wird, zeigt sich in der
Einsetzung eines eigenen Unterausschusses für „Fragen der Entwicklung der Grenzlandgebiete gegenüber der Tschechoslowakei, Ungarn und Jugoslawien" bei der Österreichischen Raumordnungskonferenz (ÖROK), welcher vor kurzem seinen Bericht (Die Grenzgebiete Österreichs. Wien 1975) vorlegte.
[7] H. BOBEK und J. STEINBACH haben in ihrer grundlegenden Arbeit über die
industrielle Struktur Österreichs (Wien 1975) das feinste statistische Raummuster verwendet, welches die österreichische Statistik erlaubt. Ihre Berechnung der Entwicklung auf
Gemeindebasis muß allerdings mit dem Lohnsummensteueraufkommen, welches neben
dem gesamten sekundären Bereich auch den tertiären Sektor umfaßt, vorliebnehmen.

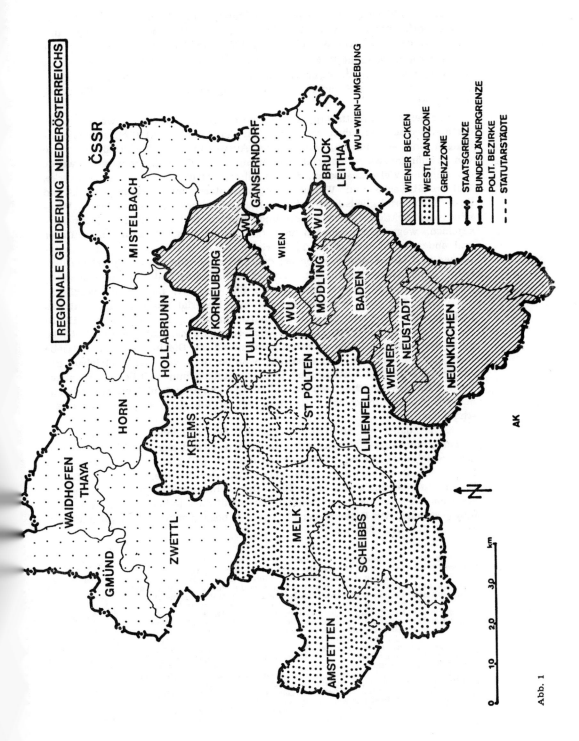

REGIONALE GLIEDERUNG NIEDERÖSTERREICHS

ČSSR

MISTELBACH

GÄNSERNDORF

WU

WIEN

WU

BRUCK

LEITHA

WU=WIEN-UMGEBUNG

KORNEUBURG

HOLLABRUNN

TULLN

WU

MÖDLING

BADEN

WIENER NEUSTADT

NEUNKIRCHEN

HORN

KREMS

ST. PÖLTEN

LILIENFELD

WAIDHOFEN THAYA

GMÜND

ZWETTL

MELK

SCHEIBBS

AMSTETTEN

WIENER BECKEN

WESTL. RANDZONE

GRENZZONE

STAATSGRENZE

BUNDESLÄNDERGRENZE

POLIT. BEZIRKE

STATUTARSTÄDTE

AK

N

0   10   20   30   km

Abb. 1

3

Methodisch wird dabei eine Kombination von Querschnittmethode und
Längsschnittmethode verwendet, wobei als Querschnitte und als Ausgangs- und
Endpunkt des Längsschnittes die Jahre 1955 und 1974 herangezogen werden.

Der Ausgangspunkt 1955 wurde gewählt, weil dieses Jahr mit dem Abzug
der sowjetischen Besatzungsmacht die erste Erfassung der niederösterreichischen Industrie nach Branchen und Beschäftigten seit dem Zweiten Weltkrieg
ermöglicht [8].

Für den Querschnittsvergleich wurden dabei regional (bezirksweise) geglie-
derte statistische Angaben verwendet, für den Längsschnitt (Betriebsneugründungen und -löschungen) wurde eine Auswertung der Betriebskartei, also
von primärstatischem Material, vorgenommen [9]. Dieses Datenmaterial wurde
dabei in der Weise bearbeitet, daß (1) Filmindustrie, Sägeindustrie, Gaswerke,
Elektrizitätswerke und Wärmeversorgungsunternehmen, welche auf Grund
ihrer Kammermitgliedschaft bei der Bundeskammer der gewerblichen Wirtschaft zur Sektion Industrie gerechnet werden und statistisch bei ihr aufscheinen, weggelassen wurden und (2) Zentralbüros, Verkaufsbüros, Lager
und andere nicht produzierende Betriebe ebenso wie bloße Rechtsformände-
rungen und Mehrfachnennungen bei den Betriebslöschungen eliminiert wurden.
Leider muß dabei eine Inkongruenz des statistischen Materials hingenommen
werden, welche die beiden Querschnitte 1955 und 1974 nicht exakt vergleichbar macht: Für 1955 liegt das bezirksweise Material nur ohne Zentralbüros
und ohne Betriebe mit unter 6 Beschäftigten vor und zudem liegt lediglich
die Zahl der Beschäftigten vor. 1974 wiederum sind Zentralbüros und Betriebe
mit unter 6 Beschäftigten in den Daten inkludiert. Die industriellen Betriebe
1955 konnten dadurch rückgerechnet werden, daß von den Betrieben des
Jahres 1974 die Nettoentwicklung (Neugründungen minus Stillegungen) abge-
zogen bzw. dazugerechnet wurde. Die statistische Ungenauigkeit, die sich aus
den Erhebungsunterschieden des Materials ergibt, kann dagegen nur abgeschätzt werden [10].

Es ist dabei ein zusätzlicher Nachteil des vorhandenen Materials, daß
regionale industrielle Wachstumsprozesse auf Grund der Beschäftigten- und
der Betriebsentwicklung erfaßt werden müssen, will man nicht die veralteten
Daten der Betriebszählung 1964 verwenden, welche die letzten greifbaren
Daten auf Gemeindebasis darstellen. Der Fehleinschätzungen, die dabei —
etwa aus Unkenntnis des regional unterschiedlichen technologischen Entwicklungsprozesses, der Rationalisierung usw. — begangen werden, muß man sich
grundsätzlich bewußt sein.

---

[8] Sämtliche Zahlenangaben basieren auf nichtveröffentlichtem Material der Handelskammer Niederösterreich, für das ihr an dieser Stelle gedankt sei.
[9] Die bezirksweise Bezugsbasis hat allerdings den Nachteil, daß teilweise naturräumlich und damit von den industriellen Standortvoraussetzungen her sehr heterogene
Raumeinheiten genommen werden (z. B. die Bezirke Wiener Neustadt, Amstetten).
[10] So gab es 1955 in ganz Niederösterreich kein Zentralbüro und nur 77 Betriebe mit
weniger als 6 Beschäftigten je Betrieb (insgesamt 175 Beschäftigte). Da die Aufteilung
dieser Betriebe zwar nach Branchen für ganz Niederösterreich, nicht aber für die einzelnen politischen Bezirke bekannt ist, war es nicht möglich, sie in die Regionsabgrenzung
einzubeziehen. Wie man sieht, ist allerdings der sich daraus ergebende Fehler minimal.
Unerwünscht ist weiters der Einschluß der Zentralbüros und nicht produzierenden
Betriebsstätten einschließlich von Betrieben mit weniger als 6 Beschäftigten in den
Werten des Jahres 1974. Auch hier lassen sich nur Richtwerte für ganz Niederösterreich
geben: Im Dezember 1974 gab es in Niederösterreich 10 Zentralbüros mit 737 Beschäftigten
(exklusive Sägeindustrie, Filmindustrie, Gas- und Wasserwerke).
Infolge einer neuen Größenklassenabstufung (unter 20 Beschäftigte) ist die Zahl der
Betriebe unter 6 Beschäftigten nicht genau feststellbar: 1970 waren es 80 Betriebe in
Niederösterreich mit zusammen 191 Beschäftigten. Ihre Zahl dürfte vermutlich bis 1974
leicht angestiegen sein. Quelle: Auskunft der Bundeskammer der gewerblichen Wirtschaft,
Abt. Statistik.

Tabelle 1: Regionale Entwicklung der Industrie in Niederösterreich (1955–1974)

| Region | Gesamtentwicklung | | | | Standortdynamische Entwicklung | | | | | | | | | |
| | 1955[a] | | 1974[b] | | Neu-gründung | | davon (%) persistent | | Löschung | | Saldo[d] | | Saldo-quote (%)[e] | |
	B	AP	B	AP	B	AP	B	AP	B	AP	B	AP	B	AP
Grenzzone	211	21.280	248	21.901	152	5.937	73,8	82,2	114	2.991	37	2.826	17,5	15,3
Westliche Randzone	313	34.310	350	34.181	147	4.295	88,6	91,2	107	2.499	37	1.546	11,8	4,5
Wiener Becken	526	58.563	613	65.268	338	14.564	78,1	85,8	247	6.773	87	6.894	16,5	11,8
Niederösterreich	1.050	114.153	1.211	121.350	637	24.796	79,6	85,9	468	12.263	161	11.266	15,3	9,9
Wien[c]	2.108	183.424	1.835	159.937										

B = Betriebe, AP = Arbeitsplätze (= Beschäftigte). Zoneneinteilung siehe Abbildung 1.

a Ohne Zentralbüros, ohne Betriebe mit unter 6 Beschäftigten, mit USIA-Betrieben (= Betriebe unter ehemals sowjetischer Verwaltung).
b Mit Zentralbüro, mit Betrieben unter 6 Beschäftigten.
c Mit Zentralbüros und mit Betrieben mit unter 6 Beschäftigten. 1955 mit USIA-Betrieben.
d Saldo = Persistente Neugründungen minus gelöschte Betriebe.
e Saldoquote = Anteil des Saldos (= Nettozuwachs) an den Betrieben bzw. Beschäftigten des Jahres 1955.

3*

2. Raumwirtschaftliche Makrostruktur

Mit dem *Ballungsraum Wien — Wiener Becken* (fast 40⁰/o der Beschäftigten in der gewerblichen Sachgüterproduktion Österreichs) [11] umschließt Niederösterreich den weitaus größten industriellen Kernraum Österreichs. Addiert man die Angaben für Wien und Niederösterreich, so entfallen 1955 und 1974 ziemlich konstant jeweils rund 80⁰/o der Industriebeschäftigten der beiden Bundesländer auf diesen zentralen Wachstumspol.

Tabelle 2: Regionale Branchenstruktur 1955 und 1974 (in ⁰/o)

Industrie-zweig	1955 NÖ[a]	davon GZ	WR	WB	Wien[b]	1974 NÖ[c]	davon GZ	WR	WB	Wien
BE	5,9	0,6	8,0	6,6	1,3	2,5	0,2	1,9	3,7	2,1
E	6,2	25,1	1,7	2,0	2,5	4,4	15,8	—	2,9	1,7
S	5,4	9,6	5,8	3,7	2,3	5,0	6,8	6,3	3,7	1,7
Gl	1,5	2,9	0,4	1,5	0,7	1,7	3,3	0,3	1,9	0,5
C	7,9	0,2	5,0	12,3	6,5	14,8	1,7	9,3	22,0	10,0
Pe	4,3	—	5,9	4,8	0,2	2,7	—	4,6	2,6	0,2
Pv	0,5	—	0,2	0,8	3,3	1,4	0,5	0,3	2,3	2,8
Hv	3,7	3,7	6,9	1,9	2,7	5,1	5,7	9,3	2,8	1,9
N	10,2	31,3	5,5	5,2	11,6	7,3	16,6	7,0	4,4	12,1
Le	0,4	—	0,6	0,4	0,2	0,2	0,1	0,1	0,4	0,1
Lv	0,5	0,1	1,1	0,3	3,7	1,2	0,1	1,9	1,2	0,9
Gi	4,8	0,2	9,4	3,8	1,9	3,0	—	6,5	2,1	0,8
Me	2,1	—	2,1	2,9	0,4	1,9	—	2,2	2,3	0,5
Ma	7,9	1,1	10,5	8,8	12,3	9,0	1,5	11,4	10,2	13,0
F	0,1	—	0,1	0,1	4,5	1,7	0,8	1,5	2,2	6,4
Em	9,9	2,3	17,1	8,5	9,7	16,1	8,5	24,4	14,3	8,4
El	0,8	0,5	1,2	0,7	19,4	4,4	11,3	1,7	3,4	25,3
T	21,3	22,7	9,7	27,6	8,0	12,8	20,2	6,6	13,6	3,5
B	1,3	0,3	1,0	1,8	7,8	5,3	7,3	5,1	4,7	6,5
Zusammen	100,0	100,0	100,0	100,0	100,0	100,0	100,0	100,0	100,0	100,0

a Ohne Zentralbüros, ohne Betriebe mit unter 6 Beschäftigten, mit USIA-Betrieben (= Betriebe unter sowjetischer Verwaltung).
b Einschließlich Zentralbüros, Betrieben mit unter 6 Beschäftigten, 1955 zudem einschließlich USIA-Betrieben.
c Mit Zentralbüros und mit Betrieben mit unter 6 Beschäftigten.

Abkürzungen: NÖ = Niederösterreich, GZ = Grenzzone, WR = Westliche Randzone, WB = Wiener Becken (ohne Wien).
BE = Bergwerke und eisenerzeugende Industrie, E = Erdölindustrie,
S = Stein- und keramische Industrie, Gl = Glasindustrie, C = Chemische Industrie,
Pe = Papiererzeugende Industrie, Pv = Papierverarbeitende Industrie, Hv = Holzverarbeitende Industrie,
N = Nahrungs- und Genußmittelindustrie, Le = Ledererzeugende Industrie, Lv = Lederverarbeitende Industrie,
Gi = Gießereiindustrie, Me = Metallindustrie, Ma = Maschinen-, Stahl- und Eisenbauindustrie, F = Fahrzeugindustrie, Em = Eisen- und Metallwarenindustrie, El = Elektroindustrie,
T = Textilindustrie, B = Bekleidungsindustrie.

---

[11] SEIDEL, H.: Die Industriegebiete. In: Strukturanalyse, Bd. 2, S. 372 f.

Eine breite Branchenstreuung kennzeichnet diesen Industrieraum bereits zum Zeitpunkt des ersten Querschnittes (1955, Tabelle 2), wobei in der Branchenmenge beträchtliche Unterschiede zwischen der Stadt Wien und dem restlichen Wiener Becken bestehen: Während im Wiener Becken allein 40% aller Industriebeschäftigten auf Textilindustrie und chemische Industrie entfallen, besitzt Wien ein breiteres Spektrum, in dem Elektroindustrie, Maschinenindustrie und Nahrungsmittelindustrie (zusammen 43%) stärker hervortreten. Zudem sind in Wien die finalen Branchen (Papierverarbeitung, Lederverarbeitung, Maschinen-, Fahrzeug-, Elektro- und Bekleidungsindustrie) [12] relativ kräftiger entwickelt, während im Wiener Becken die vorgelagerten Branchen und Produktionsstufen vergleichsweise stärker in den Vordergrund treten (Tabelle 2).

Mit einem Industriebesatz [13] von 124 liegt das Wiener Becken weit über dem niederösterreichischen Durchschnitt (83), wobei im Bezirk Neunkirchen ein Wert von mehr als 200 Industriebeschäftigten pro 1000 Einwohner erreicht wird. Dies ist in erster Linie auf die Industriegasse des Schwarzatales mit arbeitsintensiven Großbetrieben der Stahlindustrie (Schöller-Bleckmann-Stahlwerk in Ternitz) und der chemischen Industrie (Semperit in Wimpassing) und auf den — seither stillgelegten — Steinkohlenbergbau in Grünbach am Schneeberg zurückzuführen.

Der Industriebesatz von Wien (113) liegt infolge der differenzierten Funktionen der Bundeshauptstadt etwas niedriger.

Die *westliche Randzone* umfaßte 1955 mit ca. 34.000 Beschäftigten rund 13% der industriellen Arbeitsplätze von Wien — Niederösterreich bzw. rund 30% der niederösterreichischen allein. Zu diesem Gebiet gehören naturräumlich außerordentlich heterogene Teile: Das relativ schwach industrialisierte, aber verkehrsgünstig gelegene Alpenvorland (Westbahn, Straße Wien — Linz) und das stark reliefierte südliche Waldviertel, das 1955 nur geringe Ansätze industrieller Entwicklung aufwies, beides Räume mit einem durchschnittlichen Industriebesatz von 50 bis 60.

Zu dieser Zone gehören aber auch die engen Voralpentäler (Traisen, Erlauf, Ybbs), die ihre frühe Industrialisierung auf der Basis der Eisenverarbeitung den Handelswegen vom Erzberg zur Donau und der historischen Standortgunst (Wasserkraft, Holzkohle) verdanken und die einen relativ hohen Industriebesatz aufweisen (z. B. Bezirk Lilienfeld: 147).

In dieser Zone finden sich — in einem noch weitgehend agrarisch bestimmten Feld — einzelne industrielle Kerne („Randkerne") — wie vor allem der Industrieraum Krems — St. Pölten — unteres Traisental —, die allerdings im Vergleich zum Zentralraum Wien — Wiener Becken nur regionale Bedeutung besitzen (z. B. Anteil des Industrieraumes Krems — St. Pölten — unteres Traisental an den Gesamtbeschäftigten der österreichischen Industrie, 1964: 1,7% [14]).

Mit einem Industriebesatz von 72 für die gesamte Randzone westliches Niederösterreich liegt sie deutlich unter dem niederösterreichischen Durchschnitt (83). Das breit entwickelte Branchenspektrum, in dem allerdings das Schwergewicht auf der traditionell verankerten eisen- und metallverarbeitenden Branche liegt (39% der Gesamtbeschäftigten gegen 24% im Wiener Becken), erinnert dabei an den Ballungsraum, die regional stark unterschiedliche indu-

---

[12] SEIDEL, H., a. a. O., S. 381.
[13] Industriebeschäftigte je 1000 Einwohner.
[14] SEIDEL, H., a. a. O., S. 376.

strielle Entwicklung dagegen weist eher auf die Charakteristika der Grenzzone hin.

Mit rund 21.000 Industriebeschäftigten besitzt die *Grenzzone* (1955) nur
8% der Gesamtbeschäftigten von Wien — Niederösterreich und hat den
geringsten Industrialisierungsgrad aller drei Regionen (Industriebesatz: 50).

Auch sie umfaßt große Teile sehr verschiedener Naturräume, auch hier
existiert ein Randkern traditioneller Prägung (Industrieraum Gmünd —
Heidenreichstein) mit hohem Industriebesatz (102) und historisch überkom-
mener einseitiger Branchenstruktur (56% der Industriebeschäftigten arbeiten
in der Textilindustrie). Demgegenüber fällt die industrielle Intensität der
übrigen Grenzzone stark ab. Nur im Osten schließt ein Raum mit vergleichbar
hohem Industriebesatz an, hervorgerufen durch Erdölfelder in der Nähe von
Zistersdorf und im Marchfeld (Anteil der Erdölindustrie an den Industriebeschäftigten im Bezirk Gänserndorf: 56%) und durch vereinzelte Groß-
standorte der Nahrungs- und Genußmittelindustrie (Tabakwerke in Hainburg,
Zuckerfabrik in Bruck an der Leitha), auf die im Bezirk Bruck an der Leitha
allein 64% der Industriebeschäftigten entfallen.

Hier zeigen sich bereits alle jene Strukturerscheinungen, welche für die
Grenzzone charakteristisch sind:

— sehr stark vereinfachte Branchenstruktur; zahlreiche Branchen sind überhaupt nicht oder kaum vertreten (von den 19 Branchen der Tabelle 2
  weisen nur 8 in der Grenzzone einen Anteil von mehr als 1% der Beschäftigten auf).

— Starkes Hervortreten einiger weniger Betriebszweige, die in vielen Teil-
  regionen absolut dominant werden, sodaß gerade die Bezirke mit hohem
  Industriebesatz (Gmünd, Gänserndorf, Bruck an der Leitha) fast Mono-
  struktur besitzen. In der gesamten Grenzzone entfallen allein 79% aller
  Beschäftigten auf die 3 Hauptbranchen (Nahrungsmittelindustrie, Erdölindustrie, Textilindustrie).

— Vor allem Nahrungs- und Genußmittelindustrie und Stein- und keramische Industrie erscheinen dabei als jene beiden Industriezweige, die
  überall dort überwiegen, wo historische Entwicklungsimpulse bzw. Erdöl
  fehlen und damit ein niedriger Industriebesatz vorherrscht. So entfallen
  etwa im Bezirk Bruck an der Leitha 64% der Industriebeschäftigten auf
  die Nahrungsmittelindustrie und 22% auf die Stein- und keramische
  Industrie, im Bezirk Hollabrunn 22% und 64%, im Bezirk Horn 33% und
  11%, im Bezirk Mistelbach 16% und 23%, sodaß hier überall diese beiden
  Branchen weit überdurchschnittlich hervortreten.

3. Die niederösterreichische Grenzlandförderung [15]

Das niederösterreichische Grenzland im Norden und Osten entlang der
Grenze zur Tschechoslowakei entwickelte sich seit dem 1. Weltkrieg und verstärkt nach 1945 zum größten österreichischen *Passivraum:* Weit unterdurchschnittliche kommunale Finanzkraft, unzureichende infrastrukturelle Ausstattung, wirtschaftliche Strukturschwächen und anhaltend hohe Abwanderungs-

---

[15] Zur Abgrenzung der Grenzgebiete und ihre Problematik vergleiche: REINING, H.:
Grenzlandförderung in Niederösterreich. Ber. z. Raumforschung u. Raumplanung, 19. Jg.,
Wien 1975, H. 4/5, S. 18—25. Ferner: Die Grenzgebiete Österreichs. Österr. Raumordnungs-
konferenz, Schriftenreihe Nr. 7, und: Untersuchungsergebnisse über die Gemeinden des
Grenzlandes. Amt d. Niederösterr. Landesregierung. Planungs- u. Entscheidungsgrund-
lagen Nr. 13, Wien 1974.

quoten, welche bei niedrigem Geburtenüberschuß die höchsten demographischen Verluste in ganz Österreich ergeben (1961—71: Bevölkerungsverlust von 13.595 Menschen oder 4,7% der Wohnbevölkerung 1961), kennzeichnen die sozio-ökonomische Situation dieses Raumes.

Aus dieser Problemsituation heraus ergibt sich das besondere Interesse für die regionalpolitische und insbesondere industrielle Entwicklung dieses Raumes.

Unter dem Oberziel der „dezentralen Konzentration der Industrie" wurden von der Abteilung „Dokumentation und Grundlagenforschung" der Niederösterreichischen Landesregierung eine Reihe von Industriezonen (Gmünd — Litschau, Zistersdorf — Hohenau, Waidhofen — Großsiegharts usw.) und von Mittelpunktsorten (Laa a. d. Thaya, Zwettl, Mistelbach, Hollabrunn) im Grenzgebiet als „industrielle Eignungszonen" angesehen [16].

Zudem hat das Land Niederösterreich eine Reihe von Sonderförderungsmaßnahmen für den Grenzlandbereich geschaffen. Neben einem „Raumordnungsprogramm zur Verbesserung der Grundausstattung in den Gemeinden des Grenzlandes", welches seit 1974 vor allem infrastrukturellen Förderungszielen und einem besonderen Grenzlandförderungsprogramm für die Landwirtschaft [17] dient, erfolgt seit 1971 eine spezifische Industrieförderung im Grenzgebiet: Unternehmungen, die im Zuge von Betriebsstättenneugründungen oder -erweiterungen mindestens 10 neue Dauerarbeitsplätze schaffen, erhalten Zuschüsse für die Anschaffung oder Herstellung von Wirtschaftsgütern des Anlagevermögens [18].

Es ist noch zu früh, die Wirksamkeit dieser Förderungsmaßnahmen auf die industrielle Entwicklung des Grenzlandes abschätzen zu können. Dennoch können Analysen des bisherigen Verlaufes der Entwicklung einen wesentlichen Beitrag zum Verständnis der wichtigsten Zusammenhänge, Gesetzmäßigkeiten und regionalen Differenzierungen aufzeigen.

4. Die standortdynamische Entwicklung der niederösterreichischen Industrie (1955—1974)

4.1. Entwicklung der Betriebsneugründungen und -stillegungen

Die Entwicklung der Betriebsneugründungen in Niederösterreich zeigt 3 deutliche Maxima (1958/60, 1964/66 und 1971), die jeweils mit gesamtwirtschaftlichen Konjunkturphasen zusammenfallen. Den gleichen Bewegungsrhythmus zeigt auch die Kurve der Neugründungen im Grenzgebiet, wobei hier allerdings die Entwicklung mit einer charakteristischen Verspätung ab 1960 einsetzt.

---

[16] Untersuchung über Industrieeignungszonen in Niederösterreich. Amt d. Niederösterreichischen Landesregierung, Planungs- und Entwicklungsgrundlagen Nr. 1, Wien 1969.

[17] 1974 wurden dazu Mittel in der Höhe von insgesamt 140 Mill. S. bereitgestellt, welche schwerpunktmäßig der landwirtschaftlichen Strukturverbesserung (landwirtschaftliche Regionalförderung, landwirtschaftlicher Wasserbau, Geländekorrekturen usw.) und der Infrastrukturverbesserung (Verkehrsaufschließung, Elektrifizierung, Telefonanschlüsse usw.) dienen (Quelle: Die gewerbliche Wirtschaft Niederösterreichs, 1974, S. 9).

[18] Verordnung der Niederösterreichischen Landesregierung vom 27. 10. 1971 über ein Raumordnungsprogramm zur Schaffung, Verbesserung oder Sicherung geeigneter Standorte für Betriebe des güterproduzierenden fernbedarfstätigen Gewerbes und der Industrie. Der Zuschuß beträgt 10.000—20.000 S je neu geschaffenem Dauerarbeitsplatz, differenziert nach dem Standort (Ausbaustandort — Gemeinden mit über 1000 Einwohner — sonstige Grenzlandgemeinden).
1973 wurden Grenzlandförderungszuschüsse an 10 Betriebe mit insgesamt 450 neuen Dauerarbeitsplätzen in der Höhe von 5 Mill. S gezahlt, 1974 erhielten insgesamt 30 Betriebe Zuschüsse in der Höhe von 10 Mill. S (Die gewerbliche Wirtschaft Niederösterreichs, 1973, S. 13 und 1974, S. 8).

Man kann festhalten, daß der industrielle Neugründungsprozeß eine starke Konjunkturreagibilität zeigt, die sich darin äußert, daß in Phasen der Hochkonjunktur eine verstärkte Neugründungstätigkeit stattfindet, während bei Abschwungphasen der Wirtschaft die kostenintensive Neugründungstätigkeit zurückgestellt wird und dafür die Betriebsstillegungen ansteigen.

Von besonderer Bedeutung für den Verlauf der Industrialisierung in Niederösterreich ist die Stellung, die Wien als Auslagerungszentrum von Betriebsstätten zukommt: Es sind in steigendem Maße Wiener Betriebe, welche vornehmlich aus Gründen der Deckung des Fehlflächenbedarfes bzw. des Arbeitskräftebedarfs Teil- und Vollauslagerungen aus dem Wiener Industrieraum vollziehen [19]. Ihr Anteil an den gesamten Neugründungen in Niederösterreich und im Burgenland ist von rund 10% (1955—60) auf fast 60% in den Jahren 1970—74 angestiegen.

4.2. Die Betriebsgröße

Die Betriebsgröße muß als eines der wichtigsten Merkmale industrieller Struktur angesehen werden, da mit zunehmender Betriebsgröße im allgemeinen auch die „Betriebsqualität" (technische Ausstattung, Arbeitsproduktivität, Investitionsintensität, Lohnniveau) ansteigt [20].

Die durchschnittliche Betriebsgröße der 1955—74 in Niederösterreich gegründeten Betriebe betrug 38 Beschäftigte. Allerdings sagt dieser Wert wenig

Tabelle 3: Größenstrukturen des Betriebsbestandes und der Betriebsneugründungen

| Größenklassen NÖ (Beschäftigte) | Betriebsbestand | | | | Betriebsneugründungen 1955—1974 | | | | |
| | NÖ 1974[a] | | Wien 1972[b] | | (in %) | | | Auslagerungen[c] | |
	absolut	in %	absolut	in %	GZ	WR	WB	NÖ	aus Wien
unter 20	467	38,1	899	44,4	56,7	52,0	51,6	52,6	41,6
21—50	321	26,2	485	24,0	26,9	32,4	27,9	29,1	30,9
51—100	182	14,8	268	13,2	9,6	9,8	13,6	11,8	17,3
101—250	141	11,5	234	11,6	3,8	4,9	4,7	4,7	7,2
251—500	66	5,4	76	3,8	2,9	1,0	1,2	1,4	2,3
501—1000	35	2,9	42	2,1	—	—	0,9	0,5	0,6
über 1000	15	1,2	20	1,0	—	—	—	—	—
Insgesamt (absolut)	1.227	100,0	2.024	100,0	102	135	395	632	346

Abkürzungen: GZ = Grenzzone, WR = Westliche Randzone, WB = Wiener Becken (ohne Wien), NÖ = Niederösterreich.
[a] Die gewerbliche Wirtschaft Niederösterreichs, 1974, S. 172. Betriebsstätten einschließlich Zentralbüros.
[b] Statistisches Jahrbuch der Stadt Wien, 1972, S. 176.
[c] Auslagerungen aus Wien nach Niederösterreich und Burgenland 1955—1973 (WIST-Studien).

---

[19] Mit diesen Auslagerungen von Wiener Betrieben beschäftigt sich eine Reihe von Studien des Wiener Institutes für Standortberatung (WIST), die vom Magistrat der Stadt Wien in Auftrag gegeben wurden.
[20] Die entsprechenden Zusammenhänge werden in der Arbeit von BOBEK, H. und STEINBACH, J.: Die Regionalstruktur der Industrie Österreichs, a. a. O., S. 9 ff. und S. 46 f., aufgezeigt.

aus, da wesentliche Unterschiede in zeitlicher, branchenweiser und räumlicher Hinsicht bestehen [21]:

— Wurden in der ersten Hauptgründungsphase (1958—60) mehrere Groß-betriebe (z. B. Brown Boveri und Eumig in Wiener Neudorf, Triumph International in Wiener Neustadt, Ergee in Schrems) gegründet, welche die durchschnittliche Betriebsgröße des Jahres 1958 auf 130 Beschäftigte anschwellen ließen, so waren die folgenden Jahre durch einen ständigen Rückgang der Betriebsgrößen gekennzeichnet, die sich schließlich bei einem Wert von etwa 20 Beschäftigten einpendelten. Dieses Phänomen kann als Indikator für eine industrielle Neugründungstätigkeit gedeutet werden, die sich vor dem Hintergrund zunehmender Arbeitskräfteknappheit voll-zieht, welche zu einer Aufsplitterung der Neugründungen in zahlreiche kleine, im Raum verstreute Einheiten führt.

Tabelle 4: Größenstruktur nach Branchen (durchschnittliche Betriebsgröße)

	Bestehende Betriebe 1974 NÖᵃ Wienᵃ					Neugründungen 1955—1974				NÖ u. Wien 1974
			GZ	WR	WB	NÖ	GZ	WR	WB	
BE	92,2	199,9	8,3	30,8	295,4	—	—	—	—	128,8
E	532,5	270,1	493,4	—	623,7	—	—	—	—	401,3
S	46,5	43,6	42,2	53,7	43,9	32,3	21,1	28,5	28,9	45,5
Gl	157,2	52,6	237,7	31,7	176,4	23,3	48,0	15,5	25,3	104,9
C	128,7	68,0	23,3	109,3	152,6	31,9	14,7	28,4	36,0	90,3
Fe	179,9	27,5	—	174,4	185,3	—	—	—	—	118,9
Pv	77,3	60,9	47,5	25,0	94,1	32,2	85,0	15,3	32,1	64,7
Hv	55,7	29,4	54,1	65,9	44,5	25,4	13,5	23,6	32,5	43,1
N	78,8	112,9	110,1	95,1	52,2	38,6	70,4	33,0	26,5	99,6
Le	33,7	16,4	20,0	3,5	52,3	—	—	—	—	26,5
Lv	107,9	45,2	19,0	130,4	104,6	45,8	9,8	32,3	77,9	63,3
Gi	123,3	58,9	—	17,7	80,2	36,8	—	94,0	25,4	96,3
Me	107,2	43,7	—	249,7	83,4	22,9	25,0	—	22,5	79,7
Ma	96,1	108,0	36,2	121,7	92,2	36,2	30,1	23,9	42,3	104,3
F	73,9	153,8	55,7	83,7	73,7	95,7	52,0	5,0	140,5	130,5
Em	138,1	52,5	93,2	153,9	138,7	51,2	31,8	26,5	66,5	82,5
El	137,8	289,2	353,2	83,3	90,8	77,9	100,2	68,0	74,5	257,4
T	110,6	35,3	77,4	118,8	137,8	43,3	73,1	15,0	24,4	70,7
B	68,1	46,5	59,3	56,0	84,8	37,9	27,5	33,8	54,8	52,8
Zusammen	100,2	87,2	88,3	97,7	106,5	38,9	39,1	29,2	43,1	92,3

Abkürzungen: siehe Anmerkungen zur Tab. 2.
Einschließlich Zentralbüros und Verkaufsniederlassungen und Betriebe mit weniger als 6 Beschäftigten.

---

[21] Um den Wert der Beschäftigtenmeldung von neugegründeten Betrieben abschätzen zu können, ist es notwendig, den Erhebungsvorgang zu durchleuchten: Die Aufnahme eines Betriebes als „neugegründet" erfolgt mit der Anmeldung der Gewerbeberechtigung bei der zuständigen Gewerbebehörde. Ab Aufnahme der Produktion müssen monatliche Produktionsmeldungen erstellt werden, wobei auch die Zahl der Beschäftigten ange-geben werden muß. Die erste Beschäftigtenmeldung wird als Betriebsgröße der Neu-gründung vermerkt. Zwischen Anmeldung der Gewerbeberechtigung und Produktions-aufnahme können mitunter Jahre liegen.

— Ebenso zeigt sich eine branchenweise Differenzierung. Dabei besteht ein deutlicher Zusammenhang zwischen der durchschnittlichen Betriebsgröße einer Branche des Betriebsbestandes 1974 und der Betriebsgröße der entsprechenden Neugründungen. Dazu wurde die durchschnittliche Betriebsgröße der Wiener und der niederösterreichischen Betriebe des Jahres 1974 berechnet und mit den branchenspezifischen Betriebsgrößen der Neugründungen verglichen (Tabelle 4).

Im Mittel weisen die bestehenden Betriebe eine 2,4 mal größere Beschäftigtenzahl auf als die neugegründeten Betriebe. Branchen mit überdurchschnittlich hoher Beschäftigtenzahl in beiden Fällen sind die Elektroindustrie und die Fahrzeugindustrie; extreme Kleinstruktur weisen die Holzverarbeitung, die Stein- und keramische, papierverarbeitende und Metallindustrie auf.

— Das Wiener Becken besitzt nicht nur eine Struktur, in der die größeren Betriebe überdurchschnittlich stark vertreten sind, sondern es weist auch die im Durchschnitt größten Betriebsneugründungen auf — Hinweis auf eine relativ kontinuierliche Entwicklung, wie sie sich auch in der Branchenstruktur widerspiegelt.

Demgegenüber zeigt sich in der Grenzzone eine Diskrepanz zwischen einer weit unterdurchschnittlichen Betriebsgrößenstruktur der bestehenden Betriebe und einer über dem Durchschnitt liegenden Größe der Betriebsneugründungen. Der traditionelle kleinstrukturierte Raum wird hier von einer Neugründungsschicht überlagert, die vergleichsweise große Betriebe aufweist. Dazu gehören Neugründungen mit mehr als 200 Beschäftigten, wie Ergee in Schrems oder Huber in Hollabrunn.

4.3. Die Branchenstruktur

Nimmt man die Neugründungen in ihrer Gesamtheit, so weisen diese eine relativ breite Branchenstreuung auf (Tabelle 5). Das Schwergewicht liegt aber auf Bekleidungs-, Eisen- und Metallwaren-, Textil- und chemischer Industrie, auf die zusammen 54% der neugegründeten Arbeitsplätze entfallen. Werden dem die Betriebslöschungen als Negativprozeß gegenübergestellt, so zeigt sich hier eine recht unterschiedliche Branchenzusammensetzung. Die Textilindustrie, die auch bei den Neugründungen eine wichtige Rolle spielt, steht hier an erster Stelle (25% aller gelöschten Arbeitsplätze). Sie erweist sich als die große Nettoverlustbranche der niederösterreichischen Industrie, die 1955—1974 einen Nettoverlust von 20 Standorten und 316 Arbeitsplätzen erfuhr [22]. Ähnliches gilt für die Stein- und keramische Industrie, deren Anteil bei den Betriebslöschungen 16% beträgt. Auch sie weist — ebenfalls bei sehr starkem Anteil bei den Neugründungen (10%) — einen Nettoverlust von 7 Betrieben auf, allerdings bei positiver Entwicklung der Beschäftigten. Dahinter steckt ein bedeutender Umstrukturierungsprozeß dieser Branche, der dazu führt, daß zahlreiche kleine Ziegeleien und Steinbrüche eingestellt werden und andererseits größere Betriebseinheiten entstehen, die andere Baumaterialien erzeugen (Betonwaren und -fertigbauteile, Gipsplatten usw.) und damit auch ganz neue Standorte bevorzugen. Die räumlich differenzierten Auswirkungen dieses Prozesses spiegeln sich im Nettoverlust dieser Branche in der Grenzzone und im Nettogewinn des Wachstumspoles Wiener Becken wider.

---

[22] Bei der Aufstellung derartiger standortdynamischer Bilanzen ist der Betriebsstättenentwicklung gegenüber der Arbeitsplatzentwicklung eindeutig der Vorzug zu geben.

Somit bestehen regional sehr wesentliche Unterschiede sowohl hinsichtlich der Branchenstreuung als auch der Branchenzusammensetzung:

(a) Die *Grenzzone* weist eine sehr einseitige Neugründungsstruktur auf, ähnlich wie sie auch eine wenig aufgefächerte Ausgangszusammensetzung ihrer Industriezweige besessen hat: Die 4 wichtigsten Neugründungsbranchen (Textilindustrie, Bekleidungsindustrie, Nahrungsmittel- und Elektroindustrie) machen hier zusammen allein 74% aller neugegründeten Arbeitsplätze aus (57% der neugegründeten Betriebe).

Die Löschungsstruktur unterscheidet sich davon lediglich dadurch, daß an 4. Stelle nicht die Elektroindustrie sondern die Stein- und keramische Industrie steht. Auch hier entfallen allein 77% aller gelöschten Betriebe auf nur 4 Branchen.

Neben dem Bergbau (Einstellung des Braunkohlenbergbaus Langau bei Retz) sind die Stein- und keramische Industrie und die Nahrungsmittelindustrie die Nettoverlustbranchen, die mehr gelöschte als neugegründete Standorte aufweisen. Den bedeutendsten Nettozuwachs haben dagegen die Bekleidungsindustrie (+ 25 Betriebe) und die Eisen- und Metallwarenindustrie (+ 10 Betriebe).

(b) In der *westlichen Randzone* ist die Branchenstreuung breiter; 61% aller neugegründeten Arbeitsplätze und 62% der Betriebe entfallen hier auf die 4 wichtigsten Branchen. Die Branchenzusammensetzung weist charakteristische Unterschiede gegenüber der Grenzzone auf: Ähnlich wie im Wiener Becken spielt die Textilindustrie bei den Neugründungen nur eine untergeordnete Rolle. An ihre Stelle tritt die Eisen- und Metallwarenindustrie, welche neben der Bekleidungsindustrie den größten Nettogewinn bei den Betrieben aufweist (+ 6 Betriebe). Dafür existiert eine Reihe von Branchen mit Nettoverlusten, wie die holzverarbeitende, papierverarbeitende, Nahrungsmittel- und Gießereiindustrie.

(c) Die stärkste Branchendifferenzierung bei den Neugründungen weist der industrielle *Ballungsraum Wiener Becken* auf, wo auf die 4 Hauptbranchen 56% der neugegründeten Arbeitsplätze entfallen. Neben der Bekleidungsindustrie sind es die Eisen- und Metallwaren-, die chemische und die Elektroindustrie, also eine Branchenstruktur, welche sowohl Wachstumsbranchen der Grenzzone als auch des westlichen Niederösterreichs enthält. Anders als bei den übrigen Teilräumen ist allerdings die Nettoentwicklung, denn mit Ausnahme der negativen Entwicklung des Bergbausektors ist nur die Textilindustrie Betriebszweig mit negativer Standortentwicklung. Diese Branche allein hat allerdings 23 Betriebe verloren.

Die meisten Nettogewinne verzeichnen die in allen Teilräumen stark vertretene Bekleidungsindustrie (+ 22 Betriebe), die chemische Industrie (+ 23 Betriebe) und der gesamte Sektor der Eisen und Metall verarbeitenden Industrie (+ 37).

Es ist zu vermuten, daß die Branchenstruktur der Neugründungen durch jene der Ausgangssituation stark beeinflußt wird, da sich standortdynamisches Wachstum in der Regel in bedeutendem Maße in Form von Neugründungen von Teilbetrieben vollzieht. In diesem Fall kann der rein prozentmäßige Anteil an den gesamten neugegründeten Arbeitsplätzen die Frage nach der Neugründungsintensität nicht beantworten.

Tabelle 5: Branchenstruktur der standortdynamischen Entwicklung (in %)

	Betriebsneugründungen								Betriebslöschungen							
	GZ		WR		WB		NÖ		GZ		WR		WB		NÖ	
	B	AP	B	AP	B	AP	B	AP	B	AP	B	AP	B	AP	B	AP
BE	—	—	—	—	—	—	—	—	0,9	3,9	2,7	9,1	1,6	11,7	1,7	9,4
E	—	—	—	—	—	—	—	—	—	—	—	—	—	—	—	—
S	9,9	5,3	12,2	11,9	10,7	7,0	10,7	7,4	27,8	16,3	15,5	9,8	10,4	6,6	15,8	9,5
Gl	0,7	0,8	2,7	1,4	0,9	0,5	1,3	0,8	—	—	1,8	6,0	0,4	0,2	0,6	1,4
C	7,2	2,7	8,2	7,9	16,6	13,9	12,4	10,2	6,1	1,8	6,4	5,5	13,1	8,0	9,9	6,0
Pu	0,7	1,4	2,0	1,1	3,8	2,9	2,7	2,2	—	—	4,5	10,6	2,7	5,6	2,3	5,3
Hu	7,2	2,5	15,0	12,1	7,1	5,3	8,9	5,8	7,0	2,7	22,7	25,5	8,0	2,7	11,1	7,3
N	7,2	13,0	4,1	4,6	7,7	4,7	6,8	6,7	11,3	5,0	6,4	2,0	10,0	6,0	9,5	5,0
Lu	2,6	0,7	4,1	4,5	2,1	3,7	2,7	3,1	2,6	6,6	2,7	0,7	2,8	4,0	2,7	3,9
Gi	—	—	0,7	2,2	1,5	0,9	0,9	0,9	—	—	1,8	1,6	0,8	0,1	0,8	0,4
Me	0,7	0,4	—	—	1,8	0,9	1,1	0,6	—	—	—	—	0,4	0,1	0,2	0,0
Ma	4,6	3,6	8,2	6,7	9,2	9,0	7,8	7,3	3,5	1,7	10,0	14,2	6,0	4,9	6,3	6,0
F	1,3	1,8	0,7	0,1	1,2	3,9	1,1	2,7	—	—	0,9	1,5	1,2	14,9	0,8	8,7
Em	8,6	7,0	10,9	9,9	12,4	19,2	11,1	14,6	2,6	1,7	9,1	4,6	12,0	5,9	9,0	4,6
El	3,3	8,0	3,4	7,9	5,3	9,2	4,4	8,8	9,9	5,0	0,9	0,1	3,6	2,4	2,3	2,5
T	17,1	32,1	4,1	2,1	9,5	5,4	10,0	11,2	20,9	36,3	4,5	3,6	21,9	24,3	17,6	22,8
B	28,9	20,4	23,8	27,5	10,7	13,5	18,1	17,6	16,5	19,2	10,0	5,2	5,6	2,7	9,2	7,0
Zusammen	152	5.937	147	4.295	338	14.564	637	24.796	115	3.111	110	2.749	258	7.670	476	13.530

Quelle: Kartei der Handelskammer Niederösterreich. Industriestatistik.
Abkürzungen: siehe Anmerkungen zu den Tabellen 1 und 2.

Bezieht man daher die neugegründeten Betriebe (bzw. Arbeitsplätze) auf je 100 Betriebe (Arbeitsplätze) der entsprechenden Branche zum Ausgangszeitpunkt (1955), so mißt man die *Neugründungsquote* als Maß für den branchenspezifischen Trend, das Wachstum in Form von Betriebsneugründungen zu vollziehen. Hier steht die Bekleidungsindustrie (500% der Betriebe 1955) an erster Stelle, gefolgt von der lederverarbeitenden Industrie mit einer Quote von 189, der Elektroindustrie (133), der papierverarbeitenden Industrie (106) und der Glasindustrie (100). Es sind also in erster Linie Betriebe der Finalproduktion und konsumnahe Branchen, welche in den letzten 20 Jahren den Betriebsneugründungsprozeß vorangetrieben haben, während Erstverarbeitungsstufen (Gießereiindustrie mit Quote 22, ledererzeugende Industrie, Bergwerke und eisenerzeugende Industrie, papiererzeugende Industrie mit Quote 0, Textilindustrie mit Quote 40) entweder überhaupt keine Neugründungen aufweisen oder nur niedrige Neugründungsquoten besitzen.

Zudem handelt es sich bei den neugründungsintensiven Branchen in erster Linie um solche, die entweder kapitalextensiv (Elektroindustrie) oder lohnextensiv (Bekleidungsindustrie, lederverarbeitende Industrie) sind [23], wobei zu vermuten ist, daß die Komplexität der einzelnen Branchen diese Zusammenhänge noch stärker verwischt.

4.4. *Die Persistenz der neugegründeten Betriebe*

Zwischen 1955 und 1974 wurden insgesamt 128 Betriebe oder 20% der Betriebsneugründungen mit 14% der Arbeitsplätze wieder stillgelegt. Der Hauptteil der Löschungen erfolgt dabei bereits in den ersten Jahren nach

Abb. 2

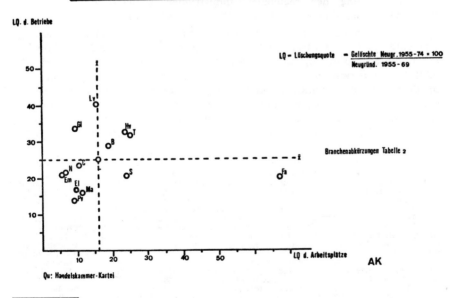

DIE PERSISTENZ VON BETRIEBSNEUGRÜNDUNGEN

Qu: Handelskammer-Kartei

---

[23] BOBEK, H. u. STEINBACH, J., a. a.O., S. 5.

der Betriebsgründung: So wurden bis zum 3. Jahr nach der Neugründung
bereits 53%, bis zum 5. Jahr 66% aller Löschungen vollzogen. Aus diesem
Grund ist es besser, die Löschungsquote (Abbildung 2) nicht auf die Neugründungen 1955—74 zu beziehen, sondern nur jene zu betrachten, die in den
Jahren 1955—69 neu entstanden sind: Dabei zeigt sich, daß im Mittel 25% aller
Betriebe mit 17% aller Arbeitsplätze wieder gelöscht wurden, wobei kleinere
Betriebe eine höhere Löschungsquote besitzen als größere.

Abbildung 2 zeigt die branchenspezifischen Löschungsquoten nach Betrieben
und Arbeitsplätzen: Überdurchschnittlich hohe Löschungen weisen die lederverarbeitende, Glas-, holzverarbeitende, Textil- und Bekleidungsindustrie auf,
Branchen also, deren Kapital- und Lohnintensität unter dem Durchschnitt
liegt [24].

Dagegen besitzen die kapital- und lohnintensiven Branchen eine hohe
Persistenz (Papierverarbeitende, Maschinen-, Elektro-, Nahrungsmittelindustrie).

Da die Leichtindustrien den größten Anteil an den Betriebsneugründungen
der Grenzzonen besitzen, liegt hier auch die Löschungsquote weitaus am
höchsten (Tabelle 1). Aber auch der Wachstumspol Wiener Becken weist noch
eine über dem niederösterreichischen Durchschnitt liegende Löschungsquote auf.

5. Die Umformung der raumwirtschaftlichen Makrostruktur durch standort dynamische und standortstabile Prozesse

Nach der Analyse der standortdynamischen Komponente muß an die Spitze
dieses Kapitels die Frage gestellt werden, in welcher Weise sich die gesamtindustrielle Entwicklung vollzog und inwieweit die Standortdynamik dazu
beigetragen hat. Zur Beantwortung wird ein Querschnittsvergleich zwischen
dem Basisjahr 1955 und dem Endjahr 1974 angestrebt, in den der mittels Längsschnittmethode gewonnene Neugründungsvorgang einbezogen wird.

Zur Messung der regionalen industriellen Entwicklung wurden der
Industrialisierungsquotient und die „Shift-Analyse" verwendet [25].

Tabelle 6 stellt den Industriebesatz 1955 und 1974, den Industrialisierungsquotienten und die Shift-Analyse einander gegenüber: Während der Industriebesatz die Stärke der Industrialisierung zu einem bestimmten Zeitpunkt mißt,
mißt der Industrialisierungsquotient die Entwicklung der Industriebeschäftigten
im Vergleich zur Entwicklung der Gesamtbevölkerung. Die Shift-Analyse mißt
dagegen mit dem Regionalfaktor die Entwicklungsdynamik der einzelnen
Regionen an jener von Gesamt-Niederösterreich. Dabei zeigt der Strukturfaktor, wie sich die Regionen auf Grund ihrer Ausgangsbranchenstruktur (1955)

---

[24] BOBEK, H. und STEINBACH, J., a. a. O., S. 5 ff. Die Glasindustrie, die von diesen Autoren als lohn- und investitionsintensiv eingestuft wird, weist in der vorliegenden
Untersuchung eine hohe Löschungsanfälligkeit auf. Möglicherweise wird aber hier der
hohe Prozentwert durch die kleine Bezugsmasse (6 neugegründete Betriebe) verfälscht.
[25] Der Industrialisierungsquotient wird berechnet nach der Formel: Industrialisierungsquotient = Industriebesatz 1974 gebrochen durch Industriebesatz 1955.
Die „Shift-Analyse" gehört bereits zu den Standardmethoden der empirischen Regionalforschung. Es erübrigt sich daher, an dieser Stelle auf den Berechnungsvorgang
einzugehen. Vergleiche dazu: KLEMMER, P.: Die Shift-Analyse als Instrument der Regionalforschung. Veröff. d. Akad. f. Raumforschung u. Raumplanung, Forschungs- u.
Sitzungsber. Bd. 87, Hannover 1973, S. 117—129. MÜLLER, H.: Methoden zur regionalen
Analyse und Prognose. Taschenbücher zur Raumplanung, Bd. 1, Hannover 1973.
STRUNZ, J.: Die Industrieansiedlungen in der Oberpfalz in den Jahren 1957 bis 1966.
Regensburger Geogr. Schr., H. 4, Regensburg 1974, S. 23—36.
Eine Shift-Analyse für Niederösterreich wurde für den Zeitraum 1955 bis 1968 durchgeführt von PERNITZ, K.: Die Industrieneugründungen Niederösterreichs zwischen 1955
und 1968. Kulturberichte. Mai 1970.

hätten entwickeln müssen; der Standortfaktor gibt die Gesamtheit der Standorteinflüsse wider.

Aus diesen Strukturdaten lassen sich folgende Aussagen ableiten:

(1) Der *Grenzraum* weist — gemessen an der Beschäftigtenentwicklung von Niederösterreich — eine industrielle Entwicklung auf, die unter dem niederösterreichischen Durchschnitt liegt. Diese Entwicklung ist auf die ungünstige Branchenstruktur zurückzuführen, welche im Ausgangsjahr 1955 durch ein starkes Hervortreten von Stagnationsbranchen (Erdölindustrie, Nahrungsmittelindustrie, Textilindustrie) gekennzeichnet war. Tatsächlich hat sich der Grenzraum günstiger entwickelt, als seiner Branchenstruktur entspricht. Dies dürfte zu einem wesentlichen Teil auf die Betriebsneugründungen zurückzuführen sein. Stellt man eine standortdynamische Bilanz auf (Tabelle 1), so ergibt sich ein Betriebszuwachs von 37 Betrieben oder 18% der 1955 vorhandenen Betriebe. Somit hat der Grenzraum mehr als jeder andere Teilraum von den vorhandenen Ausbreitungseffekten profitiert. Ohne die Betriebsneugründungen wäre seine Beschäftigtenentwicklung negativ verlaufen!

Trotz einem im Vergleich zur gesamtniederösterreichischen Beschäftenentwicklung etwas geringeren Wachstum hat sich hier dennoch der stärkste „Industrialisierungseffekt" ergeben (Industrialisierungsquotient: 1,06), da die Bevölkerungsentwicklung gleichzeitig negativ verlaufen ist.

Die geringste Entwicklung hat der Raum Bruck a. d. Leitha — Gänserndorf genommen, wobei die Beschäftigtenabnahme stärker war als die gleichzeitige Abnahme der Bevölkerung. Nur in Bruck an der Leitha spielt dabei die ungünstige Branchenstruktur eine wesentliche Rolle. Zum Teil ist dies auf Branchen zurückzuführen, die eine überdurchschnittlich straffe Rationalisierung durchführten (z. B. Tabakwerke Hainburg), zum Teil aber zweifellos auch auf echte Standorteinflüsse: Gerade im „Windschatten" östlich von Wien befindet sich ein Raum mit starker agrarischer Prägung und gering entwickelter industrieller Infrastruktur (Mängel im Verkehrswesen, Wasserfehlbedarf im Marchfeld), dessen Bevölkerung zudem im unmittelbaren Pendlereinzugsbereich von Wien lebt. Die Anreize für Industrieneugründungen sind hier daher geringer als in anderen Gebieten, weil die wichtigsten Standortansprüche (Verkehrslage, Arbeitsmarkt) in konkurrierenden Räumen günstiger zur Verfügung stehen.

Alle übrigen Teile des Weinviertels und Waldviertels verzeichneten eine überdurchschnittliche Entwicklung, wobei die Bezirke Hollabrunn und Horn — bei allerdings niedrigem Industriebesatz im Ausgangsjahr — die höchsten Wachstumsimpulse erzielten. Nur in wenigen Fällen ist dies auf eine günstige Ausgangsstruktur des Branchenspektrums zurückzuführen, zumeist zeigt der über 1,00 liegende Standortfaktor, daß hier externe Vorteile (etwa in Form eines günstigen Arbeitsmarktes) vorhanden waren.

(2) Das von allen Teilräumen geringste Wachstum besitzt die *Region westliches Niederösterreich*, obwohl ihre Branchenstruktur zahlreiche Wachstumsbranchen beinhaltet. Mit Ausnahme des Bezirkes Krems, der das kräftigste Wachstum zeigt, verrät der unter 1,00 liegende Standortfaktor ein Überwiegen von „Standortnachteilen" (etwa: geringe räumliche Expansionsmöglichkeit in den engen Voralpentälern, Ausschöpfung des Arbeitskräftepotentials, ungünstige Verkehrsinfrastruktur), wobei die Bezirke mit hohem Flächenanteil in den Voralpen (Scheibs, Lilienfeld) die geringsten Standort-

Tabelle 6: Die regionale industrielle Entwicklung

Bezirke Regionen	Industrie-besatz		Indu-striali-sierungs-quotient	Shift-Analyse		
				Regio-nal-faktor	Struktur-faktor	Stand-ort-faktor
	1955	1974				
Bruck an der Leitha	101,6	55,6	0,55	0,51	0,76	0,68
Gänserndorf	110,2	90,9	0,82	0,77	1,01	0,76
Gmünd	102,0	145,3	1,42	1,32	0,94	1,40
Hollabrunn	5,2	12,2	2,35	2,07	1,17	1,76
Horn	12,1	28,3	2,34	2,12	0,92	2,30
Mistelbach	17,2	20,9	1,21	1,07	0,88	1,22
Waidhofen a. d. Thaya	49,8	70,4	1,41	1,28	0,66	1,95
Zwettl	6,6	10,2	1,55	1,46	1,37	1,05
Grenzzone	50,4	53,4	1,06	0,97	0,83	1,16
Amstetten	67,3	74,2	1,10	1,13	1,31	0,86
Krems a. d. Donau	50,2	67,8	1,35	1,28	1,08	1,19
Lilienfeld	146,7	131,8	0,90	0,84	1,17	0,72
Melk	47,7	48,4	1,01	1,01	1,26	0,80
St. Pölten	95,3	79,2	0,83	0,82	1,22	0,68
Scheibbs	55,6	44,2	0,79	0,79	1,29	0,61
Tulln	54,0	33,2	0,61	0,60	0,67	0,89
Westl. Randzone	71,5	67,8	0,95	0,94	1,19	0,79
Baden	143,1	164,9	1,15	1,15	1,08	1,07
Korneuburg	71,9	81,9	1,14	1,13	1,15	0,98
Mödling	100,5	147,1	1,46	1,61	1,36	1,18
Neunkirchen	201,7	142,2	0,71	0,66	0,35	1,90
Wiener Neustadt	101,3	112,1	1,11	1,08	1,03	1,05
Wien-Umgebung	94,4	111,9	1,19	1,18	0,96	1,22
Wiener Becken	124,2	130,6	1,05	1,05	1,09	0,96
Niederösterreich	83,0	85,8	1,03	—	—	—

vorteile besitzen. Obwohl hier die Eisen- und Metallwarenindustrie — eine der bedeutendsten niederösterreichischen Wachstumsbranchen (Index 1974 = 173, wenn 1955 = 100) — sehr stark vertreten ist (1955 im Bezirk Scheibbs mit 48⁰/₀ der Beschäftigten, im Bezirk Lilienfeld mit 40⁰/₀), sind hier die Standortnachteile so groß, daß eine Entwicklung aus der bestehenden Industrie heraus fehlt. Ebenso fehlen Standortanreize für jene Branchen, die eine hohe Neugründungsintensität aufweisen. Somit ist das niederösterreichische Voralpengebiet jene Region, welche — bei günstiger Branchenstruktur — die ungünstigste Entwicklung aufweist. Nur die Bezirke an der Donau und im Alpenvorland (Amstetten, Krems, Melk) konnten sich überdurchschnittlich entwickeln.

(3) Von allen Teilräumen verzeichnete nur der Agglomerationsraum *Wiener Becken* eine überdurchschnittliche Entwicklung. Nur bei Bezug auf die Bevölkerung wird er vom Grenzraum um ein geringes übertroffen. Dennoch ist die Entwicklung gehemmt: Die Branchenstruktur hätte ein stärkeres industrielles Wachstum begünstigt. Man könnte etwa daran denken, daß es Agglomerationsnachteile, wie Fehlbedarf an Arbeitskräften, Flächenfehlbedarf usw. sind, welche die Entwicklung leicht verzögern. Genausogut können es aber auch verstärkte Rationalisierungsbestrebungen und eine starke Erhöhung der Kapitalinvestitionen sein, welche diese Erscheinung bewirken (Standortfaktor unter 1,00). Trifft dies zu, so ist die Interpretation einer negativen Entwicklung nicht angebracht.

Als einziger Bezirk hat hier der Bezirk Neunkirchen eine weit unterdurchschnittliche Entwicklung genommen. Die Shift-Analyse zeigt, daß dies mit der äußerst ungünstigen Branchenzusammensetzung in Verbindung zu bringen ist (1955: 19% aller Beschäftigten in Bergbau und Eisen erzeugender Industrie — Einstellung des Steinkohlenbergbaues von Grünbach am Schneeberg).

6. Zusammenfassende Wertung

In der industriellen Entwicklung Niederösterreichs in den letzten 20 Jahren spielten die standortdynamischen Prozesse eine große Rolle. Dies zeigt sich nicht nur in quantitativer Hinsicht, wo insgesamt 975 Betriebe (= 93% des Ausgangswertes von 1955) ihren Standort veränderten [26], sondern auch in qualitativer Hinsicht, wo durch diese Entwicklung beträchtliche strukturelle Änderungen erfolgten.

Die Ergebnisse der vorliegenden Analyse deuten darauf hin, daß dabei sowohl Polarisations- wie auch Ausbreitungseffekte wirksam waren: Absolut und relativ gesehen verzeichnete der Ballungsraum Wiener Becken die stärkste Entwicklung sowohl bei den standortverändernden als auch bei den standortfesten Prozessen.

Ein Großteil dieser Entwicklung wurde vom Ballungszentrum Wien aus gesteuert, dessen Betriebsauslagerungen seit 1970 allein rund 60% aller Betriebsneugründungen in Niederösterreich und im Burgenland ausmachen. Dieser Auslagerungsprozeß aus dem mit Agglomerationsnachteilen behafteten urbanen Industrieraum strahlte aber nicht nur auf das städtische Umland aus, sondern ergriff in Form von Ausbreitungseffekten auch die Randzonen vorwiegend agrarischen Charakters. Abgesehen von dem mit Standortnachteilen behafteten Raum östlich von Wien (Bezirke Gänserndorf und Bruck an der Leitha) hat diese Entwicklung zu einer beträchtlichen industriellen Aufwertung des Grenzlandes geführt, wobei die Auslagerungen selbst bis ins nordwestliche Waldviertel ausstrahlten. Insgesamt hat dieses Grenzgebiet dadurch eine überdurchschnittliche Entwicklung erlebt, die allerdings in Relation zu den Ausgangsdaten bzw. zur Bevölkerungsentwicklung zu setzen ist: Der Anteil der neugegründeten Betriebe an den Gesamtbetrieben des Jahres 1955 liegt über allen anderen Teilräumen, wobei dieser Raum vor allem von der dominanten Neugründungsmotivation der letzten 15 Jahre profitierte, nämlich der Suche nach ausreichendem Arbeitskräftepotential. Die qualitative Komponente zeigt eine

---

[26] Standortdynamik = Betriebsneugründungen minus gelöschte Neugründungen plus Löschungen insgesamt.

starke Umschichtung der Branchenstruktur durch das Eindringen wachstumsin-
intensiver Branchen, welche Stagnationsbranchen ersetzen. Andererseit handelt
es sich allerdings fast ausschließlich um lohn- und kapitalextensive Betriebszweige, deren Multiplikatoreffekte auf die Region zunächst einmal (bevor de-
taillierte Untersuchungen vorliegen) als vergleichsweise gering zu veranschlagen
sind.

Die geringste Entwicklung hat der Raum westliches Niederösterreich genommen, wo besonders der Voralpenbereich — bei günstiger Branchenstruktur —
eine stark negative Entwicklung erlebte. Hier konzentriert sich die industrielle
Entwicklung in zunehmendem Maße auf das verkehrsbegünstigte Alpenvorland. Eine Aufwertung der industriellen Struktur in dem Maße, wie es das
Grenzland erlebte, blieb dieser Region versagt, die Ausstrahlung von Wien
scheint nach den bisher vorliegenden Ergebnissen bereits annähernd im Raume
Neulengbach abzubrechen, während sie im Grenzbereich bis in das kleine
Ballungszentrum Gmünd—Heidenreichstein hineinreicht.

Quellenverzeichnis

BOBEK, Hans und STEINBACH, Josef: Die Regionalstruktur der Industrie Österreichs.
    Österr. Akad. d. Wissensch., Beiträge z. Regionalforschung, Bd. 1, Wien 1975.
GOLDMANN, Thomas: Industrieneugründungen in Niederösterreich 1968—1972. Schriften-
    reihe d. Kammer f. Arb. u. Angest. für Niederösterr. (Wien, o. J.).
KAUFMANN, Herbert: Industriestruktur Niederösterreichs 1968—1972. Niederösterr. Raum-
    planungskonferenz, Expertenstudie Nr. 4, 1974.
KLEMMER, Paul: Die Shift-Analyse als Instrument der Regionalforschung. In: Methoden
    Österr. Akad. d. Wissensch., Beiträge z. Regionalforschung, Bd. 1, Wien 1975.
    Landesplanung, Forschungs- und Sitzungsber., Bd. 87, Hannover 1973, S. 117—129.
LAUSCHMANN, Elisabeth: Grundlagen einer Theorie der Regionalpolitik. Veröffentl.
    d. Akad. f. Raumforschung u. Landesplanung, Taschenbücher zur Raumplanung,
    Bd. 2, 2. Aufl., Hannover 1973.
MÜLLER, Heinz: Methoden zur regionalen Analyse und Prognose. Veröffentl. d. Akad. f.
    Raumforschung und Landesplanung, Taschenbücher zur Raumplanung, Bd. 1,
    Hannover 1973.
PERNITZ, Karl: Die Industrieneugründungen in Niederösterreich zwischen 1955 und 1968.
    Kulturberichte, hrsg. vom Land Niederösterr., Mai 1970.
— Zur Verteilung des regionalen Wachstums in der niederösterreichischen Industrie.
    Ebda., September 1970.
— Die geförderten Industrie- und Gewerbekredite — ein Instrument der Regional-
    und Strukturpolitik. Ebda., Mai und Juni 1971.
REINING, Hermann: Grenzlandförderung in Niederösterreich. Ber. z. Raumforschung u.
    Raumplanung, Wien 1975, H. 4/5, S. 18—25.
SCHILLING, Helmut: Standortfaktoren für die Industrieansiedlung. Österr. Inst. f.
    Raumplanung, Veröffentl. Nr. 27, Wien 1968.
SEIDEL, Hans: Die Industriegebiete: In: WURZER, Rudolf (Hrsg.): Strukturanalyse
    des österreichischen Bundesgebietes. Österr. Ges. f. Raumforschung u. Raumplanung,
    Wien 1970, Bd. 1, S. 353—364.
STRUNZ, Joachim: Die Industrieansiedlungen in der Oberpfalz in den Jahren 1957 bis 1966.
    Regensburger Geogr. Schriften, H. 4, Regensburg 1974.
WILTSCHEGG, Walter: Industrie in Niederösterreich. Der Strukturwandel in den letzten
    Jahrzehnten. Wissenschaftl. Schriftenreihe Niederösterreich, St. Pölten 1974.
Industrieentwicklungsprogramm Niederösterreich. Veröffentl. d. Österr. Inst. f. Raum-
    planung Nr. 23, Wien 1965.
Untersuchungsergebnisse über die Gemeinden des Grenzlandes. Amt d. Niederösterr. Lan-
    desregierung, Planungs- u. Entscheidungsgrundlagen Nr. 13, Wien 1974.
Industrielle Betriebsgründungen und -verlagerungen Wiener Unternehmungen nach
    Niederösterreich und Burgenland zwischen 1965 und 1969. Wiener Inst. f. Standort-
    beratung (WIST) im Auftrag des Magistrates d. Stadt Wien, Wien 1971.
Untersuchungsergebnisse über Gemeinden des Grenzlandes. Amt d. Niederösterr. Landes-
    regierung, Planungs- u. Entscheidungsgrundlagen Nr. 13, Wien 1974.
Die Grenzgebiete Österreichs. Österr. Raumordnungskonferenz, Schriftenreihe Nr. 7.
    Wien 1975.
Die gewerbliche Wirtschaft Niederösterreichs 1973. Jahrb. d. Handelskammer Niederösterr.,
    Wien 1974.
— 1974, Wien 1975.

Die Fremdenverkehrsentwicklung der Gemeinde Heiligenblut

Ein Beispiel für die vielfältigen Veränderungen der Wirtschaftsstruktur im alpinen ländlichen Raum

Felix Jülg, Wien

Im Wintersemester 1972 wurde unter Förderung und Patronanz von Prof. Dr. Leopold SCHEIDL eine neue Form von Lehrveranstaltungen im Studienfach Wirtschaftsgeographie eingeführt: Intensivübungen, die einer kleinen Studentengruppe die Möglichkeit bieten sollen, jene Probleme und Sachverhalte in Feldarbeit an Ort und Stelle kennen zu lernen, deren anschauliche Vermittlung im Lehrbetrieb der Hochschule auf Schwierigkeiten stößt. Es handelt sich dabei in erster Linie um das Studium nichtzentraler, teilweise wirtschaftlich rückständiger Regionen, somit vor allem um Inhalte der Agrar- und Fremdenverkehrsgeographie. Aber auch andere Zweige der Wirtschaftsgeographie sind hier von Relevanz.

Für Hörer, die später in solchen Regionen arbeiten wollen — denn auch dort wird Wirtschaft betrieben —, bietet eine solche Übung einmalige Gelegenheit, praktische Erfahrungen zu sammeln. Aber auch das besuchte Gebiet hat seinen Vorteil: Die Ergebnisse der Übung werden den Gastgebern als objektive Entscheidungshilfe für weitere Planungen zur Verfügung gestellt.

Dies wiederum erleichtert die Finanzierung derartiger aufwendiger Lehrveranstaltungen, denn die gastgebenden Gemeinden und andere an der Förderung der Wirtschaft interessierte Stellen sind bereit, Zuschüsse zu zahlen. Ihnen allen sei für ihre Unterstützung herzlich gedankt.

Die erste Intensivübung aus Wirtschaftsgeographie fand im Dezember 1972 in Heiligenblut in Kärnten statt. Sie wurde gemeinsam mit dem bereits bestehenden Schiseminar des Institutes für industrielle Betriebswirtschaftslehre der Hochschule für Welthandel veranstaltet, und das war eine sehr gute Starthilfe für die neue Lehrveranstaltung. Die Arbeiten in Heiligenblut wurden dann im Sommer 1974 als 3. Intensivübung fortgesetzt und stehen nun vor dem Abschluß.

Der Verfasser, Oberassistent am Geographischen Institut der Hochschule für Welthandel, leitete beide Intensivübungen. Er wurde durch seine Kollegen, das erste Mal von Dr. Berthold BAUER, das zweite Mal durch Dr. Friedrich SCHADLBAUER und Norbert STANEK, bei seiner Arbeit unterstützt. Sein Dank gilt ihnen, aber auch den teilnehmenden Studenten, die teilweise mit beachtlichem Engagement und Ehrgeiz an der Übung mitgearbeitet haben. Die diesem Aufsatz beiliegenden Karten wurden nach Entwürfen des Verfassers von Erich KOPECKY, die Diagramme von Norbert STANEK gezeichnet.

Die Ergebnisse der beiden Intensivübungen sind im folgenden in gekürzter Form zusammengefaßt. Ein ausführlicher Bericht ist in Ausarbeitung.

Überdies ist nach Abschluß des Manuskriptes dieses Aufsatzes und während seiner Drucklegung von zweien der obengenannten Kollegen eine Eigenauswertung von Teilergebnissen der beiden Übungen erschienen, deren Inhalt sich der Verfasser nur teilweise anschließen kann.

1. Grundlagen

Die Bergbauerngemeinde Heiligenblut liegt südlich des Alpenhauptkammes, den hier die Hohen Tauern bilden, im Talschluß des Mölltales, über 1050 m hoch. Der Übergang von dort nach Norden, der Heiligenbluter Tauern oder das Hochtor, bildet die Grenze zwischen der Goldberg- und Glocknergruppe der Hohen Tauern. Der höchste Gipfel Österreichs, der 3797 m hohe Großglockner, liegt teilweise auf dem Gebiet der Gemeinde. Das Gebirge ist in diesem Bereich reich vergletschert; von der Gemeindefläche von 194 km², übrigens eine der größten Gemeindeflächen des Bundeslandes Kärnten, fallen rund 50 km² auf Gletscher, darunter 32 km² auf die Pasterze, bekanntlich der größte Gletscher der Ostalpen (siehe auch Tabelle 1).

Wie überall in den Ostalpen ist die Landschaft wesentlich im Quartär geformt worden; das Obere Mölltal ist ein von Gletschern typisch verformtes Trogtal, das in zahlreichen Stufen, von denen zwei sehr ausgeprägt sind, nach Süden herabfällt.

4*

Tabelle 1: Aufteilung der Katasterfläche

Acker- und Gartenland (zweimähdige Wiesen)	427 ha		
Wiesen (einmähdig)	165 ha		
Weiden (im Talbereich)	213 ha		
Kulturland		805 ha	
Alpines Grünland (Almen und Bergmähder)		7037 ha	
Landwirtschaftlich genutzte Fläche			7842 ha
Forstwirtschaftlich genutzte Fläche			1307 ha
Land- und forstwirtschaftlich nicht genutzte Fläche (Bauareal, öffentl. Wege, Flüsse, vor allem Ödland des Hochgebirges)			10200 ha
Katasterfläche der Gemeinde			19349 ha

Quelle: Österr. Stat. Zentralamt: Gemeindeverzeichnis von Österreich, Gebietsstand vom 1. Jänner 1955, Wien 1956.

Die Lage des Ortes am Alpenhauptkamm ist auch für sein Klima von Bedeutung. Die Alpen bilden hier eine deutliche Wetterscheide, südlich davon machen sich schon wärmere mediterrane Einflüsse bemerkbar. Die durchschnittlichen Niederschläge mit 900 mm lassen den Talbereich der Gemeinde als relativ trocken erscheinen. In den Gipfelregionen fällt jedoch das Dreifache an Schnee und Regen. Nördlich der Tauern sind die Niederschlagswerte wesentlich höher. 50 Tagen mit Schneefall in Böckstein stehen nur 26 in Mallnitz im langjährigen Durchschnitt gegenüber, wovon allerdings gerade die letzten Jahre, die für die Fremdenverkehrsentwicklung in Heiligenblut im Winter wesentlich waren, abgewichen sind. Das Niederschlagsmaximum wird im Sommer, zur Zeit der höchsten Fremdenverkehrsintensität, erreicht.

Der fast geschlossene Kamm der Tauern hält nicht nur die aus Nordwesten kommenden feuchten Luftmassen, sondern auch die kühlen Winde ab. Der Talschluß weist dadurch eine besonders geschützte Lage auf. Nur die warme Luft aus dem Süden hat ungehindert Zugang. Die Folge sind relativ gute Anbaubedingungen für die Landwirtschaft. Der Ackerbau stieg hier bis auf 1680 m, der Anbau von Weizen bis über den Hauptort in eine Höhe von 1300 m.

Es ist nicht bekannt, wann das Obere Mölltal zum ersten Mal besiedelt wurde. Man hat jedoch sichere Funde aus vorrömischer Zeit, welche bezeugen, daß bereits die keltischen Taurisker die reichen Erzlager der Goldberggruppe kannten. In römischer Zeit, besonders als sich um die Zeitenwende die Interessen des Imperiums auf den Raum nördlich der Alpen richteten, wurde der Übergang über das Hochtor so wichtig, daß die Römer einen Saumweg erbauten, dessen Trassenführung heute bekannt ist und der sich dank der großen römischen Straßenbaukunst in längeren, hochgelegenen Stücken erhalten hat. Schon damals war das Hochtor zwischen Katschberg und Radstädter Tauern bzw. dem Brennerpaß der am leichtesten und auch bei ungünstiger Witterung am längsten benutzbare Alpenübergang. Die Achse zwischen Salzburg (Iuvavum), das seit geschichtlicher Zeit schon immer ein Kristallisationspunkt des Nord-Süd-Verkehrs war, und Lienz (Aguntum) mit den vielen Möglichkeiten, von dort weiter in die italienische Tiefebene zu gelangen, hatte bedeutenden

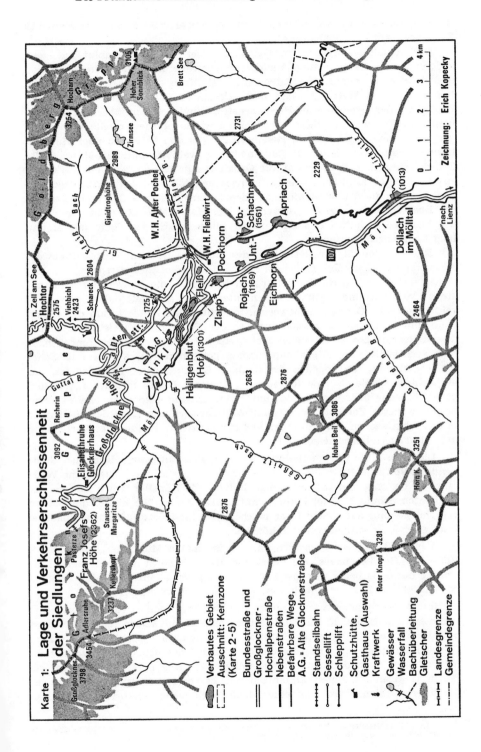

Karte 1: Lage und Verkehrserschlossenheit der Siedlungen

Zeichnung: Erich Kopecky

Verbautes Gebiet
Ausschnitt: Kernzone (Karte 2–5)
Bundesstraße und Großglockner-Hochalpenstraße
Nebenstraßen
Befahrbare Wege,
A.G. = Alte Glocknerstraße
Standseilbahn
Sessellift
Schlepplift
Schutzhütte,
Gasthaus (Auswahl)
Kraftwerk
Gewässer
Wasserfall
Bachüberleitung
Gletscher
Landesgrenze
Gemeindegrenze

strategischen und wirtschaftlichen Wert. Viele wertvolle Funde aus römischer Zeit zeigen von ihrer Bedeutung.

Der Römerweg verlief im Gemeindegebiet von Heiligenblut auf ganz anderer Trasse als die heutige Hauptverkehrsstraße. Er verließ den von Muren und Hochwasser gefährdeten Talboden des Mölltales bereits bei Purtschall und führte über die Weiler Apriach und Schachnern in die Nähe der heutigen Fleißkehre der Großglockner-Hochalpenstraße und von dort über den Tauernberg zum Hochtor. Mit dieser Trassierung waren etliche Vorteile verbunden, vor allem die Umgehung des steilen Aufstieges von Pockhorn über Hof und lawinengefährdeter Hänge. Es lag somit der wahrscheinlich ältest besiedelte Teil der Gemeinde Heiligenblut, die Ortschaft Apriach, an der Hauptverkehrsstrecke. Heute verhindert, wie später noch angeführt wird, die Abgelegenheit von Apriach die Weiterentwicklung dieses Gemeindeteiles (Karte 1). Jenseits des Hochtors teilte sich der Römerweg. Der Hauptast folgte nicht der Trasse der heutigen „Glocknerstraße", sondern führte durch das Seidlwinkltal und über Rauris nach Norden.

Eine Kontinuität der Besiedlung des Mölltales ist nicht erwiesen, obwohl angenommen wird, daß einige Ortsnamen auf römischen Ursprung zurückgehen. Sicher ist jedoch, daß im frühen Mittelalter die Slawen durch mindestens zwei Jahrhunderte im Heiligenbluter Raum gesiedelt haben, was zahlreiche slawische Ortsnamen beweisen. Im achten Jahrhundert kam das Gebiet dann unter bairische Herrschaft und in der Folge zum Erzbistum Salzburg, dessen Besitzungen ja an vielen Stellen zum Schutze der Verbindungen nach Rom auch südlich des Alpenhauptkammes gelegen waren. Aus dem 10. Jahrhundert stammt die Legende des heiligen Briccius, eines Kreuzfahrers, der aus dem Morgenlande eine Reliquie des Heiligen Blutes mit sich führte und beim Übergang über das Hochtor unter eine Lawine gekommen sein soll. Seit ungefähr dieser Zeit ist Heiligenblut Wallfahrtsort. Die Lage des Heiligtums in dem abgelegenen Tal hat sicher viel zur Aufrechterhaltung der Verbindung über die Tauern beigetragen.

Die erste Blüte erlebte Heiligenblut im späten Mittelalter durch den Goldbergbau. Von dem Reichtum dieser Zeit zeugt die prächtige, spätgotische Wallfahrtskirche, an deren Erbauung damals führende Künstler, vor allem aus der berühmten Schule Michael Pachers, mitgewirkt haben. Nie hätten die Bauern von Heiligenblut auf Grund ihrer bescheidenen landwirtschaftlichen Einkünfte einen solchen Prachtbau errichten können.

Man muß sich vergegenwärtigen, daß im späten Mittelalter, zur Zeit der Blüte des Goldbergbaues, die Gemeinde wahrscheinlich fünfmal mehr Einwohner hatte als heute. Um die 3000 Leute wurden allein durch den Bergbau beschäftigt. Das Tal war damals wesentlich stärker bevölkert [1].

Im 16. Jahrhundert verfiel jedoch der Bergbau ziemlich rasch, im wesentlichen aus drei Gründen: Die Entdeckung Amerikas mit seinen reichen Schätzen an Edelmetallen, die wesentlich leichter zu gewinnen und zu beschaffen waren, ließ den Goldpreis am europäischen Markte trotz der damals noch verhältnismäßig hohen Transportkosten stark fallen. Bergbaue in extremer Lage wie die in Heiligenblut, deren Einfahrten mit 2900 m Höhe bis in die Welt der Gletscher reichten, waren mit einem Male nicht mehr konkurrenzfähig. Dazu

---

[1] LINDSBERGER, J. F.: Großkirchheim. Kleine Chronik über die Geschichte des Oberen Mölltales und des ehemaligen Marktes Döllach. Döllach, o. J., S. 9.

kam, daß sich ein Großteil der Knappen der Neuen Lehre Luthers angeschlossen hatte. Im Zuge der Gegenreformation waren sie nun gezwungen, entweder wieder katholisch zu werden oder das Land zu verlassen. Nur in ganz wenigen Ausnahmefällen, wo die Aufrechterhaltung der Bergbaubetriebe strategisch besonders wichtig war, sind damals Ausnahmen gemacht worden. Der dritte Grund des Rückganges der Erzproduktion ist jedoch in natürlichen Faktoren zu suchen. Eine Klimaverschlechterung ließ bis zur Mitte des vorigen Jahrhunderts die Gletscher vorrücken, und bald waren viele Stollen nicht mehr befahrbar. Erst in unseren Tagen werden sie sukzessive wieder vom Eise freigegeben.

Der Rückgang des Bergbaues brachte das Tal in wirtschaftliche Schwierigkeiten. Viele Einwohner wanderten aus, andere fristeten lange Zeit ihr Leben in landwirtschaftlichen Klein- und Kleinstbetrieben, deren Führung nur im Nebenerwerb zum Bergbau rentabel war. Auch die Produktivität dieser Betriebe hatte sich durch die Verschlechterung des Klimas verringert. Bei der zu jener Zeit üblichen autarken Wirtschaftsweise in der Landwirtschaft konnte das Tal seine Einwohner nicht mehr ernähren. Sie mußten teilweise außer Landes Arbeit suchen. Ende des 18. Jahrhunderts versuchte sogar der Staat in einer Art erster Entwicklungsförderung neue Arbeitsplätze dadurch zu schaffen, daß Bleiberger Galmei nach Döllach geführt und von den erfahrenen Arbeitern dort verhüttet wurde. Doch konnte infolge der in der damaligen Zeit unverhältnismäßig hohen Transportkosten der Hüttenbetrieb nur kurze Zeit aufrecht erhalten werden [2].

Erst der Fremdenverkehr brachte langsam eine Verbesserung der wirtschaftlichen Situation. Er hatte im Oberen Mölltal schon früher eine Bedeutung. Seit dem Mittelalter waren immer wieder Durchreisende und Pilger zu betreuen gewesen, und manche Gasthäuser (wie z. B. der Fleißwirt) können auf eine lange Tradition hinweisen. Sehr bald lockte aber in Anlehnung an J. J. Rousseau das Hochgebirge selbst. Vor allem der Großglockner und die zahlreichen Wasserfälle in die Talkessel des Oberen Mölltales fanden besondere Beachtung. Seit der Erstbesteigung des Großglockners durch den Bischof von Gurk, Graf Niklas Salm, im Jahre 1800 ist ein ständiger Touristenverkehr auf diesen Gipfel zu verzeichnen. Im Jahre 1856 besuchte das Kaiserpaar Heiligenblut und stieg zur Pasterze auf. Während die Kaiserin nur in die Nähe der damaligen Gletscherzunge zur „Elisabethruhe" (2140 m) kam, erreichte der Kaiser die „Franz-Josefs-Höhe" (2360 m) und genoß von dort sicher einen schöneren Anblick als Millionen Automobilisten heute. War doch der Gletscher, der damals unter ihm dahinfloß, ungleich mächtiger und die großartige Naturlandschaft noch unverbaut und unberührt erhalten.

Bald schon (1876) entstanden die ersten Schutzhütten des Alpenvereins in diesem Raum. Im Jahre 1908 wurde von der Sektion Klagenfurt zur Versorgung ihres Glocknerhauses die „Alte Glocknerstraße" erbaut. Sie war mautpflichtig und hatte einen für die damalige Zeit recht ansehnlichen Touristenverkehr zu verzeichnen [3].

Dennoch konnte aus wirtschaftlichen Gründen die Zahl der Einwohner der Gemeinde nicht stabil gehalten werden. Eine latente Abwanderung war

---

[2] LINDSBERGER, J. F., a. a. O., S. 14 f.
[3] Deutscher und Österreichischer Alpenverein: Festschrift zur Feier des 50jährigen Bestehens des Glocknerhauses der Sektion Klagenfurt des D. u. Ö. A. V. Klagenfurt 1926.

wegen des hohen Geburtenüberschusses immer zu verzeichnen gewesen. Ende des vorigen Jahrhunderts ging aber der Saumverkehr über das Hochtor vollkommen zurück. Die Eisenbahnen hatten die Güterströme an sich gezogen, der gefährliche und personalintensive Transport über das Hochtor war nicht mehr konkurrenzfähig. So nahm die Bevölkerung zwischen der Volkszählung von 1880 und 1923 um ein Fünftel ab und erreichte 1923 mit 866 Personen einen Tiefstand.

Dies geschah, obwohl die Einwohner Heiligenbluts sehr an ihrer Heimat hängen und dort verwurzelt sind. Ihre Vergangenheit hat ihre Einstellung zu wirtschaftlichen Belangen anders geformt als oft in abgelegenen Gebirgstälern. Die Heiligenbluter sind seit Jahrhunderten gewohnt, zur eigenen Landwirtschaft in der Gemeinde oder auch außerhalb einen Nebenerwerb auszuüben. Sie wissen auch seit langem um die Verdienstmöglichkeiten bei der Beherbergung und Verpflegung von Besuchern, Wallfahrern und Durchreisenden. Schließlich hat die Not der letzten Jahrhunderte sie gelehrt, daß es eines außerordentlichen Fleißes bedarf, wenn man in der eigenen Heimat bestehen will.

Trotzdem wäre der Abwanderungsprozeß nach 1923 sicher weiter gegangen, wenn nicht die Republik Österreich 1930 nach langen Beratungen beschlossen hätte, eine Alpenstraße über das Hochtor zu bauen. Für den Straßenbau waren damals vor allem zwei Gründe maßgeblich. Es fehlte westlich der Tauernstraße (Radstätter Tauern — Katschberg) und des Tauerntunnels (Böckstein — Mallnitz) an einer innerösterreichischen Nord-Südverbindung über den Alpenhauptkamm, nachdem Südtirol an Italien gefallen war und damit die Südrampe des Brenners auf fremdem Staatsgebiet lag. Ferner bot ein derartiger Straßenbau durch Jahre die Möglichkeit, viele Arbeitsplätze zur Zeit der großen Arbeitslosigkeit zu schaffen. Es standen mehrere Straßenvarianten zur Diskussion, auch an eine Überquerung des Felbertauerns war damals gedacht. Schließlich setzte sich aber das Projekt des genialen Dipl.-Ing. F. Wallack über das Hochtor durch, das neben verhältnismäßig geringem Kostenaufwand auch eine relativ lange Winterfreiheit und starke wirtschaftliche Impulse für den Fremdenverkehr versprach. Die Großglockner-Hochalpenstraße wurde im Jahre 1935 durchgehend eröffnet.

Sie wird seit ihrer Erbauung als Privatstraße geführt. Ihr Eigentümer ist die Großglockner-Hochalpenstraßen-Aktiengesellschaft (GROHAG) in Salzburg. Aktionäre sind zu über 99% die Bundesrepublik Österreich, ferner die Bundesländer Salzburg und Kärnten. Die Gesellschaft hebt seit Jahren für Fahrten auf der Straße Maut ein, auch für die Benützung von Teilstrecken. Das hat allerdings in letzter Zeit zu Schwierigkeiten geführt, da mit der zunehmenden Motorisierung auch viele Einheimische Fahrzeugbesitzer wurden und bei Fahrten innerhalb ihrer Heimatgemeinde Maut zahlen müssen. Ferner ist eine Anzahl von Seitenstraßen, Hof-, Alm- und Forstaufschließungswegen an die Großglockner-Hochalpenstraße angeschlossen worden. Damit sind auch alle Benützer dieser Wege mautpflichtig. Darum wird die GROHAG im Jahre 1975 ihre Mautstellen auf beiden Talenden zur Dauersiedlungsgrenze hinauf verlegen.

Die Gebarung der Aktiengesellschaft ist im wesentlichen ausgeglichen. Die Mauttarife sind in den letzten Jahren mehrmals gestiegen und in ihrer Höhe mit Konkurrenzstraßen und dem Durchschleusverkehr der Bundesbahnen durch den Tauerntunnel abgestimmt. Die Einnahmen decken den laufenden Betrieb und einen langsamen weiteren Ausbau. So wird die Hauptstrecke derzeit von 6 auf 7,5 m verbreitert.

Die GROHAG zahlt als Aktiengesellschaft selbstverständlich auch Gewerbesteuer und entlastet damit das Gemeindebudget von Heiligenblut wesentlich. Auf Basis der Mauteinnahmen werden seit der Eröffnung genaue Statistiken geführt, sodaß ein aufschlußreiches Bild der Entwicklung des Verkehrs über die Hochalpenstraße gegeben werden kann (Tabelle 4, Diagramm 1).

Seit 1935 verzeichnet die Gemeinde Heiligenblut einen ständigen Wirtschaftsaufschwung. Er begann also in jenen Jahren, wo der Fremdenverkehr im übrigen Österreich infolge 1000-Mark-Sperre und Weltwirtschaftskrise stark darniederlag.

Schon beim Bau der Straße haben die Bewohner der Gemeinde die ihnen gebotenen Möglichkeiten genutzt. Sie fanden Arbeit bei dem damals sehr personalintensiven Straßenbau und übernahmen auch die Verpflegung und Versorgung der teilweise in sehr hoch gelegenen Lagern untergebrachten Straßenarbeiter.

Zwei besonders geschickte Unternehmer, ein Bäcker aus Heiligenblut und ein Gastwirt aus Döllach, kauften aus den bei der Versorgung der Straßenarbeiter erarbeiteten Vermögen den ganzen bebaubaren Grund auf der Franz-Josefs-Höhe den bäuerlichen Besitzern der Pasterzenalm ab. Der Kaufpreis dieses Grundstückes belief sich damals auf S 70.000,— (Wert 1935). Für den fast wertlosen Almboden war das damals ein beachtlicher Preis; er ist jedoch gering angesichts der enormen Wertsteigerung, den der Boden dort seither durchgemacht hat. Die Bauern wiederum wollten damals möglichst rasch verkaufen. Der Almbetrieb hatte durch den Straßenbau viel an Wert verloren und war in seiner Durchführung stark gestört. Auch war durch die unerwartete Bargeldeinnahme eine Verbesserung des eigenen Heimgutes möglich.

Die beiden Unternehmer haben bis heute auf der Franz-Josefs-Höhe eine monopolartige Stellung inne. Ihr anläßlich des Grundkaufes abgeschlossener Vertrag sieht ein gegenseitiges Vorkaufsrecht vor, falls einer der Kontrahenten sich von der Franz-Josefs-Höhe teilweise oder ganz zurückziehen sollte. Die Arbeitsbereiche sind untereinander deutlich abgegrenzt. Einem der Kontrahenten gehören die Handelsbetriebe, der andere kommt für Verpflegung und Beherbergung der Gäste auf. Die reichen Erträge, die aus diesen Betrieben, trotz vieler betriebswirtschaftlichen Schwierigkeiten und Risken fließen, kommen den im Tal liegenden Ortschaften in vielfacher Weise zugute. Zu einem beachtlichen Teil sind sie wieder direkt im Fremdenverkehr investiert worden.

Den Gemeindevätern von Heiligenblut gelang es auch, die Trassierung der Großglockner-Hochalpenstraße zu beeinflussen. Von zwei zur Diskussion stehenden Varianten setzten sie diejenige durch, die nahe am Ortszentrum vorbeiführte. Dadurch sollte der Durchreisende auf die Ortschaft Heiligenblut aufmerksam gemacht und zum Besuch angeregt werden. Heute ist es freilich gerade diese Trassenführung, die das Fremdenverkehrsgeschehen in der Gemeinde belastet (Karte 2).

In der Folge wurde der Fremdenverkehr von Heiligenblut in zunehmendem Maße durch die Großglocknerstraße geprägt. Der Anteil der bislang vorherrschenden Erscheinungsformen des Fremdenverkehrs ging stark zurück. Im

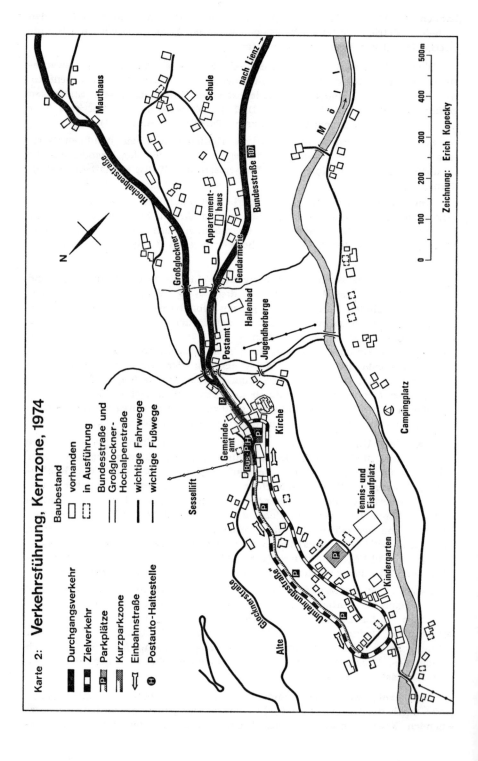

Karte 2: Verkehrsführung, Kernzone, 1974

Zeichnung: Erich Kopecky

Sommer sank der Wert der durchschnittlichen Aufenthaltsdauer unter zwei Tage, ein Wert, den nur wenige nichtzentrale Fremdenverkehrsorte Österreichs verzeichnen können. Nur im Winter, wenn die Glocknerstraße gesperrt war, sorgte ein bescheidener, neu aufkommender Winterurlauberverkehr für eine längere Aufenthaltsdauer (Tabelle 5, Diagramm 2).

Heute zählt die Gemeinde Heiligenblut wieder 1324 Einwohner, von denen nur mehr 297 direkt von der Landwirtschaft abhängig sind. 1951 waren es noch 709, also über 58% der Ortsbevölkerung, die von der Landwirtschaft lebten. Dies allein zeigt schon die wirtschaftliche Umstrukturierung, die in der Gemeinde stattgefunden hat. Sie wird auch durch Tabelle 2 verdeutlicht.

Tabelle 2: Wirtschaftliche Zugehörigkeit der Wohnbevölkerung 1934—1971

Jahr	Land- u. Forst- wirtschaft	Bergbau, Industrie, Gewerbe	Bau- wesen	Handel, Verkehr	Beherber- gung und Verpflegung	Sonstige Dienste	Berufs- lose
1934	739	117		57	—a	20	115
1951	709	273		40	—b	74	115
1961	518	313		73	71	72	148
1971	297	78	238	217	203	111	180

a Unter Handel und Verkehr enthalten.
b Unter Industrie und Gewerbe enthalten.
Quellen: Österreichisches Statistisches Zentralamt: Ergebnisse der Volkszählung 1934, Heft Kärnten, Wien 1935; Ergebnisse der Volkszählung 1951, Heft Kärnten, Wien 1952; Ergebnisse der Volkszählung 1961, Heft Kärnten, Wien 1963; Ergebnisse der Volkszählung 1971, Hauptergebnisse für Kärnten, Wien 1973.

Tabelle 3: Wohnbevölkerung und Häuser 1869—1971

Jahr	Wohnbevölkerung	Häuser	Wohnungen
1869	945	187	—
1880	1048	193	—
1890	1015	184	—
1900	931	192	—
1910	929	193	—
1923	866	190	—
1934	1042	226	—
1951	1211	241a	—
1961	1195	263a	297
1971	1324	—b	347c

a Häuser mit Normalwohnungen.
b Zahl nicht erhoben. Um die Bauentwicklung jedoch aufzuzeigen, wird für 1961 und 1971 die Zahl der Wohnungen angeführt.
c Davon 67 erst nach 1961 erbaut.
Quellen: Amt der Kärntner Landesregierung, Abteilung Landesplanung: Entwicklungsprogramm Oberes Mölltal. Bearbeitet von H. HANSELY und O. GLANZER. Schriftenreihe für Raumforschung und Raumplanung, Band 8, Klagenfurt 1966.
Österr. Statistisches Zentralamt, Wien: Ergebnisse der Volkszählungen von 1923, 1934, 1951, 1961 und 1971.
Statistische Zentralkommission, Wien: Ortsrepetitorien und Gemeindelexikon mit Ergebnissen der Volkszählungen von 1869, 1880, 1890, 1900 und 1910.

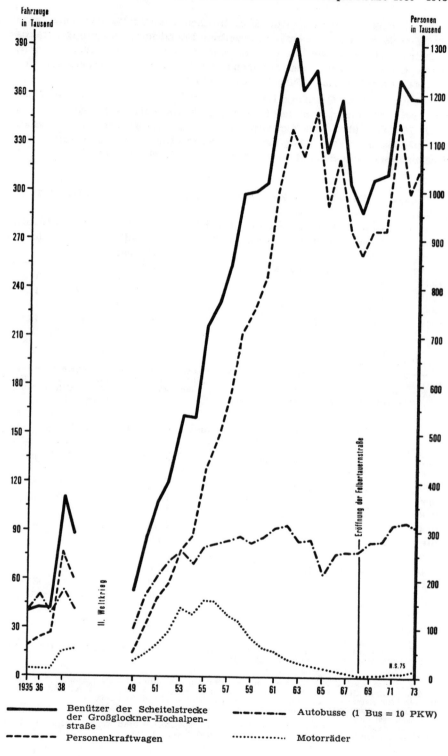

Diagramm 1: Verkehrszählungen der Großglockner-Hochalpenstraße 1935—1973

Fahrzeuge in Tausend

Personen in Tausend

II. Weltkrieg

Eröffnung der Felbertauernstraße

H.S.75

—— Benützer der Scheitelstrecke der Großglockner-Hochalpenstraße
—·—·— Autobusse (1 Bus = 10 PKW)
- - - - - Personenkraftwagen
·············· Motorräder

Diagramm 2: Verkehrszählungen der Großglockner-Hochalpenstraße im Vergleich mit den Sommer- und Winternächtigungen 1934—1973

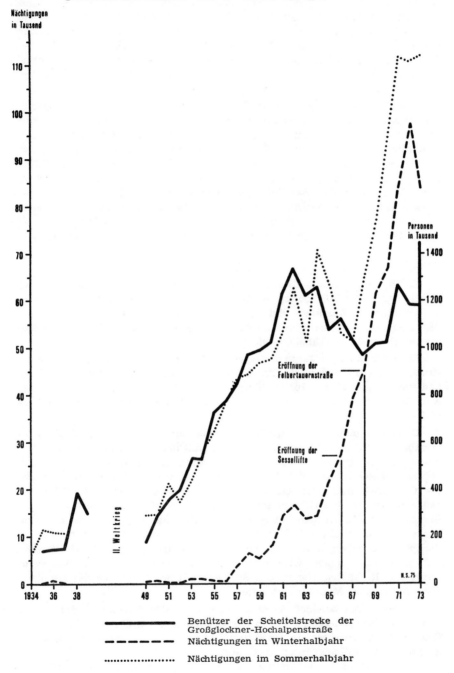

Benützer der Scheitelstrecke der Großglockner-Hochalpenstraße

------ Nächtigungen im Winterhalbjahr

.... Nächtigungen im Sommerhalbjahr

Die Gemeinde besteht aus drei Katastralgemeinden: Hof und Zlapp, Apriach sowie Rojach. In Hof und Zlapp liegt das Hauptdorf Heiligenblut, zusammen mit dem Ortsteil Winkl rund 100 Häuser. Das Ortszentrum selbst befindet sich rund 60 m über dem Talboden auf 1300 m Höhe in steiler Hanglage, sodaß für einen weiteren Ausbau kein Platz ist, nicht ganz lawinensicher, wie die Katastrophe von 1951 gezeigt hat. Für den Wintersport ist dieser Standort nur beschränkt geeignet, da die Abfahrten vom Tauernberg oberhalb relativ steil sind. Durch die Enge des Tales liegt das Dorf, vor allem im Hochwinter, schon bald im Schatten.

Der Rest der Häuser verteilt sich auf Rotten und Einzelgehöfte, die über den ganzen Dauersiedlungsraum verstreut sind. Manche von ihnen, vor allem die höheren Lagen am Tauernberg, die Weiler Schachnern und Apriach, weisen wesentlich günstigere klimatische Gegebenheiten auf als das Hauptdorf. Sie sind jedoch infolge ihrer Abgelegenheit und schlechten Verkehrserschließung wirtschaftlich hinter dem Dorf zurückgeblieben, das seit dem Mittelalter mit seiner Wallfahrtskirche das Zentrum des Ortes bildet und daher den Verkehr an sich gezogen hat (Karte 1). Auch die Bauentwicklung, die in den letzten 20 Jahren lebhaft war, beschränkt sich im wesentlichen auf das Dorf und die unmittelbar umliegenden Bereiche, die sogenannte „Kernzone" (Tabelle 3).

2. Dynamik

Besonders nach dem Zweiten Weltkrieg stieg der Verkehr auf der Großglocknerstraße äußerst lebhaft an. Ihr sehr großer Attraktionswert ließ sie zur meistbefahrenen Ausflugs- und Hochgebirgs-Panoramastraße Österreichs werden. Diese Entwicklung wurde durch die zunehmende Motorisierung in Europa wesentlich verstärkt (Tabelle 4, Diagramm 1).

Ende der fünfziger Jahre erreichte die Zahl der Besucher der Großglocknerstraße bereits Millionenwerte. Trotz großzügiger und vorausschauender Planung und ständig sorgfältiger Instandhaltung und Verbesserung der Straßenanlagen war damit eine Kapazitätsgrenze erreicht. Vor allem mangelte es an Parkplätzen.

Besonders unangenehm machte sich dies auf der Franz-Josefs-Höhe bemerkbar, dem Aussichts- und Renommierpunkt der Straße, der fast von jedem Motortouristen besucht wird. Natürlich wollte man gerade dort sein Auto parken, aussteigen und die Aussicht genießen, eventuell auch auf dem von der GROHAG angelegten Gamsgrubenweg spazieren gehen. Die Folge war, daß Fahrten über die Glocknerstraße schon recht früh von Talorten nahe des Berges angetreten wurden, oft schon um 5 Uhr, nur um einen der begehrten Parkplätze zu erhalten. Die später kommenden Automobilisten mußten am Parkplatz „Elisabethruhe", wie einst die Kaiserin, warten. Sie durften erst auffahren, wenn „oben" wieder Parkplätze freigeworden waren. Dies verursachte mit Recht den Unmut der Straßenbenützer, die ja für die Benutzung der ganzen Straße Maut bezahlt hatten.

Die GROHAG beschloß daher, auf der Franz-Josefs-Höhe in der Ödlandschaft des Hochgebirges zu Füßen des Großglockners den ersten Parkspeicher Österreichs zu errichten, in einer Zeit, als man in den großen Städten noch über den Bau von Parkhäusern diskutierte.

Somit entstand in den Jahren 1961 bis 1964 im Landschaftsschutzgebiet ein Parkhaus mit drei Geschossen für 900 Pkw. Ursprünglich war es für 1400 Pkw.

mit fünf Geschossen projektiert gewesen, doch ist der Bedarf für einen Parkspeicher dieser Größe nur an wenigen Tagen gegeben.

Die Besucher der Franz-Josefs-Höhe wollen während ihres Aufenthaltes
auch einen Spaziergang auf der Pasterze unternehmen, die an dieser Stelle
von größeren Spalten frei ist. Eine Schwierigkeit bildet lediglich die Verbindung
vom Parkplatz zur Gletscheroberfläche, die heute bereits rund 150 m unter
der Straße liegt. Der Weg führt über steiles Moränengelände und war daher
für Bergungewohnte nicht leicht begehbar. Dazu kam noch das Anstrengende
des Aufstieges, das den Besuchern besonders schwer fiel, da sich ihr Organis-
mus in der kurzen Zeit nicht an die Luftverhältnisse im Hochgebirge anpassen
konnte. Die Gemeinde Heiligenblut beschloß darum, eine Standseilbahn vom
Parkplatz zur Pasterze zu bauen. Dieses Vorhaben löste freilich in weiten
Kreisen der österreichischen Bevölkerung Kritik aus. Vor allem der Grund-
stückeigentümer, der Österreichische Alpenverein, der diese Gründe von einem
Mitglied zur dauernden natürlichen Bewahrung geschenkt bekommen und
unter Naturschutz hatte stellen lassen, wehrte sich dagegen. Außerdem standen
die betroffenen Flächen noch unter Landschaftsschutz, da es sich als günstig
erwiesen hatte, das Gebiet 200 m beiderseits der Straße zu schützen, um den
Autotouristen eine halbwegs natürliche Landschaft bieten zu können. Dennoch
gelang es der Gemeinde, die Konzession für die 220 m lange Gletscherbahn
erteilt zu bekommen. Diese beförderte im Jahr 1973 rund 130.000 Fahrgäste
und erzielt beachtliche Überschüsse, die den anderen Seilförderanlagen der
Gemeinde für den Wintersport zugute kommen. Die Gletscherbahn selbst ist
nur während einiger weniger Monate im Sommer, solange eben die Straße zur
Franz-Josefs-Höhe befahren werden kann, in Betrieb.

Durch die Erhöhung der Parkplatzkapazität wuchsen auch die Umsatz-
chancen der auf der Franz-Josefs-Höhe bestehenden Betriebe. Sie wurden erweitert und modernisiert, auch neue kamen hinzu, alle freilich im Besitz der
beiden Grundeigentümer.

Dieselbe starke Frequenzentwicklung war auch im Ortszentrum im Tal
zu verzeichnen. Fast jeder Reisende, der die Großglocknerstraße besichtigt,
nimmt auch im Dorf kurz Aufenthalt und besucht die schöne Wallfahrtskirche
und den Bergsteigerfriedhof, der sie umgibt. So entstand hier, recht engge-
drängt, durch private Initiative ein Angebot von ergänzenden Dienstleistungen.
Im primären Sektor des Fremdenverkehrs sind das Betriebe, die ihr beson-
deres Augenmerk dem Verpflegungssektor zugewandt haben. Im sekundären
Sektor bieten Handelsbetriebe vor allem auch Souvenirs aller Art, jeden
Preises und Geschmackes an. Wieweit ihr Umsatz vom Fremdenbesuch abhängig ist, zeigt Diagramm 3. Die hohe Korrelation zwischen der Zahl der Glocknerbesucher und dem saisonalen Ablauf des Umsatzes im Lebensmittelgeschäft
ist evident, obwohl diese Geschäfte an und für sich auch Funktionen in Befrie-
digung des lokalen Bedarfes wahrzunehmen hätten. Daß diese jedoch nur
schwach ausgeprägt sind, beruht auf zwei Ursachen: Erstens ist der Selbst-
versorgungsgrad der Heiligenbluter Bevölkerung an Lebensmitteln, soweit sie
aus der eigenen Landwirtschaft gewonnen werden können, noch relativ hoch.
Zweitens veranlaßt das relativ hohe, vom Fremdenverkehr beeinflußte Preis-
niveau im Ort die Ortsbevölkerung, ihren Bedarf in den zentralen Orten der
Umgebung, vor allem in Lienz, zu tätigen. Dies ist umso leichter möglich,
als rund 20⁰/o der Arbeitnehmer Pendler sind und billigere Waren von ihrem
Arbeitsort mitnehmen können.

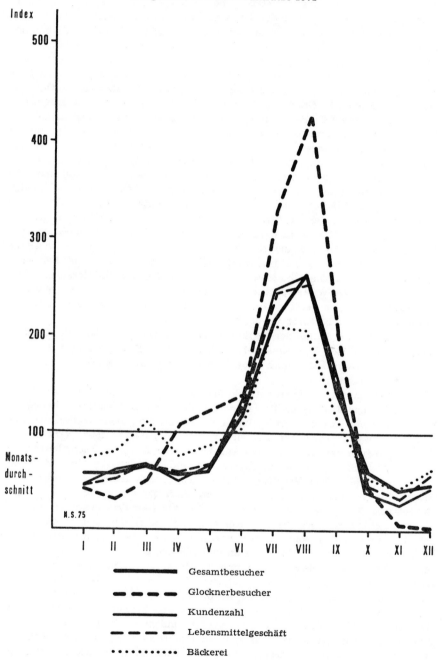

Diagramm 3: Handelsumsätze 1971

——————— Gesamtbesucher

– – – – – Glocknerbesucher

——————— Kundenzahl

– – – – – Lebensmittelgeschäft

·············· Bäckerei

Zu der engen Konzentration der Verpflegungs- und Dienstleistungsbetriebe im Ortszentrum hat wahrscheinlich ein Detail wesentlich beigetragen. Der Verkehr über die Großglocknerstraße wurde in seiner ersten starken Steigerungsperiode zu einem großen Teil mit den Bussen der Österreichischen Post- und Telegraphenverwaltung abgewickelt. Später dann, um 1953, übernahmen Gesellschaftsfahrten privater Reisebüros teilweise die Funktion der öffentlichen Autobusse; in der Folge ging der Anteil des Busverkehrs mit dem Anwachsen des Individualverkehrs ständig zurück (Diagramm 1). Somit war anfänglich die Lage der Postautohaltestelle und der Weg von dort zur Kirche für die Standorte der Dienstleistungsbetriebe wichtig, wie man aus den Karten 2 und 3 leicht ersehen kann.

Die großen Einkünfte aus dem Glocknerverkehr führten in Übereinstimmung mit der gesamtösterreichischen Fremdenverkehrspolitik zu einem nicht nur quantitativen, sondern auch qualitativen Ausbau der Betriebe. Besonders im Beherbergungssektor wurde im Ortszentrum ständig investiert und die Qualität fühlbar angehoben. Damit war allerdings ein Rückgang der Rentabilität der einzelnen Betriebe verbunden. Diese hätten nunmehr einer höheren Auslastung bedurft, um mit marktgerechten Preisen die Investitionskosten und die höheren Betriebskosten hereinzubringen. Die Auslastung konnte in der kurzen und witterungsabhängigen Sommersaison des Glocknerverkehrs nicht erreicht werden. Auch war das durchreisende Publikum nicht bereit, erhöhte, wenn auch wirtschaftlich gerechtfertigte Preise zu bezahlen, und wich auf andere Orte auf der Strecke aus.

Ziel der Gemeindeväter und der Wirtschaftreibenden mußte es daher sein, für eine bessere Auslastung der Fremdenverkehrseinrichtungen zu sorgen. Man ging daher an den Ausbau einer Wintersaison. Auch dieser konnte, wie die zuerst beschriebene Erweiterung der Fremdenverkehrsbetriebe, im wesentlichen aus den Erlösen des Glocknerverkehrs bestritten werden. In den Jahren 1964 und 1965 entstanden ziemlich rasch hintereinander drei zusammenhängende Sessellifte auf den Tauernberg, die dem Ortszentrum ein ideales Schigelände erschlossen. Nur die unterste Etappe zum Ort hin führt über die relativ steile Trogschulter. Dies zeigt sich schon an der sehr eng und steil angelegten Abfahrtsstelle im Tal. Die Schiabfahrt auf diesem Stück ist oft vereist. Die geringe Dauer der Schneedecke in tieferer Lage beschränkt die Zeit ihrer Benützbarkeit. Im Schigelände jedoch, zwischen 1800 und 2600 m Höhe, entstanden sukzessive korrespondierende Schlepplifte, sodaß nunmehr oberhalb des Parkplatzes Roßbach, nahe der neuen Mautstelle an der Dauersiedlungsgrenze, ein gut ausgebautes Schigebiet zur Verfügung steht. Die Lifte sind, wie erwähnt, mit der hoch aktiven Gletscherbahn in einer Gesellschaft zusammengeschlossen. Mindereinnahmen im Winter können so durch Mehreinnahmen im Sommer ausgeglichen werden (Tabelle 6).

In Ergänzung des Wintersportangebotes wurde im Jahre 1967 von der Gemeinde ein Hallenbad errichtet, das bis heute ein beachtliches Defizit ausweist. Es wird jährlich von rund 50.000 Besuchern aufgesucht, davon 2/3 im Winter. Seine Fremdenverkehrsbedeutung ist im Abnehmen, da nunmehr auch in Heiligenblut Hotelschwimmbäder entstehen.

Insgesamt zeigt die Statistik (Diagramm 2, Tabelle 5), daß dem Bemühen um eine Wintersaison ein voller Erfolg beschieden war. Die Zahl der Winternächtigungen stieg zwischen 1963 und 1970 auf das Siebenfache und konnte

Tabelle 4: Verkehrszählungen Großglocknerstraße 1935—1973

Jahr	Tage[a]	Mautzahlende Besucher	Personen-kraftwagen	Autobusse	Motorräder	Last-kraftwagen
1935	79	130.571	19.309	4.174	5.482	.
1936	110	146.427	24.218	5.122	5.290	.
1937	132	147.994	26.657	4.066	4.812	.
1938	170	374.465	76.138	5.355	15.951	.
1939	138	297.242	58.114	4.325	16.962	.
1940	120	6.169	669	330	56	.
1941	93	10.317	923	493	84	.
1942	112	3.355	948	7	205	.
1943	115	3.941	662	39	146	.
1944	80	3.328	460	90	90	.
1945	91	1.106	283	15	41	.
1946	123	30.278	2.949	586	621	.
1947	139	66.784	4.500	1.787	1.437	.
1948	140	88.080	7.768	2.025	4.001	.
1949	160	175.097	16.433	3.043	9.920	.
1950	153	291.135	33.842	5.167	14.528	.
1951	142	365.183	49.074	6.280	18.861	.
1952	157	412.546	56.169	7.273	27.154	.
1953	218	537.769	78.494	7.809	42.237	.
1954	197	531.260	86.179	6.817	38.663	.
1955	225	722.937	127.574	8.162	47.562	.
1956	175	776.041	148.933	8.277	47.186	.
1957	240	840.916	172.595	8.322	37.732	.
1958	204	970.233	211.494	8.729	34.875	.
1959	204	987.445	228.372	8.491	26.382	.
1960	217	1,027.986	246.593	8.897	19.943	1.165
1961	236	1,242.235	306.981	9.226	17.480	1.482
1962	196	1,314.533	336.347	9.470	12.411	1.573
1963	276	1,219.142	312.191	8.568	8.805	1.313
1964	176	1,255.015	333.856	8.545	7.256	1.560
1965	176	1,087.024	291.287	6.931	5.114	1.376
1966	184	1,171.451	317.951	7.660	4.065	1.999
1967	179	1,020.165	274.114	7.812	2.801	890
1968	209	960.455	260.069	7.795	2.071	648
1969	202	1,028.539	275.194	8.338	2.262	593
1970	180	1,033.318	275.667	8.349	2.117	2.266
1971	199	1,262.213	340.648	9.460	2.932	1.970
1972	191	1,180.480	302.427	9.655	3.172	3.261
1973	190	.	316.610	9.381	4.618	1.027

[a] Durchgehende Befahrbarkeit der Scheitelstrecke.

Quelle: WALLACK, F.: Die Großglockner Hochalpenstraße, die Geschichte ihres Baues. Wien 1949; Statistiken der Großglockner-Hochalpenstraßen AG.

somit fast Anschluß an die Werte der Sommersaison finden. Dabei stehen im Winter den Fremden auch heute weniger Betten zur Verfügung als im Sommer (um 415). Die Betten auf der Franz-Josefs-Höhe sind dann nicht erreichbar; auch im Ort können noch nicht alle Quartiere zufriedenstellend beheizt werden, doch dürfte dieser Mangel bald beseitigt sein. Es wird somit im Winter heute bereits eine höhere Auslastung erreicht. Die längere Aufenthaltsdauer von 9,4 Tagen (gegenüber 3,6 im Sommer) ist Beweis, daß es gelungen ist, eine neue Kundenschicht zu gewinnen.

Indirekt zu diesem Erfolg beigetragen hat wohl die Tatsache, daß ab dem Winter 1967/68 die Zufahrt von Norden und somit aus der deutschen

Tabelle 5: Fremdenverkehrsnachfrage

(a) Nächtigungen

Sommer		Winter	
1911	10.149	·	·
1931	11.100	1931/32	243
1933	6.642	1933/34	486
1935	12.361	1935/36	1.182
1937	11.853	·	·
1948	13.581	1948/49	314
1949	14.809	1949/50	311
1950	14.501	1950/51	274
1951	20.814	1951/52	176
1952	16.909	1952/53	573
1953	21.762	1953/54	747
1954	28.848	1954/55	436
1955	32.478	1955/56	277
1956	38.513	1956/57	3.686
1957	43.412	1957/58	6.260
1958	44.234	1958/59	6.097
1959	47.052	1959/60	7.953
1960	47.866	1960/61	14.319
1961	53.019	1961/62	16.694
1962	64.295	1962/63	13.467
1963	51.251	1963/64	14.114
1964	70.617	1964/65	21.727
1965	62.944	1965/66	27.395
1966	53.282	1966/67	38.860
1967	51.463	1967/68	44.973
1968	65.535	1968/69	60.650
1969	77.122	1969/70	66.863
1970	96.811	1970/71	83.265
1971	111.477	1971/72	97.484
1972	110.388	1972/73	83.793
1973	114.766	1973/74	78.618

(b) Saisonale Struktur 1962/63, 1967/68 und 1972/73

Fremden-verkehrs-jahr	Winter 1. November — 30. April			Sommer 1. Mai — 31. Oktober		
	An-künfte	Über-nachtungen	Aufenthalts-dauer	An-künfte	Über-nachtungen	Aufenthalts-dauer
1962/63	1.920	13.467	7,0	30.030	51.251	1,7
davon Ausländer	1.302	10.736	8,2	24.782	41.271	1,7
1967/68	7.001	44.973	6,4	30.473	65.535	2,2
davon Ausländer	3.187	25.488	8,2	21.666	50.932	2,4
1972/73	8.887	83.793	9,4	31.679	114.766	3,6
davon Ausländer	5.794	62.733	10,6	23.654	97.669	4,1

(c) Monatlicher Ablauf 1973

	Ankünfte		Übernachtungen		Aufenthaltsdauer	
	Inländer	Ausländer	Inländer	Ausländer	Inländer	Ausländer
Jänner	730	865	4.863	11.656	6,6	13,5
Februar	960	1.337	7.037	12.835	7,3	9,6
März	644	1.320	4.757	17.353	7,4	12,5
April	369	923	2.462	11.100	6,7	12,0
Mai	364	1.178	551	2.504	1,3	2,1
Juni	1.287	4.265	2.966	16.270	2,3	5,8
Juli	1.877	7.029	4.062	33.886	2,2	4,8
August	2.438	6.965	5.322	31.444	2,2	4,5
September	1.861	3.790	3.864	12.515	2,1	3,4
Oktober	198	427	332	1.080	1,7	2,5
November	17	35	17	91	1,0	2,5
Dezember	386	1.239	2.033	8.832	5,3	7,9
Jahr	11.131	29.373	38.266	159.536	3,4	4,2[a]

[a] Davon aus Bundesrepublik Deutschland: 7,4 Tage.

Quellen für Tabelle 5: Österr. Statistisches Zentralamt: Der Fremdenverkehr in Österreich, Wien, jährlich seit 1952; ferner: Unveröffentl. Material und Auskünfte des Österr. Statistischen Zentralamtes und der Gemeinde Heiligenblut.

Bundesrepublik, von wo ja die meisten Gäste kommen, wesentlich erleichtert wurde. Denn im Sommer 1967 konnte die Felbertauernstraße eröffnet werden, eine neue Nord-Süd-Verbindung durch die Alpen, die den Alpenhauptkamm in einem 5,8 km langen Tunnel auf circa 1600 m Höhe durchbohrt. Diese Straße von Mittersill nach Lienz, mit guten Anschlüssen nach Norden an das Deutsche Autobahnnetz bei Kufstein und Siegsdorf (Traunstein), ist in ihrer Trassenführung auch für den nicht berggewohnten Motortouristen leicht befahrbar und im Winter bis auf wenige Tage mit extremen Verhältnissen offen.

Tabelle 6: Seilbahn- und Liftanlagen

Bahn	Talstation (Seehöhe) m	Höhen-differenz m	Be-triebs-länge m	Be-triebs-tage	Saison[a]	Beförderte Personen 1972	
						Bergfahrt	Talfahrt
Standseilbahn							
Großglockner-Gletscherbahn	Pasterzengletscher (2212)	144	212	122	S	103.116	93.024
Sessellifte							
Heiligenblut I	Heiligenblut (1315)	438	1230	234	S / W	8.869 / 85.989	7.484 / 65.285
Heiligenblut II	Roßbach (1753)	806	2131	234	S / W	6.976 / 105.897	3.771 / 16.150
Heiligenblut III	Fallbichl (2229)	330	1158	151	W	80.372	5.018
Schlepplifte							
Seppenalm	Roßbach (1750)	650	1600	} Nach Schneelage	W	} Nur Bergfahrten	
Sonnenlift	Seppenalm (2400)	200	600		W		
Tauernberg } Schilifte am Tauernberg	Roßbach Glocknerstr. b. (1720)	380	1200		W		
Viehbühel	Wallackhaus (2250)	200	600		W		
Schulwiese } Übungslifte im Talbereich	Möllbrücke (1250)	50	250		W		
Tafernig	Tafernig (1250)	50	250		W		

[a] S = Sommer, W = Winter.

Quellen: Bundesministerium für Verkehr: Amtliche Eisenbahnstatistik der Republik Österreich für das Jahr 1972, Wien 1973; Prospekte und Auskünfte der Ortsgemeinde Heiligenblut.

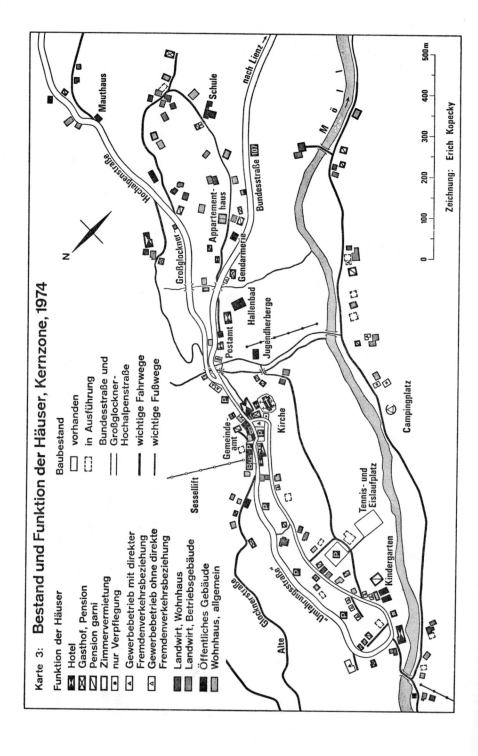

Karte 3: Bestand und Funktion der Häuser, Kernzone, 1974

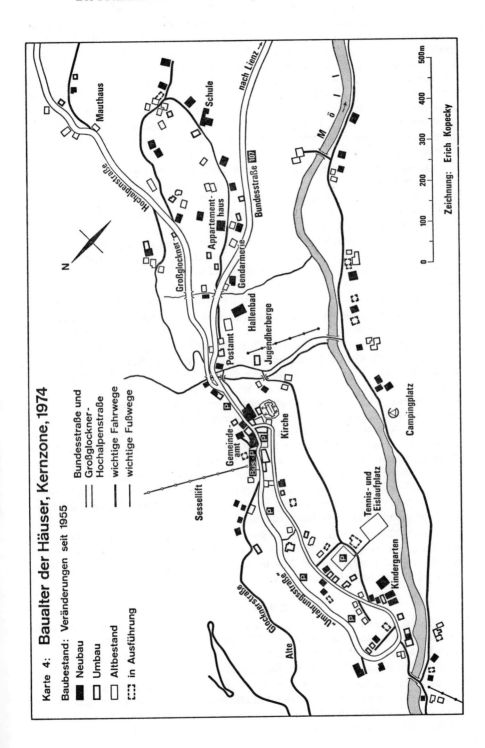

Karte 4: Baualter der Häuser, Kernzone, 1974

Baubestand: Veränderungen seit 1955

Bundesstraße und
Großglockner-
Hochalpenstraße
wichtige Fahrwege
wichtige Fußwege

Neubau
Umbau
Altbestand
in Ausführung

Zeichnung: Erich Kopecky

Ihre Auswirkungen auf den Fremdenverkehr der Gemeinde Heiligenblut waren jedoch nicht nur positiv. Es kam zu einer Umstruktuierung des Glocknerverkehrs und damit zum ersten Mal seit langer Zeit zu einem Rückschlag. Denn der Durchgangsverkehr nach dem Süden verlagerte sich fast vollständig auf die neue und schnellere Straße. Am Glockner verblieben nur die Ausflügler und Besichtigungsreisenden. Aber auch letztere fuhren bei schlechterem Wetter teilweise über den Felbertauern. Allerdings schuf die neue Straße auch neue Ausflugsmöglichkeiten: Rundfahrten in einer Richtung über den Glockner, in der anderen über den Felbertauern sind sehr beliebt. Es gibt hiefür sogar eine Mautermäßigung beider Straßengesellschaften.

Durch diese Veränderungen wurden aber die Frequenzschwankungen im Glocknerverkehr, die schon immer den Wirtschaftstreibenden große Schwierigkeiten bereitet hatten, größer. Während an Schönwettertagen annähernd die gleiche oder sogar eine noch höhere Frequenz zu verzeichnen war, ging der Verkehr bei ungünstigem Wetter wesentlich stärker zurück. Für die Dienstleistungsbetriebe bedeutete dies eine Verschlechterung der Rentabilität, mußte doch dieselbe Kapazität für eine relativ geringere Auslastung bereitgehalten werden. Ungünstigerweise traten diese Veränderungen gerade zu dem Zeitpunkt ein, wo es um die Liquidität der Fremdenverkehrswirtschaft ohnehin schon schlechter bestellt war, da man für die Wintersaison viel investiert hatte.

Die Beeinträchtigung des Sommerfremdenverkehrs durch die Felbertauernstraße ist schwer wettzumachen. Auch hier sucht die Gemeinde, längerbleibende Gäste zu gewinnen. Doch zeigt die Entwicklung der durchschnittlichen Aufenthaltsdauer, daß diesen Bemühungen Grenzen gesetzt sind. Die Konkurrenz ist im Sommer in Kärnten groß. Ein Sommeraufenthalt in Heiligenblut ist lang nicht so attraktiv wie einer im Winter; daher ist es relativ schwer, eine dem Angebot entsprechende Nachfrage zu erreichen. Die Gäste beklagen sich über zu wenig Fremdenverkehrseinrichtungen. Die Notwendigkeit für Ausflüge mit dem Auto im Bereich der Großglocknerstraße, auch bei längerem Aufenthalt, immer wieder Maut zahlen zu müssen, hat Unmut hervorgerufen. Besonders beanstandet wurde aber der Verkehrslärm im Ortszentrum, wo die meisten Quartiere sich befinden. Da auch der Wirtschaftsverkehr in den Ortsteil Winkl unter verkehrstechnisch ungünstigen Bedingungen hier durchfahren muß, ist der Verkehrslärm bereits am frühen Morgen stark, worauf im folgenden noch eingegangen werden wird.

Diesen Tatsachen ist es zuzuschreiben, daß in der Fremdenverkehrsentwicklung der Gemeinde Heiligenblut eine Stagnation eingetreten ist, unabhängig von der allgemeinen Flaute im Fremdenverkehr, die auf die internationale Wirtschaftssituation zurückzuführen ist.

3. Infrastruktur

Bereits in den frühen sechziger Jahren zeigten sich mit dem Ausbau der Fremdenverkehrsbetriebe fühlbare Mängel der Infrastruktur. Vor allem auf dem Verkehrssektor verlangte die bereits erwähnte Straßenführung zum Ortszentrum hin dringend nach einer Korrektur.

Dem in das Ortszentrum einfahrenden Gast war es nicht mehr möglich, einen Parkplatz zu finden. Auf der Bergfahrt stauten sich die Fahrzeuge von der Mautstelle der GROHAG bis zur Abzweigung in das Ortszentrum (rund 1300 m) zurück und blockierten die Ein- und Ausfahrt. Die Gemeinde forderte daher den Bau einer Umfahrungsstraße, die jedoch — darüber waren sich die Wirtschaftstreibenden und Gemeinderäte einig — möglichst nahe an den Ort heranführen und auch eine möglichst große Zahl von Parkplätzen einschließen sollte, ein für eine Umfahrungsstraße eher ungewöhnliches Ziel. Die Bemühungen der Gemeinde waren jedoch von Erfolg gekrönt. In den Jahren 1965 bis 1969 entstand eine „Umfahrungsstraße", die auf der Trasse der Ortseinfahrt von der Hauptstraße abzweigt und direkt in das Ortszentrum führt. Dort verzweigt sie sich aber zu einer großen birnenförmigen Schleife durch den Ortsteil Winkl. Diese Umfahrungsstraße bildete die Grundlage für eine rege Bautätigkeit in diesem Ortsteil und somit für die Erweiterung der Kernzone (Karte 2 und 4). Die aus Bundesmitteln errichtete Straße, deren Bau durch die Anlage einiger Hangbrücken recht aufwendig war, wurde in ihrer ganzen Länge zur Einbahn erklärt, sodaß die linke Straßenhälfte teilweise als Parkplatz genutzt werden kann. In Winkl, auf dem Talboden, ungefähr 60 Höhenmeter unterhalb des Ortszentrums, wurde ein großer Parkplatz angelegt, der allerdings kaum frequentiert ist. Offiziell wurde diese Trassenwahl mit dem Argument vertreten, daß nach der Befahrung der Hochalpenstraße Lenker und Wagen eine Verschnaufpause notwendig hätten und hierzu diese „Umfahrungsstraße" die beste Möglichkeit böte. Tatsächlich durchfährt heute der Besucher das Ortszentrum und bleibt, wenn er im Zentrum selbst keinen Parkplatz mehr findet, möglichst bald danach auf der Umfahrungsstraße stehen. Von dort geht er dann zurück, um Kirche und Friedhof zu besichtigen, Kaffee zu trinken oder Souvenirs zu kaufen. Nur selten ist der Andrang so groß, daß die Gäste bis zum neuen Parkplatz am Talboden fahren müssen. Von diesem ist ein Spaziergang in den Ort schon eher unattraktiv; ein einladender Fußweg fehlt und die Steigung wird unangenehm empfunden. Bei seiner Abreise muß der Besucher allerdings die „Umfahrungsstraße" in ihrer vollen Länge durchfahren. Man gelangt, steilansteigend, in das Ortszentrum zurück, durchfährt dieses noch einmal, um schließlich über die enge Straßenkreuzung die Hauptstraße Richtung Großglockner oder Winklern zu gewinnen.

Zur Verbesserung der Verkehrssituation errichtete die Gemeinde im Ortszentrum eine Kurzparkzone, die allerdings nur während der Saison gilt. Das erscheint schon typisch für die großstädtische Atmosphäre, die an manchen Tagen dort herrscht. Der Bereich, der am meisten von Gästen frequentiert ist, wird auch am stärksten vom Verkehr durchflutet!

Tabelle 7: Energieverbrauch 1950—1971

		kWh
1950		159.405
1955	Lieferungen der Tauern-	528.409
1960	kraftwerke AG	1,101.685
1965		1,449.493
1967		1,620.585
1969	Lieferungen der KELAG	2,972.257
1971		3,894.302

Quelle: Angaben der Kärntner Elektrizitäts-Aktiengesellschaft (KELAG), Klagenfurt.

Besonders stark ist in den letzten Jahren der Verbrauch an elektrischer Energie in der Gemeinde Heiligenblut gestiegen (Tabelle 7). Die hiezu notwendigen großen Investitionen im Leitungsnetz mußten zu einem beachtlichen Teil von den zuständigen Elektrizitätsversorgungsunternehmen gemacht werden. Ein Vertrag, den die Gemeinde Heiligenblut im Jahre 1939 mit den Alpen-Elektrowerken, Berlin, abgeschlossen hatte, sah als Bedingung für die Ableitung der Möll auf der Margaritze für das Großkraftwerk Glockner-Kaprun (40% der Möllwassermenge in Heiligenblut) die Sicherstellung der Stromversorgung der Gemeinde vor. Die Tauernkraftwerke AG (TKW), als Rechtsnachfolgerin der Alpen-Elektrowerke, hat diesen Vertrag auch bis 1965 korrekt erfüllt. Dann übernahm die Kärntner Elektrizitäts-Aktiengesellschaft (KELAG) die Versorgung des Ortes, da sie die Fleißbäche, die bislang das primär zur Versorgung der Ortsgemeinde dienende Fleißbachkraftwerk I betrieben, für ihr Großbauhaben in der Fragant benötigte. Zudem gelang es der KELAG, von der Gemeinde die Zusicherung zu erhalten, die weiteren Ausbaumaßnahmen der KELAG nicht zu behindern. Allerdings wußten zum Zeitpunkt der Verhandlung die Gemeindevertreter nicht das wahre Ausmaß des Bauvorhabens der KELAG, das faktisch die Ableitung aller linksseitigen Nebenbäche der Möll im Gemeindegebiet und somit weiterer 30% des Wasserangebotes der Möll umfaßt [4]. In der Folge verschärfte sich das Verhältnis zwischen Gemeinde und KELAG wesentlich. Denn obwohl die KELAG ihren Vertrag buchstabengetreu erfüllte und darüber hinaus bei Entschädigungen auch gewisses Entgegenkommen zeigte, glaubt die Gemeinde doch, kein ausreichendes Entgelt für den entstandenen ideellen und materiellen Schaden erhalten zu haben. Denn von den in alten Führern als Attraktion von Heiligenblut beschriebenen vielen Wasserfällen existiert im wesentlichen nur mehr einer. Die Gemeindeväter fordern daher einen jährlichen Entschädigungsbetrag, um die verlorengegangenen Attraktionswerte ausgleichen zu können. Die Elektrizitätsgesellschaft bestreitet verständlicherweise diese Ansprüche, u. a. mit dem Argument, daß der Strom, den die Gemeinde selbst benötigt, auch erzeugt werden müsse.

Die Heiligenbluter Landwirte führen Klage, die Wasserableitungen hätten zu einer Änderung des Wasserhaushaltes der Natur, somit zur Senkung des Grundwasserspiegels, geführt. Die letzten, eher trockenen Jahre lassen einen eindeutigen Beweis derzeit nicht zu. Wissenschaftliche Untersuchungen, die derzeit laufen, dürften jedoch nur geringe Nachweise erbringen.

Erwiesen ist jedoch der Schaden für die Abwasserbeseitigung und damit für ein weiteres Infrastrukturproblem. Seit die linksseitigen Zuflüsse der Möll abgeleitet wurden und somit nur mehr 30% der ursprünglichen Wassermenge abfließen, ist eine starke Geruchsbelästigung zu bemerken. Denn bisher wurden die Heiligenbluter Abwässer von den einzelnen Häusern durch mechanische Kläranlagen oder auch direkt zur Möll als Vorfluter geleitet. Die Bedeckung der Kosten der nunmehr notwendig gewordenen Kanalisierung und Kläranlage war lange strittig. Inzwischen ist der Kanalbau in Angriff genommen worden. Eine zentrale biologische Kläranlage wird errichtet und damit ein für einen Fremdenverkehrsort hygienisch untragbarer Zustand beseitigt.

---

[4] KIESSLING, H.: Planung und Ausführung der Kraftwerksgruppe Fragant. In: Österr. Zeitschrift für Elektrizitätswirtschaft, Wien 1965, H. 10, S. 44.

4. Projekte

Die vorstehenden Ausführungen führen zwangsweise zur Frage, in welche Richtung die wirtschaftliche Entwicklung der Gemeinde weiterhin getrieben werden soll. Die bislang dafür vorliegenden Projekte können nicht immer als zielführend erkannt werden. Diese sind seitens der Gemeinde:

(a) Erhöhung der Bettenkapazität und Verbesserung der Qualität der Unterkünfte. Die vorhandenen ca. 1650 Betten sollen in der Zukunft fast verdoppelt werden. Entwicklungsziel sind demnach derzeit zirka 3000 Fremdenbetten hoher Qualität, meist in Fremdenverkehrsbetrieben. Diese Betten würden vorrangig in der „Kernzone" entstehen, der die Gemeinde das Gepräge eines vornehmen Kurortes geben und die sie mit der notwendigen Infrastruktur ausstatten möchte. Die Zahl von 3000 Betten haben sich die Wirtschaftreibenden selbst vorgegeben. Es ist jene Bettenzahl, die man glaubt personal-, kapital- und kapazitätsmäßig verkraften zu können. Nähere Untersuchungen über die Kapazitätsgrenzen des zugehörigen erschlossenen Erholungsraumes wurden nicht durchgeführt.

(b) Schigroßraum Hohe Tauern. Vornehmlich auf Heiligenbluter Initiative beruht ein kühnes Projekt einer Seilbahnverbindung von Heiligenblut über den Sonnblick und das Schareck nach Sportgastein. Ein Heiligenbluter Schilehrer und sein berühmter Schüler Aga Khan haben die Abfahrtsmöglichkeiten in der Goldberggruppe der Hohen Tauern gründlich erforscht. Im weiteren wurde der nunmehr vorliegende Plan ausgearbeitet und nach einigen Modifizierungen zur Diskussion gestellt. Nach dem Rückzug von Aga Khan aus dem Projekt dürften sich für die Realisierung finanzielle Schwierigkeiten ergeben.

Mittelpunkt dieses Vorhabens ist die Überseilung des Hohen Sonnblicks (3105 m), auf dem seit 1886 ein Observatorium und eine Schutzhütte bestehen. Von dort gäbe es Gletscherabfahrten nach Nordosten und Südwesten in das Kleine Fleißtal. Mit einer Liftbrücke entstünde eine Verbindung auf das Schareck (3122 m), das derzeit bereits von Sportgastein durch eine sehr leistungsfähige Seilbahn erschlossen wird.

Gegen das Projekt sprechen neben den hohen Investitionskosten und der zu erwartenden geringen Eigenrentabilität auch natürliche Faktoren. So sind die Gletscher, auf denen abgefahren werden soll, nur zum Teil spaltenfrei. Talseitig apern sie ziemlich früh im Jahre aus, sodaß ein „Sommerschilauf" nur kurz möglich wäre. Die Zufahrt in das Kleine Fleißtal ist stark lawinengefährdet; ebenso die nach Sportgastein, wo es umfangreicher Bauten bedurft hat, um die Straße halbwegs offen halten zu können.

Die in Aussicht genommenen Lifttrassen sind, besonders dort, wo sie über den Alpenhauptkamm in Ost-West-Richtung verlaufen, sehr windausgesetzt. Es ist daher anzunehmen, daß an vielen Tagen des Jahres ein Befahren des Gipfels des Hohen Sonnblicks mit einer Seilbahn mit Schwierigkeiten verbunden sein wird.

Die Großflächigkeit des Vorhabens bringt einen weiteren Nachteil. Auch der geübte Schifahrer wird relativ viel Zeit benötigen, um die ganze Strecke von Heiligenblut nach Gastein zu durchfahren. Zu den Fahrzeiten müssen ja noch beachtliche Umschlagzeiten hinzugerechnet werden. Es bleibt zu überlegen, wie vielen Schiläufern Hin- und Rückfahrt während der kurzen Tageszeit im Hochwinter überhaupt möglich sind.

c) Mit der Erklärung des zentralen Bereichs zur Fußgängerzone versucht die Gemeinde, dem Verkehrsproblem im Ortszentrum nahe zu treten. Allerdings hat man sich mit den dann zweifellos notwendigen alternativen Fahrt- und Parkmöglichkeiten noch nicht befaßt.

Zu diesen Projekten seitens der Gemeinde kommen zwei weitere, die von außen an das Gebiet herangetragen werden und für die zukünftige Entwicklung Bedeutung haben:

(d) Nationalpark Hohe Tauern. Am 21. Oktober 1971 unterzeichneten die Landeshauptleute von Kärnten, Salzburg und Tirol in Heiligenblut eine Deklaration, gemäß der weite Teile der Hohen Tauern, vor allem die Gipfel- und Almregionen, zum ersten österreichischen Nationalpark erklärt werden sollen. Damit wurde ein bereits seit der Jahrhundertwende für Teilgebiete der Hohen Tauern erwogenes Projekt öffentlich institutionalisiert. Seither ist man allerdings nicht viel weiter gekommen. Bei den vorbereitenden Arbeiten sind große Schwierigkeiten verwaltungsrechtlicher und privatrechtlicher Natur aufgetreten. Grundeigentümer, Erschließungsgesellschaften, Verwaltungskörperschaften und Elektrizitätsgesellschaften haben alle möglichen, kaum kombinierbaren Raumansprüche geltend gemacht, um sich eine eventuelle spätere Realisierung freizuhalten. Es liegt in der Sache, daß der Großteil dieser Ansprüche mit den Zielen der Nationalparkkommission unvereinbar ist. Daher macht die Abgrenzung des Parks besondere Schwierigkeiten. Hier sind zwei Arten Zonen vorgesehen: Bewahrungszonen, die im wesentlichen unverändert erhalten bleiben sollen, und Erschließungszonen, in der bescheidene Erschließungsvorhaben (z. B. für Wintersportzwecke) möglich sein könnten. Nach den nunmehr vorgelegten Intentionen der Nationalparkkommission käme das Sonnblickprojekt in die Bewahrungszone zu liegen. Es ist verständlich, daß dies von der Gemeinde abgelehnt wird. Andererseits wäre es den Vertretern der Gemeinde genehm, wenn der Ort selbst in irgend einer Form in den Nationalpark einbezogen würde, weil dies sicher seine Attraktivität verstärken könnte. Die Nationalparkkommission vertritt aber die Ansicht, daß im Dauersiedlungsraum, besonders im Bereich der Ortschaften, die Naturlandschaft schon zu stark gewandelt wurde und somit nicht mehr den Zielen eines Nationalparks entspricht.

(e) Gegen die Intentionen der Nationalparkkommission ist auch ein weiteres Projekt: Die Verbundgesellschaft befaßt sich schon seit langem mit dem Bau eines Großkraftwerkes in Osttirol, in welches auch der Gössnitzbach und somit der letzte „funktionierende" Wasserfall der Gemeinde einbezogen werden könnte. Sollte dies aus wirtschaftlichen oder anderen Gründen für das Osttiroler Kraftwerk nicht opportun sein, hat bereits die KELAG ihr Interesse am Gössnitzwasser angemeldet. Es befindet sich hier eine der günstigsten Talsperrenstellen Kärntens, die nach Ansicht der Elektrizitätskraftwerke bei einem weiteren Ausbau unbedingt genützt werden müßte. Das hätte aber wieder zur Folge, daß der Wasserspiegel der Möll abermals drastisch gesenkt würde.

Der Gössnitzfall ist derzeit als Naturdenkmal geschützt, doch gibt man sich in der Gemeinde auf Grund von Erfahrungen keinen Illusionen hin und überlegt, welche Gegenleistungen man verlangen könnte, wenn die Elektrizitätsgesellschaften ihre Pläne wahrmachen.

5. Fehlentwicklungen

Der Fremdenverkehr neigt, wie andere Wirtschaftszweige auch, zur Konzentration. Diese hat in Heiligenblut an zwei Stellen bereits ein Ausmaß erreicht, das einer weiteren Entwicklung hinderlich ist: auf der Franz-Josefs-Höhe und im Ortszentrum.

(a) Die Franz-Josefs-Höhe wird während der kurzen Betriebszeit, etwa von Ende Mai bis Ende September, im Durchschnitt täglich von 10 000 Personen besucht. Das bedeutet, daß es an schönen Tagen, besonders nach Schlechtwetterperioden, Spitzen von über 20 000 Besuchern im Tag gibt, die sich noch dazu auf die kurze Zeit von 10 bis 14 Uhr konzentrieren. Überfüllung der Parkmöglichkeiten auf der Franz-Josefs-Höhe kann eine gewisse zeitliche Verschiebung mit sich bringen; die Fahrzeuge müssen dann auf der „Elisabethruhe" warten. An diesen Tagen wird von der Postverwaltung ein Pendelverkehr zwischen Franz-Josefs-Höhe und Elisabethruhe aufrechterhalten, der allerdings nicht immer die in ihn gesetzten Erwartungen erfüllt. Das Publikum reklamiert vor allem, daß zuzüglich zur Mautgebühr der Post noch eine Fahrgebühr zu zahlen ist, weil nicht für genug Parkplätze vorgesorgt wurde. Andererseits wäre die Errichtung weiterer Parkplätze auf der Franz-Josefs-Höhe für die GROHAG wegen zu geringer Auslastung wirtschaftlich nicht mehr verantwortbar. Dem Bedarf dieser Besucher dienen außer Parkspeicher und Gletscherbahn fünf Verpflegungs- und Handelsbetriebe. Von letzteren werden vier in Selbstbedienung betrieben, einer erreicht ein Ausmaß von 450 m², was auch für eine Großstadt beachtlich wäre. Oft sind 3500 Mittagessen an einem Tag zu servieren und am Buffet über 1000 Wurstsemmeln abzugeben. Der Andrang beschränkt sich im wesentlichen auf die relativ kleine Fläche bei den Parkplätzen und dem Parkspeicher, auf die Gletscherbahn und einen kleinen Spazierbereich auf der Pasterze sowie den Gamsgrubenweg, einen Aussichtsweg, der von der GROHAG seinerzeit angelegt wurde.

(b) Im Ortszentrum sind dieselben Leistungen zu erbringen wie auf der Franz-Josefs-Höhe, vielleicht mit etwas anderer Streuung während des Tages und mit geringerer Wetterabhängigkeit. Auch hier erstreckt sich dieser Andrang auf den kleinen Bereich zwischen Kirche und Parkplätzen, wo sich die größten Betriebe befinden. Dort wohnt auch ein beträchtlicher Teil der länger verweilenden Gäste. Da weder die Gemeinde noch das Land sich den wirtschaftlichen Interessen der Geschäftsleute entgegenstellen wollte, ist es trotz der Bestimmungen der Bauordnung zu einer relativ hohen Verbauung gekommen. Dadurch entstand eine fast großstadtähnliche Häuserschlucht, die den Verkehrslärm noch verstärkt und für Fußgänger eigentlich zu wenig Raum bietet, obwohl beiderseits der Straße Arkaden oder Gehsteige angeordnet wurden.

Die Konzentration zeigt uns noch einen weiteren Mangel der Entwicklung: Der wirtschaftliche Aufschwung kommt der Ortsbevölkerung in sehr unterschiedlichem Maße zugute. Die wenigen Gewerbetreibenden des Ortszentrums und der Franz-Josefs-Höhe, die auf Grund ihrer wirtschaftlichen Macht oft meinungsbildend sind, können den Löwenanteil auf sich vereinigen. Der Hotelbesitzer, dem ein Fünf-Millionen-Schilling-Kredit keine größere Schwierigkeit bedeutet, wohnt nur wenige hundert Meter Luftlinie vom Bergbauern entfernt, der nur mit Mühe jene 15 000 Schilling in bar aufzutreiben vermag, die er braucht, um seinen relativ kleinen Anteil zur Wegerschließung seines Gehöftes zu bezahlen, die es ihm heute erst möglich macht, aktiv am Fremdenverkehr teilzunehmen. Das zeigt aber auch, daß ein Ziel der Entwicklungspolitik, nämlich die Verringerung der Abwanderung, nur zum Teil erreicht werden kann, solange die Konzentration im Fremdenverkehr so hoch ist.

Denn die Bauernsöhne und -töchter arbeiten nur zum Teil in Betrieben der eigenen Gemeinde. Allerdings pendeln andererseits aus der Umgebung Arbeitskräfte nach Heiligenblut ein.

Die meisten landwirtschaftlichen Betriebe sind zu klein, um eine Familie erhalten zu können. Sie werden nur im Neben- oder Zuerwerb bewirtschaftet. Nur einige wenige Gehöfte, teilweise nach Erwerb oder Zupacht von brachliegenden Wiesen, erreichen jene Mindestgröße, die für eine Bewirtschaftung im Haupterwerb notwendig ist. Weniger ertragreiche Zweige der Landwirtschaft sind aufgegeben worden, so fast ganz der Ackerbau, weil im Nebenerwerb für sie nicht genug Arbeitskräfte vorhanden sind. Auch viele der Almen und Almwiesen (Bergmähder), über 33% der Gemeindefläche, werden nicht mehr oder wenig intensiv bewirtschaftet. Damit tritt aber eine Verwilderung des Almgürtels ein; die Kulturlandschaft verfällt, die Lawinengefahr steigt.

6. Nachfrageanalyse

Um angesichts der vielfältigen und recht komplexen Probleme, die sich für eine Weiterentwicklung der Gemeinde ergeben, für die Zukunft Planungsaussagen machen zu können, muß, zumindest auf dem Sektor des Fremdenverkehrs, dem Angebot die Nachfrage gegenübergestellt werden. Letztere läßt sich ziemlich deutlich auf sechs verschiedene Besuchergruppen aufteilen, die im folgenden nach der Zahl ihres Auftretens, also der „Ankünfte", aufgeführt werden (Tabelle 5).

(a) An erster Stelle stehen sicher die Ausflügler zur Großglocknerstraße. Es sind meistens Gäste aus benachbarten Fremdenverkehrsgebieten, die im Zuge ihres Aufenthaltes auch einmal eine Fahrt auf den „Glockner" unternehmen. Weite Anreisewege werden gerne in Kauf genommen, solche von 250 km sind noch relativ häufig. Somit haben die in Frage kommenden Fremdenverkehrsgebiete immerhin ein Potential von 6,5 Mill. Ankünften pro Sommersaison. Sie befinden sich auch jenseits der Grenzen Österreichs, z. B. in Oberbayern und Südtirol. Das wirtschaftliche Problem bei der Bewältigung dieser Besuchergruppe sind die großen Frequenzschwankungen: Hauptsaison des Glocknerverkehrs ist gleichzeitig Hauptsaison des Sommererholungsreiseverkehrs. In der letzten Juli- und ersten Augustwoche wird somit, geeignete Wetterverhältnisse vorausgesetzt, die Spitze erreicht. Vierzehn Tage Schlechtwetter in dieser Zeit beeinträchtigen die Jahresfrequenz auf der Franz-Josefs-Höhe schon stark. Im Ablauf der Woche sind hingegen, im Gegensatz zu anderen Strömen des Ausflugsverkehrs, relativ geringe Schwankungen zu erwarten. Diese sind vielmehr witterungsbedingt: Nach längerer Schlechtwetterperiode wird am ersten und zweiten schönen Tag der größte Andrang zu verzeichnen sein. Spitzenstunden sind, wie erwähnt, die Zeit von 10 bis 14 Uhr.

(b) An zweiter Stelle müssen die Durch- und Besichtigungsreisenden über die Glocknerstraße angeführt werden. Sie kehren, im Gegensatz zu den unter a) behandelten Ausflüglern, nicht mehr am selben Tage zu ihrem Ausgangspunkt zurück. Im Frequenzverlauf weisen sie ähnliche Schwankungen auf wie die Ausflügler. Sie dürften jedoch an den typischen Reisetagen zum Wochenende zahlreicher sein. Auch die Witterungsabhängigkeit ist etwas geringer. Bei dieser Besuchergruppe sind jedoch Nächtigungen im Bereich der Gemeinde Heiligenblut möglich. Ein Aufenthalt für eine Nacht im Ort oder auf der Franz-Josefs-Höhe kommt oft vor, eventuell bleibt man auch zwei bis drei Tage.

(c) Urlauber im Winter: Diese Besuchergruppe hat die Gemeinde zum großen Teil in den letzten Jahren neu werben können. Vor allem aus der Bundesrepublik Deutschland kommen Besucher zum Wintersport und verbringen einen oft mehrwöchigen Urlaub. Saisonspitzen sind zu Weihnachten und im Februar, bei guter Schneelage bis fast zu den Ostertagen. Es war möglich, eine gehobene Besucherschicht für den Ort zu gewinnen.

(d) Demgegenüber verfügt die Gemeinde im Sommer noch nicht über eine dem Angebot entsprechende Nachfrage im Erholungsverkehr, obwohl diese Form des Fremdenverkehrs seit jeher eine gewisse Bedeutung gehabt hat. Vor allem fehlt die gehobene Gästeschicht für den qualitativ ausgereiften und somit höheren Standard der Kernzone.

(e) Ausflügler im Winter: An schönen Spätwinterwochenenden kommen Schiausflügler aus dem Kärntner Zentralraum nach Heiligenblut, um die hochgelegenen Lifte und Pisten zu nützen. Sie spielen insgesamt eine kleine Rolle.

(f) Veranstaltungen: Seit jeher ist Heiligenblut Austragungsort von Veranstaltungen. Die Fähigkeit, sich auf große Frequenzschwankungen einstellen zu können, kommt den Gemeindebürgern hier zugute. Beim Glocknerrennen oder, nach dessen Einstellung infolge Rückgang des Hofmannskeeses, beim neu geschaffenen Pasterzenlauf, einer Langlaufkonkurrenz im unteren Teil der Pasterze, ist oft starker Besuch zu verzeichnen. Auch die Glockner-Etappe der Österreich-Rundfahrt lockt zahlreiche Besucher heran. Aus dem Mittelalter hat sich die sogenannte „Pinzgauer-Wallfahrt" erhalten. Bauern pilgern aus dem Pinzgau über die Glocknerstraße nach Heiligenblut. Anschließend wird ein Fest veranstaltet.

Zieht man aus dieser Nachfragesituation Bilanz, so muß festgehalten werden, daß sich für die Angebotsseite äußerst differenzierte Anforderungen stellen: Ausflügler und Besichtigungsreisende, die mit großen Frequenzschwankungen den Ort besuchen, haben andere Bedürfnisse als Urlauber.

Auch nach der sozialen Stellung gibt es Unterschiede zwischen den einzelnen Gästegruppen. Ausflügler und Besichtigungsreisende werden sich immer aus allen sozialen Schichten zusammensetzen. Im Erholungstourismus hingegen könnte das Angebot für gewisse Gästeschichten beschränkt werden.

Vergleicht man nun Angebot und Nachfrage, so ergeben sich Divergenzen, die im Zuge einer weiteren Fremdenverkehrsentwicklung in der Form, wie sie sich die Gemeinde vorstellt, noch verstärkt werden dürften und sich schließlich zum Schaden auswirken könnten. Eine Entwicklung durch Beschränkung auf wenige Nachfragegruppen, die annähernd dieselben Anforderungen an das Angebot stellen, ist nicht möglich. Denn der Glocknerverkehr mit seinen für den Erholungsverkehr ungünstigen Nebenerscheinungen hat die Entwicklung bislang ermöglicht und trägt auch heute noch den Hauptanteil des Fremdenverkehrs, somit die wirtschaftliche Prosperität der Gemeinde. Er wird sich in Zukunft aber nur mehr langsam steigern. Von ihm sind daher nicht mehr jene Impulse zu erwarten, die für die weitere Entwicklung notwendig sind.

7. Planungsansätze

Um aber den Urlaubsverkehr weiter auszubauen, wäre für die weitere Planung ein Umdenken notwendig. Dieses Umdenken ist schwierig, denn die bisherige Entwicklung hat fast bis in die letzte Gegenwart nur große, kaum vorausahnbare Erfolge gebracht. Verständlicherweise sind darum die Wirtschaftstreibenden in der Gemeinde, die durch ihre kaufmännische Initiative an diesen Erfolgen beteiligt waren und die Meinungsbildung in der Gemeinde wesentlich beeinflussen, schwer zu überzeugen, daß nunmehr eine Umstellung erfolgen sollte. Die Entwicklung ist ja auch in den letzten 25 Jahren so schnell gegangen, daß man kaum Schritt halten konnte. Es war nicht möglich, Erfahrungen zu sammeln, noch weniger die Ursachen der erzielten Erfolge zu analysieren. Diese liegen aber zu einem beachtlichen Teil außerhalb des Einflußbereiches der Gemeindebevölkerung. Die Glocknerstraße in der Zeit der Weltwirtschaftskrise — ein Geschenk des Himmels — ist auf die Initiative des Bundes zurückzuführen. Von welch großer Bedeutung sie für die Gemeinde sein würde, war ebenso nicht vorausahnbar wie die starke Motorisierung besonders des Individualverkehrs. Ein Umdenken wäre aber notwendig, denn eine weitere sinnvolle Wirtschaftsentwicklung dürfte nur über folgende Ziele möglich sein:

(a) Die weitere Entwicklung des Fremdenverkehrs bei Erhaltung einer attraktiven Kultur- und Naturlandschaft.

Für das Obere Mölltal kommt in der Zukunft primär nur der Fremdenverkehr für die Weiterentwicklung in Frage. Andere Wirtschaftszweige müssen zurückstehen. Industrialisierung ist wegen der Abgelegenheit schwer möglich und angesichts des Fremdenverkehrs nicht zu verantworten. Das ortsansässige Gewerbe bzw. die Landwirtschaft bieten aber nur geringe Chancen [5].

(b) Alle Entwicklungsbemühungen müssen die Schaffung von vielen Dauerarbeitsplätzen beinhalten. Die Bevölkerung hat mehrmals bewiesen und auch erklärt, daß sie, wenn möglich, in ihrer Heimat bleiben und nicht in wirtschaftlich günstigere Gebiete abwandern will.

Daraus ergeben sich folgende Konsequenzen:

(a) Primäres Ziel muß eine Entflechtung des Fremdenverkehrs sein. Fremde mit kurzzeitigem Aufenthalt (Ausflugs-, Besichtigungs- und Durchreiseverkehr) müßten vom längerfristigen Urlaubsverkehr während des Sommers, mit der starken Frequenz auf der Glocknerstraße, getrennt werden. Das heißt, für den Erholungsverkehr sind neue, abgelegenere Standorte anzustreben, eine Maßnahme, die in einem auch die Wirtschaft des Ortes auf eine breitere Basis stellen könnte. Die Investitionen im Ortszentrum sollten eingeschränkt werden. Wahrscheinlich wäre es vernünftig, für die nächsten fünf Jahre hier überhaupt ein Bauverbot zu verhängen, aber auch bei Vergabe von Baubewilligungen in der „Kernzone" wäre Zurückhaltung zu üben. Die Neuentwicklung von abgelegenen Standorten könnte auf Basis von weniger zahlungskräftigen Gästen erfolgen. Im besonderen sei hier an die von Landes- und Bundesseite geförderten Aktionen gedacht, wie „Urlaub am Bauernhof" oder Errichtung von „Erholungsdörfern". So würden sich die Weiler Apriach und Schachnern mit ihrer sonnigen Lage sehr gut als „Erholungsdörfer" eignen. Durch Errichtung weniger Schlepplifte könnte dort leicht ein bescheidener Wintersportverkehr aufgezogen werden. Dies würde keine Konkurrenz der Anlagen der Großglockner Seilbahn Ges.m.b.H. & Co. K. G. bedeuten.

(b) Das Ortszentrum sollte nach wie vor der wirtschaftliche Mittelpunkt des Ortes sein und den kurzfristigen und langfristigen Besuchern seine Dienste

---

[5] Siehe auch: Amt der Kärntner Landesregierung, Abteilung Landesplanung: Entwicklungsprogramm Oberes Mölltal. Bearbeitet von H. HANSELY und O. GLANZER, Bd. 8 der Schriftenreihe für Raumforschung und Raumplanung. Klagenfurt 1966. S. 11.

anbieten. Für letztere wäre die Errichtung der geplanten Fußgängerzone unbedingt notwendig. Als flankierende Verkehrslösung müßte die enge Kreuzung von Glocknerstraße, Bundesstraße und Ortszufahrt entschärft werden, und zwar durch ihre Verlegung außerhalb der Kernzone. Leider läßt sich die ehemalige, bereits beim Bau der Großglocknerstraße ventilierte zweite Trassenführung nicht mehr realisieren. Aber eine Lösung in Anlehnung an diese Variante mit einer Umrundung des Schulerbühels ist noch möglich. Auf diese Weise würde auch eine e c h t e Umfahrungsstraße geschaffen. Die nunmehr verkehrsfreier werdenden Ortszufahrten könnten als Einbahnsystem ausgestaltet werden und zusätzliche Parkplätze bieten (Karte 5). Dann könnten immer noch das schon einmal ventilierte Projekt eines Parkhauses durchgeführt oder aber unweit des Hotels Ruppertihaus Terrassen-Parkplätze angelegt werden. Die Fußgängerzone im Ortszentrum verlangt auch die Anlage einer Zufahrtsstraße in den Ortsteil Winkl. Hier wäre eine Trasse entlang der Möll günstig, die unweit des bestehenden Parkplatzes in die alte „Umfahrungsstraße" einmünden könnte.

Diese Verkehrslösungen sind auf jeden Fall anzustreben, selbst dann, wenn seitens der Gemeinde dem Gedanken einer Förderung der randlich gelegenen Gemeindeteile nicht nähergetreten wird.

(c) Sorge wäre auch der weiteren Entwicklung der Landwirtschaft als Pflegerin des Erholungsraumes zuzuwenden. Die Viehzählung zeigt, daß die Zahl der Rinderhalter fast gleich geblieben ist. Bei den zahlreichen Befragungen während der beiden Übungen konnte in den meisten Gehöften eine starke Abnahme des Rinderbestandes festgestellt werden, wesentlich stärker, als man auf Grund der Angaben von Tabelle 8 vermuten würde. Nur wenige Bauern, meist jene, die sich auf Zuchtviehproduktion umgestellt hatten und diese extensiv betrieben, wiesen hohe Zuwachsraten auf. Es ist aber zu erwarten, daß die vielen kleinen Nebenerwerbsbetriebe noch lange Zeit bestehen werden. Dazu trägt

Tabelle 8: Viehbestand 1948—1974

Jahr	Rinder-halter	Rinder insges.	davon Kühe	davon Jungvieh[a]	Schweine	Schafe	Hühner
1948	.	848	434	359	208	1180	626
1959	124	1070	509	451	345	1016	1597
1966	110	1046	482	513	406	773	1927
1969	120	953	433	486	531	619	2354
1971	117	949	445	469	480	668	2775
1974	117	783	392	364	361	648	3262

[a] Bis 2 Jahre.

Quelle: Österreichisches Statistisches Zentralamt: Viehzählungen.

Anmerkung: An Hand der Entwicklung des Viehbestandes, die hier nur auszugsweise wiedergegeben wird, kann festgestellt werden: Zur Zeit des starken Rückganges der alpinen Landwirtschaft bleiben nur mehr jene Zweige der Viehzucht erhalten, bei denen entweder eine relativ günstige Marktposition oder gute Absatzchancen im Fremdenverkehr bestehen. Am Markt verkauft werden können derzeit nur Zuchtrinder (meist Export nach Italien). Für den Fremdenverkehr sind die Rinderzucht und Rinderhaltung (Fleisch, Milch, Milchprodukte), die Schweinezucht (Fleisch) sowie die Geflügelzucht und Geflügelhaltung (Fleisch, Eier) wichtig. Die Zucht und Haltung von Schafen, Pferden und Ziegen ist stark zurückgegangen.

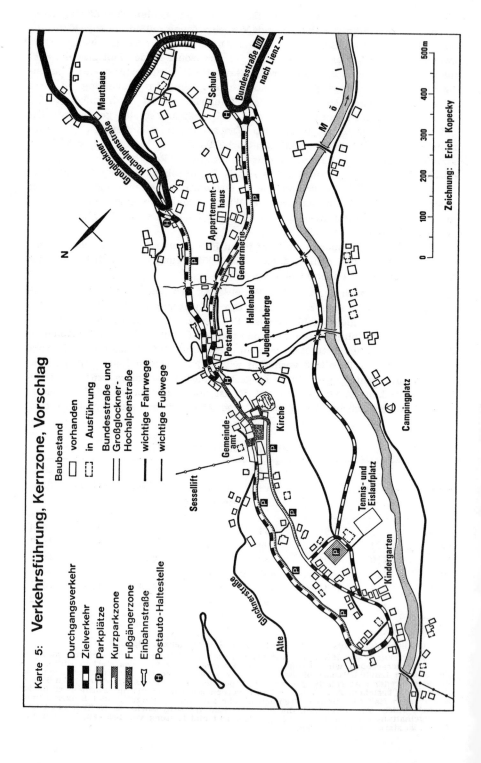

Karte 5: **Verkehrsführung, Kernzone, Vorschlag**

Baubestand

Durchgangsverkehr   □ vorhanden

Zielverkehr   ⊡ in Ausführung

Parkplätze   Bundesstraße und
Kurzparkzone   Großglockner-
       Hochalpenstraße
Fußgängerzone   wichtige Fahrwege
Einbahnstraße   wichtige Fußwege
Postauto-Haltestelle

Zeichnung: Erich Kopecky

nicht nur die Tradition und Liebe zur Landwirtschaft bei, es besteht vielmehr für dieses Beharrungsvermögen noch ein anderer Grund: Das Lohnniveau ist im industriefernen Heiligenblut relativ niedrig. Ein eigenes zusätzliches Einkommen aus der Landwirtschaft ist darum gerne gesehen, wenn man die Errungenschaften unserer Zeit voll genießen will.

Zur Erhöhung der Rentabilität dieser Kleinbetriebe und zur Erhaltung der Kulturlandschaft wäre eine kollektive Almbewirtschaftung ein möglicher Weg. Eine gemeindeweite Almgenossenschaft könnte die extensive Betreuung der derzeit nicht mehr genutzten Almflächen und Bergmähder übernehmen. An dieser Gemeinschaft hätten Kleinbetriebe auf Grund ihrer derzeit bestehenden Almrechte Anteil und könnten ihr Galtvieh zur Sömmerung hinschicken. Denn dieses verläßt als einziges landwirtschaftliches Produkt gegenwärtig das Tal. Das dürfte auch auf lange Sicht so bleiben, selbst wenn die gegenwärtige Marktsituation die heimische Viehzucht vor große Probleme stellt. Alle anderen landwirtschaftlichen Produkte dienen nur dem Eigenverbrauch des Tales. Sie werden ab Hof verkauft oder im eigenen Betrieb an die Fremden abgegeben.

(d) Noch nicht konkret Stellung genommen wurde in dieser Arbeit zu den größeren Projekten, mit denen die Gemeinde konfrontiert ist. Dies geschah deshalb, weil hier die Gemeinde auf die Dauer kaum selbst entscheiden wird können. Sie wird vielmehr akzeptieren müssen, was überregionale Körperschaften im Interesse der gesamten Volkswirtschaft entscheiden, und nur im Detail Entscheidungen für sich günstig beeinflussen können.

Dies gilt besonders auch für den Nationalpark Hohe Tauern, bei dessen Realisierung gemäß den derzeitigen Planungsinitiativen das Sonnblickprojekt, neben allen finanziellen Bedenken, undiskutabel ist. Sicher wird ein solcher Nationalpark den Fremdenverkehr der Gemeinde positiv beeinflussen, auch wenn die Ortschaften selbst nicht im Nationalparkareal liegen. Es ist aber fraglich, wieweit hier wirklich die für die Bevölkerung günstigste Entwicklungschance liegt.

Ähnliches ist zum Projekt der Elektrizitätsgesellschaften zu sagen. Eine Attraktionsminderung durch eine weitere Ableitung des Möllwassers ist zweifellos gegeben.

Es erscheint in der derzeitigen Entwicklungsphase für die Gemeinde gar nicht ratsam, Großprojekte wie das Sonnblickprojekt zu verfolgen. Erst nach einer Konsolidierung der Wirtschaftslage und auch des Fremdenverkehrs, wozu die weiter oben angeführten Maßnahmen beitragen können, scheint es angebracht, weitere Entwicklungsvorhaben anzugehen. Dann wird hoffentlich auch geklärt sein, wieweit ein zukünftiger Nationalpark Hohe Tauern die Ausbaupläne der Gemeinde für Wintersportanlagen beeinflußt.

(f) Im Zuge einer weiteren Fremdenverkehrsentwicklung wäre es sicher möglich, auch einen neuen Raum dem anspruchsvollen Urlaubsverkehr zu widmen. Die Schaffung einer Hotelsiedlung „Hochheiligenblut" am Tauernberg, knapp unter der Waldgrenze, sodaß auch ein Aufenthalt im Sommer dort ansprechend ist, könnte ins Auge gefaßt werden. Ein solcher Standort läge günstig für Wintersportanlagen, Wanderungen und Autoausflüge. Eine Verbindung zu den Gewerbebetrieben im Ortszentrum könnte u. a. mittels des vorhandenen Sessellifts hergestellt werden. Klimatisch wäre dieser Standort dem Ortszentrum vorzuziehen.

(g)   Dieses „Hochheiligenblut" ist nicht in direkter Verbindung mit dem Sonnblickprojekt zu sehen. Letzteres erscheint für den Massenwintersport nur
beschränkt geeignet. Neben der schwierigen Zufahrt sind es vor allem die
natürlichen Bedingungen, die während des Hochwinters eine lange Betriebs-
dauer ausschließen. Im Frühjahr allerdings wären die neu gewonnenen Schi-
gebiete sicher attraktiv. Hohe Bedeutung hätte eine Sonnblickseilbahn wahrscheinlich für den Sommerausflugsverkehr. Es wäre also mit einem ähnlichen
Zustrom wie zum Glockner zu rechnen. Wieweit das Ortszentrum von Heiligenblut aus diesem vermehrten Gästestrom Nutzen ziehen könnte, bleibt angesichts der Hektik, die heute an Spitzentagen dort herrscht, zweifelhaft.

Der Fremdenverkehr in Heiligenblut könnte sich also auch weiterhin zum
Wohle der Ortsbevölkerung fortentwickeln. Hierzu ist allerdings ein Abgehen
von der bisher ungeordneten und rein zufälligen Entwicklung zu einer voraus-
schauenden Planung notwendig. Jene zufälligen und individuellen Gegebenheiten, die bislang in vielen Teilen unseres Fremdenverkehrsgebietes große
Impulse gesetzt haben, verlieren mit der fortschreitenden Entwicklung immer
mehr an Bedeutung.

Den Verfasser hat das Ineinandergreifen der einzelnen Entwicklungsstufen
des Fremdenverkehrs in der Gemeinde Heiligenblut fasziniert. Er wollte aufzeigen, wie eine Gemeinde mit großem Fleiß und im besten Willen, ihre Wirtschaft zu verbessern und zu stärken, in Schwierigkeiten und Probleme gelangen kann, die leicht zu einem Überhitzen der Entwicklung führen mögen. Das
Beispiel Heiligenblut ist wegen der Vielfältigkeit der dortigen Fremdenver-
kehrsstruktur besonders interessant. Es wird in Teilbereichen auf viele andere
Fremdenverkehrsorte zutreffen.

Literaturhinweise

Amt der Kärntner Landesregierung, Abteilung Landesplanung: Entwicklungsprogramm
  Oberes Mölltal. Bearbeitet von H. HANSELY und O. GLANZER. Schriftenreihe
  für Raumforschung und Raumplanung, Band 8, Klagenfurt 1966.
BERNECKER, P.: Untersuchung des Fremdenverkehrs in Erholungsdörfern und Ruhe-
  orten. Schriftenreihe der Österr. Gesellschaft für Raumforschung und Raumplanung,
  Band 6, Wien 1967.
BUHK, M.: Heiligenblut und der Großglockner. Hamburg-Ahrensburg, o. J.
Deutscher und Österreichischer Alpenverein: Festschrift zur Feier des 50jährigen Beste-
  hens des Glocknerhauses der Sektion Klagenfurt des D. u. Ö. A. V. Klagenfurt 1926.
ERTL, R. F.: Beitrag zur Geschichte der Gemeinde Heiligenblut. Band 1—51. Für den
  Dienstgebrauch vervielfältigt. Wien—Döllach—Heiligenblut 1973 ff.
ERTL, R. F. und S.: Mineraliensammeln und Goldwaschen in Heiligenblut in Kärnten.
  In: Der Aufschluß, Heidelberg 1974, Jahrgang 25, Heft 5, Seite 237—295.
EISENHUT, G.: Die wirtschaftliche Entwicklung der Gemeinde Kaprun, unter besonderer
  Berücksichtigung der Kraftwerke und des Fremdenverkehrs. In: Österreich in
  Geschichte und Literatur mit Geographie. Wien 1973, Jahrgang 17, Heft 4, Seite
  251—270.
Die Felbertauernstraße. Osttiroler Heimatblätter, Lienz 1967, Sondernummer Mai—Juni
  1967.
FRIEDRICH, W.: Raumordnung in Kärnten — Entwicklungsprogramm Tourismus: Klima-
  gutachten. Klagenfurt 1971.
Heiligenblut, kleiner Führer. Verlag A. Keller, Wien o. J.
KIESSLING, H.: Planung und Ausführung der Kraftwerksgruppe Fragant. In: Österr.
  Zeitschrift für Elektrizitätswirtschaft, Wien 1969, Heft 10, Seite 449—471.
KRÖNER, A.: Grindelwald. Die Entwicklung eines Bergbauerndorfes zu einem inter-
  nationalen Tourismuszentrum. Stuttgarter Geographische Studien, Band 74, Stutt-
  gart 1968.
LINDSBERGER, J. F.: Großkirchheim. Kleine Chronik über die Geschichte des Oberen
  Mölltales und des ehemaligen Marktes Döllach. Döllach o. J.
MAIER, J.: Die Leistungskraft einer Fremdenverkehrsgemeinde. Modellanalyse des
  Marktes Hindelang/Allgäu. WGI-Berichte zur Regionalforschung, Heft 3, München
  1970.
Nationalparkkommission Hohe Tauern: Der österreichische Nationalpark „Hohe Tauern".
  Salzburg 1974.
Österr. Institut für Raumplanung: Straßenverbindungen über die Alpen: Raumordnungs-
  studie Felbertauernstraße, Wien 1967.

Rettet den Zillergrund. Herausgegeben vom Lenkungsausschuß der Arbeitsgemeinschaft „Rettet den Zillergrund". Mayrhofen 1972.

RÖSSNER, F. — SENGER, H.: Sonnblick, Hocharn, Schareck. Studie über die Erschließung zum Großraumschigebiet. Heiligenblut o. J.

ROSA, D.: Der Einfluß des Fremdenverkehrs auf ausgewählte Branchen des tertiären Sektors im bayrischen Alpenvorland. WGI-Berichte zur Regionalforschung, Heft 2, München 1970.

SCHULTHES, J.: Reise auf den Glockner. Wien 1804.

SCHUPPLER, E.: Verkehr und Fremdenverkehr im Bereich der Großglockner-Hochalpenstraße. Diplomarbeit, Institut für Raumordnung, Hochschule für Welthandel, Wien 1960.

ŞTRZYGOWSKI, W.: Europa braucht Naturparke. Horn 1959.

WALLACK, F.: Die Großglockner Hochalpenstraße, die Geschichte ihres Baues. Wien 1949.

WEGENSTEIN, S.: Der Fremdenverkehr in Heiligenblut. Diplomarbeit, Institut für Fremdenverkehrsforschung, Hochschule für Welthandel, Wien 1974.

Weiters wurden verwendet:

Karten
    des Bundesamtes für Eich- und Vermessungswesen, Wien
    des Verlages Freytag & Berndt, Wien
    des Österreichischen Alpenvereins, Innsbruck

Luftbilder
    des Bundesamtes für Eich- und Vermessungswesen, Wien

Geschäftsberichte, Protokolle und Prospekte
    des Fremdenverkehrsvereins Heiligenblut
    der Felbertauernstraße Aktiengesellschaft
    der Großglockner-Hochalpenstraßen Aktiengesellschaft
    der Kärntner Elektrizitäts-Aktiengesellschaft KELAG

Statistiken
    des Bundesministeriums für Verkehr, Wien
    des Fremdenverkehrsvereins Heiligenblut
    der Gemeinde Heiligenblut
    des Amtes der Kärntner Landesregierung — Landesstelle für Statistik, Klagenfurt
    des Österreichischen Statistischen Zentralamtes, Wien

Zahlreiche eigene Erhebungen, unter anderem:
    Mitschriften von Abendveranstaltungen (Vorträgen und Diskussionen), die während der beiden Intensivübungen veranstaltet wurden
    Angaben aus Fragebögen, die anläßlich der beiden Intensivübungen erhoben wurden
    Seminarreferate der beiden Intensivübungen

Die Wirtschaftsstruktur der internationalen Binnenschiffahrt auf der Donau im Vergleich zur Rheinschiffahrt

Horst Nowak, Wien

1. Entwicklungsphasen der Binnenschiffahrt

Der Verkehrswert einer Binnenwasserstraße hängt prinzipiell von der Länge des Flusses, der Größe des Einzugsgebietes, der Lage der Mündung, der Bevölkerungsdichte und den Verknüpfungsmöglichkeiten von Wirtschaftsräumen ab (vgl. die Kennziffern von Rhein und Donau) [1], [2]. Die heute ausgebauten Binnenwasserstraßen stellen multifunktionale Verkehrswege dar, die neben dem Gütertransport, der Wasserwirtschaft, der Agrarwirtschaft (Bewässerung) und dem Fremdenverkehr dienen.

Für den Ausbau der Binnenwasserstraßen können 3 Hauptphasen unterschieden werden:

1. Phase (bis 1850): In ihr sind besonders die Förderungsmaßnahmen im Rahmen des Merkantilismus zu erwähnen. Dieser Phase kann noch der Vorläufer des heutigen Rhein-Main-Donau-Kanals zugerechnet werden, der sogenannte Ludwigskanal, den der bayrische König Ludwig I. errichten ließ und der von 1836—45 in Betrieb war.

2. Phase (1850—1945): Am Beginn dieser Entwicklungsphase standen private Initiativen, die sehr rasch von staatlichen Planungsmaßnahmen abgelöst wurden. So konnte 1899 der Dortmund-Ems-Kanal, 1938 der Mittellandkanal und 1940 der Rhein-Herne-Kanal eröffnet werden. Bereits 1921 wurde die Rhein-Main-Donau-AG gegründet, was zeigt, wie wichtig die zukünftige Entwicklung des Rhein-Main-Gebietes und die Herstellung einer schiffbaren Kommunikation mit dem Donauraum eingeschätzt wurde.

3. Phase (1945—1974): Seit 1945 verbindet die Donau im Gegensatz zum Rhein Staaten verschiedener Wirtschaftssysteme. Durch Verbesserung der Handelsbeziehungen und den Einsatz moderner Schubeinheiten mit nur 2—3 Mann Besatzung gegenüber 8 Mann auf den Schleppereinheiten konnte das Transportvolumen auf der Donau stark vergrößert werden und liegt zur Zeit bei 65 Mill. t. Durch den verkehrstechnischen Ausbau mittels Staustufen (bei gleichzeitiger Beseitigung von Furtstellen kann auch die Transportgeschwindigkeit erhöht werden) und nach Fertigstellung des Rhein-Main-Donau-Kanals (voraussichtlich 1982) kann nach vorsichtigen Schätzungen das Transportvolumen auf der Donau im Zeitraum von 20 Jahren fast verdoppelt werden.

---

[1] ACHILLES, F. (1967): Gegenwärtige und zukünftige Wasserstraßen für das Europaschiff. Geogr. Rundschau, 19, S. 302 ff.
[2] AURADA, F. (1964): Die Großschiffahrtsstraße der österreichischen Donau und ihre Häfen. Mitt. Österr. Geogr. Ges., Bd. 106, S. 252 f.

2. Die Schiffahrtsverhältnisse auf der Donau

Transportkapazität und Transportauslastung der Donau sind sehr stark geprägt durch die schwierigen nautischen Verhältnisse auf der Oberlaufstrecke zwischen Regensburg und Gönyü mit hohen Strömungsgeschwindigkeiten und stark variierenden Wasserständen, die bei einem langjährigen Jahrsmittel-Durchflußwert von rund 5600 m³/sec zwischen 2600 m³/sec und 10.000 m³/sec schwanken können [3].

Die oberste Donaustrecke bis zur Altmühlmündung hat ein Gefälle von 0,53‰, die österreichische Strecke ein solches von 0,43‰; an der mittleren und unteren Donau hingegen werden nur Werte von 0,05—0,06‰ erreicht. Diese Gefällsverhältnisse prädestinieren die österreichische Donaustrecke zum optimalen Energieausbau [4], wobei im Rückstaubereich der Kraftwerksketten nautische Hindernisse überstaut werden und die Strömungsgeschwindigkeiten auf unter 2 m/sec reduziert werden können.

3. Die technische Entwicklung in der europäischen Binnenschiffahrt

Durch internationale Abkommen konnte nach dem 2. Weltkrieg eine Normung der Binnenwasserstraßen in 5 bzw. 6 Klassen und damit eine wesentliche Erleichterung in verkehrstechnischer Hinsicht erreicht werden.

So bedeutet für die Donaustrecke von der Mündung bis Wien die Klassifikation 5 als Wasserstraße den möglichen Einsatz von Schiffen bis 3000 t, bei einer vorgeschriebenen Fahrtwassertiefe von 35 dm, und damit einen Attraktivitätsgewinn des Wiener Hafens als Umschlagplatz im West-Ost-Handel.

Nach Angaben der Donaukommission (1972) kann die Schiffahrt auf der oberen Donau zwischen Regensburg (Strom-km 2379) und Gönyü (Strom-km 1791) im Durchschnitt nur an 343 Tagen aufrecht erhalten werden; in extremen Jahren wie 1971 muß die Schiffahrt bis zu 80 Tagen eingestellt werden. Bei Niederwasser beträgt die Minimalwassertiefe zwischen Passau und Komarom 1,6—1,9 m, desgleichen sinkt die Spiegelbreite auf 120—180 m ab. Damit können die von der internationalen Donaukommission empfohlenen Schiffahrtsverhältnisse, nämlich bis Wien eine Schiffahrtsrinnentiefe von 35 dm für 3000 t-Schiffe und ab Wien stromaufwärts 27 dm (bei Felsuntergrund) bei einer Strombreite von 150 m, die für Europakahn (1350 t) — Schubverbände als Fahrtrinne erforderlich wären, nur durch den Donauvollausbau mit Hilfe von Staustufen erreicht werden.

Die Abbildung zeigt die verkehrstechnischen Unterschiede zwischen Schleppzügen alter Prägung und den modernen Schubeinheiten, die auf Grund ihrer höheren Tonnage und Manövrierfähigkeit wesentlich zur Transportsteigerung auf der Donau beigetragen haben [6], wobei die DDSG 1974

[3] LIEPOLT, R. (1966): Limnologie der Donau. Bd. 1, Wien.
[4] SEILER, E. (1965): Vision eines europäischen Wasserstraßennetzes. Hansa, Nr. 23, Hamburg, S. 5.
[6] Besonders in der modernen Wirtschaftsentwicklung sind letzten Endes auch Frachtkosten und Frachtraten bei Massengütern für die Versorgung von Industriegebieten entscheidend. Hier kann besonders die Binnenschiffahrt durch billige Frachtraten und technische Umsetzmöglichkeiten als Konkurrent zu LKW und Bahn auftreten. So können durch 1 PS fortbewegt werden: auf der Straße 150 kg, auf der Schiene 500 kg, im Binnenschiff 4000 kg. Nach: Deutscher Kanal- und Schiffahrtsverein (o. J.): Rhein-Main-Donau-Großschiffahrt, Bedeutung und Bauwürdigkeit der Kanalstrecke Bamberg—Nürnberg. Nürnberg.

Klasseneinteilung der europäischen Wasserstraßen und Standardabmessungen der Schiffe [4, 5]

| Wasser- straßen- klasse | Allgemeine Bezeichnung | Traditionelle Schiffahrt | | | | | Schubschiffahrt Schubleichter [a] | | Von der ECE de- finierte Klassen- Tragfähigkeit in t |
		Charakteristische Tonnage in t	Länge in m	Breite in m	Tief- gang in m	Höchster Fest- punkt in m	Länge in m	Breite in m	
I	Penische	300	38,50	5,00	2,20	3,55	–	–	250— 400
II	Kempenaar	600	50,00	6,60	2,50	4,20	–	–	400— 650
III	Dortmund- Ems-Kanal-Typ	1000	67,00	8,20	2,50	3,95	–	–	650—1000
IV	Rhein-Herne- Kanal-Typ	1350	80,00[b]	9,50	2,50	4,40	70	9,50	1000—1500
V	Großes Rheinschiff	2000	95,00[c]	11,50[c]	2,70[c]	6,70[c]	–	–	1500—3000
VI	- id. -	3000 und mehr	–	–	–	–	–	–	3000 und mehr

[a] Der Tiefgang der Schubleichter ist derselbe wie bei den Typschiffen.
[b] In der Bundesrepublik Deutschland ist eine Verlängerung dieses Kahntyps bis auf 85 m zugelassen.
[c] Die Einheiten von 2000 t sind nicht standardisiert, die erwähnten Abmessungen sind Größenordnungen.

[5] SEILER, E. (1972): Die Schubschiffahrt als Integrationsfaktor zwischen Rhein und Donau. Zeitschr. f. Binnenschiffahrt u. Wasserstraßen, H. 8., Duisburg.

Einige Fahrformationen in der Donauschiffahrt

Nach E. SEILER (1972)

H. NOWAK, 1975

allein über 25 Motorgüter-(Schub-)Schiffe, 6 Motortank(Schub-)Schiffe und 1 Schubschiff, somit insgesamt über 32 Schubeinheiten verfügte. Noch 1974 konnte von der Linzer Werft das erste von 6 Groß-Motorgüter-Schubschiffen ausgeliefert werden, die mit 95 m Länge und einer Tragfähigkeit von 1900 t nicht nur zu den größten von einer österreichischen Werft für die Donau gebauten Güterschiffen gehören, sondern in ihren Abmessungen bereits auf den Rhein-Main-Donau-Verkehr abgestimmt sind [7].

4. Die Strukturentwicklung des österreichischen Donauverkehrs

Schwere Verluste brachte der Zusammenbruch nach dem 1. Weltkrieg für die österreichischen Donauschiffahrtsgesellschaften DDSG und COMOS. 50%o des Schiffahrtsparkes gingen nach diesem Krieg an die Nachfolgestaaten und Frankreich verloren. Noch stärker betroffen war die DDSG nach 1945, als sie 64%o ihres Schiffsbestandes verlor und 85%o ihres Vermögens einbüßte. Der österreichische Staat half beim Wiederaufbau und bei der Modernisierung der österreichischen Donauflotte mit, sodaß heute 191 Schiffseinheiten im Einsatz stehen, d. h. 72 Einheiten weniger als 1966.

---

[7] Ohne Verfasser (1974): Die neue „Typschiff"-Klasse der DDSG. Schiffahrt u. Strom, Nr. 43, Linz, S. 5.

Mit 1. Oktober 1974 verfügte die DDSG-Güterschiffahrt über folgende Einheiten [8]:

	PS	Tragfähigkeit in t
1 Schubschiff	2.200	
10 Zugschiffe	9.550	
25 Motorgüter(Schub-)schiffe	26.310	
6 Motortank(Schub-)schiffe	6.300	30.310
108 Schubleichter und Güterkähne		6.285
36 Tankkähne und Tankschub-		106.971
leichter		36.225
5 Bunkertankkähne		3.602
191 Einheiten	44.360	183.393

Bei einem Vergleich der nach *Warengruppen* aufgeteilten Güter, die 1966 und 1973 transportiert wurden, ist eine teilweise beträchtliche Transportkapazitätverschiebung auf der österreichischen Donaustrecke feststellbar. So ging der Transport von Erdöl und Erdölprodukten um 18% auf 1,870.141 t zurück, ein Umstand, der zum Teil auf die Fertigstellung der Adria-Wien Pipeline 1972 zurückgeführt werden muß.

Die zweitgrößte beförderte Warengruppe, Eisenerz und Schrott, verzeichnete einen Anstieg um 61%, der hauptsächlich auf eine Produktionssteigerung der VÖEST zurückgeht, die dadurch erhöhten Bedarf an Rohmaterialimporten hatte. Die Zunahme des Transportaufkommens von Kohle und festen Brennstoffen betrug 14%, wobei zu beachten ist, daß das Importvolumen, unterteilt nach Herkunftsländern, sich erheblich verschob: Kamen 1966 noch mehr als 50% dieser Warengruppe aus und über Deutschland nach Österreich, so wurden 1973 auf Grund der geänderten wirtschaftspolitischen Situation fast $4/_5$ aus dem COMECON-Staatenbereich eingeführt. Metalle und Halbfertigprodukte, die im Berichtsjahr an vierter Stelle lagen, hatten einen Rückgang von knapp 20% aufzuweisen; der überwiegende Teil davon, nämlich mehr als $7/_{10}$ der beförderten Tonnage von 589.316 t, wurden exportiert und zwar größtenteils in die BRD.

Den größten Zuwachs hatte die Gruppe Düngemittel zu verzeichnen, die insbesondere durch agrarpolitische und agrarstrukturelle Verbesserungen eine 617%ige Steigerungsrate aufweisen konnte, wobei die COMECON-Staaten als Hauptimporteure dominierten.

Betrachtet man die jüngste Entwicklung (Stand 1973) am Beispiel des Transportaufkommens auf der österreichischen Donau, so zeigt sich folgende Transportdynamik ab:

A. *Verkehrsaufkommen in Mill. t*

	insgesamt	international	national	Transit
1960	6,20	4,32	1,19	0,69
1965	5,98	4,53	0,76	0,69
1970	7,59	5,69	0,87	1,04
1973	7,32	4,88	1,24	1,20

[8] WURMBÖCK, H.-G. (1975): Leistungserfolge und Probleme der DDSG-Güterschiffahrt. Schiffahrt u. Strom, Nr. 45/46, 1, Linz, S. 9.

B.	Österr. Donauumschlag	Österr. Donauverkehr
1966	1,42	1,67
1970	7,42	6,55
1973	6,91	7,32

Quellen: Annuaire statistique de la commission du Danube pour 1966. Donaukommission, Budapest 1967.
Annuaire statistique de la commission du Danube pour 1973. Donaukommission, Budapest 1974.

Die Beförderungsleistung, der österreichischen Donauschiffahrt belief sich im Jahre 1966 auf 1,987.800 t. Im Jahre 1974 erhöhte sich, wie bereits erwähnt, die Leistung um rund 25% auf 2,504.070 t. Die DDSG-Transporte umfassen im wesentlichen Kohle und Erze, vor allem für die VÖEST in Linz, wobei zu bemerken wäre, daß die Beförderung von Erzen 1974 gegenüber 1966 um fast 100% gestiegen, die der Kohle jedoch um etwa 15% gesunken ist.

Die Mineralöltransporte, vorwiegend aus der Sowjetunion und Rumänien, konnten trotz widriger Umstände zwischen 1966 und 1974 um 47% gesteigert werden. Desgleichen erfuhren die Transporte der Erzeugnisse der österreichischen Schwerindustrie die beachtliche Steigerung von 39%[9].

Die Periode 1971/72 bildete für die österreichische Donaustrecke durch extreme Niederwasserverhältnisse und Inbetriebnahme der Adria-Wien-Pipeline eine Ausnahmesituation, die in der Gesamtentwicklung des Transportaufkommens kaum berücksichtigt zu werden braucht.

5. Die Donauhäfen in Österreich

Wie aus den vorangegangenen Ausführungen ersichtlich ist, sind die zwei wichtigsten Häfen Österreichs in Linz und Wien gelegen[10]. Mit Krems wird nach dem Ausbau, der im Zuge des Kraftwerkbaues in Altenwörth erfolgt, ein dritter Hafen an Bedeutung gewinnen.

Linz ist sowohl anlagemäßig als auch umschlagsmäßig der bedeutendste österreichische Donauhafen. Auf den Linzer Handelshafen und den Tankhafen entfällt 1/3 des Gesamtwarenumschlags in Linz. Die restlichen 2/3 entfallen auf den Industriehafen der VÖEST.

Die in Linz ansässigen Industriebetriebe, vor allem die zwei Großbetriebe VÖEST und Chemie-Linz-AG, nützen die Vorteile der Binnenwasserstraße. Zusätzlich macht sich die gute Entwicklung des Linzer Raumes als Industriegebiet auch in einer Warenumsatzsteigerung des Linzer Hafens bemerkbar. Der Hafengesamtumschlag stieg von 1966 auf 1973 um mehr als 1/3 auf 5,005.778 t. Besonders stark ist die Zunahme des Umschlages bei Düngemitteln und chemischen Materialien feststellbar. Er stieg in dieser Gruppe um das Vierfache, insbesondere durch Mineraldüngemittelproduktion der Chemie Linz, wobei Düngemittel 1966 noch unter die Geheimhaltungspflicht fielen und erst 1973 in der Statistik aufscheinen. Nichtsdestoweniger läßt sich aber doch eine positive Entwicklung bei chemischem Material erkennen, die vorwiegend auf die Steigerung der Ausfuhr von Chemiematerial (z. B. Hüttenbims) in die BRD zurückgeht. Der Gesamtumschlag bei flüssigen Waren in Behältern ist um das 1½fache gestiegen.

---

[9] Vgl. dazu die Darstellung: Donau-Güterverkehr im Jahre 1973.
[10] Vgl. SAILER, M. (1975): Hafen Wiens. Wr. Geogr. Schriften, Bd. 43/44/45, Wien, S. 75 ff.

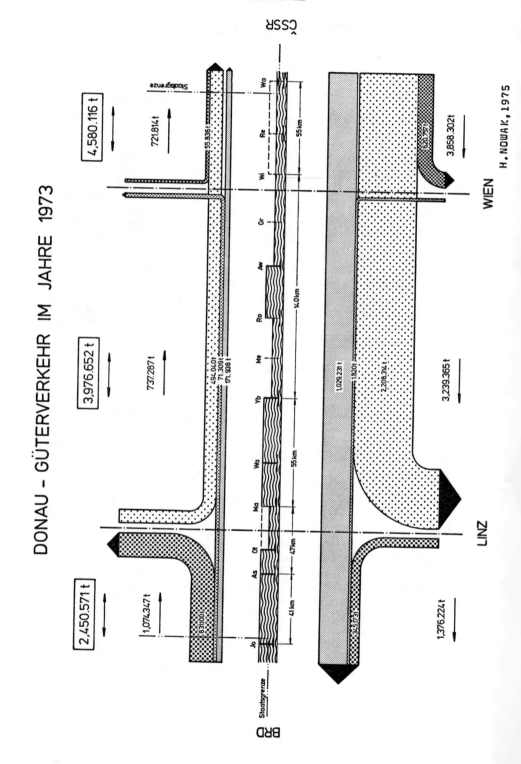

DONAU – GÜTERVERKEHR IM JAHRE 1973

H. NOWAK, 1975

Weniger ausgeprägt sind die Steigerungsraten bei Erzen und Schrott und bei festen Brennstoffen (Kohle, Koks, Briketts). Die Steigerung bei diesen beiden Gruppen ergeben sich durch die vermehrten Importe aus den Donauländern des COMECON. Baumaterialien, Lebensmittel und in abgeschwächtem Ausmaß Holz weisen ein Absinken im Umschlag auf. In der Gesamtsituation zeigt sich im Hafenumschlag Linz, bedingt durch den Standort der VÖEST und CHEMIE-LINZ AG, ein starker Anteil von Erzen und Schrott, festen Brennstoffen und Metallen.

Als wesentliche Transportgüter sind noch die Erzeugnisse der österreichischen Schwerindustrie zu nennen, vor allem Bleche und Walzprodukte, die von Linz aus ihren Weg sowohl stromauf als auch zum dominierenden Teil stromabwärts nehmen. Von besonderer Bedeutung sind in den letzten Jahren auch die Düngemitteltransporte der Stickstoffwerke in Linz speziell nach Ungarn und Jugoslawien im verstärkten Ausmaß.

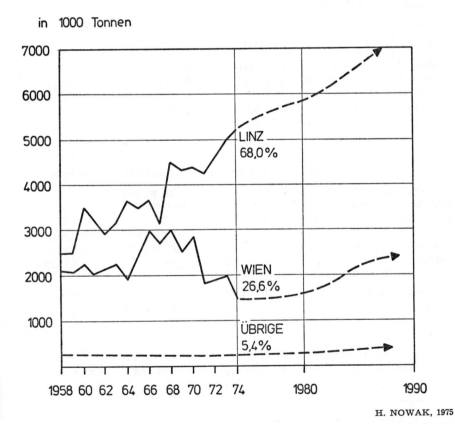

H. NOWAK, 1975

Quellen: Annuaire statistique de la commission du Danube pour 1966. Donaukommission, Budapest 1967.
Annuaire statistique de la commission du Danube pour 1973. Donaukommission, Budapest 1974.
PETZMANN, H. (1972): Donau-Ausbau. Niederösterr. Raumplanungskonferenz, Expertenstudie Nr. 2, Wien.

Der *Hafen Wien* [11] verfügt über mehrere Hafenanlagen mit einem Gesamtumschlag von 1,959.366 t (1973). Der Hafen Kuchelau dient nur als Boots- und Behördenhafen, Hafen Freudenau hauptsächlich dem Stückgutumschlag und Containerverkehr, im Hafen Albern werden Massengüter wie z. B. Getreide umgeschlagen und der Hafen Lobau ist für den Umschlag und die Lagerung von Mineralöl eingerichtet. Besonders stark sank der Umschlag bei festen Brennstoffen, um fast $^2/_3$. Trotz der Errichtung einer Zweigniederlassung der VÖEST im Hafen Freudenau und der im allgemeinen positiv verlaufenden Entwicklung der metallverarbeitenden Industrie sank auch der Umschlag von Metallen und Metallwaren.

Die Negativentwicklung bei flüssigen Waren in Behältern ist, wie bereits erwähnt, durch die Fertigstellung der Erdöl-Pipeline zu erklären. Positiv entwickelten sich die Warengruppen Baumaterialien und Holz sowie chemisches Material, wobei die Vervierfachung des Umschlags von chemischen Material nicht zuletzt auf die Errichtung einer Zweigniederlassung der Chemie Linz AG im Hafen Freudenau zurückgeht. Der Gesamthafenumschlag nahm zwischen 1966 und 1974 um 7% ab [12].

Der dritte Donauhafen Krems konnte seinen Warenumschlag von 1966 auf 1974 fast verdoppeln. Seine Bedeutung könnte bei entsprechenden Investitionen und Anlage von neuen Industrien noch vergrößert werden. Am wichtigsten ist in Krems der Umschlag der Hütte Krems. Er ist im Vergleichszeitraum um das $1^1/_2$fache gestiegen und macht $^3/_4$ des Gesamtumschlages aus. Metallwaren und chemische Materialien sowie flüssige Waren in Behältern scheinen gegenüber 1966 im Jahre 1973 nicht mehr auf. Es ist also eine Spezialisierung des Hafens auf wenige Warengruppen bei einem Gesamtumschlag 1973 von 170.800 t feststellbar.

6. Die Donau als Transport- und Verkehrsweg in internationaler Sicht

Die Donau mit einer Gesamtlänge von 2850 km, wovon 2379 km schiffbar sind (Regensburg—Sulina), und einem Einzugsgebiet von 817.000 km² kann mit dem Rhein mit einer schiffbaren Strecke von nur 886 km und einem Einzugsbereich von 225.000 km² nach Verkehrsdichte und Transportvolumen nicht Schritt halten. Während auf der Donau 1960 nur 23,1 Mill. t Güter transportiert wurden, bei einem österreichischen Transportvolumen von 6,2 Mill. t, waren es auf dem Rhein über 186 Mill. t [13, 14].

Hingegen vergrößerte sich die Diskrepanz bis 1973 auf 252 Mill. t des Rheintransportes gegenüber einem Güterverkehrsaufkommen von 63,2 Mill. t auf der Donau, bei einem österreichischen Anteil von 7,3 Mill. t beförderten Gütern.

Vergleicht man die Transportvolumensentwicklung auf der Donau und dem Rhein zwischen 1950 und 1970, so ergibt sich, daß seit 1950 das Transportvolumen auf der Donau sich verachtfacht hat, im österreichischen Streckenab-

[11] Österr. Institut für Raumplanung (1968): Die Chancen an der Donau — Neue Möglichkeit durch die Binnenschiffahrt — Notwendigkeit eines Hafenkonzepts. Verf. i. Auftrag d. MA. 18 d. Stadt Wien.
[12] Vgl. die Darstellung der Hafenumschlagsentwicklung der österreichischen Donauhäfen.
[13] HEINRICH, Walter (1968): Der Ausbau der Donau zur Wasserkraftstraße und seine Bedeutung für die österreichische Volkswirtschaft. Wien.
[14] KOROMPAI, Gabor (1971): Changes in the Structure and Direction of Expanding Commodity Transport on the Danube. Geoforum, 6, S. 63 f.

schnitt im genannten Zeitraum fünfmal so groß wurde, während die gesamte Binnenschiffahrt in der BRD ihre Transportleistung über das Dreieinhalbfache auf 252 Mill. t erweitern konnte.

Transportvolumen (in Mio. t)

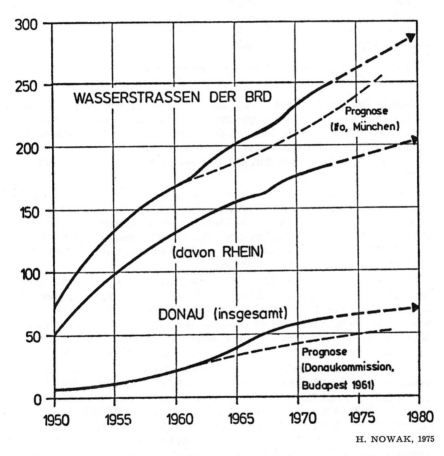

H. NOWAK, 1975

Quellen: Annuaire statistique de la commission du Danube pour 1966. Donaukommission, Budapest 1967.

Annuaire statistique de la commission du Danube pour 1973. Donaukommission, Budapest 1974.

Rapport Annuel de la Commission centrale pour la Navigation du Rhin 1966. Strasbourg 1967.

Rapport Annuel de la Commission centrale pour la Navigation du Rhin 1973. Strasbourg 1974.

PETZMANN, H. (1972): Donau-Ausbau. Niederösterr. Raumplanungskonferenz, Expertenstudie Nr. 2, Wien.

Ein Vergleich der wichtigsten Rhein- und Donauhäfen zeigt auch hier die große Diskrepanz im Güterumschlag:

Umschlag in t 1973

Donau		Rhein	
1. Reni (SU)	11,515.800	1. Duisburg (D)	24,269.288
2. Ismail (SU)	7,978.000	2. Strasbourg (F)	15,307.099
3. Budapest (H)	5,920.900	3. Köln (D)	10,136.376
4. Linz (A)	5,006.000	4. Mannheim (D)	10,021.022
5. Beograd (YU)	4,683.000	5. Basel (CH)	9,340.192
6. Russe (BG)	4,128.000	6. Ludwigshafen (D)	8,476.518
7. Komarno (CS)	3,458.000	7. Karlsruhe (D)	7,209.982
8. Galati (R)	3,078.000	8. Rheinhausen (D)	6,285.699
9. Regensburg (D)	3,022.400	9. Krefeld (D)	5,517.191
10. Lom (BG)	2,746.000	10. Wesseling-Godorf (D)	4,611.942

Quelle: Annuaire statistique de la commission du Danube pour 1973. Donaukommission, Budapest 1974.

Allein der größte Binnenhafen, Duisburg, hat im Vergleich zum größten Donauhafen Reni (SU) den doppelten Hafenumschlag, wogegen Reni nicht einmal den Hafenumschlag von Straßburg erreicht. Nach Hafenumschlag und Transportgütern aufgeschlüsselt, stellt die Rheinschiffahrt ein wesentlich diversifizierteres Frachtspektrum dar, das zu rund 65% von Privatfrächtern transportiert wird.

Auf der Donaustrecke dominieren vorwiegend Mineraltransporte mit 54%, Eisenerze und Schrotteisen mit 13%, die fast zur Gänze von Staatsreedereien oder staatlich subventionierten Frachtunternehmen transportiert werden. Die DDSG muß ja nach Marktlage zu einem Tonnenpreis, der zwischen S 68,— und 80,— (1974) liegt, Frachten transportieren, um überhaupt auf der Donau international konkurrenzfähig sein zu können.

Die Gesamtsituation ergibt für das Geschäftsjahr 1973/74, daß die Prognose der Internationalen Donaukommission in Budapest von 1961 bei weitem übertroffen wurde; der für 1975 prognostizierte 50 Mill. t. Transportwert wurde bereits 1968 erreicht, desgleichen wurde auch die Vorhersage des IFO-Instituts München für die Wasserstraßen der BRD um rund 15% übertroffen, doch konnte im allgemeinen der prognostizierte Trend beibehalten werden [15].

Auch der Warenumschlagsvergleich der drei größten Binnenhäfen an der Donau spiegelt das Transportvolumen wider: Reni (SU) mit 11,5 Mill. t, gefolgt von Ismail (SU) mit 7,9 Mill. t und Budapest mit 5,9 Mill. t. In *Reni* stieg im Zeitraum 1966—1973 der Warenumschlag um insgesamt 48%; besonders stark expandierte der Holzumschlag (auf fast das Dreißigfache). Mit Abstand folgen dann die Metallwaren, die auf das Achtfache im Umschlag stiegen. Der Getreideumschlag konnte sich fast verdoppeln. Absolut betrachtet war der Kohleumschlag mit 2,8 Mill. t noch relativ hoch. Er wurde nur übertroffen von der Gruppe Erze und Schrott mit knapp 4 Mill. t. Letztere wird vorwiegend nach Dunaujvaros und Linz verschifft. In *Ismail* stehen nach absoluter Umschlagsgröße gemessen Erze und Schrott (5,1 Mill. t) bei einer Steigerung um 72% im Zeitraum 1966—1973 eindeutig an der Spitze. In *Budapest* entfallen $^4/_5$ allein auf Baustoffe sowie Steine und Erden. Bei dieser Gruppe kam es zwischen 1966 und 1973 zu einer 73%igen Steigerung, bedingt durch die hohe Bautätigkeit im

---

[15] Vgl. die Darstellung der Transportvolumensentwicklung von Rhein und Donau 1950—1973.

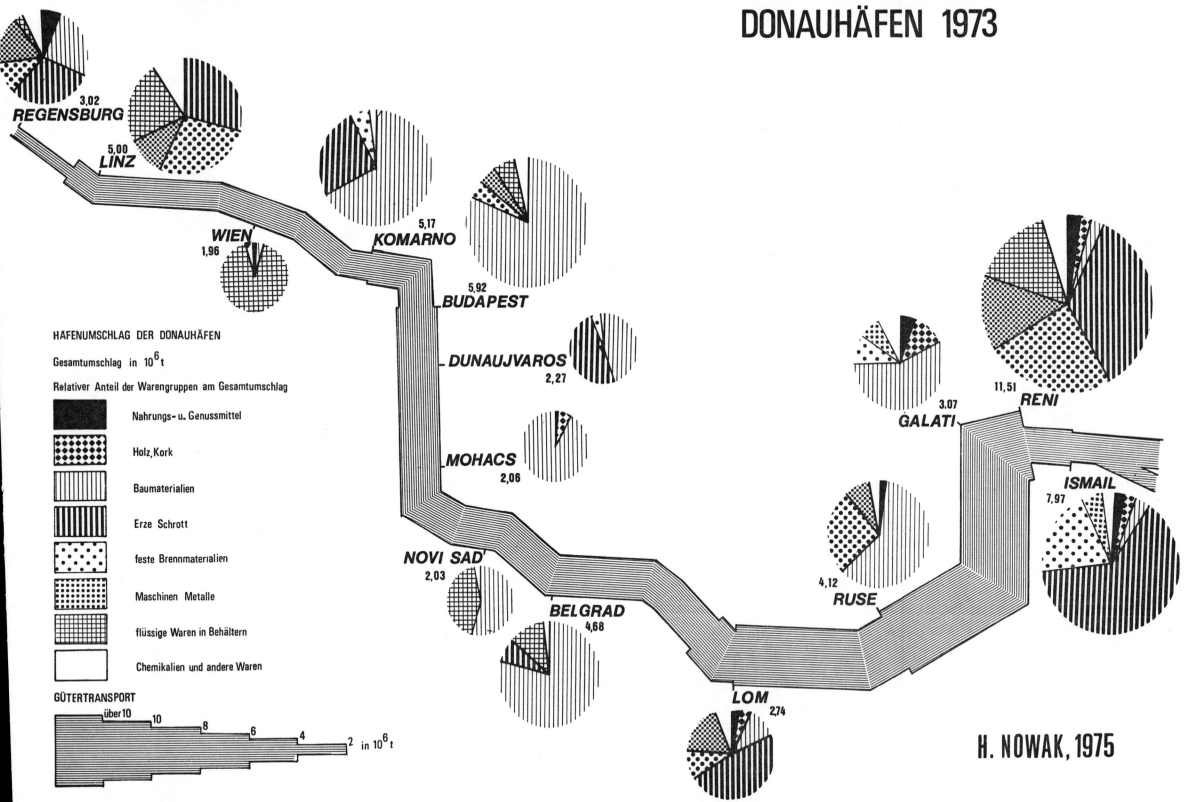

GÜTERTRANSPORT UND HAFENUMSCHLAG DER WICHTIGSTEN DONAUHÄFEN 1973

REGENSBURG 3,02

LINZ 5,00

WIEN 1,96

KOMARNO 5,17

BUDAPEST 5,92

DUNAUJVAROS 2,27

MOHACS 2,06

NOVI SAD 2,03

BELGRAD 4,68

LOM 2,74

RUSE 4,12

GALATI 3,07

RENI 11,51

ISMAIL 7,97

HAFENUMSCHLAG DER DONAUHÄFEN

Gesamtumschlag in 10^6 t

Relativer Anteil der Warengruppen am Gesamtumschlag

Nahrungs- u. Genussmittel

Holz, Kork

Baumaterialien

Erze Schrott

feste Brennmaterialien

Maschinen Metalle

flüssige Waren in Behältern

Chemikalien und andere Waren

GÜTERTRANSPORT

über 10

10

8

6

4

2 in 10^6 t

H. NOWAK, 1975

Quelle: Statistik der Donaukommission, Budapest 1974.

Gebiet von Budapest. Hingegen nahmen die Warengruppen Getreide um 34%
und feste Brennstoffe um 22% ab.

7. Vergleich der Binnenschiffahrt auf Rhein und Donau

Nach György FEKETE (Budapest), dem Direktor der Internationalen Donaukommission, sind folgende Kennzahlen für die Länge der Wasserstraße, für die
Tragfähigkeit der Flotte und für die Güterbeförderung auf Donau und Rhein
maßgebend [16]:

	Rhein	Donau
Länge für die Großschiffahrt	839,10 km	2.379,00 km
Verhältnis		
der Längen	0,35	1,00
der Tonnen-Tragfähigkeit	3,29	1,00
(davon Kähne und Schubleichter)	(1,22)	(1,00)
der Selbstfahrer	25,90	1,00
des gesamten Tonnenverkehrs	3,32	1,00

Wenn man je einen Stromkilometer, der für die Großschiffahrt geeignet
ist, von Rhein und Donau zum Vergleich heranzieht, so ergibt sich für den
Rhein nach Tonnen-Tragfähigkeit pro Stromkilometer ein 9,3-mal größeres
Volumen als auf der Donau und bezüglich des Gesamtverkehrs eine 9,5 mal so
große Transportmenge wie auf der Donau.

Die *internationale Donauflotte* verfügte Ende 1973 über insgesamt 4374
Einheiten, hievon 783 Zugschiffe, 222 Selbstfahrer und 3369 Kähne und Schubleichter. Die Tragfähigkeit in Tonnen betrug auf der Donau 3,113.280 t, hievon
2,852.776 t Kähne und Schubleichter und 260.504 t Selbstfahrer.

Die *internationale Rheinflotte* umfaßte zum gleichen Zeitraum eine Tragfähigkeit von 10,240.826 t, davon 3,476.053 t Kähne und Schubleichter, sowie
mit 6,764.773 t eine 25-fache höhere Transportfähigkeit der Selbstfahrer als bei
der Donauflotte.

Interessant ist der Unterschied in der Zusammensetzung der Haupttrans-
portgüter auf den Binnenwasserstraßen der BRD und jener der Donauschiff-
fahrt. Einer Gesamtfördermenge 1973 auf den deutschen Binnenwasserstraßen
von 252 Mill. t stehen auf der Donau 63,22 Mill. t beförderter Gesamtmenge
gegenüber, die sich nach *Hauptgüterarten* gegliedert wie folgt verteilen [17]:

	Donau	BRD
Minerale (mit Ausnahme von Eisenerz *)	54,3	30,9
Eisenerze, Schrotteisen	13,0	17,7
Erdöl, Mineralölerzeugnisse, Gase	9,7	18,3
Feste Brennstoffe	9,0	10,2
Metalle	4,7	7,4
Düngemittel	2,2	2,4
Nichteisen-Erze	1,8	—
Sonstige Güter	5,3	13,1
	100,0	100,0

* Auf der Donau auch mit Ausnahme der Nichteisen-Erze.

---

[16] Ohne Verfasser (1975): Kennzahlen für Rhein und Donau. Schiffahrt u. Strom.,
Nr. 49/50, Linz.
[17] Ohne Verfasser (1975): Kennzahl . . ., a. a. O.

Beim Donautransport liegt eindeutig das Hauptgewicht bei Mineraltrans-
porten und Eisenerz-Schrott-Transporten, die zusammen 67,3% der Güter ausmachen. Hingegen liegt beim Rheintransport eine wesentlich breitere Streuung
vor, obwohl dort die Statistik die Nichteisen-Erze unter „Mischerze" einbezieht.
Die Entwicklung des Transportvolumens auf dem Binnenwasserstraßennetz der
BRD und auf der Donau zwischen 1936 und 1973 spiegelt die historischen Unterschiede verschiedener Wirtschaftsräume wider:

Transportvolumen 1936—1973 in Mill. t

	1936	1950	1960	1970	1973
BRD insgesamt	100	72	186	233	252
Donau insgesamt	7	7	23,1	55,5	63,2
davon Österreich	1,4	1,5	6,7	7,6	7,3

Rapport Annuel de la Commission centrale pour la Navigation du Rhin 1973. Strasbourg 1974.

Die Donau weist im Unterlauf gegenüber dem Rhein noch ein relativ
geringes internationales Verkehrsaufkommen auf. So passierten 1973 das Eiserne
Tor auf der Donau nur 8,3 Mill. t Güter, hingegen konnten auf dem Rhein
bei Emmerich 130 Mill. t befördert werden. Das Verhältnis von Tal- und Bergfahrt betrug bei Emmerich am Rhein 1 : 1,6, beim Eisernen Tor rund 1 : 4,3
und weist damit wieder auf die ausgeglichenen Transportverhältnisse auf dem
Rhein hin. Interessant ist in diesem Zusammenhang für die Donauschiffahrt
der Kanalbau zwischen Konstanza (Constanța) am Schwarzen Meer und dem
Donauhafen Cernavoda in Rumänien. 1953 wurde der Kanalbau aus technischen und materiellen Gründen abgebrochen. Dieser Kanal soll in der laufenden Fünfjahrperiode fertiggestellt wurden. Rumänien verzichtet gleichzeitig auf
die technisch schwierige Vertiefung des auf rumänischem Staatsgebiet liegenden
Sulinakanals.

8. Der Rhein-Main-Donaukanal — Probleme und Prognose

Zwischen Aschaffenburg und der österreichischen Landesgrenze bei Jochen-
stein wird der RMD-Kanal über 677 km mit 52 Stufen über 324,5 m Höhen-
unterschied gebaut, wobei die Scheitelstrecke 35 km südlich von Nürnberg in
406 m Seehöhe liegt [18]. Zur Zeit ist die Strecke bis Nürnberg einschließlich des
1972 eröffneten Staatshafens Nürnberg befahrbar und damit sind derzeit (Oktober 1975) bereits 80% der Kanalstrecke fertiggestellt.

Die kanalisierte Mainstrecke mit einem mittleren Gefälle von 0,38‰ und
die oberste Donaustrecke mit 0,28‰ stellten flußbautechnisch keine Schwierigkeiten dar. Im Bereich der Regnitz mit einem Niederwassergefälle von 3,5‰
und einem Niederwasserabfluß von nur 9,1 m³/sec (Nordrampe des Kanals) und
in der Südrampe, der Altmühltalung mit 2,6‰ Niederwassergefälle und
2 m³/sec Niederwasserabfluß, müssen durch sogenannte Sparschleusen, die
eine optimale Nutzung der Transportwassermenge gewährleisten, kostspielige

---

[18] RÜMELIN, B. (1973): Mehrzweck-Aufgaben der Binnenwasserstraßen. Zeitschr. f.
Binnenschiffahrt u. Wasserstraßen, Nr. 3, Diusburg, S. 321 f.

schiffahrtstechnische Bauwerke errichtet werden. Bei einem Betriebstag von 16 Stunden ergeben sich trotz hochentwickelter technischer Schleusenvorrichtungen bei einer 30-minütigen Schleusungszeit nur rund 31 Schubverbandsdurchfahrten pro Schleuseneinheit im Tag [19].

Wie wichtig die Donau, und in Zukunft auch der RMD-Kanal, als Transport- und Verkehrsstraße für ein Binnenland wie Österreich ist, läßt sich aus folgenden Fakten ablesen:

Etwa 56% der Importe und 40% der österreichischen Exporte müssen über Entfernungen von 200—1000 km befördert werden. 28% der Einfuhren und 38% der Ausfuhren werden über Strecken von 300—3000 km geführt und schließlich etwa 6% der Importe und Exporte über 3000—20.000 km. Diese Prozentangaben sind auf Grund der wertmäßigen Struktur des österreichischen Außenhandels errechnet [20]. Zugleich mit dem bedeutenden Industrialisierungsprozeß, der sich in den letzten Jahrzehnten vollzogen und bewirkt hat, daß der österreichische Industrieindex heute nahe dem Sechsfachen der Vorkriegszeit liegt, ist der Donauumschlag um fast den gleichen Umfang angestiegen.

Der *Gesamt-Güterverkehr* auf der schiffbaren Donau betrug 1973 63,2 Mill. t, d. h. rund das 8½-fache Volumen der Zwischenkriegszeit und mehr als die sechsfache Gütermenge des Jahres 1950. Etwa ein Drittel hievon entfiel auf den internationalen Verkehr und davon wieder etwa 24% allein auf Österreich, obwohl das Land mit etwa 350 km Stromstrecke nur mit $1/_7$ an der Gesamtlänge der schiffbaren Donau Anteil hat.

Den Wettbewerbsnachteil, den die österreichische Industrie infolge der Transportkostenbelastung gegenüber anderen Industriegebieten hat, möge folgender Vergleich klarstellen:

Bei einem Durchschnittsgut im Werte von S 6000 bis 7000 pro Tonne kostet die Beförderung angenähert in Prozent des Warenwertes für den Weg von [21]

Wien nach Hamburg	7,0%
Wien nach Triest	6,0%
Düsseldorf nach Bremen	1,5%
Brüssel nach Antwerpen	1,0%
Turin nach Genua	1,3%

Da sich die Betriebskosten zwischen Schiene und Wasserweg etwa wie 3 : 1 verhalten, ergibt sich auch eine unterschiedliche Transportkostenbelastung, die bei einem Transportgut von rund 7000 S Wert je Tonne und bei einer Transportentfernung von 1000 km durch die Bahn rund 8—8,5% erreichen, hingegen auf dem Binnenschiff nur etwa 2,5% ausmachen würde.

Berechnungen im Bereich der Industrie ergaben, daß nach Aufnahme des durchgehenden Wasserstraßenverkehrs auf dem RMD-Kanal die Fracht für österreichische Bezüge von Kohle, Erzen und anderen überseeischen Gütern sich um 20—30% ermäßigen dürfte. Um welche Größenordnung es hiebei geht,

---

[19] KUHN, R. (1969): Die Überwindung der hohen Stufen des Main-Donau-Kanals. VDI-Berichte, Nr. 145, Düsseldorf.
[20] PISECKY, F. (1975): Entwicklung nach Fertigstellung der Rhein-Main-Donau-Verbindung (Vortr. i. Rahmen d. Fortbildungstagung Wasserhaushalt u. Wassergüte, 13. 5. 1975, Wien).
[21] PISECKY, F. (1972): Österreich und der Europaverkehr Rhein-Main-Donau. Zeitschr. f. Binnenschiffahrt u. Wasserstraßen, Nr. 9, Duisburg, S. 398 ff. Siehe ferner: PETERSEIL, E. (1970): Der Europakanal und seine Auswirkungen auf den Donauverkehr. Diplomarbeit, Geogr. Inst. d. Hochschule f. Welthandel, Wien.

mag daraus zu ersehen sein, daß etwa die Linzer Schwerindustrie pro Jahr rund 1,6 Mill. t Brasil-Erz bezieht und hierfür im gebrochenen Bahn—Donau-Weg mit etwa 28—30 DM Fracht pro Tonne zu rechnen hat. Bereits vor 4 Jahren wurde als Resultat der RMD-Verbindung für die österreichische Volkswirtschaft eine zu erwartende Frachtkostenersparnis von ca. 1 Milliarde Schilling errechnet [22].

Im Rahmen des Österreichischen Kanal- und Schiffahrtsvereines der Handelskammer Oberösterreich wurden Berechnungen angestellt, wieviel jedes Jahr einer Bauverzögerung des RMD-Kanals indirekt der österreichischen Volkswirtschaft an Frachtvorteilen verloren geht. Man kam dabei auf ein Gesamtausmaß von rund 300—500 Mill. S pro Jahr.

Am Beispiel der *Linzer Schwerindustrie* können die Transportvorteile einer Binnenwasserstraße aufgezeigt werden: Die Produktion einer Tonne Stahl bewirkt ein Gesamttransportaufkommen an Rohstoffen und schwerindustriellen Erzeugnissen von etwa 7 t. Bei der derzeitigen in Linz produzierten Rohstahlmenge von rund 2,5 Mill. t ergibt das ein Transportaufkommen für die VÖEST von 12—14 Mill. t. Ein Drittel davon wird auf der Donau herangeschafft. Nach vorsichtigen Schätzungen könnte bei Fortdauer der herrschenden Konjunkturlage zu Beginn der neunziger Jahre, nach Realisierung des RMD-Kanals, der Rohstahlausstoß der VÖEST fast verdoppelt sein. Dies würde bedeuten, daß dann bei einem Rohstahlvolumen von etwa 5 Mill. t ein Gesamtrohstoffumschlag von 30—35 Mill. t pro Jahr für die VÖEST erforderlich sein würde. Nimmt man den gleichen Aufteilungsschlüssel nach Unterlagen der oberösterreichischen Handelskammer zwischen Land- und Wasserverkehr her, so resultiert daraus allein für die Linzer Eisen- und Stahlindustrie ein Donauumschlag von rund 10 Mill. t.

Gleichlaufend mit der im Vergleich zur Vorkriegszeit an der österreichischen Donau eintretenden Industrie- und Umschlagsexpansion — allein die oberösterreichische Industriepotenz hat sich durch die Schwerindustrie an der Donau und deren Dynamik auf das 17-fache gesteigert — ist auch eine starke räumliche Konzentration der Entwicklung eingetreten. Wurden 1935 nur 60% der auf der österreichischen Donau umgeschlagenen Güter in Wien und Linz manipuliert, so sind es heute mehr als 95%. Nahezu drei Viertel des auf das 6-fache gestiegene Umschlagsvolumen werden in Linz umgeschlagen.

Durch die konkrete Planung und den *Ausbau eines Hafen- und Industriegeländes* am ober- und niederösterreichischen Ufer der Ennsmündung wird sich nach Fertigstellung des RMD-Kanals in den achtziger Jahren die verstärkte Bedeutung der Binnenschiffahrt für Österreich und im verstärktem Ausmaß für die oberösterreichische Industrie bemerkbar machen. Wie eng industrielle Entwicklung und Verkehrsaufkommen korrelieren, zeigt sich alleine in der Tatsache, daß am bisher ausgebauten Main in den letzten 20 Jahren ca. 180 neue Industriebetriebe entstanden sind.

Nach Schätzungen der ECE wird 10 Jahre nach Eröffnung des RMD-Kanals der österreichische Transportanteil bereits 5,8 Mill. t betragen.

Literatur (Auswahl)

ACHILLES, Franz (1967): Gegenwärtige und zukünftige Wasserstraßen für das Europaschiff. Geogr. Rundschau, 19, S. 302 ff.
AURADA, Fritz (1964): Die Großschiffahrtsstraße der österreichischen Donau und ihre Häfen. Mitt. Österr. Geogr. Ges., Bd. 106, S. 252 ff.

---

[22] PISECKY, F. (1975): Entwicklung . . ., a. a. O.

Deutscher Kanal- und Schiffahrtsverein (o. J.): Rhein-Main-Donau-Großschiffahrt, Be-
deutung und Bauwürdigkeit der Kanalstrecke Bamberg—Nürnberg. Nürnberg.
FEKETE, György (1968): A Dunai Konvencio alairasanak huszadik evfordulozjara (On the
twentieth anniversary of the signing of the Danubian Convention). Kozlekedestud.
Szle, 18, S. 454 ff.
FENZ, Robert (1973): Heutige und geplante Wasserkraftnutzung an der Donau (Manu-
skript).
HEINRICH, Walter (1968): Der Ausbau der Donau zur Wasserkraftstraße und seine Be-
deutung für die österreichische Volkswirtschaft. Wien.
KOROMPAI, Gabor (1971): Changes in the Structure and Direction of Expanding Com-
modity Transport on the Danube. Geoforum, 6, S. 63 ff.
KUHN, Rudolf (1969): Die Überwindung der hohen Stufen des Main-Donau-Kanals. VDI-
Berichte, Nr. 145, Düsseldorf.
LIEPOLT, Reinhard (1966): Limnologie der Donau. Bd. 1, Wien.
Österr. Institut für Raumplanung (1968): Die Chancen an der Donau — Neue Möglich-
keiten durch die Binnenschiffahrt — Notwendigkeit eines Hafenkonzepts. Verf. i.
Auftrag d. MA. 18 d. Stadt Wien.
PETERSEIL, Edith (1970): Der Europakanal und seine Auswirkungen auf den Donau-
verkehr. Diplomarbeit, Geogr. Inst. d. Hochschule f. Welthandel, Wien.
PETZMANN, Heinz (1972): Donau-Ausbau. Verkehrswirtschaftliche und industrielle
Aspekte. Niederösterr. Raumplanungskonferenz, Expertenstudie Nr. 2, Wien.
PISECKY, Franz (1972): Österreich und der Europaverkehr Rhein-Main-Donau. Zeitschr.
f. Binnenschiffahrt u. Wasserstraßen, Nr. 9, Duisburg, S. 398 ff.
Ders. (1975): Entwicklung nach Fertigstellung der Rhein-Main-Donau-Verbindung (Vortr.
i. Rahmen d. Fortbildungstagung Wasserhaushalt u. Wassergüte, 13. 5. 1975, Wien).
RÜMELIN, Bernd (1973): Mehrzweck-Aufgaben der Binnenwasserstraßen. Zeitschr. f.
Binnenschiffahrt u. Wasserstraßen, Nr. 3, Duisburg, S. 321 ff.
SAILER, Mathias (1975): Der Hafen Wien. Wr. Geogr. Schriften, Bd. 43/44/45, S. 75 ff.
SEILER, Erich (1965): Vision eines europäischen Wasserstraßennetzes Hansa, Nr. 23,
Hamburg, S. 5.
SEILER, Erich (1972): Die Schubschiffahrt als Integrationsfaktor zwischen Rhein und
Donau. Zeitschr. f. Binnenschiffahrt u. Wasserstraßen, H. 8, Duisburg.
WURMBÖCK, Hans-Georg (1975): Leistungserfolge und Probleme der DDSG-Güterschiff-
fahrt. Schiffahrt u. Strom, Nr. 45/46, Linz, S. 9.
Ohne Verfasser (1974): Die neue „Typschiff"-Klasse der DDSG. Schiffahrt u. Strom,
Nr. 43, Linz, S. 5.
Ohne Verfasser (1975): Kennzahlen für Rhein und Donau. Schiffahrt u. Strom, Nr. 49/50,
Linz.

Statistiken:

Annuaire statistique de la commission du Danube pour 1966. Donaukommission, Budapest
1967.
Annuaire statistique de la commission du Danube pour 1973. Donaukommission, Budapest
1974.
Rapport Annuel de la Commission centrale pour la Navigation du Rhin 1966. Strasbourg
1967.
Rapport Annuel de la Commission centrale pour la Navigation du Rhin 1973. Strasbourg
1974.

Die sozio-ökonomische Struktur im Mittleren Ennstal *

NORBERT STANEK, Wien

Das Gebiet des Mittleren Ennstales deckt sich nicht mit dem von WISSMANN untersuchten Raum Mitter Ennstal, sondern umfaßt nur die oberösterreichischen Gemeinden Großraming, Laussa, Losenstein, Maria Neustift, Reichraming, Weyer Land und Weyer Markt.

Beim Untersuchungsraum handelt es sich um ein dünn besiedeltes Gebiet, wofür die hohe Reliefenergie und die daraus entstandene Siedlungsfeindlichkeit als Hauptursachen anzusehen sind. In der vorindustriellen Periode war das Gebiet entlang der Enns durch die Eisenhämmer und die Ennsflößerei wirtschaftlich wichtiger als heute. Der Landwirtschaft kann von jeher keine große Bedeutung zugemessen werden, handelt es sich doch in der Regel nur um Klein- und Kleinstbetriebe, die lediglich den Familienangehörigen Arbeitsplätze bieten. Mit dem Niedergang der beiden arbeitsplatzintensiven Berufszweige — der Werkzeugherstellung und der damit verbundenen Transportflößerei — trat eine Stagnation ein. Dieser Entwicklungsstillstand wurde ab den Fünfzigerjahren durch den Bau der Ennskraftwerke nur zeitweilig unterbrochen. Nach Fertigstellung der Kraftwerkskette, deren Betrieb und Wartung großteils automatisiert sind, konnte das durch die Bauvorhaben erhöhte Arbeitsplatzangebot nicht mehr gehalten werden, und ein Drittel der arbeitenden Bevölkerung ist gezwungen, Arbeitsplätze außerhalb des Raumes zu suchen.

Die folgende Betrachtung des Gebietes unter natur- und kulturräumlichen Aspekten soll dem besseren Verständnis der sozio-ökonomischen Struktur dienen.

1. Der Naturraum

Das Mittlere Ennstal durchquert eine Randzone der Nördlichen Kalkalpen, die Kalkvoralpen, die durch die fluviatile Energie der Enns und ihrer zahlreichen Seitenbäche sowie durch die eiszeitlichen Gletscher gestaltet wurde. Anteile an der Flyschzone treten im Untersuchungsgebiet nur nördlich der Enns-Gaflenz-Furche auf. Das Relief des Gebietes ist sehr differenziert ausgebildet, und es lassen sich unter Berücksichtigung der Faktoren Reliefenergie, Landnutzung und Siedlungstauglichkeit folgende Teilräume aussondern:

Die *Ennstal-, Gaflenz- und Laussabachterrassen* (A) sowie die unmittelbaren Seitenbach- und Seitengrabenmündungen; sie befinden sich in einer durchschnittlichen Höhe von 320 bis 464 m. Wie bei allen Alpenflüssen fehlt auch hier die Talaue. Das ganze Talgebiet des Ennsflusses ist durch den nur hier möglichen Durchgangsverkehr siedlungsfreundlich. Hier finden sich auch die Hauptorte Losenstein, Reichraming, Großraming, Weyer und Neu-Kleinreifling in geschlossener Siedlungsweise; sogar der ufernächste Teil an den

---

* Der vorliegende Aufsatz stellt die Zusammenfassung eines ausgewählten Kapitels aus der Dissertation des Verfassers dar (Beziehungen zwischen Haus- und Haushaltstypen und ihre Lagefaktoren im Mittleren Ennstal. Wien 1974, Lehrkanzel Prof. Dr. E. TROGER).

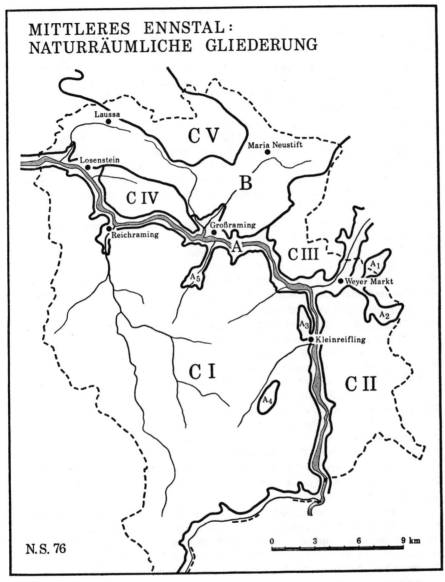

MITTLERES ENNSTAL:
NATURRÄUMLICHE GLIEDERUNG

N.S. 76

0   3   6   9 km

A . . . . . Ennstal, Gaflenz- und Laussabachterrassen, sowie Mündungsgebiete } Primäre
von Gräben und Bächen, Höhe 320—464 m   Sied-
B . . . . . Hügelland nördlich der Enns, Höhe 484—927 m   lungs-
                                                                              räume

A₁ . . . . Hinter-Mühlein, Höhe 552—700 m   } „Sied-
A₂ . . . . Sötz-Gmerkt, Höhe 450—553 m   lungs-
A₃ . . . . Niglalm, Höhe 800—1000 m   freund-
A₄ . . . . Kleinreiflinger Hochterrasse, Höhe 465—683 m   liche"
A₅ . . . . Lumplgraben, Höhe 414—600 m   Sekundär-
                                                             räume

C I . . . Vorberge des Reichraminger Hintergebirges, Höhe bis 1513 m   } „Sied-
C II . . . Gebiet um Schrabachauer Kogl und Saugrabenspitz, Höhe 440—1320 m   lungs-
C III . . Gebiet um den Stubau, Höhe 648—1110 m   feindliche"
C IV . . Bergrücken des Schiefersteins, Höhe 683—1181 m   Räume
C V . . . Platten- und Spadenberg, Höhe 916—1012 m

Terrassenrändern ist von Siedlung und Landwirtschaft intensiv genutzt, da durch die Kette der Ennskraftwerke — im Untersuchungsgebiet liegen die Kraftwerke Losenstein, Großraming, Weyer und Schönau — die Hochwässer reguliert werden und somit die akute Überschwemmungsgefahr gebannt ist [1].

Der *Sekundärbereich* der Terrassen und Leisten oberhalb des rezenten dichten Siedlungsraumes und die Verflachungen in den Seitentälern der Enns. Die Landnutzung erfolgt durch Äcker, Wiesen und Weiden; man kann auch in diesen Bereichen noch von Siedlungsfreundlichkeit sprechen, die durch lokale Straßen oder Straßen zweiter Ordnung ihren Impuls empfängt. Auf der Hochterrasse nördlich von Kleinreifling (Sekundärraum A 4, 465—683 m) liegt der Ort Neu-Kleinreifling, nachdem der alte Ort an der Mündung des Mayerhofer Grabens in den Fluten des Stauraumes des Kraftwerkes Weyer versunken ist. In allen diesen Sekundärräumen herrscht der Typ der Streusiedlung vor, und es besteht hier, neben dem Raum A, noch die größte Möglichkeit zur Siedlungsexpansion.

Das *Hügelland nördlich der Enns* (B) liegt zwischen 435 und 927 m. Durch die höhere Reliefenergie ist auch die Gestalt des Reliefs bewegter. Bei der Landnutzung stehen Äcker, Wiesen und Weiden im Vordergrund; der Wald ist auf die Kuppen zurückgedrängt worden. Die Güte der Siedlungsmöglichkeit ist für den ganzen Raum eigentlich einheitlich, verlangt aber reliefbedingt eine spezielle Siedlungsweise, nämlich Einzelhof oder Weiler.

Die Räume C I bis C V sind durch hohe bis höchste Reliefenergie im Untersuchungsgebiet gekennzeichnet, ebenso durch fast ausschließliche Waldbedeckung und große bis extreme Siedlungsfeindlichkeit.

In den *Vorbergen des Reichraminger Hintergebirges* (C I) liegt der höchste Punkt des Mittleren Ennstales, die Bodenwies (1513 m). Die Entwässerung erfolgt durch ein weitverzweigtes, tief eingetaltes, teilweise schluchtartiges Bachnetz größtenteils zur Enns hin. Es herrscht eine durchgehende Buchen-Tannenwald-Bedeckung bis in die Gipfelregion vor.

Das *Gebiet um Schrabachauer Kogl und Saugrabenspitz* (C II, 440—1320 m) ist ebenso wie C I von hoher Reliefenergie geprägt und zeigt bis auf wenige Einzelhöfe ein deutliches Siedlungsvakuum.

Im *Raum um den Stubau* (C III) haben die runden Kuppen eine Höhe von über 1000 m. Die fast geschlossene Waldbedeckung hat einen fast siedlungsfreien Bereich zur Folge.

Der *Bergrücken des Schiefersteins* (1181 m, C IV) ist zwischen dem Tal der Enns und dem Nösseltal gelegen. Ein Großteil des flachgeböschten Südabhanges, der nicht bewaldet und landwirtschaftlich genutzt ist, geht in die Hochterrasse des Ennsflusses über, die eine steile Böschung zur Straße zeigt. Ein Teil der Ortschaft Reichraming, Arzberg, hat hierher expandiert.

Platten- und Spadenberg (C V) erreichen eine Höhe von rund 1000 m. Die Reliefenergie ist den Räumen C III und C IV ähnlich, nur wird dieses Gebiet von zahlreichen Gerinnen nach allen Seiten radial entwässert. Die Waldbestände — Rotbuche, Fichte, Tanne — reichen bis zu den Höhen, nur einzelnen Gräben und Verflachungen sind davon ausgenommen. Die Siedelfläche eröffnet sich im Norden dem Klein Raming Tal zu.

---

[1] Hinsichtlich der Kraftwerke sei auf eine frühere Arbeit des Verfassers verwiesen: Die Wasserkraftwerke an der Enns und ihre umweltprägenden Faktoren. Österr. in Geschichte u. Literatur mit Geogr., 18. Jg., H. 6, Wien 1974, S. 355—369. Im folgenden wird auf die Kraftwerke nicht weiter eingegangen.

2. Das Siedlungsbild

Im Untersuchungsgebiet liegen die geschlossenen Siedlungen größtenteils im Talraum der Enns auf den Terrassen und bei den Mündungsweitungen der Seitentäler und -gräben, wie zum Beispiel der Ort Reichraming an der Mündung des Reichramingbaches und der Ort Großraming an der Mündung der Ascha. Infolge der Siedlungsvergrößerungen ist meist auch das am gegenüberliegenden Ufer befindliche Terrassengelände oder die auftretenden Hangverflachungen von den neuen Siedlungsteilen in Besitz genommen worden; dafür kann Arzberg, ein neuer Ortsteil Reichramings, als Beispiel dienen. Ebenso dringen die Siedlungsausweitungen in die Seitentäler, wie Lumplgraben oder Stiedelsbach, und deren Talweitungen, wie die Laussa, vor.

In den besonders siedlungsfeindlichen Teilen des Untersuchungsgebietes (C I, II) befinden sich in den Tälern, wie Brunnbach- und Dürnbachtal, auf den unbewaldeten Hängen und den höher gelegenen Verflachungen, wie Sonnenriß-Bodenwies, Einzelhöfe beziehungsweise Häusergruppen vom Typ des Salzburger Einhauses und des karantanisch-steirischen Haufenhofes [2]. Daneben gibt es noch periodische Siedlungen wie Almhütten und Jagdhäuser.

Das Hügelland nördlich der Enns ist ein typisches Streusiedlungsgebiet. Hier sind die Einzelgehöfte eine Abart des alpinen Haufen-Paarhofes; die Sonderformen Haufenhof und Doppel-T-Hof herrschen vor [2]. Sie befinden sich oft hoch auf den unbewaldeten Hängen. Die einzige geschlossene Siedlung in diesem Gebiet, Maria Neustift, liegt am Rand einer 607 m hohen Verflachung von geringer Ausdehnung; dieser Siedlung sind Expansionsbestrebungen durch ihre ungünstige Lage verwehrt. Im Raum um Stubau, Platten- und Spadenberg nimmt die Siedlungsdichte merkbar ab, was auf die höhere Waldbedeckung und schlechte Verkehrslage zurückzuführen ist.

Einen zahlenmäßigen Eindruck über die Siedlungsgrößen der Gemeinden vermittelt die Tabelle 1:

Tabelle 1: Häuser im Untersuchungsgebiet (nach Gemeinden, Stand Ende 1970)

Gemeinde	Gesamtzahl der Häuser	Bewohnte Häuser absolut	in %
Großraming	627	511	81
Laussa	237	207	87
Losenstein	364	329	90
Maria Neustift	286	255	89
Reichraming	340	302	89
Weyer Land	500	460	92
Weyer Markt	480	383	80
Insgesamt	2.834	2.447	87

Der allgemeine Strukturwandel in diesem Gebiet bringt auch eine Veränderung des Siedlungsbildes mit sich. Rein physiognomisch kann als Kennzeichen dafür der Funktionswandel von Bauernhöfen angesehen werden. Diese Erscheinung wird auch in anderen ländlichen Räumen beobachtet [3]. Im Mittleren Ennstal erfolgt dieser Wandel zumeist auf zwei Arten:

---

[2] KLAAR, A., 1973.
[3] ROHNER, J., 1972.

(a) Durch den Verkauf des Hofes an Nichtlandwirte. Der neue Besitzer wandelt den erworbenen Bauernhof zum Wochenend- oder Ferienwohnsitz um. Dieser Wandel ist rein physiognomisch erkennbar an der Ausstattung mit ländlich nicht adäquaten Elementen, wie schmiedeeisernen Zäunen, Gaslaternen u. ä. m., und am Fehlen der landwirtschaftlichen Betriebselemente.

(b) Durch Berufswechsel, etwa vom Landwirt zum Industriearbeiter. Da die eigene Landwirtschaft nicht mehr den gewünschten Ertrag abwirft, der Besitzer nicht in der Lage ist, seinen meist kleinen landwirtschaftlichen Betrieb kapitalintensiv zu betreiben, und zudem ein Arbeitsplatz in der Industrie eine sichere Einkommensquelle bietet, tritt eine Änderung in der ehemals gesamtbäuerlichen Struktur auf. Durch die Ausübung eines nicht landwirtschaftlichen Berufes wird nur mehr der Wohntrakt des Bauernhofes genützt. Die Funktion der Wirtschaftsgebäude fällt weg, es kommt meist zu einem immer weiterschreitenden Verfall derselben und zum Abbau der landwirtschaftlichen Betriebselemente.

3. Der Verkehr

3.1. Verkehrsnetze

Die beiden Hauptverkehrsadern im Untersuchungsgebiet sind das Ennstal und das Tal des Gaflenzbaches. Die Verkehrsträger im Ennstal sind die Bundesstraße Nr. 115 (Eisenbundesstraße) und die dem Talverlauf folgende Bahnlinie, früher Kronprinz-Rudolfsbahn genannt. Die Erbauung dieser Bahnlinie fällt in die Zeit der 2. Privatbahnperiode (1855—1880). Die Eröffnung der Strecke Steyr—Weyer (bzw. Küpfern) erfolgte 1869, jene der Strecke Weyer-Rottenmann (-Selzthal) 1872. Im Tal des Gaflenzbaches sind die Bundesstraße Nr. 121 (Weyer—Gaflenz—Waidhofen/Ybbs—Amstetten) und ein Seitenast der Kronprinz-Rudolfsbahn die Verkehrsträger. Die Eröffnung der Bahnstrecke Kleinreifling—Amstetten erfolgte 1872.

Zur Trassenführung von Bahn und Straße im Ennstal muß bemerkt werden, daß beide durch die Kraftwerksbauten der Ennskraftwerke AG. Veränderungen und Abweichungen erfahren haben. Die Eisenbundesstraße wurde dabei voll ausgebaut und hat somit auch eine Qualitätssteigerung erfahren. Nach wie vor verläuft die Straße, ziemlich genau den Flußwindungen folgend, am Westufer der Enns, die Eisenbahnlinie aber am Ostufer.

Von Weyer führt eine Straßenverbindung über die Einsattelung von Gmerkt ins Ybbstal zur Bundesstraße Nr. 31 (Hollenstein oder Opponitz). Von der Ortschaft Altenmarkt, schon auf steirischem Landesgebiet gelegen, führt eine Straße, dem Laussabach wiederum auf oberösterreichischem Gebiet nach Osten folgend, über den Hengstpaß nach Windischgarsten.

Die Verkehrserschließung des Untersuchungsgebietes südlich der Linie Enns—Gaflenzbach wird von Ortsstraßen, Güterwegen und Forststraßen bewerkstelligt, die, aus den südlichen Seitentälern und -gräben kommend, in die Hauptverkehrsader des Ennstales münden.

Für den Gütertransport gab es in diesem Gebiet noch zwei weitere Anlagen: die Werksbahn der Österreichischen Bundesforste von Reichraming nach Süden (1972 eingestellt) und die Materialseilbahn des ehemaligen Bauxitabbaues von der Ortschaft Altenmarkt auf den Prefing Kogl (1967 eingestellt).

Das Hügelland nördlich der Enns ist etwas besser dem Verkehr erschlossen, da die Reliefenergie geringer und der Raum nach Norden zu nicht abgeschirmt

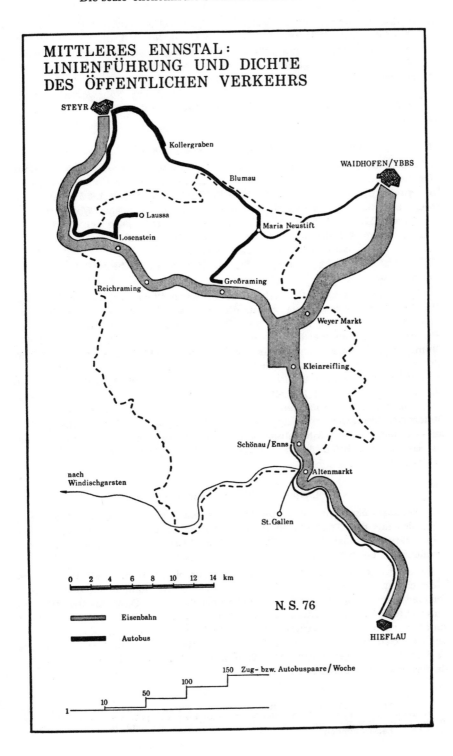

MITTLERES ENNSTAL:
LINIENFÜHRUNG UND DICHTE
DES ÖFFENTLICHEN VERKEHRS

N. S. 76

ist. In diesem Raum gibt es drei Straßen als Verkehrsträger: (1) Die Straße von Steyr durch das Kleinraming Tal nach Maria Neustift, die bei Großraming wieder in das Ennstal mündet. (2) Die Verbindungsstraße über Laussa und den Fuchsbühel in den Pechgraben, ebenfalls bei Großraming wieder in das Ennstal mündend. (3) Die Verbindung von Großraming, Maria Neustift und durch das Rettental nach Waidhofen/Ybbs. Eine Vielzahl von Fahrwegen stellt die Verbindung der abseitsgelegenen Streusiedlungen und Einzelhöfe mit den Durchgangsstraßen her.

3.2. *Linienführung und Dichte des öffentlichen Verkehrs*

Eine Dichtezone verläuft das Enns- beziehungsweise das Gaflenztal entlang. Von Steyr bis Kastenreith verkehren 53,5 Zugspaare/Woche [4], zwischen Weyer, Kastenreith und Kleinreifling tritt eine Verdichtungszone mit 136,5 Zugspaaren/ Woche auf, da zwischen Waidhofen und Weyer 77 Zugspaare/Woche und auf der Strecke Weyer—Kastenreith 85,5 Zugspaare/Woche verkehren. Nach Kleinreifling nimmt der Eisenbahnverkehr wieder ab, beschränkt er sich doch nur mehr auf den Gesäusedurchgangsverkehr: 59,5 Zugspaare/Woche zwischen Kleinreifling und Schönau beziehungsweise 45,5 Zugspaare/Woche zwischen Schönau und Hieflau.

Die Bahnfrequenz im Ennstal wird zwischen Steyr und Losenstein durch 20,5 Autobuspaare/Woche verstärkt, die auch den Verkehrsanschluß der Ortschaft Laussa mit dem Ennstal herstellen. Die Buslinie Großraming — Maria Neustift — Blumau weist 17 beziehungsweise 18 Wochenpaare auf, zwischen Blumau und Kollergraben 16 Paare/Woche. Im Einzugsbereich von Steyr verdichtet sich der Busverkehr wieder; zwischen Kollergraben und Steyr verkehren 31 Autobuspaare/Woche. Die Verbindung von Maria Neustift und Waidhofen/Ybbs wird von 11 Buspaaren/Woche hergestellt. Die niederste Verkehrsfrequenz bei den Autobussen zeigt sich im Süden an der Landesgrenze zur Steiermark hin. Eine Privatlinie führt ein Wochenpaar auf der Strecke St. Gallen — Altenmarkt — Unterlaussa — Windischgarsten, der Kraftwagendienst der Österreichischen Bundesbahn 7 Wochenpaare zwischen Hieflau und Schönau an der Enns.

4. Die sozio-ökonomische Struktur

Die sozio-ökonomische Struktur hat einen mehrschichtigen Aufbau und setzt sich aus den Teilfaktoren Bevölkerungsverteilung und -entwicklung, Alters-, Berufs-, Haushalts- und Wirtschaftsstruktur zusammen, die im weiteren vergleichend betrachtet werden.

Da sich die naturräumliche Gliederung für eine vergleichende Betrachtung nicht eignet, wurde der Untersuchungsraum in Entfernungszonen zerlegt; Entfernungszonen deshalb, weil die differenzierte Sozio-Ökonom-Struktur von unterschiedlichen Entfernungen abhängig zu sein scheint. Die Entfernungszonen wurden durch die wahren Straßenentfernungen von permanent bewohnten Objekten zu den Bundesstraßen und im weiteren durch Zusammenfassen in 8 Isodistanzen gewonnen. Alle Teilfaktoren werden in der Folge immer in Entfernungszonen beschrieben.

---

[4] Die Angaben „Zugs- oder Buspaare/Woche" wurden deshalb gewählt, um auch Verkehrslinien, die nur eine ein- oder zweimalige Frequenz pro Woche in beiden Richtungen haben (Buslinie Altenmarkt—Unterlaussa—Windischgarsten), in diese Betrachtung mit einbeziehen zu können.

4.1. Bevölkerungsverteilung

Die anwesende Bevölkerung des Untersuchungsgebietes betrug im Jahre 1971 14 449 Einwohner. Wie sich diese Zahl auf die einzelnen Gemeinden aufteilt, ist der Tabelle 2 zu entnehmen:

Tabelle 2: Die anwesende Bevölkerung der einzelnen Gemeinden (Stand 1971)

Gemeinde	Einwohner
Großraming	2.742
Laussa	1.209
Losenstein	1.820
Maria Neustift	1.520
Reichraming	2.133
Weyer Land	2.657
Weyer Markt	2.368
Insgesamt	14.449

Zur Verteilung der Bevölkerung in den Entfernungszonen — es soll der Zusammenhang mit und die Abhängigkeit vom Umland berücksichtigt werden — gibt es zu bemerken, daß, wie kaum anders erwartet, in den Zonen geringer Entfernung (0—1 km und 1—2 km) — dort wo die Verkehrserschließung am besten und die Anzahl der bewohnten Häuser am größten ist — sich der Großteil der Bevölkerung, fast 60%, aufhält (siehe Tab. 3). In den Entfernungszonen 1 und 2 sind das 41% beziehungsweise 17% der Einwohner. Gegen die Fernzone hin nimmt die Bevölkerung immer mehr ab, wie die Anzahl der bewohnten Häuser. In den Zonen mittlerer Entfernung, das sind Zone 4 (3—5 km) und Zone 5 (5—7 km), trifft man fast 20% der Gesamtbevölkerung. In den Fernzonen, Zone 7 (10—12 km) und Zone 8 (< 12 km), wo die Verkehrserschließung ebenso gering ist wie der bewohnte Hausbestand, leben nur noch 5% der Bevölkerung des Untersuchungsgebietes.

Tabelle 3: Bevölkerungsverteilung in Entfernungszonen

Entfernungs-zonen	Entfernung in km	Anzahl der Einwohner * absolut	Einwohner * in %
1	0— 1	6.427	41,44
2	1— 2	2.688	17,33
3	2— 3	1.608	10,37
4	3— 5	1.462	9,43
5	5— 7	1.370	8,83
6	7—10	1.149	7,41
7	10—12	256	1,65
8	<12	549	3,54
		15.509	100,00

* Wohnbevölkerung.

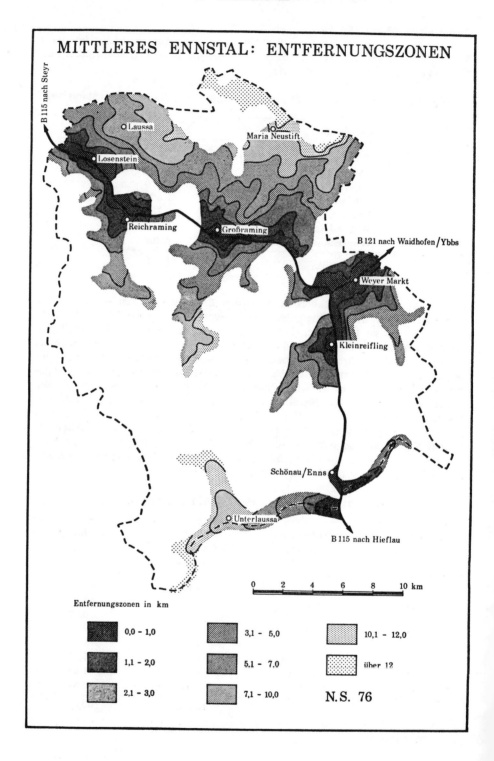

MITTLERES ENNSTAL: ENTFERNUNGSZONEN

B 115 nach Steyr

Laussa

Maria Neustift

Losenstein

Reichraming

Großraming

B 121 nach Waidhofen/Ybbs

Weyer Markt

Kleinreifling

Schönau/Enns

Unterlaussa

B 115 nach Hieflau

0   2   4   6   8   10 km

Entfernungszonen in km

0,0 – 1,0	3,1 – 5,0	10,1 – 12,0
1,1 – 2,0	5,1 – 7,0	über 12
2,1 – 3,0	7,1 – 10,0	N.S. 76

Hinsichtlich der Verteilung der raumbezogenen Bevölkerung können verschiedene Verdichtungen festgestellt werden. Sie treten in den Räumen Losenstein, Reichraming, Großraming und Weyer Markt auf. Betrachtet man diese Räume als eine gewisse Zentralität auf das Umland ausstrahlende Einheiten, so können die weiteren Verdichtungen der Bevölkerung darauf bezogen werden. Im Raum Losenstein sind es die Ortschaften Laussa und Stiedelsbach, im Raum Reichraming das Tal des Reichramingbaches bis Dirnbach, im Raum Großraming das Tal des Klein Ramingbaches, der Ort Maria Neustift, Neustift-, Pech- und Lumplgraben, Brunnbach, Hornbach, im Raum Weyer die Orte Küpfern, Kleinreifling, Schönau, und das Laussatal bis Unterlaussa.

4.2. Bevölkerungsentwicklung

Jeder Raum ist durch seine Bevölkerungsentwicklung gekennzeichnet, spiegeln sich doch in der Zu- und Abnahme der Einwohnerzahl die Hoch- und Tiefstände des Raumes, sein Aufblühen und Verlöschen, seine Bevorzugung durch das Wachsen eines bestimmten Wirtschaftszweiges und sein Sichleeren durch das Fehlen von Arbeitsplätzen, das Leidsein der jungen Generation an selbständigen land- und forstwirtschaftlichen Berufen und der Zug in die Fabriken der Städte auf der Suche nach finanzieller und sozialer Sicherheit wider.

Bewußt wurde in diesem Abschnitt auf die Darstellung der Bevölkerungsentwicklung in Zonen verzichtet, da im Wandel der Zeiten auch ein Wandel der Zonen auf Grund der fortschreitenden Verkehrserschließung eingetreten ist. Die Bevölkerungsentwicklung des gesamten Untersuchungsgebietes komplex zu betrachten, hätte zu wenig differenzierte Aussagekraft; deshalb wurde bei der Betrachtung gemeindeweise vorgegangen, zumal auch keine kleineren Auszählgebiete räumlich exakt gefaßt werden können.

Die Bevölkerungsentwicklung des Mittleren Ennstales wird in vier großen Phasen betrachtet:

Die *1. Phase* — zwischen 1869 und 1910 — zieht sich von den ersten amtlichen Bevölkerungsaufzeichnungen bis gegen den Beginn des Ersten Weltkrieges hin.

Die *2. Phase* reicht von 1910 bis 1934 und schließt damit den Ersten Weltkrieg, seine Auswirkungen und die Zwischenkriegszeit ein.

Die *3. Phase* dauert von 1934 bis 1961. Sie verkörpert Beginn und Ende des Zweiten Weltkrieges, Nachkriegszeit und Wiederaufbau.

Die *4. Phase* erstreckt sich von 1961 bis 1971.

Zur *1. Phase* (siehe Tab. 4) kann gesagt werden, daß die Entwicklung der Bevölkerung im gesamten Untersuchungsgebiet im Zeitraum dieser 40 Jahre uneinheitlich vor sich gegangen ist. In den Gemeinden Laussa, Losenstein und Maria Neustift — die Gemeindegebiete liegen fast zur Gänze nördlich der Enns — tritt ein Bevölkerungsverlust auf. Am stärksten ist dieser in der Gemeinde Losenstein zu bemerken, wo sich die Zahl der Einwohner 1869—1910 um fast 20% (373 Personen) verringert hat. Dieser Verlust an Einwohnern dürfte auf das Ende der Blütezeit im Eisenwesen zurückzuführen sein, dem sich auch die vormals große Zunft der Nagelschmiede in Losenstein [5] beugen mußte. Die Gemeinden südlich der Enns, Reichraming, Weyer Markt und Weyer Land, weisen Zunahmen auf [6]. Bemerkenswert ist, daß die Gemeinde Weyer Markt den größten Bevölkerungszuwachs zu verzeichnen hat: 732 Einwohner, das sind

---

[5] HOFFMANN, A., 1949.
[6] Ausgenommen ist Großraming, dessen Bevölkerungsentwicklung stagnierte.

über 50%. Möglicherweise sind dies Auswirkungen des Bahnbaues, zahlreiche Arbeiter mögen in diesen Gebieten günstigere Lebensbedingungen vorgefunden und sich daher angesiedelt haben.

Die *2. Phase* ist durch ihre reziproken Erscheinungen in bezug auf die Weiterentwicklung der Bevölkerung im Untersuchungsgebiet gekennzeichnet: Gemeinden, die in der 1. Phase eine Bevölkerungszunahme zu verzeichnen hatten, nehmen jetzt ab und umgekehrt. Auf die einzelnen Gemeindegebiete umgelegt sieht das folgendermaßen aus: Laussa und Losenstein stagnieren. Großraming und Maria Neustift haben eine leichte Bevölkerungszunahme zu verzeichnen, beide zwischen 3 und 4%. Die Gemeinden Reichraming und Weyer Land haben Bevölkerungsverluste zu verzeichnen, Reichraming mehr als 3%, Weyer Land um 173 Einwohner oder fast 6%. Nur in Weyer Markt kann ein Bevölkerungsanstieg von mehr als 8% (177 Personen) beobachtet werden.

Die *3. Phase* zeigt, obwohl der Zweite Weltkrieg große Opfer an Menschenleben gefordert hat, eine ziemlich ausgeglichene Tendenz. Im Zeitabschnitt 1934—1961 gibt es keine Bevölkerungsabnahmen. Laussa ist weiterhin stagnierend, ebenso Weyer Land und zum ersten Mal in der Reihe der Beobachtungen auch Weyer Markt. Die Gemeinden Maria Neustift und Großraming weisen eine leichte Zuwachstendenz auf: etwas mehr als 3% und mehr als 2%. In Reichraming ist die Bevölkerung um 148 Einwohner oder 7,5% angewachsen. Die stärkste Zunahme im Gegensatz zur 2. Phase hat die Gemeinde Losenstein erfahren, die Zahl der Einwohner hat sich um 314 oder mehr als 18% vergrößert.

Die *4. Phase* zeigt die Bevölkerungsentwicklung zwischen den letzten beiden Volkszählungen. Großraming und Maria Neustift haben wieder leichte Zunahmen zu verzeichnen (3% und über 4%). Weyer Markt zeigt wieder die stärkste Zunahme im gesamten Untersuchungsgebiet: 137 Einwohner oder mehr als 6%. Laussa, Losenstein und Weyer Land nehmen ab: Laussa um 3%, Losenstein um mehr als 8%, Weyer Land um 504 Einwohner oder fast 16%. Die Bevölkerungsentwicklung der letzten 10 Jahre ist fast mit der in der 2. Phase gleichzusetzen.

Eine genaue Aufstellung der Bevölkerungsentwicklung in den vier Phasen bringt die Tabelle 4.

Tabelle 4: Bevölkerungsentwicklung in den Jahren 1869 bis 1971

Gemeinde	Bev. 1869	+/− %	Bev. 1910	+/− %	Bev. 1934	+/− %	Bev. 1961	+/− %	Bev. 1971
Großraming	2.535	− 1,18	2.505	+4,03	2.606	+ 2,11	2.661	+ 3,04	2.742
Laussa	1.315	− 6,46	1.230	+0,41	1.235	+ 0,97	1.247	− 3,05	1.209
Losenstein	2.059	−18,12	1.686	−1,07	1.668	+18,82	1.982	− 8,17	1.820
Maria Neustift	1.457	− 5,97	1.370	+3,07	1.412	+ 3,19	1.457	+ 4,32	1.520
Reichraming	1.986	+ 2,12	2.028	−3,65	1.954	+ 7,56	2.102	+ 1,48	2.133
Weyer Land	3.113	+ 6,46	3.314	−5,82	3,121	+ 1,28	3.161	−15,95	2.657
Weyer Markt	1.295	+56,53	2.027	+8,73	2.204	+ 1,23	2.231	+ 6,14	2.368
	13.760		13.160		14.200		14.841		14.449

Quelle: K. K. statistische Central-Kommission und Österr. Statistisches Zentralamt, Volkszählungen der Jahre 1869, 1910, 1934, 1961 und 1971.

Betrachtet man zusammenfassend die Bevölkerungsentwicklung im Untersuchungsgebiet, so kann gesagt werden, daß die Bevölkerung durch die vielen Einflüsse zwischen 1869 und 1971, in einem Zeitraum von über 100 Jahren, nur um 689 Personen zugenommen, in den letzten 10 Jahren aber um 392 Personen abgenommen hat.

4.3. *Altersstruktur*

Durchschnittsalter und Altersverteilung der Bevölkerung im Untersuchungsgebiet scheinen auf den ersten Blick indifferent zu sein, bilden aber trotzdem einen informativen Bestandteil der demographischen Merkmale. Da Alter und altersmäßig geschichtete Verteilung im wesentlichen kaum von Entfernungszonen abhängig oder beeinflußbar schienen, wurde in diesem Abschnitt bewußt auf die Untersuchung in entfernungsbezogenen Raumeinheiten verzichtet. Um aber Vergleiche im Rahmen der Altersverteilung machen zu können, wurden jeweils der Altersmittelwert der Gesamtbevölkerung des Untersuchungsgebietes dem Altersmittel der Bewohner bestimmter Entfernungszonen gegenübergestellt. Die auftretenden Abweichungen im positiven oder negativen Sinn besagen, daß die Bewohner einer bestimmten Entfernungszone älter (positive Abweichung) als das Altersmittel der Gesamtbevölkerung oder jünger (negative Abweichung) sein können. Ist das Altersmittel der Bewohner einer bestimmten Entfernungszone höher als das Altersmittel der Gesamtbevölkerung des Untersuchungsgebietes, so kann die Annahme vertreten werden, daß diese Zone nur von kinderlosen und überalterten Familien bzw. Haushalten bewohnt wird. Im gegenteiligen Fall kann angenommen werden, daß diese Zone von jungen und kinderreichen Familien beziehungsweise Haushalten bevorzugt wird.

Tabelle 5: Altersmittel und Abweichungen in den Entfernungszonen

Entfernungs-zonen	Entfernung in km	Altersmittel der Zone	Abweichung vom Gesamtaltersmittel*)
1	0— 1	36,3	+1,4
2	1— 2	35,8	+0,9
3	2— 3	31,6	−3,3
4	3— 5	34,6	−0,3
5	5— 7	34,3	−0,6
6	7—10	33,0	−1,9
7	10—12	34,5	−0,4
8	<12	32,9	−2,0

* Gesamtaltersmittel = 34,9.

Bei einer ersten Betrachtung der Altersmittel kann, von einigen Unregelmäßigkeiten abgesehen, von einem durchlaufenden Altersanstieg mit zunehmender Entfernung gesprochen werden. Die Abweichungen vom Gesamtaltersmittel sind in den Zonen mittlerer Entfernung (Zonen 4 und 5) am geringsten. Die größte positive Abweichung findet sich in der Zone 1, was bedeutet, daß sich mit großer Wahrscheinlichkeit der Großteil der ältesten Bevölkerung im Ennstal beziehungsweise in den Ortschaften Losenstein, Reichraming, Großraming, Weyer Markt und Kleinreifling aufhält. Auch die Zone 2 hat noch eine relativ hohe Abweichung von + 0,9. Der jüngste Teil der Bevölkerung des Untersuchungsgebietes mit einem Altersmittel von 31,6 (die Abweichung beträgt — 3,3) befindet sich in der Zone 3. Die Ursachen dieser „zonalen Verjüngung", die auch in den Zonen 6 und 8 auftritt, dürften ihre Erklärung darin finden, daß in diesen Zonen hauptsächlich **Bauernfamilien** leben. Bei diesen ist auch im letzten Drittel des 20. Jahrhunderts eine Kinderzahl zwischen fünf und zehn durchaus keine Seltenheit.

4.4. Berufsstruktur

Meist ist die Vorstellung fixiert, daß Bewohner eines ländlichen Gebietes nur mit Berufen aus Land- und Forstwirtschaft zu assoziieren sind. Im Mittleren Ennstal würde man Ähnliches erwarten: einen Raum, dem ländlichen Voralpengebiet zugehörig, mit dem Berufsschwerpunkt in der Land- und Forstwirtschaft. Nach eingehender Untersuchung kann aber festgestellt werden, daß nicht ganz zwei Drittel aller Berufstätigen in Industrie, Gewerbe, Handel und Dienstleistungen und nur ein Drittel in land- und forstwirtschaftlichen Berufen beschäftigt sind. Nun wird man dieses Faktum vielleicht als jüngere Entwicklung erklären und es mit dem Trend der Abwanderung zu industriellen und gewerblichen Berufen abtun wollen, im Hinblick auf die Randlage dieses Gebietes zum oberösterreichischen Zentralraum und die berufsattraktiven Anziehungspunkte von Steyr, Linz und Waidhofen/Ybbs. Diese Ansicht ist durch einen Blick in die Lokalgeschichte leicht zu widerlegen.

Das Gebiet des Ennstales wurde schon vor der vorindustriellen Phase von Handwerk und Gewerbe beherrscht. Sie befaßten sich im 16. Jahrhundert mit der Weiterverarbeitung von Roheisen, wofür das Ennstal geradezu hervorragenden Raum bot: Lage am Transportweg und nahe dem sekundären Weiterverarbeitungsstoff. Als Transportweg bot sich die Enns an — sie stellte die Verbindung zwischen Abbau-, Verhüttungs- und Verarbeitungsort her; als sekundärer Weiterverarbeitungsstoff Holz aus den umliegenden Wäldern, das sich durch einen einfachen Vorgang an Ort und Stelle in die notwendige Holzkohle umwandeln ließ. Im technisch fortgeschrittenem Stadium der Eisenverarbeitung verwendete man die Wasser der Enns und ihrer Zuflüsse nicht nur als Transportweg, sondern auch zum Betreiben der Schmiedehämmer. So ist es auch erklärlich, daß schon seit dem 14. Jahrhundert eine beträchtliche Zahl von Hammerwerken an Laussabach und Enns, in den Gebieten von Reichraming und Kleinreifling, vor allem aber in Weyer arbeitete. Nicht nur, daß die Hämmer einen begehrten Rohstoff produzierten und formten, boten sie auch der Bevölkerung eine beträchtliche Anzahl von Arbeitsplätzen in den verschiedensten Berufssparten.

Ein zahlenmäßig aufgefächertes Beispiel soll die Vielfalt der verwendeten Berufe zeigen: 1746 sah der Stand der Berufstätigen bei den Hammerverwaltungen St. Gallen, Wildalpen, Weyer und Reichraming wie folgt aus: 24 Hammerschmiede, 24 Heizer, 24 Wassergeber, 30 Stahlschmiedemeister (dazu je 1 Knecht und 1 Bub), 12 Eisenschmiedemeister (dazu je 1 Bub), 6 Blechschmiedemeister (dazu je ein Knecht und 1 Bub). Zu diesen 204 werktätigen Personen kamen allein in der Hammerverwaltung Weyer an anderen Berufstypen dazu. 16 Zimmerleute, 4 Maurer, 2 Schreiber, 5 Hohlscherer, 4 Tagwerker, 5 alte Hammerarbeiter und besonders für die Waldarbeit 2 Waldgeher, 18 Holzmeister, 257 Holzknechte und 36 Köhler; zusammen sind das 349 Berufstätige, die nur sekundär mit der Eisenverarbeitung zu tun hatten.

Hundert Jahre später, 1845, wiesen die Hammerverwaltungen folgenden Personalstand in den einzelnen Wirtschaftsabteilungen auf:

Tabelle 6: Personalstand der Hammerverwaltungen im Jahre 1845

Verwaltungen	Hämmer	Wirt-schaft	Schiffs-züge	Holz	Kohle	Summe
Kleinreifling	28	10	—	8	2	48
Laussa	65	60	6	84	18	233
Reichraming	47	52	3	92	16	210
Weyer	64	—	28	77	10	179

Mit allen seinen angeschlossenen Wirtschaftsabteilungen bot das Eisenwesen im Jahre 1845 2474 Personen Arbeitsplätze.

Ehe auf die heutige Berufsverteilung im Untersuchungsgebiet eingegangen wird, sollen die *Berufstypengruppen* vorgestellt werden, da diese noch des öfteren im Verlauf dieser Arbeit ihre Anwendung finden. Ausgehend von den in den Haushaltslisten angegebenen Berufen und eigenen Erhebungen, kristallisierten sich folgende Berufstypengruppen heraus:

(1) Landwirte
(2) Unselbständige in Land- und Forstwirtschaft
(3) Unselbständige in der Produktion langlebiger Güter [7]
(4) Unselbständige in Handel, Dienstleistungen, Produktion und Vertrieb kurzlebiger Güter [8]
(5) Selbständige in der Produktion [9]
(6) Selbständige in Handel und Versorgung [10]
(7) Selbständige in persönlichen Dienstleistungen und höhere Beamte in der Verwaltung [11]
(8) Rentner und Pensionisten

Es liegt in der Natur der Sache, daß in dem Raum, in dem kaum Orte der unteren zentralen Stufe auftreten, verschiedene Berufstypen nicht oder nur ganz gering vertreten sind; um die Berufsverteilung zu vereinfachen und gleichzeitig zu verdeutlichen, wurden jene minder vertretenen Berufstypen eliminiert und nur die im Untersuchungsraum dominierenden Berufsgruppen 1, 2, 3 und 4 herausgegriffen und zu den beiden vereinfachten Berufstypengruppen 1 + 2 und 3 + 4 zusammengefügt; das bedeutet nun, daß im weiteren nur von den Berufstätigen in Land- und Forstwirtschaft und den Berufstätigen in Produktion, Gewerbe, Handel und Dienstleistungen gesprochen wird. Generell kann für das gesamte Untersuchungsgebiet gesagt werden, daß es eine Mischung dieser beiden Berufstypengruppen gibt; doch sie treten verschiedentlich auch kleinräumlich isoliert auf, deshalb soll die Verteilung der Berufstypengruppen unter topographischen Gesichtspunkten betrachtet werden.

Die Berufstätigen in Produktion, Gewerbe, Handel und Dienstleistungen treten besonders massiert in den Gemeindehauptorten Losenstein, Reichraming,

---

[7] Z. B. Gießer, Tischler, Schneider.
[8] Z. B. Verkäufer, Briefträger, Bäcker, Koch.
[9] Z. B. Baumeister mit Bauhof, Mechanikermeister mit Werkstätte.
[10] Z. B. Apotheker, Trafikant, Fleischhauermeister.
[11] Z. B. Arzt, Gastwirt, Notar, Schuldirektor.

Großraming und Weyer Markt auf; aber auch in Kleinreifling, Unterlaussa und an der Mündung des Laussabaches sind solche Häufungen zu bemerken. Diese Konzentrationen der Berufstypengruppe 3 + 4 treten an diesen Stellen auf, weil sich hier die meisten Arbeitsplätze für Produktion, Gewerbe, Handel und Dienstleistungen am Ort direkt finden und weil die Nähe der Hauptverkehrslinien das Erreichen entfernt liegender Arbeitsstätten begünstigt. Um diese Zentren zieht sich ein Gürtel von Erwerbstätigen aus den beiden Berufstypengruppen 1 + 2 und 3 + 4, das heißt keine kann die Dominanz erreichen. Je weiter man aber von den Hauptverkehrslinien wegkommt, desto mehr tritt die land- und forstwirtschaftliche Berufstypengruppe in den Vordergrund. Topographisch lokalisiert findet sich diese Gruppe im Gemeindegebiet von Laussa in Losbichl, Schindlthal und Pechgraben; im gesamten Gemeindegebiet von Maria Neustift, besonders aber im östlichen Teil zwischen dem Ort Maria Neustift, Freithof Berg und Scheinoldstein, der seine Fortsetzung im Neustiftgraben im Gemeindegebiet von Großraming findet und sich südlich des Ennsflusses in Lumplgraben und Brunnbach fortsetzt; im Gemeindegebiet von Losenstein tritt die Berufstypengruppe 1 + 2 am Gschwandtnerberg, in Stiedelsbach und Unter dem Schieferstein auf. In der Gemeinde Reichraming tritt im Steinbachgraben, an den Südabhängen des Schiefersteins, im Sulzbach, Weißenbach und Anzenbach ebenfalls die Berufstypengruppe 1 + 2 verdichtet auf. Im Gemeindegebiet von Weyer Land kann man von einem Überwiegen der land- und forstwirtschaftlichen Berufstypengruppe am ehesten im Gebiet Dürnbach, Am Lehen und Gmerkt sprechen, ebenso wie um den Eschenkogel und im Raum Schönau.

Die Aussagen über das Auftreten der dominierenden Berufstypengruppen im gesamten Untersuchungsgebiet sind informativ, aber amorph, da keine quantitativen Vergleiche angestellt werden können. Deshalb soll eine ergänzende Betrachtung der dominierenden *Berufstypengruppen in den einzelnen Entfernungszonen* durchgeführt werden. Es geht die Annahme dahin, daß die Exogenität kaum auf die land- und forstwirtschaftliche Berufstypengruppe zutreffen wird, da für sie die Erschließung gegenüber dem Umland kaum von Bedeutung sein wird und sie sich auch kaum in Gemeindehauptorten beziehungsweise an Hauptverkehrsadern ballen wird. Also ist eine fast gleichmäßige Verteilung über das gesamte Untersuchungsgebiet zu erwarten, wenn man die dünn besiedelten Gebiete nicht als diskriminierenden Faktor wertet. Die Berufstypengruppe Produktion, Gewerbe, Handel und Dienstleistungen müßte sich um Gemeindehauptorte und Produktionsstätten ballen, da aber für diese Gruppe kaum genügend Arbeitsplätze im Untersuchungsgebiet vorhanden sein dürften, ist ein Teil dieser Berufstypengruppe gezwungen, die Arbeitsplätze im Umland zu suchen. Diese Arbeitnehmer werden sich daher erfahrungsgemäß in möglichst kleinen Entfernungen zu den Hauptverkehrsadern befinden. Man kann also in der Nahzone eine Ballung und eine kontinuierliche Abnahme zu den Fernzonen hin erwarten. Tabelle 7 läßt eine genaue Überprüfung der prognostizierten Verteilung beider dominierender Berufstypengruppen zu.

Spalte 3 und 4 zeigen, daß sich in Zone 1 und 2 zusammen 60% aller Berufstätigen des Untersuchungsgebietes befinden. In zunehmender Entfernung verringert sich die Zahl der Berufstätigen. Wie steht es mit der prognostizierten Verteilung der land- und forstwirtschaftlichen Berufstypengruppe? Betrachtet man in der Tabelle die Spalte 5 und 7, so zeigen sie eine relativ gleichmäßige Verteilung der Berufstypengruppe 1 + 2 im Untersuchungsgebiet zwischen 13,1 und 17,6% in den einzelnen Zonen, wenn man die geringen Prozent-

Tabelle 7: Berufstypengruppen 1 + 2 und 3 + 4 in den Entfernungszonen

Entfernungs-zonen	Entfernungen in km	Summe aller Berufstätigen absolut	in %	Berufstypengruppe 1 + 2 absolut	in % (A)	in % (B)	Berufstypengruppe 3 + 4 absolut	in % (A)	in % (B)
1	2	3	4	5	6	7	8	9	10
1	0 — 1	2.364	40,4	331	14,0	17,6	1.755	74,2	51,0
2	1 — 2	1.147	19,6	261	22,8	13,9	758	66,1	22,0
3	2 — 3	595	10,2	285	47,9	15,2	274	46,1	8,0
4	3 — 5	618	10,6	332	53,7	17,6	259	43,5	7,5
5	5 — 7	493	8,4	280	56,8	14,9	188	38,1	5,5
6	7 — 10	400	6,8	247	61,8	13,1	130	32,5	3,7
7	10 — 12	82	1,4	42	51,2	2,2	34	41,4	1,0
8	mehr als 12	152	2,6	101	66,4	5,4	44	28,9	1,3
Summen und Durchschnitte		5.851	100,0	1.879	32,1	100,0	3.442	58,8	100,0

(A) Anteile an den in den einzelnen Zonen und im Untersuchungsgebiet Berufstätigen.
(B) Anteile an den Berufstätigen der betreffenden Berufstypengruppe.

sätze in den Fernzonen 7 und 8 vernachlässigt. Die Werte in Spalte 6 zeigen den Anstieg der Beschäftigten in der land- und forstwirtschaftlichen Berufstypengruppe, bezogen auf die in den einzelnen Zonen Berufstätigen, mit zunehmender Entfernung. Die Spalte 8 und 10 zeigen die absoluten und die Prozentwerte für die Berufsgruppe Produktion, Gewerbe, Handel und Dienstleistungen. In Zone 1 sind es 1755 oder mehr als die Hälfte der im gesamten Untersuchungsgebiet der Berufstypengruppe 3 + 4 zugehörigen Erwerbstätigen. Die Anzahl der Berufstätigen dieser Berufstypengruppe nimmt kontinuierlich ab. Ebenso zeigt Spalte 9 eine Abnahme mit zunehmender Entfernung.

4.5. Haushaltsstruktur

Im Untersuchungsraum gab es 1971 4008 Haushalte und demnach ebensoviele Haushaltsvorstände. Die verschiedenen Größen der Haushalte wurden in 5 Gruppen zusammengefaßt: Haushalte mit einer Person, Haushalte mit 2, mit 3—5, mit 5—8 und mit mehr als 8 Personen. Die Beziehung zwischen Haushaltsgröße und Berufstypengruppenzugehörigkeit des Haushaltsvorstandes wird geordnet nach der größenmäßigen Zugehörigkeit des Haushaltsvorstandes zu den modifizierten Berufstypengruppen, d. h. es wird auch der landwirtschaftliche Haupt- und Nebenzuerwerb berücksichtigt (siehe Tabelle 8).

Es gibt 1257 *Rentner und Pensionisten* (Gruppe A auf Tabelle 8) als Haushaltsvorstände; davon entfallen rund 40% auf Haushalte mit 2 Personen und 32,5% auf Haushalte mit einer Person. Diese Haushalte können also als typische Rentnerhaushalte angesehen werden.

Von den 1425 *Unselbständigen in der Produktion langlebiger Güter und Unselbständigen in Handel, Dienstleistungen, Produktion und Vertrieb kurzlebiger Güter* (ohne landwirtschaftlichen Nebenzuerwerb) als Haushaltsvorstände (Gruppe B der Tabelle 8) entfallen rund 44% auf Haushalte mit 3—4 und rund 34% auf Haushalte mit 5—8 Personen. Durch diese hohen Prozentwerte ist es möglich, diese Größen als typisch für einen „Arbeiterhaushalt" anzusehen.

459 *Landwirte* wurden als Haushaltsvorstände festgestellt (Gruppe C); als signifikant für bäuerliche Haushalte erscheinen solche von 5—8 Personen (rund 51%) sowie Haushalte von mehr als 8 Personen (rund 26%). Die besondere Größe dieser Haushalte ist auf die hohe Kinderzahl zurückzuführen.

Von 272 *Unselbständigen in der Land- und Forstwirtschaft* (ohne landwirtschaftlichen Nebenzuerwerb) als Haushaltsvorstände (Gruppe D) entfallen rund 42% auf Haushalte mit 5—8 und rund 41% auf Haushalte mit 3—4 Personen. Der „Land- und Forstarbeiterhaushalt" gleicht also in seinen typischen Größen dem „Arbeiterhaushalt".

Bei den *Selbständigen in persönlichen Dienstleistungen und höheren Beamten in der Verwaltung* (ohne landwirtschaftlichen Nebenzuerwerb; Gruppe E) tritt besonders der Haushalt mit 3—4 Personen als kennzeichnender Vertreter hervor (rund 44%). Möglicherweise kommt hier auf Grund der höheren Bildungstufe bereits die Familienplanung zum Tragen.

Von den *Unselbständigen in der Land- und Forstwirtschaft* (mit landwirtschaftlichem Nebenzuerwerb) und den *Unselbständigen in der Produktion langlebiger Güter* (mit landwirtschaftlichem Nebenzuerwerb als Haushaltsvorstände (Gruppe F) entfallen 60% auf Haushalte mit 5—8 und rund 32% auf Haushalte mit 3—4 Personen. Hier ist wieder deutlich das Ansteigen der Kopfzahl in den Haushalten durch die Verknüpfung mit der Landwirtschaft und den geringeren Bildungsstand bemerkbar.

Unter den Haushaltsvorständen der Gruppe *Unselbständige in der Land-und Forstwirtschaft* (mit landwirtschaftlichem Hauptzuerwerb), *Unselbständige in der Produktion langlebiger Güter* (mit landwirtschaftlichem Hauptzuerwerb), *Unselbständige in Handel, Dienstleistungen, Produktion und Vertrieb kurzlebiger Güter* (mit landwirtschaftlichem Hauptzuerwerb) (Gruppe G der Tabelle 8) entfallen rund 69% auf Haushalte mit 5—8 Personen. Die hohe Kopfzahl ist wieder durch die landwirtschaftliche Komponente hervorgerufen.

Für die Gruppe *Selbständige in der Produktion* (ohne landwirtschaftlichen Nebenzuerwerb) und *Selbständige in Handel und Versorgung* (ohne landwirtschaftlichen Nebenzuerwerb) (Gruppe H) bietet sich der Haushalt in der Größe von 3—4 Personen als signifikanter Vertreter an.

Von den Haushaltsvorständen der Gruppe I: *Selbständige in der Produktion* (mit landwirtschaftlichem Hauptzuerwerb), *Selbständige in Handel und Versorgung* (mit landwirtschaftlichem Hauptzuerwerb) und *Selbständige in persönlichen Dienstleistungen und höhere Beamte in der Verwaltung* (mit landwirtschaftlichem Hauptzuerwerb) entfallen rund 55% auf Haushalte von 5—8 Personen. Die Größe dieser Haushalte hat auf Grund der landwirtschaftlichen Komponente wieder zugenommen.

In der Berufstypengruppe *Unselbständige in Handel, Dienstleistungen, Produktion und Vertrieb kurzlebiger Güter* (mit landwirtschaftlichem Nebenzuerwerb), *Selbständige in Handel und Versorgung* (mit landwirtschaftlichem Nebenzuerwerb), *Selbständige in persönlichen Dienstleistungen und höhere Beamte in der Verwaltung* (mit landwirtschaftlichem Nebenzuerwerb) dominieren wieder zwei Größen von Haushalten je nach der Einflußstärke der landwirtschaftlichen Komponente: Haushalte mit 3—4 Personen (rund 36%) und mit 5—8 Personen (rund 49%). Obwohl sich viele Berufstypen in dieser Gruppe J vereinigen, ist sie klein geblieben.

Tabelle 8: Berufstypengruppenzugehörigkeit der Haushaltsvorstände in den einzelnen Haushaltsgrößenklassen

Berufstypen-gruppenzuge-hörigkeit d. Haushalts-vorstände [a]		Haushalte mit							
		1 Person		2 Personen		3—4 Pers.		5—8 Pers.		über 8 Pers.
		abs.	in %[b]	abs.	in %[b]	abs.	in %[b]	abs.	in %[b]	abs.	in %[b]
A	1.257	409	32,5	499	39,7	251	20,0	95	7,6	3	0,2
B	1.425	112	7,9	186	13,1	623	43,7	482	33,8	22	1,5
C	459	3	0,7	14	3,1	87	19,0	236	51,4	119	25,8
D	272	13	4,8	26	9,6	112	41,2	113	41,5	8	2,9
E	137	22	16,1	11	16,1	61	44,4	30	21,9	2	1,5
F	105	1	0,9	2	1,9	34	32,4	63	60,0	5	4,8
G	96	1	1,0	2	2,0	18	18,8	66	68,8	9	9,4
H	159	9	5,7	34	21,4	72	45,2	41	25,8	3	1,9
I	51	2	3,9	2	3,9	14	27,4	28	54,9	5	9,9
J	47	—	—	6	12,8	17	36,2	23	48,9	1	2,1
Summe	4.008	572	—	793	—	1.289	—	1.177	—	177	—

[a] Erklärung der Buchstaben A—J im Text.   [b] Quersumme = 100,0%.

4.6. Wirtschaftsstruktur

Die Beschreibung der ökonomischen Merkmale sei unter ein Motto gestellt: die Wirtschaftslage eines Raumes ist dann als gut zu bezeichnen, wenn ein Großteil der berufstätigen Bewohner im Raum selbst ihren Arbeitsplatz finden können.

Das Gebiet ist jedoch mit produzierenden Gewerbebetrieben nur schwach ausgestattet und die meisten sind als klein zu bezeichnen. Die namhaftesten sollen angeführt werden: Aus der Blütezeit der Hammerwerke haben sich in Laussa das Sensenwerk Franz Sonnleithner KG. und in Losenstein Hammerwerk und Maschinenbau Karl Vögerl erhalten. Der Holzreichtum des Reichraminger Hintergebirges kommt in der Vielzahl der Sägewerke und holzverarbeitenden Betriebe zum Ausdruck; es sind dies in Weyer die Sägewerke des Anton Dreherschen Forstamtes, des Holzbauwerkes J. und F. Hrachowina, der Zimmerei Ing. Eduard Kraus und des Möbelbaubetriebes „Excelsior". Als Spezialbetriebe können in Weyer die Spezialfabrik für Sägen und Maschinenmesser („Urban Sägen Weyer"), die Lack- und Farbenerzeugung Franz Bachbauer und die Wachswarenfabrik Eduard Hofer angesehen werden. Eine weitere relativ arbeitsplatzintensive Firma ist das OMW-Werk (Elektromotoren, Maschinen-, Werkzeug- und Vorrichtungsbau) in Weyer. Zu den größten Bauunternehmungen dieses Raumes gehören zweifellos der Betrieb von Ing. Hans Wenk in Losenstein und der von Baumeister Hans Hamertinger in Weyer Markt. Kaum würde man Textilbetriebe in dieser Gegend vermuten, dennoch gibt es sie: eine Damastweberei und eine Buntweberei und Zwirnerei in Losenstein. Von den wenigen Betriebsneugründungen ist die Hofmann-Kunststoffverarbeitungsgesellschaft m. b. H. im Lumplgraben, Gemeinde Großraming, zu erwähnen.

In den 7 Gemeinden des Mittleren Ennstales gibt es 603 landwirtschaftliche und 533 nichtlandwirtschaftliche Betriebe. Da die landwirtschaftlichen Betriebe in der Regel nicht nach der Beschäftigtenanzahl, sondern nach ihrer Betriebsgröße eingeteilt werden, sind sie für die weitere Betrachtung der auftretenden Arbeitsplätze nicht relevant und daher ausgeklammert worden.

Die 533 *nichtlandwirtschaftlichen Betriebe* bieten selb- und unselbständigen Berufstätigen 2544 Arbeitsplätze, es treten aber im Untersuchungsgebiet 3972 selb- und unselbständige Berufstätige in nichtlandwirtschaftlichen Berufen auf. Also können nur ungefähr 64% der nichtlandwirtschaftlichen Berufstätigen ihren Arbeitsplatz im Untersuchungsraum finden. Teilt man nun diese nichtlandwirtschaftlichen Betriebe auf Grund ihrer nichtselbständigen Beschäftigtenanzahl in Größenklassen, so tritt folgende Verteilung auf (siehe Tabelle 9):

Tabelle 9: Nichtlandwirtschaftliche Betriebe und ihre Beschäftigtenzahl

Anzahl der Betriebe	d. s. % aller Betriebe	Anzahl der unselbständigen Beschäftigten	
223	41,7	0	
98	18,4	1	
131	24,5	2 —	4
44	8,3	5 —	9
19	3,6	10 —	19
14	2,5	20 —	49
2	0,4	50 —	99
3	0,6	100 —	199

93% der Betriebe sind also Kleinst- und Kleinbetriebe (0 bis 9 unselbständige Beschäftigte), und unter ihnen sind fast alle nichtlandwirtschaftlichen Wirtschaftsklassen der Betriebssystematik vertreten, während in den wenigen Mittel- und Großbetrieben nur bestimmte Wirtschaftsklassen als signifikant zu bezeichnen sind.

Bei den Betrieben mit 20—49 unselbständigen Beschäftigten sind vertreten:
1 Betrieb der Elektrizitätsversorgung
1 Betrieb der Holzverarbeitung
1 Betrieb zur Erzeugung von Chemikalien und chemischen Produkten
1 Betrieb zur Erzeugung von Metallwaren
2 Betriebe zur Erzeugung von Maschinen
1 Betrieb zur Erzeugung von elektrischen Einrichtungen
1 Betrieb für den Eisen- und Seilbahnverkehr
6 Betriebe für Hoch- und Tiefbau.

Bei Betrieben mit 50—99 unselbständigen Beschäftigten scheinen nur 2 Betriebe des Eisenbahn- und Seilbahnverkehrs auf, bei Betrieben mit 100—199 unselbständigen Beschäftigten sind nur 3 Hoch- und Tiefbaubetriebe zu verzeichnen [12].

Wenn nun die nichtlandwirtschaftlichen Betriebe geordnet nach der Häufung in den einzelnen Wirtschaftsklassen und der Anzahl ihrer Arbeitsplätze betrachtet werden, ergibt sich das auf Tabelle 10 dargestellte Bild.

Tabelle 10 läßt erkennen, daß den Beschäftigtenzahlen nach das Baugewerbe mit weitem Abstand den wichtigsten Arbeitgeber darstellt (fast 27% der Arbeitsplätze im Untersuchungsgebiet), gefolgt vom Einzelhandel (rund 11%) und den etwa gleich liegenden Wirtschaftsklassen Eisenbahn- und Seilbahnverkehr sowie Beherbergung und Gaststätten (je rund 8%). Die beiden restlichen, dem produzierenden Gewerbe zuzurechnenden Wirtschaftsklassen erreichen dagegen nicht einmal je 5% der Arbeitsplätze.

Daß das Gebiet keinen starken Fremdenverkehr aufweist, läßt sich bereits aus Tabelle 10 ablesen, da der Anteil der Kleinstbetriebe an der Betriebszahl der Klasse Beherbergung und Gaststätten nicht weniger als 85% beträgt. Die Fremdenverkehrsstatistik zeigt, daß im Sommer 1974 das Mittlere Ennstal nur knapp 1600 Fremdenbetten anzubieten hatte, wobei die Gemeinden Weyer Land und Großraming die vordersten Plätze einnahmen. Die Nächtigungszahl im Untersuchungsgebiet überschritt 1973/74 [13] 95.000, davon fast 24.000 in Großraming, rund 20.000 in Laussa und über 15.000 in Weyer Land. Die nächstgelegene bedeutende oberösterreichische Fremdenverkehrsgemeinde, Windischgarsten, hatte jedoch im gleichen Zeitraum rund 117.000 Nächtigungen, die Gemeinde Göstling an der Ybbs (NÖ) rund 74.000 Nächtigungen gemeldet. Eine der Ursachen für das schlechtere Abschneiden des Mittleren Ennstales liegt darin, daß das stark bewaldete Gebiet nur geringe Möglichkeiten für den Wintersport bietet. Daher beträgt der Anteil der Winternächtigungen an den Gesamtnächtigungen im Untersuchungsgebiet nur 19% [14], gegen fast 33% in Windischgarsten und 45% in Göstling. Der Anteil der Ausländernächtigungen ist dagegen im Mittleren Ennstal höher (rund 48%) als in den Vergleichsgebieten (Windischgarsten rund 26%, Göstling rund 21%).

---

[12] Es handelt sich um Bauunternehmungen in Weyer und Losenstein, deren Tätigkeitsbereich jedoch zumindestens zeitweise größer ist als das Untersuchungsgebiet.
[13] Winterhalbjahr 1973/74 und Sommerhalbjahr 1974.
[14] An der Spitze stehen Weyer Markt und Land mit je rund 29% sowie Reichraming mit rund 24% Anteil der Winter- an den Gesamtnächtigungen.

Tabelle 10: Zahl der Betriebe und der Beschäftigten in wichtigen Wirtschaftsklassen

	Einzelhandel	Beherbergung u. Gaststätten	Erzeugung v. Nahrungs- u. Genußmitteln	Holzverarbeitung	Hoch- u. Tiefbau	Eisenbahn- u. Seilbahnverkehr	Sonstige	Summe
Zahl der Betriebe	103	87	24	22	18	12	267	533
Desgl., in %	19,3	16,3	4,5	4,1	3,3	2,3	50,2	100,0
Zahl der Arbeitsplätze	283	207	114	116	681	210	933	2.544
Desgl., in % (A)	11,1	8,1	4,5	4,6	26,8	8,2	36,7	100,0
Desgl., in % (B)	7,1	5,2	2,9	2,9	17,1	5,3	23,5	64,0[a]
Zahl der Kleinstbetriebe [b]	67	74	7	6	2	2	163	321
Zahl der Betriebe mit mehr als 20 Beschäftigten	—	—	—	1	9	3	6	19

(A) = Anteile an der Zahl der Arbeitsplätze.
(B) = Anteile an der Zahl der nichtlandwirtschaftlichen Berufstätigen.

[a] Die restlichen 36,0% (= 1428 Personen) sind jene im Untersuchungsgebiet wohnhaften nichtlandwirtschaftlichen Berufstätigen, die außerhalb des Untersuchungsgebietes beschäftigt sind.
[b] Betriebe ohne unselbständige Beschäftigte oder mit nur einem unselbständigen Beschäftigten.

5. Zusammenfassender Ausblick

Das Untersuchungsgebiet ist ein stark zerschnittenes, zum großen Teil waldbedecktes Berggebiet, das von einem schmalen Haupttal durchzogen wird. Dieses stellt gleichzeitig den Hauptsiedelraum dar, liegen doch die geschlossenen Siedlungen meist an den Einmündungen der Seitenbäche auf Terrassen. Im Streusiedlungsgebiet nördlich der Enns herrschen die Haustypen Salzburger Einhaus, karantanisch-steirischer Haufenhof und alpiner Haufen-Paarhof vor. Im Siedlungsbild kommt auch der Strukturwandel dieses Gebietes zum Ausdruck: Bauernhöfe werden zu Zweitwohnsitzen und der Landwirt wird Industriearbeiter.

Der Talraum der Enns ist auch die wichtigste Verkehrsachse; kam früher dem Fluß selbst große Bedeutung als Verkehrsträger zu, so sind es heute die Eisenbundesstraße und die Bahnlinie, die beide durch den Bau der Kraftwerkskette eine Qualitätssteigerung erfahren haben. Die Dichte des öffentlichen Verkehrs ist nicht groß, was von den Bewohnern als nicht besonders störend empfunden wird, hat doch fast jeder Haushalt ein eigenes Kraftfahrzeug.

Im Ennstal selbst tritt die höchste Bevölkerungsdichte auf, nimmt aber mit zunehmender Entfernung von diesem konstant ab; die Altersverteilung verhält sich im Vergleich zur Bevölkerungsdichte reziprok. Bei Betrachtung der Haushalte nach Größe und Beruf des Haushaltsvorstandes lassen sich signifikante Haushaltstypen erkennen; es sind dies der Rentnerhaushalt mit 1—2 Personen, der Arbeiterhaushalt mit 3—4 bzw. 5—8 Personen, der auch dem Forstarbeiterhaushalt sehr ähnlich ist. Die Landwirtehaushalte lassen Größen von 5—8 und über 8 Personen regelhaft erscheinen, wobei eine große Kinderzahl nicht außergewöhnlich ist.

Bei der Berufsstruktur ist auffallend, daß nur 33% der Arbeitenden in land- und forstwirtschaftlichen Berufen tätig sind; für die restlichen 66% kann das Mittlere Ennstal 2544 nichtlandwirtschaftliche Arbeitsplätze stellen. Da es aber 3972 unselbständige Arbeitnehmer gibt, sind 36% der nichtlandwirtschaftlichen Berufstätigen Pendler. Sie finden ihre Arbeitsplätze in Waidhofen/Ybbs (Böhler), Steyr (Steyr-Daimler-Puch und GFM) und sogar in Linz. In nächster Zukunft wird sich das Angebot an Arbeitsplätzen nicht wesentlich erweitern lassen, denn die räumlichen Gegebenheiten erschweren nicht nur die Neuanlage von größeren Fabrikationsbetrieben, sondern sind auch für eine ausgedehnte Weiterentwicklung des Fremdenverkehrs nicht besonders günstig. Hinzu kommt noch die konservative Arbeitsplatzbewertung der berufstätigen Bevölkerung, die alteingesessenen Betrieben wie den ÖBB oder den Steyrwerken den Vorzug gibt und der Lebensfähigkeit von Betriebsneugründungen eher skeptisch gegenübersteht.

Ausgewählte Literatur

HOFFMANN, A.: Wirtschaftsgeschichte Oberösterreichs. Beiträge zur Geschichte des Eisenwesens in Oberösterreich. Linz 1949.

KLAAR, A.: Oberösterreich. In: Haus und Hof in Österreichs Landschaft, Notring — Jahrbuch 1973.

MACKENROTH, G.: Die generative Struktur von Bevölkerungs- und Sozialschichten. In: Weltwirtschaftsarchiv 75, 1955.

ROHNER, J.: Studien zum Wandel von Bevölkerung und Landwirtschaft im Unterengadin. Basler Beiträge zur Geographie 14, hrsg. v. d. Geogr. Ethnolog. Gesellschaft Basel, Basel 1972.

STANEK, N.: Beziehungen zwischen Haus- und Haushaltstypen und ihre Lagefaktoren im Mittleren Ennstal. Dissertation Univ. Wien 1974.

Ders.: Die Wasserkraftwerke an der Enns und ihre umweltprägenden Faktoren. Österr. in Geschichte u. Literatur mit Geogr., 18. Jg., H. 6, Wien 1974, S. 335—369.

WISSMANN, H. v.: Das Mitter Ennstal. Forsch. z. deutschen Landes- und Volkskunde, Bd. XXV, H. 1, Stuttgart 1927.

Österr. Statistisches Zentralamt: Der Fremdenverkehr in Österreich im Jahre 1974. Beiträge z. österr. Statistik, H. 384, Wien 1975.

Räumliche Ordnung und Dynamik in Ländlichen Siedlungen *
dargestellt an den Beispielen Neusiedl, Podersdorf und Rust

CHRISTIAN STAUDACHER, Wien

Die Frage der räumlichen Ordnung in der Ländlichen Siedlung ist ein aktuelles Problem, insbesondere aus der Sicht der Planung. Die Örtliche Raumplanung braucht zur Durchführung der Flächenwidmungs- und Bebauungsplanung, mit der optimale räumliche Verhältnisse in der Siedlung geschaffen werden sollen, eine räumlich differenzierende Grundlagenforschung — auch für so kleine Untersuchungseinheiten, wie Ländliche Siedlungen es sind. Die geographische Forschung kann von dieser Forderung der Praxis sehr wesentliche Anregungen erfahren.

Das Ziel dieser Abhandlung ist es, diese Anregung aufzugreifen und am Beispiel dreier Siedlungen am Neusiedlersee — N e u s i e d l, P o d e r s d o r f und R u s t — diese räumlich differenzierende Betrachtungweise anzuwenden und modellhafte Grundzüge der räumlichen Ordnung und Entwicklung in der Ländlichen Siedlung zu erarbeiten. Das Forschungsobjekt „Ländliche Siedlung" widersetzt sich durch die Kleinheit und durch die traditionell bedingte agrare Homogenität, die zwar in Auflösung begriffen ist, dieser differenzierenden Betrachtung, sodaß in vielen Fällen an die Stelle der exakt belegten Aussage eine mehr oder weniger begründete Vermutung treten muß.

1. Dynamik und Divergenz als Grundlagenprobleme des Ländlichen Raumes

Die Lage im Ländlichen Raum bildet für die Ländliche Siedlung eines der wesentlichsten Charakter- und Definitionsmerkmale. Es ist daher notwendig, den Versuch zu machen, die Grundproblematik des Ländlichen Raumes in einer allgemeinen Sicht zu erfassen.

Definitions- und Abgrenzungsversuche des Ländlichen Raumes verwenden eine Auswahl von Strukturdaten (Agrarquote, Dichte der Raumnutzung, Bevölkerungskriterien,...), die nach den verschiedensten Gesichtspunkten ausgewählt und gewichtet werden. Bei dieser Abgrenzung und Definition der Raumeinheit „Ländlicher Raum" werden zwei Arten unterschieden: Raumeinheiten, die nach funktionalen Gesichtspunkten bestimmt sind, und Raumeinheiten, die durch homogene Merkmale definiert sind [1]. Diese Begriffsunklarheit muß folgendermaßen bereinigt werden: Die Gegenüberstellung der Begriffe „funktional" und „homogen" ist deshalb widersinnig, weil die Bildung von Raumeinheiten immer das Ergebnis eines Typisierungsvorganges ist, der sich auf bestimmte ausgewählte Kriterien stützt. Raumeinheiten müssen daher in bezug auf diese Merkmale immer homogen sein, auch wenn es sich um funktionale oder um dynamische Merkmale handelt. Die Unterscheidung in f o r m a l -

* Der vorliegende Aufsatz bildet eine Zusammenfassung und Weiterführung siedlungsgeographischer Aspekte aus der Dissertation: STAUDACHER, Ch.: Vergleichende Strukturuntersuchung von Neusiedl, Podersdorf und Rust. Wien 1974 (Lehrkanzel Prof. Dr. E. TROGER).
[1] Der Ländliche Raum in Österreich; MEYER, K.: Ordnung im Ländlichen Raum, S. 29.

f u n k t i o n a l - d y n a m i s c h bildet nur ein Ordnungsschema der für eine Definition von Raumeinheiten verwendbaren Merkmale.

1.1. *Die Dynamik*

Ein weiterer Nachteil dieser Gegenüberstellung von funktionalen und homogenen Raumeinheiten besteht in der Vernachlässigung des dynamischen Elementes. Gerade die Dynamik der Veränderung und ihr Charakter können für die Erfassung des Ländlichen Raumes in seinem heutigen Zustand wesentliche Kriterien darstellen. Die ursprüngliche agrare Homogenität wird durch Vielfalt, Diversifikation und durch räumliche Differenzierung ersetzt, die ganz besonders auch die Siedlungen in diesem Raum betrifft.

Die Besonderheit der Dynamik im Ländlichen Raum, durch welche die großen Probleme hervorgerufen werden, besteht generell in drei Tatsachen:

- Die Veränderungen kommen von außen und werden von dort aus angeregt. Städte und städtische Agglomerationen bilden die Ausgangspunkte der Entwicklung zur Industriegesellschaft. Durch diesen allochtonen Charakter entsteht eine Abhängigkeit der Entwicklung von diesen Polen und Eigenständigkeit ist nur in geringem Maß erreichbar.
- Der Gegensatz zwischen der traditionellen Situation und dem, was durch die Wandlungsprozesse neu hereinkommt, ist sehr groß (statt Selbständigkeit unselbständige Erwerbstätigkeit, statt Ortsverbundenheit räumliche Mobilität, statt Eigenversorgung Konsumverhalten, ...)
- Verstärkt werden diese Faktoren durch die Plötzlichkeit, mit der sie zur Wirkung kommen. Diese wird besonders dadurch ausgelöst, daß durch die beharrende Grundtendenz der agraren Gesellschaft Neuerungen, solange sie noch schwach wirksam sind, abgehalten werden und eine kontinuierliche Entwicklung verhindern.

1.2. *Die Divergenz*

Formale Ausstattung und funktionales Geschehen bilden die zwei wesentlichen Merkmalsgruppen, mit denen Raumeinheiten erfaßt und definiert werden können. Über beiden Aspekten steht die zeitliche Dynamik, die notwendig zu Veränderungen und Entwicklungen führen muß. Gegenüber diesen Wandlungstendenzen zeigt die formale Ausstattung eine wesentlich größere Beständigkeit — P e r s i s t e n z — als das funktionale Geschehen, was notwendig zu D i v e r g e n z e n führen muß, auch dann, wenn die Abnutzung durch den Gebrauch nicht berücksichtigt wird.

Unter Divergenz ist also eine durch die Eigenschaften von Form und Funktion bedingte, durch den zeitlichen Ablauf ausgelöste, notwendige Verminderung der Funktionseignung der formalen Ausstattung zu verstehen, die nicht mit der Abnützung erklärt werden kann. Zwei Folgerungen ergeben sich aus dieser Tatsache: Historische Situationen sozialwirtschaftlicher oder kultureller Natur, die formale Gestalt angenommen haben, wirken meist als Mängel oder Hindernisse in der Gegenwart nach und zwingen zur Anpassung der Funktion an diese festgelegten Strukturen.

Als zweite Auswirkung bedingt diese Divergenz ständige Investitionen in die Kulturlandschaft, um die Betriebsmittel menschlicher Aktivitäten funktionsgerecht zu erhalten und den Abstand zwischen Form und Funktion möglichst klein zu halten. Wenn diese Investitionen getätigt werden, wird die Divergenz kein krisenhaftes Stadium annehmen; in Extremfällen allerdings kommt es zu bedeutenden Behinderungen des sozialen und wirtschaftlichen Lebens.

Zur Veranschaulichung dieser Grundtatsache und der besonderen Problematik des Ländlichen Raumes können z. B. vier Formen der Entwicklung von Form und Funktion dargestellt werden:

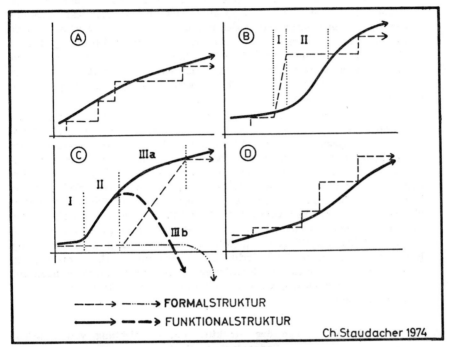

Abb. 1: Vier typische Grundformen des Verhältnisses von Form und Funktion im zeitlichen Ablauf.

A: Der Normalfall ist gekennzeichnet durch eine kontinuierliche Entwicklung der Funktion. Durch ständige Investitionen in die Formalstruktur, die sich in einem stufenweisen Ausbau niederschlagen, kommt es nur zu kurzfristigen Engpässen und leichten Mangelerscheinungen. Dieser Entwicklungsgang bildet die Regel und ist typisch für den Großteil der Vorgänge in unserer Kulturlandschaft — ihm entspricht das Prinzip der Ordnungsplanung, die überall dort eingreift, wo Mängel auftreten.

B: Der Sonderfall, daß in einem Raum der Ausbau der Formalstruktur der funktionalen Entwicklung wesentlich vorauseilt, ist selten und erzeugt ein Überangebot, das als Anregung wirkt und erst allmählich eine Auslastung der Formalstruktur mit sich bringt. In den meisten Fällen handelt es sich um allochtone, nicht vom betroffenen Raum ausgehende Entwicklungen (Autobahnen, Zweitwohnsiedlungen, Industriegründungen,...).

D: Wird dieses Prinzip der Funktionsanregung durch Ausbauten der Formalstruktur zur ständigen Einrichtung, so wäre damit jener erstrebenswerte Zustand erreicht, bei dem keine Engpässe und Mangelerscheinungen in der Formalstruktur auftreten können. Das Prinzip der Entwickl u n g s p l a n u n g wäre damit erreicht und das funktionale Geschehen kann sich frei entfalten.

C: Die spezielle S i t u a t i o n d e s L ä n d l i c h e n R a u m e s ist nun als Abweichung vom Normalfall (A) aus folgender Entwicklung erklärbar: Nach einer langen Stagnationsphase, die als Charakteristikum des noch überwiegend agraren Ländlichen Raumes anzusehen ist, kommt der Einbruch der Wandlungsprozesse der Industrialisierung überraschend zur Wirkung. — Die Funktionalstruktur ändert sich rasch, die persistenten Formen bleiben in der Entwicklung stark zurück, da durch die im Vergleich zu den bereits industrialisierten Räumen mindere Einkommenssituation und durch die geringe Wirtschaftskraft Investitionen in die Kulturlandschaft nicht mit dem entsprechenden Umfang und nicht mit dem notwendigen Tempo vorgenommen werden können.

Daraus ergibt sich für den Ländlichen Raum die P r o b l e m a t i k d e r e x t r e m e n D i v e r g e n z : Diese Krisensituation kann durch externe Maßnahmen wie Regionalplanung, Wirtschaftsförderung, Sonderkredite,... in einer allmählichen Aufholbewegung wieder behoben werden, wie es in weiten Teilen des Ländlichen Raumes gelungen ist. Bleibt allerdings die Wirkung des Wandlungsprozesses auf eine Deagrarisation beschränkt, wie es in Grenzgebieten oder ökologischen Ungunsträumen der Fall ist, so unterbleiben die notwendigen verstärkten Investitionen und die S e l b s t v e r s t ä r k u n g der extremen Divergenz wird wirksam: Das funktionale Geschehen erfährt eine Rückbildung (Nutzungseinschränkungen, Abwanderung, Extensivierung,...), da die schlechte Formalstruktur als Hindernis auftritt; letztlich unterbleibt sogar die Beseitigung der Abnützungserscheinungen und es kommt zum Verfall der Kulturlandschaft (Wüstungen, Besitzumschichtungen, Verwaldung,...).

2. Die Beispiele: Grundzüge der Struktur und Entwicklung von Neusiedl, Podersdorf und Rust

2.1. Neusiedl

Neusiedl ist mit 4 000 Einwohnern das Zentrum und der Bezirkshauptort im Norden und Osten des Neusiedlersees. Die zentralörtliche Funktion hat sich besonders in den letzten beiden Jahrzehnten stark entwickelt, wird jedoch immer noch ihrem Einzugsbereich von Wien, Bruck a. d. Leitha und Eisenstadt eingeschränkt. Gerade diese zentralörtliche Funktion hat mit ihrer Dynamik die gesamte Wirtschaftsentwicklung in Neusiedl wesentlich angeregt, dennoch kann Neusiedl heute trotz des Stadtrechtes (seit 1926) als eine Ländliche Siedlung mit allerdings starker Dynamik angesehen werden.

Das Gemeindegebiet zerfällt in einige besonders für die Landwirtschaft bedeutende Teile: Der Anteil am Leithagebirge ist nur klein und bildet das einzige Waldgebiet der Gemeinde. Die Parndorfer Platte dient besonders der Getreideproduktion, die hier 88% der Ackerfläche einnimmt. Eine bedeutende Rolle spielt hier auch der Weinbau, der allerdings seinen Hauptstandort am Südrand und am Abfall der Parndorfer Platte hat. 18,3% der landwirtschaftlichen Nutzfläche sind Weingärten, die sich auf die ökologischen Gunststandorte konzentrieren. Die zum See und seinem Schilfgürtel hin vorgelagerte Verlandungszone zählt durch Salat-, Paprika- und Tomatenanbau zu den intensivsten Nutzungsbereichen des Gemeindegebietes. Deutlich zeigt sich die Bedeutung dieser Sonderkulturen für Neusiedl in der Betriebstypisierung, wo 34% der Betriebe (120 von 336) zur Betriebsform 9 gerechnet werden. Schilfgürtel und Seeanteil bilden für die Fremdenverkehrsattraktivität die entscheidende Grundlage, die erst mit der Erschließung durch eine Dammstraße und durch weitere Folgeeinrichtungen wirksam werden konnte. Neben der zentralörtlichen Funktion bildet der Fremdenverkehr einen wichtigen dynamischen Faktor: 1966 20 000 Nächtigungen, 1973 71 000 Nächtigungen. Der Ausländeranteil trägt mit einem konstanten Anteil von 78% diese Aufwärtsentwicklung.

Die Siedlung besteht aus einem langgezogenen Band, das an beiden Enden in mehrere Fächer aufgespalten ist. Die starke Längserstreckung und die geringe Tiefe sind ein Charakteristikum der Straßendorfanlage, das durch die Barriere des Abfalls der Parndorfer Platte verstärkt wird. Der älteste zentrale Teil — das historische Straßendorf — bildet das wirtschaftliche Zentrum des Ortes: Standort des Großteils der noch bestehenden landwirtschaftlichen Betriebe, praktisch aller zentralörtlichen Einrichtungen (Geschäfte, Dienstleistungen, Verwaltung,...); bedeutende Wohnfunktion (39% der Haushalte). Zu beiden Seiten dieses Kerns haben sich allmählich neue Siedlungsteile angeschlossen, die besonders in Form von Reihenhäusern und wenigen Kleinstgehöften ausgebildet sind. Erst die jüngeren Siedlungsteile, besonders in der Form des Einfamilienhauses, bewirken die starke Zersplitterung der Siedlungsränder. Von Bedeutung ist in diesen Bereichen auch die starke Durchsetzung mit größeren Industrie- und Gewerbebetrieben (SCANA, Ziegelei,...) und mit öffentlichen Einrichtungen (Umspannstation, Bahnhof, Schulen,...).

Die Bevölkerungsentwicklung, die langfristig mehreren Schwankungen unterworfen war, ist im letzten Jahrzehnt besonders durch die hohe Gebürtigkeit (16%) und einen Geburtenüberschuß von 6,3%, der durch eine Wanderungsbilanz von —1,8% nur geringfügig vermindert wird, mit 4,5% positiv. In der Entwicklung der Erwerbsstruktur ist von großer Bedeutung die agrare Reduktion von 1951: 27% auf 1971: 10,7%; Industrie und Gewerbe halten in dieser Entwicklung bei 30%. Die Verdoppelung des Anteiles des Dienstleistungsbereiches seit 1951 auf 42% zeigt den starken Ausbau der zentralörtlichen Funktion. Der noch agrare Bevölkerungsanteil ist der stagnierende und überalterte, die junge dynamische Bevölkerung gehört überwiegend diesem wachsenden Dienstleistungssektor an.

2.2. Podersdorf

Podersdorf hebt sich mit seiner Fremdenverkehrsbilanz von 301.883 Übernachtungen (davon 148.000 auf dem Camingplatz) deutlich von den sonst sehr ähnlich strukturierten Gemeinden des Seewinkels ab. Durch eine günstige Kombination von Landwirtschaft und Fremdenverkehr hat sich hier eine wirtschaftliche Gunstlage herausgebildet, die sich in der abstechenden positiven Bevölkerungsentwicklung von + 11,5% (1961—71) niederschlägt. Neben der sehr hohen Gebürtigkeit von 20,8% bildet die ausgeglichene Wanderungsbilanz einen wesentlichen Faktor dieser Entwicklung. Podersdorf ist somit der typische Fall einer Ländlichen Siedlung, in der durch die Sonderentwicklung des dynamischen Fremdenverkehrs bei Beibehaltung der agraren Leistungskraft eine günstige Situation gegeben ist.

Der Anteil des Gemeindegebietes am Seewinkel, der in seiner natürlichen Ausstattung durch Lacken, versumpfte Stellen, eingelagerte Sandzonen und Bereiche mit schweren Böden stark differenziert ist, bildet die Hauptresource dieser Landwirtschaft mit 379 Betrieben, die überwiegend den Mittelbetrieben zuzuordnen sind. Durch Meliorationen (Trockenlegung) und durch die agrarwirtschaftliche Nutzung ist die erwähnte Differenzierung weitgehend verwischt — es handelt sich um eine einheitliche Agrarfläche. Der Weinbau spielt mit 29% der landwirtschaftlichen Nutzfläche eine wesentliche Rolle und bevorzugt die Sandzonen (ehemalige Seedämme). Neben dem dominanten Getreidebau (79% der Ackerfläche) hat der Hackfrucht- und Feldgemüsebau mit 16% der Ackerfläche eine große Bedeutung. Die gesamte Uferzone hat für die Wirtschaftssituation eine sehr große Bedeutung, da hier gerade durch die Offenheit zum See hin — es fehlt der sonst so typische geschlossene Schilfgürtel über eine Strecke von 4 km — die direkte Nutzung für den Fremdenverkehr möglich ist, während in den anderen Orten erst mühsam durch Dammstraßen und Seebäder eine Erschließung vorgenommen werden muß. Von diesem Naturfaktor geht die struktur- und entwicklungsbestimmende Bedeutung des Fremdenverkehrs aus. Die Siedlung selbst läßt drei Bereiche erkennen, die sehr eng mit der wirtschaftlichen Entwicklung zusammenhängen: Das Siedlungszentrum, ebenfalls als Straßendorf angelegt, geht auf mittelalterliche, agrar bestimmte Entwicklungen zurück, erfährt jedoch besonders durch die Notwendigkeiten des Fremdenverkehrs eine starke Umgestaltung. Diese alte Siedlungsachse steht annähernd normal zum Seeufer. Die älteren Erweiterungsbereiche, die landeinwärts an diesen Kern anschließen, gehen überwiegend auf Entwicklungen im 18. und 19. Jh. zurück und sind in ihrem Aufbau von Kleingehöften und Reihenhäusern bestimmt. Es besteht ein deutlicher Zusammenhang mit der Entstehung von Kleinstbetrieben und mit der Ausbildung des Nebenerwerbes. Für die heutige Wirtschaftsstruktur ist der jüngste Teil entlang des Seeufers von wesentlicher Bedeutung. Die Impulse des Fremdenverkehrs waren für seine Entstehung ausschlaggebend und führten zu der markanten Drehung der Siedlungsachse um 90°. Neue Siedlungsentwicklungen, die nicht mit dem Fremdenverkehr in enger Verbindung stehen, sind selten.

In der Wirtschaftsstruktur dominiert mit 51% immer noch die Landwirtschaft, 1951 waren es noch 81% der Beschäftigten. Durch den starken Fremdenverkehr ist auch hier der Dienstleistungsbereich wichtiger als die industrielle Erwerbsbasis.

2.3. *Rust*

Rust unterscheidet sich von den umliegenden Gemeinden und auch von den anderen beiden Beispielen durch den schon über einen langen historischen Zeitraum bestehenden Freistadtcharakter (1681). Die dadurch gegebene „städtische Entwicklung" brachte die Ausbildung eines geschlossenen Altstadtkernes mit rechteckigem Grundriß — ganz abweichend von den Straßendorfanlagen der Umgebung. Die Grundform des Streckhofes blieb allerdings erhalten, es kam nur zur Abwandlung zu Zwerchhöfen, die einen wesentlich stattlicheren Charakter besitzen als die Höfe der Umgebung. Diese Sonderentwicklung wirkt sich heute sehr wesentlich durch die Notwendigkeit des Denkmalschutzes auf die Siedlungsentwicklung aus. Durch die absolute Dominanz des Weinbaues in der Landwirtschaft ist eine starke Konsistenz der Betriebe gegeben. Zusätzlich bedingt die Nähe der Landeshauptstadt Eisenstadt eine relativ starke Siedlungsentwicklung, allerdings ohne die Notwendigkeit zu eigener industrieller oder gewerblicher Betriebsgründung. Rust bildet somit den typischen Fall einer Siedlung, in der historisch gewachsene Formen den heutigen Charakter stark bestimmen und moderne Entwicklungen (Siedlung, Fremdenverkehr, ...) zwar vorhanden sind, jedoch keine Dominanz über die traditionelle Struktur erlangen können.

Das Gemeindegebiet ist sehr einheitlich gestaltet und durch die Lage am Osthang des Ruster Hügelzuges, durch einen breiten Schilfgürtel und einen großen Seeanteil gegliedert: Die Hänge des Ruster Hügelzuges bilden durch ihre Exposition einen ausgezeichneten Weinstandort: 99% aller Betriebe sind reine oder gemischte Weinbaubetriebe, 40% der landwirtschaftlichen Nutzfläche sind Weingärten. Den zweiten wichtigen Teil bildet der Schilfgürtel, insbesondere sein Rand zum offenen See hin, der mit seinem Buchtcharakter eine wesentliche Landschaftsgrundlage des Fremdenverkehrs darstellt. Zur Errichtung des Seebades, des Feriendorfes und der privaten Badehütten und zur Ermöglichung des Fremdenverkehrs mußte auch hier erst die Erschließung durch die Dammstraße erfolgen. Trotz der derzeit stagnierenden Entwicklung der Nächtigungsziffern (55 000) ist Rust heute ein wichtiger Ort für den Fremdenverkehr des Nordburgenlandes. Diese Bedeutung wird durch den Attraktionswert der Siedlung noch wesentlich verstärkt.

Der Altstadtkern mit seiner Sonderentwicklung ist heute Standort der meisten landwirtschaftlichen Betriebe, erfüllt wesentliche Wohnfunktionen; neue Funktionen sind allerdings durch den Denkmalschutz nur selten. Die westlich anschließende Vorstadt bildet als ältester Erweiterungsbereich ein eng verbautes Gebiet und erfährt heute durch den Fremdenverkehr und durch die Verbesserung der Wohnqualität eine starke Umstellung. Zusätzlich wirkt sich die Verdrängung neuer Funktionen aus dem Altstadtbereich aus. Die neuen Siedlungsteile im NW und N heben sich durch ihre Geschlossenheit von den Siedlungsentwicklungen in anderen Siedlungen ab. Hier hat sich sichtlich der städtische Charakter der Verwaltung ausgewirkt; zusätzlich hat auch die Konkurrenz der für den Weinbau günstigen Flächen der Siedlungsumgebung beschränkend auf die Siedlungsausdehnung gewirkt.

Trotz der großen Bedeutung der Landwirtschaft — insbesondere in der Form des Weinbaues — hat sich die Erwerbsstruktur grundlegend verändert: 1951 66%—1971 24% landwirtschaftliche Wohnbevölkerung.

In dieser Entwicklung ist auch ein wesentlicher Faktor der großen Siedlungstätigkeit zu suchen, die trotz stagnierender Bevölkerung (nur +0,8% 1961—1971) beträchtlich ist. Besonders nachteilig wirkte sich dabei ein Wanderungsverlust von 6,5% aus. Der Dienstleistungssektor hat mit 37% der Beschäftigten einen hohen Anteil, der zu einem beträchtlichen Teil durch die starke Erwerbstätigkeit in Eisenstadt erklärbar ist (persönliche und öffentliche Dienste 10%), aber auch durch den Fremdenverkehr (8,5% der Beschäftigten).

Alle drei Gemeinden liegen in einem Raum, der durch die Dominanz des Straßendorftyps der historischen ländlichen Siedlungsform und durch das Vorherrschen von Streck- und Zwerchhöfen in seiner traditionellen Bausubstanz gekennzeichnet ist. Damit sind für die Beispielsiedlungen Sonderbedingungen gegeben, die eine Einschränkung der Gültigkeit der allgemeinen Aussagen über die räumliche Ordnung in Ländliche Siedlungen nahelegen könnten. Die Besonderheit bezieht sich jedoch nur auf die individuellen Ausprägungen und nicht auf die Grundzüge der räumlichen Ordnung und auf das als Zusammenfassung dargestellte Modell der Siedlungsstruktur und ihre Wandlung.

3. Wandel und Zustand der räumlichen Ordnung in Ländlichen Siedlungen

Im Rahmen der großräumigen Wandlungsprozesse im Ländlichen Raum erfahren auch die Ländlichen Siedlungen eine wesentliche Umformung. Zumeist bilden sie sogar die ersten Ansatzpunkte beginnender Veränderungen.

Der starke sozialwirtschaftliche Wandel, durch den in der Ländlichen Siedlung völlig neue und den überlieferten Formen nicht entsprechende Funktionen ausgebildet wurden, brachte zugleich auch eine Auflösung der beharrenden agraren Lebensformen. Der dadurch sich ergebende starke Gegensatz zwischen den festgefügten räumlichen und formalen Strukturen und der fremdartigen (städtischen), sozialwirtschaftlichen Dynamik bedingt gerade in den Ländlichen Siedlungen eine v e r s t ä r k t e D i v e r g e n z, die sich besonders auf die Siedlungsobjekte und ihre Funktionseignung auswirkt. Die Auswirkungen dieser Entwicklungen zeigen sich

- im f u n k t i o n a l e n B e r e i c h im Wandel der Ansprüche bestehender Funktionen an die Formalstruktur und im Eindringen völlig neuer Funktionen (geänderte Wohnansprüche, allgemeiner Bedarf zur Mechanisierung, Tankstellen, öffentliche Einrichtungen,...). Diesem Wandel und der Neuauffüllung steht als wesentliches Merkmal der Ländlichen Siedlungen der Funktionsverlust gegenüber: In den meisten Fällen ist es der Verlust der Funktion der landwirtschaftlichen Wirtschaftsobjekte, zum Teil kann auch Rückbildung bei der Wohnfunktion und bei gewerblichen Betrieben festgestellt werden.
- Die f o r m a l e G e s t a l t u n g erfährt neben Veränderungen des ästhetischen Wertes des Siedlungsbildes einen deutlichen Wandel, der aus Umbauten, Renovierungen und Siedlungserweiterungen besteht.
- Die r ä u m l i c h e O r d n u n g wird damit in ihren Grundzügen verändert und kann als Synthese in modellhafter Form dargestellt werden (vgl. Kapitel 4).

Aus der verstärkt auftretenden Divergenz und den ungünstigen formalen Entwicklungen ergeben sich für die sozialwirtschaftliche Situation Schwierigkeiten und Probleme, die es gerade im Hinblick auf eine wirksame örtliche Raumplanung zu erforschen gilt.

3.1. *Die Erfassung der Divergenz*

Das Ziel der Analyse der Siedlungsstruktur ist die Darstellung der Divergenz, in der die zunehmende mangelnde Entsprechung von Form und Funktion zum Ausdruck kommt. Um den Grad der mangelnden Entsprechung zwischen den beiden Aspekten Form und Funktion zu erfassen, die sich als F u n k t i o n s e i g n u n g der Formalobjekte bzw. als Gunst- oder Ungunstsituation für das funktionale Geschehen äußert, scheint es sinnvoll, die Funktionsmöglichkeiten, wie sie sich aus der formalen Substanz der Siedlung erkennen lassen, mit dem aktuellen Funktionsumfang in Beziehung zu setzen. Folgende Aspekte und Arbeitsschritte wurden auf dieser Grundlage für die drei Beispielsiedlungen erfaßt:

a. Zonierung der Siedlungen nach der Struktur und der Qualität der Bausubstanzen auf der Basis eines Katalogs repräsentativer Gebäudetypen.

b. Die bauliche Dynamik als Ausdruck des aktuellen Wandels der Siedlungsstruktur.

c. Die Auswirkungen der Wandlungsprozesse, dargestellt durch die aktuelle funktionale Gliederung.

d. Darstellung des Ausmaßes der Divergenz durch einen Vergleich der baulichen Möglichkeiten (Punkt 1) mit den tatsächlichen funktionalen Gegebenheiten (Punkt 3) unter Berücksichtigung der aktuellen Anpassung dieser beiden Komponenten (Punkt 2).

a. Die formale Gliederung der Siedlungen

Ländliche Siedlungen bieten, soweit sie nicht bereits einem starken Wandel unterworfen wurden und noch starken agraren Charakter besitzen, einen eher homogenen baulichen Eindruck, der jedoch durchwegs in Auflösung begriffen ist.

Eine Bewertung der Funktionseignung der Siedlungsstruktur muß bei der Art und der Qualität der einzelnen Gebäude ansetzen. Aus einer Typisierung der Gebäudeformen und aus der Analyse ihrer Verteilung kann eine deutliche räumliche Gliederung erarbeitet werden, die ein B i l d d e r f u n k t i o n a l e n M ö g l i c h k e i t e n in der Siedlung abgibt.

Folgende Gruppen typischer Gebäudeformen wurden zur Beschreibung der Struktur der drei ausgewählten Siedlungen herangezogen [1]:

● L a n d w i r t s c h a f t l i c h e G e h ö f t e : In den drei Beispielsiedlungen und im gesamten ostösterreichischen Raum handelt es sich um S t r e c k - oder Z w e r c h h ö f e mit der typischen Grundrißgestaltung, daß die Gehöftteile an den Grenzen von meist sehr schmalen Hausparzellen aufgereiht sind, mit quergestellten Wohn- und Scheunentrakts bei den Zwerchhöfen.

● R e i h e n h ä u s e r : Kleinstgehöftähnliche Gebäude mit einer Grundrißgestaltung, die dem Prinzip der landwirtschaftlichen Gehöfte gleicht — es fehlen nur die Toreinfahrt und die langgestreckten Wirtschaftstrakte, die auf kleine Schuppen reduziert sind. Sozialwirtschaftlich sind sie den nicht agraren Siedlungserweiterungen zuzurechnen, bevor das Siedlungs- und Einfamilienhaus dominant wurde (ca. bis in die Zwischenkriegszeit).

● S i e d l u n g s - u n d E i n f a m i l i e n h ä u s e r : Gebäudeformen der jüngsten nicht agraren Erweiterungsperioden in freistehender Bauweise auf quadratischer oder rechteckiger Bauparzelle als Folge der Loslösung der Bauvorstellungen von der traditionellen agraren Grundrißform.

● N i c h t - l a n d w i r t s c h a f t l i c h e W i r t s c h a f t s g e b ä u d e : öffentliche Gebäude, Gewerbe- und Fabriksobjekte, Tankstellen, ...

Gerade diese stark generalisierende Betrachtung ermöglicht auch für ländliche Siedlungen die Gliederung in Zonen formaler Einheitlichkeit und ähnlicher Funktionseignung:

A: Die z e n t r a l e n A l t b a u t e i l e bestehen fast ausschließlich aus landwirtschaftlichen Gehöften (Neusiedl 67%, Podersdorf 83% und Rust 80%), nur selten stehen Neubauten an ihrer Stelle. Der Zwerchhof mit oft beträchtlicher Längserstreckung ist die Grundform und drückt mit der streifenartigen Parzellengliederung den agraren Charakter der Formalstruktur aus, die für neue Funktionen denkbar ungeeignet sein muß.

B: Die r a n d l i c h e n A l t b a u b e r e i c h e , die vor der beginnenden Industrialisierung allmählich gewachsen sind, haben ebenfalls noch diesen

---

[1] Im Detail wurden 14 verschiedene Untertypen unterschieden; vgl. STAUDACHER, Chr.: Vergleichende **Strukturanalyse** ...

agraren Charakter in der Formalstruktur; allerdings sind hier die Kleingehöfte (Neusiedl 31%, Podersdorf 12% und Rust 24%) und z. T. die Reihenhäuser die bestimmende Form.

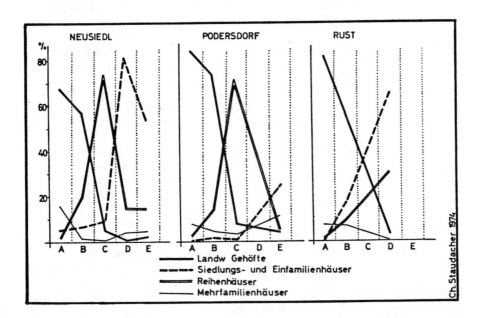

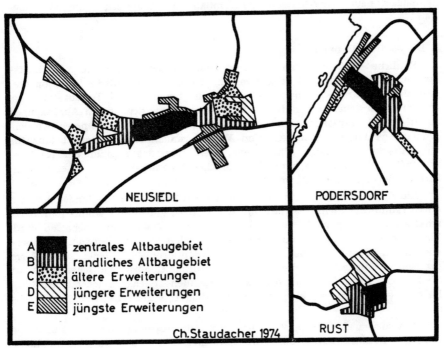

Abb. 2: Bauliche Struktur und Abgrenzung der Siedlungszonen

C: Die Bereiche der ä l t e r e n S i e d l i n g s e r w e i t e r u n g e n werden vom Reihenhaus beherrscht — ca. 70% der Gebäude — und landwirtschaftliche Gehöfte fehlen bereits völlig. Durch die Charakteristik des Reihenhauses, das zur Aufreihung entlang der Straße verleitet, sind die ersten Wachstumsfinger entlang der Ausfallstraßen entstanden. (In Rust fehlte diese Entwicklung ganz).

D: Die Bereiche der j ü n g e r e n S i e d l u n g s e n t w i c k l u n g sind als erste echte Wohnbereiche zu bezeichnen, die in Ländlichen Siedlungen entstehen. Hier wird zum erstenmal das Konzept der agraren Siedlungsweise verlassen, das für die älteren Siedlungsteile so charakteristisch war. Es wird durch aufgelöste Bebauung, durch Rasteranordnung und durch neue Bauformen (Siedlungshaus) abgelöst, die fast mit Ausschließlichkeit das Siedlungsbild bestimmen.

E: Die j ü n g s t e n E r w e i t e r u n g e n basieren auf den gleichen neuen Grundsätzen, allerdings bringt das Einfamilienhaus, welches sich durch die Verwendung neuer Baustoffe, aber auch durch größere Variabilität der Ausführung unterscheidet, eine beträchtliche Auflockerung des Siedlungsbildes. Als zusätzliches Charakteristikum ist die häufige Durchdringung mit neuen wirtschaftlichen und öffentlichen Einrichtungen charakterbestimmend. (Fremdenverkehr in Podersdorf).

Diese auf formalen Gesichtspunkten basierende Gliederung zeichnet generell die Phasen der Wirtschaftentwicklung nach, da diese eng mit typischen Bauformen und Verbauungsarten korrelieren: Vor der Industrialisierung — landwirtschaftliche Gehöfte; Ausbildung des Nebenerwerbs — Kleinstgehöfte, Reihenhäuser; aktuelle Industrialisierungswelle — Siedlungshäuser, Einfamilienhäuser, neue Wirtschaftsobjekte, Umbau und Adaptierung am Altbaubestand.

b. Die bauliche Dynamik

Bauliche Veränderungen als Anpassung an die funktionale Wandlungsdynamik werden nur dort vorgenommen, wo die wirtschaftliche Situation dies ermöglicht. R e n o v i e r u n g e n sind Maßnahmen an der Bausubstanz, die für bereits bestehende Funktionen vorgenommen werden, indem Abnützungen beseitigt und Anpassungen an veränderte Ansprüche vorgenommen werden. A d a p t i e r u n g e n hingegen sind Veränderungen an der Bausubstanz für die Anforderungen neuer Funktionen. Zieht man das Ausmaß der Neubautätigkeit in Betracht, so kann die bauliche Dynamik in ihrer innerörtlichen Differenzierung dargestellt werden.

Die Spitze der baulichen Dynamik liegt in den neuen Siedlungsteilen, wo durch räumliches Siedlungswachstum und durch Neubau von Wohn- und Wirtschaftsobjekten für völlig neue Funktionen eine Möglichkeit geschaffen wird. Eine zweite, niedrigere Spitze liegt im zentralen Teil der Siedlungen, überwiegend in Form von Renovierungen und Adaptierungen, seltener in der Form der Neubautätigkeit an Stelle landwirtschaftlicher Gehöfte. Am schwächsten ist die bauliche Dynamik in den dazwischenliegenden Teilen, die den älteren Siedlungserweiterungen mit kleinen und funktionsschwachen Gebäuden zuzurechnen sind.

Von diesem Schema gibt es im Einzelfall Abweichungen, die durch die jeweilige Gesamtdynamik der Wirtschaftsentwicklung und durch individuelle Besonderheiten ausgelöst werden können. In Neusiedl etwa ist die wirtschaft-

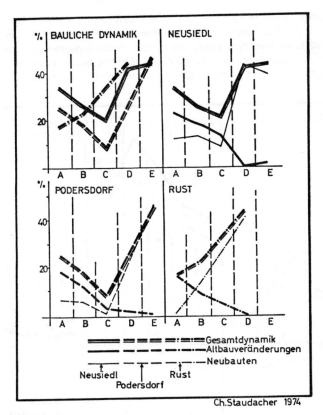

Abb. 3: Die innerörtliche Differenzierung der baulichen Dynamik (Anteile der betroffenen Gebäude)

liche Gesamtdynamik durch die zentralörtliche Entwicklung sehr stark, sodaß auch die bauliche Dynamik stark sein muß und ihre räumliche Differenzierung deutlich ausgeprägt ist. In Rust hingegen bildet der Denkmalschutz eine individuelle Besonderheit, wodurch im Altbaubereich die baulichen Veränderungen auf Renovierungen und geringe Adaptierungen beschränkt sind und die verstärkte Dynamik — ausgelöst durch neue Funktionen — im westlich angrenzenden Bereich um den Franz-Josefs-Platz auftritt.

c. Die funktionale Gliederung

Das aktuelle Funktionsgefüge bildet den Gegenpol zu den in der formalen Betrachtung erfaßten funktionellen Möglichkeiten. Besonders durch die Wirkung der Wandlungsprozesse ist die Funktionsvielfalt auch in der Ländlichen Siedlung beträchtlich gestiegen, sodaß auch hier eine deutliche räumliche Differenzierung bei generalisierender Betrachtung dargestellt werden kann:

● Die Landwirtschaft, die ursprünglich das bestimmende Element der Siedlungsstruktur darstellte, verlor erst für die Entstehung jener Siedlungsteile an Bedeutung, die nach der Zeit rein agrarwirtschaftlicher Motivation entstanden sind. Für die Entstehung neuer Siedlungsteile spielt sie überhaupt keine Rolle mehr (Ausnahmen sind Aussiedlerhöfe am Sied-

lungsrand). Auch in den zentralen Siedlungsteilen verliert die Landwirtschaft für das Funktionalgefüge zunehmend an Bedeutung; besonders durch
das Auslaufen von Betrieben, durch die Veränderungen der Betriebsfüh-
rung, ganz besonders aber durch das Auftreten neuer Funktionen (Dienstleistungen, Versorgungseinrichtungen, öffentliche Einrichtungen,. . .).

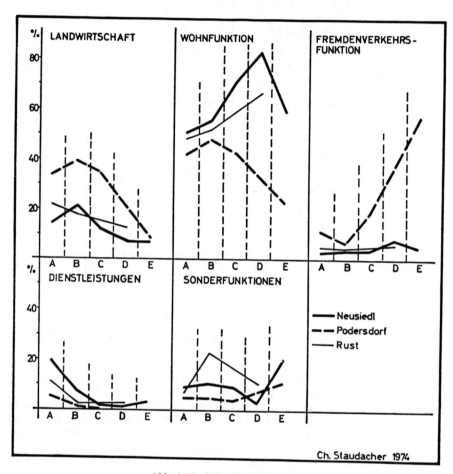

Abb. 4: Funktionale Gliederung

● Die Wohnfunktion findet ihre Hauptkonzentration in den neu entstandenen Siedlungsteilen, für welche sie alleine die anregende Motivation
darstellt. Dieses räumliche Schwergewicht wird sich bei weiterer Siedlungstätigkeit noch verstärken. Sie bildet aber auch für alle übrigen Zonen
die wichtigste Funktion, außer es gibt Sonderentwicklungen, wie etwa in
Podersdorf durch die Dominanz des Fremdenverkehrs im Strandbereich.

● Die Fremdenverkehrsfunktion als besondere Entwicklung der
drei Beispielgemeinden — in anderen Fällen kann von Verkehrsfunktionen
(Bahnhof), von verstärkter Wohnfunktion oder von größeren Industriebetrieben eine ähnliche Sonderstellung ausgelöst werden — ist in ihrer

räumlichen Situierung besonders von den natürlichen Verhältnissen abhängig. Echte Viertelsbildungen treten nur dann auf, wenn so günstige Verhältnisse wie etwa in Podersdorf feststellbar sind: Die Begünstigung durch den schilffreien Strand war hier ausschlaggebend. In extremen Fällen können solche Funktionen auch zum dominanten Strukturmerkmal werden (Fremdenverkehrsorte) und das Siedlungsbild zur Gänze überformen.

● Dienstleistungen und Versorgungseinrichtungen bilden besonders durch ihre Neuartigkeit einen sehr dynamischen Faktor in Ländlichen Siedlungen, besonders dann, wenn diese eine Rolle im zentralörtlichen System einer Region erlangt (Neusiedl). Ein beträchtlicher Teil dieser neuen Funktionen braucht den Standort an der Straßenfront der Hauptstraße des Ortes, sodaß hier gravierende Funktionsverdichtungen auftreten und alte Funktionen verlagert werden.

Diese vielgestaltige und stark durchmischte Funktionalstruktur ist das Ergebnis des Wandels der ursprünglichen agraren Homogenität mit nur wenigen außerlandwirtschaftlichen Funktionen (Gasthaus, Lebensmittelgeschäft, Volksschule,...), die durch die starken Divergenzerscheinungen zu zahlreichen Problemen führt, deren Lösung in den Aufgabenbereich der örtlichen Raumplanung fällt.

d. Die Divergenz in ihren wesentlichen Auswirkungen:

Durch den Vergleich der Funktionsmöglichkeiten — ausgedrückt durch die Baustruktur — mit dem tatsächlichen Funktionsumfang kann das Gesamtausmaß der Divergenz dargestellt werden. Es können damit die Mängel der Siedlungsstruktur aufgezeigt werden, wobei besonders

die Verdichtungserscheinungen im Hauptstraßenbereich,

die Funktionsverlagerung und

der Funktionsschwund

die interessanten Ausprägungen bilden.

● Verdichtungsprobleme: Neue Dienstleistungsfunktionen müssen überwiegend ihren Standort im Siedlungszentrum wählen (Geschäfte, Büros....) und finden dort auch bei baulicher Adaptierung nur selten optimale Voraussetzungen, da die agrare Gebäudesubstanz in diesem Bereich auch bei Aufstockung und Errichtung von Quertrakten nicht überwunden wird und nur „Notlösungen" entstehen. Gewerbebetriebe, alte Geschäfte, landwirtschaftliche Funktion, neue Geschäfte, Büros, öffentliche Einrichtungen und zusätzlich eine immer noch beträchtliche Wohndichte bewirken eine hohe Funktionsdichte in den frontnahen Gebäudeteilen an der Hauptstraße (Hauptplatz) [1].

Aus der Erfassung der zusätzlichen Wohnfunktion als Ausdruck einer Überbelastung und damit der räumlichen Beengung läßt sich deutlich die schlechte Situation in den Siedlungszentren erkennen, die trotz starker Verlagerungen durch die Siedlungtätigkeit am Siedlungsrand und trotz der Abwanderung noch immer besteht.

● Funktionsverlagerung: Diese Verdichtungserscheinungen sind mit typischen Funktionsverlagerungen verbunden: Die ursprüngliche für die Streck- und Zwerchhöfe so typische Aneinanderreihung von Wohn- und Wirtschaftsfunktion, manchmal auch in mehreren Wiederholungen

---

[1] Vgl. Abb. 5: Funktionsverlust und Funktionsverdichtung im zentralen Siedlungsteil von Neusiedl.

(Mörbisch), wird folgendermaßen umgebaut: Geschäfte und Dienstleistungen brauchen den Standort an der Straßenfront; Fremdenzimmer, Büros und die Wohnfunktion werden ebenfalls möglichst in der Nähe der Straßenfront gehalten. Gerade Privatzimmervermietung und Wohnfunktion können hier nicht konkurrieren und müssen abwandern: am häufigsten in ein neues Geschoß (Quertrakterrichtung), seltener in straßenfernere Teile des Gehöftes.

Zusätzlich kommt es auch zu bedeutenden Verlagerungen der Wohnfunktion, besonders wenn es sich um junge Haushalte handelt, in die neuen Randgebiete der Siedlungen. Dieser Trend nach außen und zum Einfamilienhaus läßt auch dort neue Siedlungsteile erstehen, wo die Bevölkerung stagniert oder starke Abwanderung herrscht. Ähnliche Verlagerungen, die ebenfalls mit der mangelnden Funktionseignung der Formalstruktur im Siedlungszentrum erklärt werden können, betreffen Gewerbebetriebe, manchmal auch landwirtschaftliche Gehöfte (Aussiedler).

● Funktionsschwund: Diesen Verdichtungen im straßennahen Bereich steht der Funktionsschwund gegenüber, der ausschließlich die Landwirtschaft betrifft und ein Charakteristikum der Altbauzonen Ländlicher Siedlungen darstellt:

Anteil der landwirtschaftlichen Gehöfte ohne landwirtschaftliche Funktion:

Neusiedl	28%
Podersdorf	13%
Rust	20%

Schon diese Zahlen zeigen einen recht beträchtlichen Schwund der landwirtschaftlichen Funktion, der sich verdeutlichen läßt, wenn auch die Verminderung der Nutzungsintensität betrachtet wird, die durch agrarstrukturelle Veränderungen bei Weiterbestehen der Betriebe entsteht. Der Anteil der Kleinstbetriebe, die durch Abstoßen der extensiven Nutzung und Beschränkung auf Wein- und Gemüsebau entstehen, beträgt z. B. in Neusiedl für Betriebe bis 56 ar 20% und für 56—112 ar 25%. Die Reduktion der Viehwirtschaft (Betriebe mit Rinderbestand: Neusiedl 9,5%, Podersdorf 16%, Rust 6%) bildet einen weiteren Faktor der Funktionsverminderung. Weitere Faktoren sind Produktionsumstellungen (Wegfall des Getreidebaues, Umstellung auf Feldgemüse und Futtergetreide,...), der zunehmende Direktabsatz der Produkte, der einen Großteil der Scheunen funktionslos werden läßt — ähnliches gilt auch für zahlreiche Weinkeller.

Eine wesentliche Rolle in diesen Prozessen spielen auch die sozialen und generativen Verhältnisse in den Betrieben, die sich besonders in einer starken Überalterung der Betriebsleiter niederschlagen (über 50 Jahre sind in Neusiedl 68%, in Podersdorf 41% und in Rust 50%). Bei dem nachweislich geringen Interesse der jugendlichen Bevölkerung an der Landwirtschaft kann für die Zukunft mit verstärktem Auslaufen von Betrieben gerechnet werden. Die Nutzung der damit freiwerdenden Wirtschaftstrakte und Hofflächen beschränkt sich dann meist auf die Verwendung als Abstellräume (für ausgedientes agrares Gerät, als Garage,...); nur selten gelingt eine neue Nutzung (Weinschenke). Es entsteht also ein freier oder nur schwach genutzter Raum, der unmittelbar an die Verdichtungszonen an der Straßenfront anschließt. Hier bietet sich für die Planung ein sehr wesentliches Potential, das bisher durch die ungenutze Überbauung und durch starre Besitzverhältnisse noch nicht genutzt werden konnte.

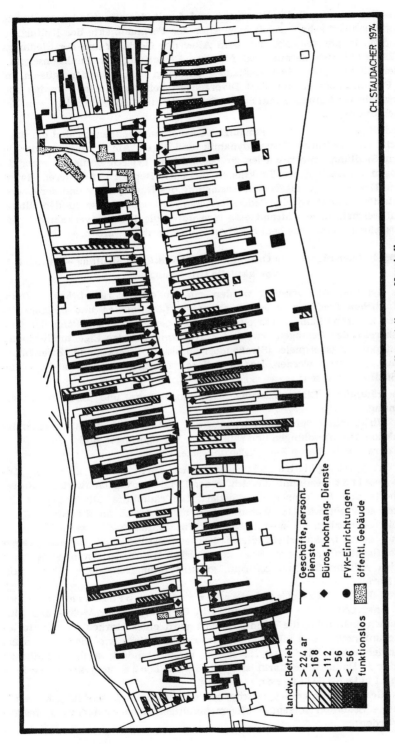

Abb. 5: Funktionsverlust und Funktionsverdichtung im zentralen Siedlungsteil von Neusiedl

Das Gesamtausmaß der Divergenz und damit der mangelnden Funktions-eignung korreliert sehr eng mit dem Alter der Formalobjekte der Kulturland-schaft, d. h. in unserem Fall mit dem Alter der Gebäude und der Siedlungs-teile. Es ergibt sich daraus, daß für eine Bewertung der Funktionseignung in neuen Siedlungsbereichen zusätzliche Kriterien erfaßt werden müssen, mit denen Planungsmängel und nicht Divergenzerscheinungen erfaßt werden kön-nen: formale Gestaltung, funktionelle Durchmischung, Erreichbarkeit von Fol-geeinrichtungen, ...

Modifikationen dieses altersmäßigen Grundzusammenhanges sind die durch die sozialwirtschaftliche Gesamtdynamik und ihren Ansatzpunkt in der je-weiligen Siedlung immer wieder zu beobachten. Typisch dafür ist etwa das Eindringen zentralörtlicher Funktionen in denen Bereich der Unteren Haupt-straße in Neusiedl, was durch eine Auslastung des Hauptplatzes und der Oberen Hauptstraße bedingt ist. In Podersdorf kann ausnahmsweise in den älteren Ausbaubereichen an der Strandgasse eine durch die Fremdenverkehrsentwick-lung ausgelöste, verstärkte bauliche Dynamik festgestellt werden.

4. Modell der räumlichen Ordnung in der Ländlichen Siedlung — Wandel und aktuelle Gliederung

Als Synthese soll versucht werden, ein *Modell der räumlichen Ordnung der Ländlichen Siedlung in seinen formalen, funktionalen und dynamischen Aspekten* zu entwickeln. Durch eine derartige Generalisierung kann der Gül-tigkeitsbereich der Aussagen erweitert werden und von den Eigentümlichkeiten der Untersuchungsbeispiele (Straßendorfcharakter, Streck- und Zwerchhöfe, Weinbau, ...) befreit werden. Das Modell soll folgende Grundzüge der Länd-lichen Siedlung erfassen:

● Die räumliche Differenzierung der Bausubstanz und ihre Funktions-eignung,
● die Wirksamkeit der Wandlungsprozesse und die sich daraus ergebenden funktionalen Wandlungen und räumlichen Verlagerungen und
● die daraus ableitbaren Planungsgrundsätze.

(1) Die ursprüngliche Situation ist durch starke agrare Ho-mogenität bestimmt, die sich in der Dominanz der landwirtschaftlichen Gehöfte und Funktionen manifestiert. Die räumliche Gliederung ist da-durch sehr einfach: Die Wohnfunktion befindet sich an der Straßenfront (meist ebenerdig), die anschließenden Wirtschaftsgebäude werden intensiv agrar genutzt. Außerhalb dieses Kernes anschließende Bereiche reiner Wohnfunktion sind selten. Schwache Ansätze für Dienstleistungsfunktionen finden sich im Siedlungszentrum, größere Industriebetriebe zählen nicht zur Norm.

(2) Durch die Wirksamkeit der Wandlungsprozesse erhöht sich der Anspruch an die Lebensqualität in Form steigender Wohn- und Ein-kommensansprüche, die Landwirtschaft wird einer starken Umstrukturie-rung unterzogen und völlig neue Wirtschaftsbereiche wie Dienstleistungen, Fremdenverkehr, Industrie, ... finden ihren Standort in der Ländlichen Siedlung. Dadurch verstärkt sich die räumliche und sozialwirt-schaftliche Differenzierung.

Aus dieser in nur zwei Querschnitten dargestellten Entwicklung kann für die heutige Situation folgender allgemeingültiger Zonenaufbau festge-halten werden:

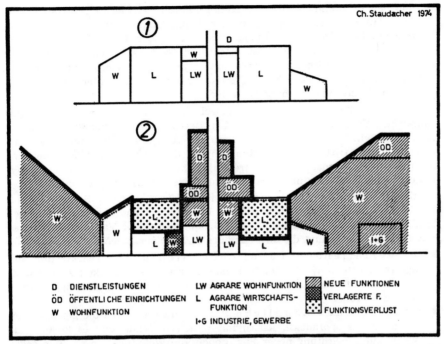

Abb. 6: Schematische Darstellung eines Modells der räumlichen Ordnung in der Ländlichen Sammelsiedlung.

(1) Agrare Ausgangssituation
(2) Heutige Situation durch die Wirksamkeit der Wandlungsprozesse.

● „Cityähnliche" Konzentrationszone: Durch das Eindringen zentralörtlicher und lokaler Versorgungsfunktionen, die mit steigender Lebensqualität auch in Ländlichen Siedlungen notwendig werden, entsteht an der Front der Hauptstraße, des Hauptplatzes (eventuell auch in den anschließenden Ausfallstraßen) eine schmale Verdichtungszone mit Funktionsballung.

● Potentieller Freiraum: Durch die Auswirkungen der Deagrarisation in ihren verschiedenen Formen wird ein Großteil der daran anschließenden Wirtschaftsgebäude freigesetzt, wodurch ein potentieller Freiraum entsteht, der mit der Konzentrationszone meist sehr verzahnt ist. Eine Inwertsetzung ist durch Besitzstarrheit und das Bestehen ungenutzter Verbauung noch selten gelungen, obwohl hier sehr günstige Entlastungsmöglichkeiten für die vorgelagerte Verdichtungszone gegeben wären.

● Stagnationszone: Besonders jene Bereiche, in denen Kleingehöfte und Reihenhäuser dominieren (Zone B, C), zeigen eine sehr geringe Dynamik. Es kommt kaum zur Einrichtung neuer Funktionen; die landwirtschaftliche Funktion wird reduziert, was hier jedoch wegen der Kleinheit der Objekte kaum zu wesentlichem Raumgewinn führt. Die Wohnfunktion findet nur bescheidene Möglichkeiten der Anpassung an moderne Ansprüche.

● Wohnsiedlungen: Die außen anschließenden neuen Siedlungsbereiche sind durch die Ausbreitungstendenz und den Flächenbedarf gekennzeichnet (Einfamilienhäuser, Siedlungshäuser, seltener Wohnblocks). Sie sind Ausdruck der Verlagerung der Wohnfunktion aus dem Siedlungszentrum bzw. der Zuwanderung. Zusätzlich bilden Einrichtungen wie Industrie- und Gewerbebetriebe, öffentliche Gebäude, ... ein Charakteristikum dieser Bereiche. Sie bilden nur selten eigene Viertel aus und sind meist in die Wohnbereiche eingestreut, sodaß sie als Faktor der Verdichtung und Funktionsmischung auftreten.

In der Realität der auftretenden Einzelfälle unterliegt dieses Zonenschema zahlreichen Varianten: Die geschilderten Bereiche sind ineinander verzahnt, manche Entwicklungen sind nur in Ansätzen vorhanden oder fehlen ganz, in anderen Fällen tritt ein Entwicklungsimpuls dominant hervor (Fremdenverkehr), usw. Mit Ausnahme von Extremfällen lassen sich jedoch alle Varianten in dieses Modell der Siedlungsgliederung und ihrer Entwicklung einordnen.

Es ist vielmehr eine Typenreihe ländlicher Siedlungen denkbar, die von der Dynamik und der Dauer der Wandlungsprozesse in der Ländlichen Siedlung bestimmt ist. Vier Grundtypen dieser Variationsreihe charakterisieren den Anfang, die Mitte und das Ziel der möglichen Entwicklung:

● In verfallenden Ländlichen Siedlungen wirkt nur die agrare Rückbildung, die bei fehlender Investitionsmöglichkeit zum Verfall des wirtschaftlichen und sozialen Lebens und schließlich auch der Kulturlandschaft führt.

● Stagnierende Ländliche Siedlungen zeigen die geschilderten Prozesse nur sporadisch, jedoch mit positiven Tendenzen: es kommt nur wenig zur Einrichtung neuer Funktionen, die Wohnfunktion als Triebfeder der aktuellen Siedlungsentwicklung ist nur gering wirksam. Der agrare Funktionsschwund als Zeichen eines Gesundschrumpfens ist die auffälligste Entwicklung.

● Dynamische Ländliche Siedlungen bilden heute den häufigsten Fall der Entwicklungen, ausgelöst überwiegend durch den Ausbau von Dienstleistungen, der Industrie und des Fremdenverkehrs. Der in Abb. 6 dargestellte Fall ist hier als typisch anzusehen.

● Das Ende der Entwicklung kann die völlige Umwandlung zur Nichtländlichen Siedlung sein, die jedoch nur von ganz wenigen Siedlungen erreicht werden kann. Die agrare Ausgangssituation wird durch neue Entwicklungen (Fremdenverkehr, Industrie, zentralörtliche Funktion) fast ganz verdrängt, sodaß nicht mehr von Ländlichen Siedlungen gesprochen werden kann, eher schon von städtischen. Dementsprechend gründlich ist in solchen Fällen auch die Umgestaltung des formalen und räumlichen Bildes der Siedlung.

Für die örtliche Raumplanung ergeben sich aus den geschilderten Verhältnissen recht interessante Konsequenzen: Das unmittelbare Siedlungszentrum bedarf einer Entflechtung, um ohne allzu starke Veränderungen des Siedlungsbildes Raum für neue Funktionen zu schaffen. Nicht an den Standort „Straßenfront" gebundene Einrichtungen können in den unmittelbar anschließenden Freiraum (durch agraren Funktionsschwund) ausweichen und verlagert werden. Auch hier sollte die Außengestalt baulich nur wenig verändert werden.

Die Bereiche der jüngeren Siedlungsausdehnung bedürfen ebenfalls einer Entflechtung ungünstiger Funktionsmischungen, die durch unkoordinierte Entwicklungen entstanden sind. Wichtiger, aber auch schwieriger ist das Problem der Qualität dieser „Siedlungen", die einen Mangel an Infrastruktur und Atmosphäre ausgelöst durch starke Schematisierung aufweisen. Es zeigt sich also auch für die örtliche Raumplanung immer mehr die Notwendigkeit, von der Neuplanung zur Erhaltungs- und Anpassungsplanung überzugehen; der Versuch, die räumliche Ordnung in der Ländlichen Siedlung und ihre Dynamik darzustellen, soll dazu ein Beitrag sein.

Literatur (in Auswahl)

BINDER, I.: Die Bevölkerungs- und Siedlungsentwicklung der Grenzzone des Mühlviertels. Schriftenreihe der oö. Landesbaudirektion, Linz 1965.

Der Ländliche Raum in Österreich. Österr. Inst. für Raumplanung, Wien 1974.

Der Städtische Lebensraum in Österreich. IS-Informationen, Wien 1971.

Die Bauentwicklung der Orte. Österr. Inst. für Raumplanung, Regionalplanung Neusiedlersee, Bericht 17, Wien 1965.

de VRIES-REILINGH, H. D.: Gedanken über die Konsistenz in der Sozialgeographie. Münchner Studien zur Sozial- und Wirtschaftsgeogr., Bd. 4, München 1968.

GANSER, K.: Modelluntersuchung zur Dorferneuerung, Pförring. Münchner Geogr. Hefte, Nr. 30, München 1967.

GREIF, F.: Aktuelle Probleme und Aufgaben in ländlichen Raum. Der land- und forstwirtschaftliche Betrieb, Jg. 1973, 3, 4, 6, 7/8, 9, Wien 1973.

HELLER, W.: Strukturwandel ländlicher Gemeinden im Einflußbereich einer Stadt. Sozialgeographisches Praktikum, Geogr. Inst. der Univ. Göttingen, o. J.

HELLER, W.: Zum Begriff der Urbanisierung. Neues Archiv für Niedersachsen, Bd. 22, 4, Göttingen 1973.

HELLER, W.: Zur Urbanisierung einiger ländlicher Gemeinden im Landkreis Göttingen, I. und II. Teil. Neues Archiv für Niedersachsen, Bd. 23, H. 1, 2, Göttingen 1974.

LENORT, N. J.: Strukturforschung und Gemeindeplanung. Westdeutscher Verlag, Köln 1960.

LICHTENBERGER, E.: Der Strukturwandel der sozialwirtschaftlichen Siedlungstypen in Mittelkärnten. Geogr. Jahresber. aus Österr., Bd. XVII, Wien 1959.

MEYER, .K: Ordnung im Ländlichen Raum. Ulmer, Stuttgart 1964.

OFNER, R.: Die regionale Situation der Gemeinden. Schriftenreihe der Österr. Ges. f. Raumforsch. und Raumplanung, Bd. 14, Springer, Wien 1971.

RITTER, W.: Die Bedeutung der formalen und funktionalen Betrachtungsweise in der Wirtschaftsgeographie. Zs. f. Ganzheitsforsch., 13. Jg., H. I, Wien 1969.

RUPPERT, .K — SCHAFFER, F.: Zur Konzeption der Sozialgeographie. Geogr. Rundschau, 21. Jg., 1969.

STAUDACHER, Chr.: Vergleichende Strukturuntersuchung von Neusiedl, Podersdorf und Rust. Diss., Wien 1973.

EUROPA

Die Kleinen Karpaten um 1930 — eine landeskundliche Skizze

Randolf Rungaldier, Wien

Der Plan einer geographischen Bearbeitung dieses halbvergessenen früheren Grenzraumes zwischen Österreich und Ungarn — mit Berücksichtigung der einstigen deutschen Siedlungen — geht bereits auf den Beginn der Dreißigerjahre zurück. Die Arbeit im Gelände wurde in der Hauptsache 1932 und 1933 durchgeführt. Sie fand Duldung bei den Behörden und freundliche Unterstützung bei einer Reihe von zuständigen Privatpersonen. Nach umfangreichen Studien und Literatursammlungen in staatlichen und privaten Archiven und Bibliotheken — vor allem in Wien und Preßburg — und Gesprächen mit zuständigen Fachleuten mußte die Fertigstellung der Arbeit wegen der politischen Umwälzungen unterbrochen werden. Kriegsdienst und Kriegsgefangenschaft sowie der Daseinskampf der Nachkriegszeit hinderten den Verfasser bis vor kurzem an der Vollendung der Arbeit, die er nun erst in einer Gedächtnisschrift für seinen Freund Leopold Scheidl zum Druck geben kann.

Folgende wichtige Einschränkungen und Erweiterungen bei dem vorliegenden Versuch einer Beschreibung des Raumes der Kleinen Karpaten und ihrer Umgebung müssen gemacht werden:

(1) Die Arbeit behandelt die Natur- und Kulturfaktoren im wesentlichen nur für die Zwischenkriegszeit.

(2) Der Zustand und die Entwicklung der Hauptstadt Preßburg/Bratislava werden nur am Rande gestreift, da das Material nur zum Teil beschafft werden konnte.

(3) Neben den Ergebnissen der amtlichen Volkszählung vom 1. 12. 1930 für die Slowakei, erschienen als Statistisches Gemeindelexikon (Štatistický Lexikon Obcí v Republike Československej), für die Slowakei (III Krajina Slovenská), Prag, 1936, ist als zweite Hauptquelle zu nennen der „Atlas Republiky Československé" (RčS), Prag 1935, mit französischer Übersetzung aller Texte und Titel der 55 Doppelblätter mit Karten, Karto- und Diagrammen.

Die Ortsnamen werden im folgenden zweisprachig angegeben: An erster Stelle steht der vor 1918 üblich gewesene und auf der Spezialkarte 1 : 75.000 verzeichnete Name, an zweiter der slowakische Name aus der 1965 erschienenen Wanderkarte Malé Karpaty 1 : 100.000, z. B. Modern/Modra. In einzelnen Fällen, in denen in der Zwischenkriegszeit ein anderer slowakischer Ortsname in Gebrauch war als seit 1945, wurden drei Namen angeführt; z. B. Ratzersdorf/Račištorf/Rača.

Die Höhenangaben beziehen sich durchwegs auf die Spezialkarte 1 : 75.000.

Lage, Grenzen, Größe, Gestalt und Gliederung

Das Gebiet der Kleinen Karpaten und ihrer weiteren Umgebung liegt ungefähr in der Mitte zwischen der westlichen und östlichen Hälfte Mitteleuropas, wenn wir dessen Lage im Gradnetz mit 17°—18° Ost und 48°—49° Nord bestimmen, d. h. mit anderen Worten: der genannte Raum nimmt in mehr-

facher Hinsicht eine ausgesprochene Mittellage ein. Sie tritt durch seine Lage
zwischen Alpen und Karpaten einerseits sowie zwischen der Böhmischen
Scholle im Nordwesten und dem großen Senkungsfeld des Innerkarpatischen
Raumes im Südosten andererseits besonders deutlich in Erscheinung. Wir
umgrenzen diesen Raum am einfachsten durch die vier Flüsse der D o n a u
im Südwesten, der M a r c h im Westen, der M i a v a / Myjava im Norden
und der W a a g / Váh im Osten sowie eine Linie Galanta — Preßburg im
Süden. Die kürzeste Verbindung zwischen Waag und March (Luftlinie) von
Waagneustadtl/Nové Mesto nad Váhom zur Miava-Mündung beträgt 67 km.
Der Gesamtraum wird von dem nach Nordwesten verschobenen Kamm der
Kleinen Karpaten als seinem Rückgrat in Südwest-Nordost-Richtung durchzogen. Die Umgrenzung kennzeichnet einen unregelmäßig begrenzten und
gegliederten Ausschnitt des Slowakischen Tief-, Hügel- und Berglandes mit
ausgeprägter Luv- und Leeseite gegenüber den stark vorherrschenden westlichen Winden.

Trotz des einheitlichen Pannonischen Klimas sind die B ö d e n beiderseits
der Kleinen Karpaten verschieden. Denn die großen Flugstaubmengen, durch
östliche Winde aus dem getrockneten Hochwasserschlamm der Donau und
Waag gegen Nordwesten verweht, blieben am Fuß des Gebirges liegen. Aus
ihnen entstand nach und nach der Löß als hochwertigstes Geschenk der Kalt-
zeiten des Eiszeitalters, während sich an der March das gleiche Schauspiel
in westlicher Richtung wiederholte. Nach der großen Winddrehung in der
Nacheiszeit herrschten wieder westliche Winde vor, die nun große Mengen
groben Flußsandes als Treibsand nach Südosten verwehten und oft älteren
Löß unter Sanddünen begruben. Im Auland haben sich vielfach fette Schwarz-
erden entwickelt.

Die Gliederung unseres Raumes ergibt von Nordwesten nach Südosten
folgende Aufeinanderfolge von fünf verschieden großen und verschiedenartigen
T e i l l a n d s c h a f t e n :

(1) das Miava-Hügelland/Myjavská pahorkatina zwischen den Kleinen und
Weißen Karpaten,

(2) das „Tiefland hinter den Bergen"/Zahorská nižina,

(3) die Kleinen Karpaten/Malé Karpaty,

(4) das Tyrnauer Hügelland/Trnavska pahorkatina und

(5) die westlichen Teile der Donauebene/Podunajská nižina.

Wenn auch die Karpaten geologisch-tektonisch bereits im Wechselgebiet
beginnen und vor allem auch die Inselberge rechts der Donau mitumfassen,
so ist doch die March-Donaulinie vom geographischen und orographischen
Gesichtspunkt aus die einzig brauchbare West- und Südgrenze unseres Raumes.
Die Bedeutung geologisch-tektonischer Grenzen für Zwecke der Landschafts-
gliederung darf nicht überschätzt werden. So tritt auch hier neben die Grenzen der geologischen Großlandschaft des Inneralpinen Wiener Beckens nördlich
der Donau der Auwaldstreifen der March fast gleichwertig als Landschafts-
grenze. Ebenso muß auch die strenge Unterscheidung zwischen dem eigentlichen Vorland am Außenrand des Gebirges und der Waagebene an seinem
Innenrande vom Geographen in diesem Falle umso weniger übernommen
werden, als das geradegestreckte Kerngebirge der Kleinen Karpaten auf beiden
Seiten von abgesunkenen Gebirgsteilen begrenzt war, deren Räume jetzt
von den beiden Vorländern eingenommen werden.

Die Kleinen Karpaten stellen als Querriegel an der Schwelle des innerkarpatischen Raumes trotz ihrer geringen Höhe wegen ihrer bedeutenden horizontalen Erstreckung und ihres dichten Waldmantels eine verkehrshemmende Schranke für den West-Ost- und Ost-Westverkehr dar. Sie werden in ihrer absperrenden Wirkung durch die breite Flugsand-Föhrenwaldzone (Bôr) des nordwestlichen Vorlandes und die Reste des Auwaldes an March und Donau noch verstärkt. Erstere nimmt nicht nur den Raum, sondern in gewissem Sinne auch die Funktion der hier fehlenden Flyschzone ein. So wird der Querverkehr, der durch die meridionalen Täler der March und Waag trotz des nicht unbedeutenden Auwaldstreifens der ersteren weit weniger behindert wird als durch das dazwischen liegende Waldland der Ebene und des Gebirges, fast zur Gänze nach Süden ins Durchbruchstal der Donau abgedrängt. Eine bequeme Überschreitung oder Umgehung des Gebirges weiter im Norden ist erst am Nordostrande der Kleinen Karpaten und in der Übergangsregion zwischen diesen und den Weißen Karpaten aus dem Tal der Miava/Myjava ins Tal der Tyrnau/Trnávka möglich und wird durch die Straße und Eisenbahn Jablonica — Nadasch/Trstín und weiter nordöstlich durch mehrere Straßen und die Bahn Miava/Myjava — Waag-Neustadtl/Nové Mesto nad Váhom bezeichnet.

So erscheint die Besiedlung und Inkulturnahme des Ostrandes der Kleinen Karpaten und auch der anschließenden Waagebene von Südwesten (Preßburg) von Natur aus vorgezeichnet, während die mächtige Auwaldzone der Donau eine schwer passierbare Südgrenze des Gesamtraumes bildete, ja z. T. noch bildet. Die deutschen Siedlungsgebiete im Raume der Kleinen Karpaten wurden daher vom geschlossenen deutschen Sprachgebiet des Westens und Südens mehr durch die bedeutenden Reste der Naturlandschaft als durch das slawische Siedlungsgebiet getrennt.

Die durch die Kleinen Karpaten gebildeten ungleichen Hälften des Raumes zwischen den fünf Flüssen Miava, March, Donau, Waag und Tyrnau/Trnávka sind auch in bezug auf Lage, Bodengüte und Klimagunst recht ungleich ausgestattet und boten der Besiedlung und Bewirtschaftung ganz verschiedene Grundlagen. Die slowakische Marchebene ist durch die Flugsanddecke und die luvseitige Lage gegenüber der lößbedeckten Waagebene stark benachteiligt.

Die U m g r e n z u n g der Kleinen Karpaten als eines fast völlig isolierten Gebirges ist leicht vorzunehmen. Nur am Nordrand bestehen einige Schwierigkeiten. Hier tauchen die Dolomithügel des „Weißen Gebirges" unter das jungtertiäre Hügelland, ohne daß eine ausgesprochene Senke oder nennenswerte Höhenunterschiede bestehen würden. Die Tyrnau und ihre Zuflüsse haben das Weiße Gebirge durchbrochen, die Eozänmulde von Bixard/Buková angezapft und so die Wasserscheide gegen die Miava nach Nordwesten verschoben. Auch Straße und Eisenbahn wechseln aus dem Kalk ins Jungtertiär. So läßt sich hier keine scharfe Grenze in der Landschaft ziehen, die allen Forderungen entspricht. Die Spezialkarte (und ihr folgend die geologische) bezeichnet als Nordgrenze eine West-Ost-Linie durch das jungtertiäre Hügelland, die vom Weißen Gebirge bis zu 6 km entfernt ist. Ihr folgt teilweise in einer Senke der Fahrweg Dobrá Voda—Jablonica. Noch weiter nach Nordosten reicht die Bezeichnung Kleine Karpaten auf der Generalkarte (bis zur Linie Brezová—Vrbové—Pistyán/Piešťany). Dem Verfasser erscheint die Linie Trstín—Jablonica als die kürzeste Verbindung zwischen dem Tyrnau- und

Miavatal, das hier seinen südlichsten Punkt erreicht, die geeignetste Grenze zu sein.

Die G r ö ß e des Gesamtraumes (Gebirge und Vorländer zwischen den fünf genannten Flüssen) beträgt rund 3000 km². Davon entfallen rund ein Drittel auf die Marchebene, rund 700 km² auf die Kleinen Karpaten, der Rest (1.300 km²) auf die Waagebene, diese beschränkt auf das Dreieck Preßburg— Pistyán—Galanta—Preßburg. Gegenüber der flächenhaften Ausdehnung des Gebirges treten die Höhen ganz zurück. Die Gesamtlänge der Kleinen Karpaten beträgt bis zur genannten Linie zwischen dem Tyrnau- und Miavatal rund 56 km (bis zum Nordost-Rand des Dolomitberglandes 55 km), bis zur Straße Dobrá Voda—Jablonica 60 km, die Breite erreicht 8—15 km, im Durchschnitt 10 km. Das benachbarte Leithagebirge wird nach Länge und Breite von den Kleinen Karpaten ungefähr um das Doppelte übertroffen.

Für die G l i e d e r u n g des Gesamtraumes wie des Gebirges ist die Drei-zahl bezeichnend. Ebenso wie wir von West nach Ost oder umgekehrt den Raum in die zwei Vorländer und das Gebirge teilen, können wir dieses selbst wieder entsprechend seinem Bau in der Streichrichtung in drei, allerdings sehr verschieden große Teile gliedern: das G r a n i t g e b i r g e, die K a l k - k ä m m e und das D o l o m i t h ü g e l l a n d. In bezug auf Vegetation und Kulturlandschaft ist dagegen die Gliederung des Gesamtraumes in mehrere, zur Streichrichtung des Gebirges mehr weniger parallele Zonen vorteilhafter.

Der Name „Kleine Karpaten"

Die Herkunft des Namens ‚Karpaten' ist strittig, wird aber meist vom vorindogermanischen Volksstamm der Carpen abgeleitet. Die Schreibweise ohne ‚th', die früher mit jener mit ‚th' wechselte, ist heute die vorherrschende und auch die amtliche [1]. Die Bezeichnung Kleine Karpaten tritt erst ziemlich spät, ungefähr um die Mitte des 19. Jahrhunderts, auf. Sie wird in der Folge-zeit besonders regelmäßig von den Wiener Geologen verwendet (Fötterle, Andrian, Paul, Stur). Daß dieser Name in jeder Beziehung außerordent-lich treffend ist, konnte man damals noch nicht wissen. Wer der eigent-liche Schöpfer des Namens gewesen ist, ist bisher noch nicht bekannt. Daß er nicht allgemein üblich war, geht schon aus seiner späten Einführung hervor. Auf keiner der zahlreichen amtlichen und privaten Karten Altungarns ist früher jemals von den Kleinen Karpaten die Rede. Eine Durchsicht der sehr reichhaltigen Kartensammlung des Wiener Kriegsarchivs zeigt vielmehr, daß nur für den nordöstlichen Teil des Gebirges (Dolomithügelland und ein Teil der Kalkketten) die Bezeichnung „Weißes Gebirge" in verschiedener Schreib-form (Weißenberg, Weisse Gebirg, Ungarischer Weißenberg, Weiß Gebürg, Biele Hori, Albi Montes) schon seit dem Ende des 17. Jahrhunderts allgemein üblich war und manchmal — sogar noch im 19. Jahrhundert — über die ganzen Kleinen Karpaten ausgedehnt wurde. Wahrscheinlich wurde der Gegensatz zwischen den weithin leuchtenden, weil abgeholzten Dolomit- und Kalkbergen und dem übrigen, dichtbewaldeten Granitgebirge besonders stark empfunden. Andererseits wird daraus die aus der Unkenntnis des Gebirges hervorgehende Unsicherheit seiner Abgrenzung verständlich.

Vom übrigen Teil der Kleinen Karpaten spricht man bis fast zur Mitte des 19. Jahrhunderts höchstens als „vom karpathischen Gebirge, welches hier

---

[1] Allgemein eingeführt — auch in den Oststaaten Europas — seit dem Ende des Zweiten Weltkrieges.

seinen Anfang nimmt" (WINDISCH 1780). Der Kartenname „Anfang des Karpa-
thengebirges", beginnend in der Höhe von Limbach, findet sich erst im
Taschenatlas von KORABINSKY (1800). Er fehlt dagegen auf den Blättern der
Josefinischen Landesaufnahme (1782—85) wie auf den auf ihr beruhenden
Übersichtskarten, z. B. jener des Obristen NEU, des Leiters der ungarischen
Aufnahmen. Ebenso sucht man vergeblich nach einem Gebirgsnamen auf den
älteren Karten des 18. Jahrhunderts. Selbst die so vortreffliche „Lacykarte"
(1769) verzeichnet nur — allerdings schon von der Höhe der Biebersburg/
Červený Kameň an — die „Albi Montes".

Auch die Karten von LIPSZKY (1810) und ZUCCHERI (1812) verzeichnen
nur den „Anfang des carpatischen Gebirges", wobei dieser Name, ebenso
wie früher, erst in der Höhe von St. Georgen/Jur pri Bratislave, Bösing/Pezinok
oder Modern/Modra beginnt. Die Umgebung von Preßburg erscheint davon
noch ausgenommen. Erst die von C. F. WEILAND entworfene, 1836 in Weimar
erschienene „Karte der Kaiserlich Oesterreichischen Ungarischen Erbstaaten"
enthält die Bezeichnung „Kleine Karpathen" anschließend an das „Weiss.
Gebirg". Woher WEILAND den Namen übernommen hat, ist mir nicht bekannt.
Seine Karte enthält übrigens auch (in dieser Sammlung) zum ersten Male
den Gesamtnamen „Die Karpathen" sowie jenen der Tatra richtig eingetragen.
Es sei hier auch darauf hingewiesen, daß die Benennung der einzelnen Teile
der Karpaten entsprechend der geringen Kenntnis des Gebirges bis in die
zweite Hälfte des 19. Jahrhunderts schwankend und teilweise unrichtig war.
Auch später wich die im Deutschen übliche Nomenklatur von jener der
Madjaren erheblich ab.

Seit 1836 setzt sich die Bezeichnung Kleine Karpaten langsam durch, mit
einzelnen Rückfällen, wie auf einer Karte von 1858, auf der die gesamten
Nordwestkarpaten (bis zum Jablunkapaß) als „Weißes Gebirge oder Kleine
Karpathen" bezeichnet werden. Die zweite militärische Landesaufnahme, die
sogen. „Franziszeische", die als erste Präzisionsaufnahme für historisch-geo-
graphische Untersuchungen besondere Bedeutung besitzt, wurde in Ungarn
von 1841—66 in der Richtung von West nach Ost durchgeführt. Auch sie enthält weder auf den Sektionen (1 : 28.800) noch auf der Verkleinerung (1 : 144.000)
irgendeinen Gesamt-Gebirgsnamen, dagegen zahlreiche Berg-, Tal- und Flurnamen als wichtige Quelle für die Ortsnamen.

Auch die „Verhandlungen" des so rührigen „Vereins für Naturkunde zu
Preßburg" (1856—66), geleitet vom unermüdlichen und vielseitigen Natur-
forscher Prof. KORNHUBER, zeigen die zögernde Verbreitung des Namens
Kleine Karpaten. Anfangs ist meist noch von den geologischen Verhältnissen,
der Flora und Fauna „in der nächsten Umgebung von Preßburg", „im Gebirge
bei Bösing" u. ähnl. die Rede. Man begnügt sich mit der Benennung nach der
nächstgelegenen wichtigeren Siedlung und empfindet noch nicht die großen
gemeinsamen Züge der Gebirgslandschaft. Man verwendet daher den Namen
Kleine Karpaten zuerst nur für die von den größeren Randsiedlungen, besonders den damaligen Freistädten, entlegeneren Teile. So schrieb 1856
J. Fr. KRZISCH in den oben genannten „Verhandlungen" eine Abhandlung
über den „Wetterlin in den Kleinen Karpaten" (richtig Wetterling/Veternik).
Erst die Wiener Geologen haben — wie schon erwähnt — auf ihrer
rastlosen Suche nach den so spärlichen Aufschlüssen im kristallinen Teil des
Gebirges und damit nach der Erkenntnis von Zusammensetzung und Bau
des Gebirges der Bezeichnung Kleine Karpaten im richtigen Ausmaße zum

Siege verholfen. Sie findet sich daher auch auf der letzten Landesaufnahme der alten Monarchie, der in Altungarn 1884—1904 durchgeführten Francisco-Josefinischen, eingetragen. Doch reicht sie im Nordosten über das Gebiet der Kleinen Karpaten weit hinaus und umfaßt noch das „Weiße Gebirge", dessen Name nun von der Karte ganz verschwunden ist.

Aufbau und Formen

Trotz der Nahlage der Kleinen Karpaten zu Wien, ihrer Brückenstellung zwischen Alpen und Karpaten und ihrer großen stratigraphisch-tektonischen Bedeutung für die Erkenntnis des Baues der nordwestkarpatischen Kerngebirgszone ist ihre genaue Untersuchung erst ziemlich spät (1902—03) durchgeführt worden. Wohl hatten sich schon seit 1834 zahlreiche Forscher mit Einzelfragen beschäftigt, aber erst die über Anregung von C. UHLIG entstandene mustergültige Arbeit und Karte von BECK und VETTERS (1904) [2] brachte die vollständige Entschleierung des Bildes. Trotz der geringen Höhen sind die Schwierigkeiten für den kartierenden Geologen wegen des fast geschlossenen Waldmantels und des im Kristallin mächtigen Verwitterungsbodens groß. Die Klagen über die fehlenden Aufschlüsse wiederholen sich daher immer wieder. Aber auch der Wanderer, der in der grünen Einöde des Gebirges — besonders im kristallinen Teil — meist vergeblich nach einem Aussichtspunkt späht, kann dies bestätigen.

Petrographisch, stratigraphisch und geomorphologisch verdienen die Kleinen Karpaten das größte Interesse. Der Name Kleine Karpaten ist auch in dieser Hinsicht völlig zutreffend. Sie sind auch geologisch — mit unbedeutenden Abweichungen — ein verkleinertes Abbild der großen K e r n g e b i r g e der Nordwestkarpaten, besonders der Hohen Tatra. Wie dort gliedert sich das Gebirge auch hier in zwei völlig verschiedene Teile, die fast ohne Übergang nebeneinander stehen, besser gesagt, aufeinander liegen: das „hochtatrische" Gebiet des K r i s t a l l i n s (besonders Granit), ein nur durch Verwerfungen und Brüche in einzelne Schollen gegliedertes Rumpfgebirge mit spärlichen Spuren älterer Faltung und einer Permquarzit-Liaskalk-Randzone, besonders im Westen, vor allem gekennzeichnet durch das vollständige Fehlen der Trias, und das von Norden aufgeschobene „subtatrische" Gebiet der T r i a s k a l k e und D o l o m i t e mit Schuppenstruktur, entstanden aus liegenden Falten, geomorphologisch ein System von verschieden langen, aber fast gleichhohen, parallelen und steilen Kalkkämmen, von denen sich das Dolomithügelland des „Weißen Gebirges" im äußersten Nordosten scharf unterscheidet. An den Gebirgskörper schließt eine Zone jungtertiärer Sedimente an, die nur am Westrande stärker entwickelt sind, während sie am Ostrande aus jüngeren Ablagerungen nur inselhaft zutage treten. Das Alttertiär ist auf eine schmale Senke am Nordwestrande — noch innerhalb des Gebirges — beschränkt („Eozänsenke des Weißen Gebirges").

Was die V e r b r e i t u n g der H a u p t g e s t e i n e betrifft — die Flächen wurden auf der Geologischen Karte ausgemessen —, so ist für das kristalline Gebirge das Vorherrschen des G r a n i t e s bezeichnend. Er setzt die drei mächtigen Massen des Preßburger (23 km lang, 2—8 km breit, 133 km² groß = 19⁰/₀ der Gesamtfläche der Kleinen Karpaten), Modreiner (5 km lang, 6 km breit,

---

[2] BECK, Heinrich—VETTERS, Hermann: Zur Geologie der Kleinen Karpaten. Wien—Leipzig 1904 (Beiträge zur Geologie u. Paläontologie Österreich-Ungarns und des Orients XVI.). Geol. Karte 1 : 75.000.

25 km² groß) und Mittelberg (ca. 404 m)-Granitgebirges (9 km lang, 6 km breit, 32 km² groß) sowie zwei kleinere Inseln zusammen und bedeckt so eine Fläche von insgesamt über 190 km², d. h. 27% der Gesamtfläche der Kleinen Karpaten. Diese übertreffen in der Mächtigkeit des Granitvorkommens die Niedere Tatra (37 km lang, 1—10 km breit) und gleichen darin annähernd dem Bachergebirge (Pohorje in Slowenien).

Die Verbreitung von Gneis und S c h i e f e r n ist daneben bescheiden. Sie stellen einerseits die Verbindung zwischen der südlichen Hauptmasse des Granits mit den nördlichen Vorkommen her und bilden andrerseits zwischen Königsdorf/Král'ová und Obernußdorf/Hor. Orešany den Nordostrand des Gebirges. Ziemlich großflächig ist dagegen die im W und N ausgebildete Randzone von L i a s k a l k e n, deren Nord-Süd-Streichen sich von jenem der Triaszone (Nordost-Südwest) deutlich unterscheidet. Nicht unbedeutend ist schließlich auch die von P e r m q u a r z i t e n eingenommene Fläche. Sie treten am West- und Ostrand auf und sind als Wüstenbildung ein wichtiger Beweis für die Begründung des Fehlens der Trias im hochtatrischen Gebiet.

Die zahlreichen Störungslinien treten sowohl innerhalb des rundgebuckelten Grundgebirges als auch an seinen Rändern auf, stellenweise in Form von Staffelbrüchen (im Südwesten bei Ballenstein/Borinka). Besonders scharf ausgeprägt sind die Brüche am Ostrande, wo zwischen Preßburg und Modern auf einer Strecke von fast 30 km der Granit unmittelbar an das Vorland heranreicht. Hier findet sich auch bei Limbach die einzige größere Einbuchtung (4¹/₂ km tief) des Ostrandes, der sonst nur eine sanfte Buchtung bei Ratzersdorf/Rača und einige kleinere Buchten bei Zeil/Cajla, Grünau/Myslenice und St. Georgen/Jur p. B. aufweist. Dagegen verläuft der oben erwähnte, 15 km lange Bruchrand des S c h i e f e r z u g e s (Königsdorf—Obernußdorf) auffallend gerade. Erst außerhalb des Grundgebirges im Bereich der Triaskalke ist bei Lošonec der Ostrand stärker gebuchtet. Am Westrande stellt die Bucht von B l u m e n a u/Lamač (8¹/₂ km tief) die tiefste Einbuchtung der Kleinen Karpaten dar, deren südlichster Teil nur durch einen 2 km breiten Hals mit dem übrigen Granitgebirge zusammenhängt. Erst im Bereich des Weißen Gebirges findet sich in der Eozänsenke zwischen B i x a r d/Buková und B r e i t e n b r u n n/Sološnica ein randlicher Grabenbruch von bedeutender Länge (25 km), aber parallel zum Gebirgsrand.

So ist die horizontale Gliederung der Kleinen Karpaten gering im Verhältnis zur großen Zahl der Bruchlinien innerhalb des Gebirges, die von seinem alten Bau, besonders „von der großen domförmigen Aufwölbung der Hauptmasse fast nichts" [3] mehr sehen lassen. Man darf sich aber durch den jungtektonischen Inhalt der geologischen Karte im Bereich des Kristallins über die Sichtbarkeit dieser Baulinien im Landschaftsbild nicht täuschen lassen. Sie sind hier infolge des dichten Waldes fast ebensowenig sichtbar wie die Gesteinsgrenzen.

Ähnlich wie der Ostrand der Alpen ist auch jener der Kleinen Karpaten durch einzelne Thermen und Mineralquellen gekennzeichnet (Schwefel- und Eisenquellen), während sie am Westrande des Gebirges ebenso wie am übrigen Ostrande des Wiener Beckens seltener sind. Man kann daher entsprechend der Eigenschaft des jeweiligen Innenrandes eigentlich nur von einer ö s t - l i c h e n T h e r m e n l i n i e der Kleinen Karpaten sprechen. Wie A. RÈTHLY

[3] A. a. O., S. 89.

gezeigt hat, kann nur der Innenrand als B e b e n l i n i e bezeichnet werden, mit den zwei wichtigen Endpunkten Preßburg — St. Georgen/Jur p. B. und Smolenitz/Smolenice. Im Gesamtgebiet werden als Bebenorte noch verzeichnet: Tyrnau/Trnava, Bisternitz/Záhorská Bystrica und Schoßberg/Šaštinske Stráže an der Miava.

Erst im bewegteren Relief der Triaskalke und Dolomite des von Faltung und Überschiebung beherrschten subtatrischen Teiles wird der Gebirgsbau leichter erkennbar. Wir haben es mit einem System von fünf liegenden Falten zu tun, die teilweise Schuppenstruktur angenommen haben. Von diesem Prozeß wurde auch die nördliche liassische Randzone des hochtatrischen Teiles mitergriffen, sodaß sich hier die stratigraphischen und tektonischen Grenzen nicht decken. Ohne auf diese Frage näher einzugehen, sei nur darauf hingewiesen, daß trotz des entscheidenden Gesteinswechsels, der ein unregelmäßigeres Relief erwarten ließe, gerade infolge der einheitlichen Tektonik der Triaskalke auch das subtatrische Gebiet geomorphologisch ziemlich einförmig ist. Die einzelnen Kalkkämme unterscheiden sich mehr durch die Länge als durch Höhe und Breite. Die höchsten Gipfel der Kleinen Karpaten (mit Ausnahme des Čertov kopec, 747 m) liegen alle hier zwischen 720—770 m [4]. Dagegen sind die Längenunterschiede bedeutend. Der längste der Kalkkämme ist mit 23 km der Visoká-Geldek/Jelenec-Šivavec-Zug (gleichlang wie das Preßburger Granitgebirge. Die Wetterling/Veternik-Schuppe erreicht 14 km, die Rachsthurn/Vápenna-Schuppe 10 km, jene des Scharfensteinzuges [5] noch immer 6 km. Wenn sich auch nicht alle Schuppen mit der morphologischen Einheit der Kämme decken, so ist auch deren Länge noch immer sehr bedeutend.

Die tektonische Grenze zwischen sub- und hochtatrischem Gebiet ist durch die Hauptüberschiebungslinie am Südrand des Visokázuges gegeben, deren gewundener Verlauf die Stauung am Grundgebirge bezeugt. Wie sehr diese langen Kalkkämme, die in ihrer Steilheit, Wasser- und teilweisen Vegetationsarmut im schärfsten Gegensatz zur Umgebung stehen, das Landschaftsbild trotz ihrer verhältnismäßig geringen Höhe beherrschen, beleuchtet gut Vetters treffender Vergleich des Wetterling-Scharfensteinzuges mit „einem riesenhaftes Brüderpaar“ [6].

Besonders interessant ist auch das Auftreten von M e l a p h y r in Form zahlreicher, verschieden großer Bänder in der Synklinale zwischen Visoká- und Rachsthurnkamm. Da er sich in Wechsellagerung mit Sandsteinen und Werfener Schichten befindet, tritt er geomorphologisch kaum in Erscheinung. Seine Bildung wird erklärt durch „submarine Deckenergüsse“ „am Rande des hochtatrischen Festlandes“, die nach der Gebirgsbildung im Querschnitt Bänderstruktur annehmen mußten. Die Bildung der genannten untersten Trias wird durch Ablagerung von windverfrachteten Staub aus der benachbarten hochtatrischen Wüste mit ihren großen festländischen Quarzitbildungen erklärt. Wir erkennen daraus die große Bedeutung der W i n d w i r k u n g im Gebiet der Kleinen Karpaten schon in der Vergangenheit.

Ganz anders ist die Landschaft des „Weißen Gebirges“ am äußersten Nord- und Nordwestrand der Kleinen Karpaten beschaffen. Auch hier deckt sich die umfassendere tektonische Einheit nicht mit der geomorphologischen. Wir be-

---

[4] Záruby 768 m, Visoká 754 m, Rachsthurn 748 m, Wetterling 724 m.
[5] Er wird gewöhnlich nach den Gipfeln „Burian-“ oder „Záruby-Zug“ genannt. Die deutsche Bezeichnung nach der auf ihm gelegenen Ruine Scharfenstein (Ostrý kameň) würde auch die außerordentliche Steilform zum Ausdruck bringen.
[6] A. a. O., S. 65.

schränken uns hier auf letztere und folgen in der kurzen Beschreibung des Dolomithügellandes wieder Vetters: „... der dolomitische Teil des Gebirges erscheint aufgelöst in einzelne gerundete und niedrige Berge, ein echtes Hügelland ... kahl, nur hie und dort mit etwas Strauchwerk spärlich bedeckt, ragen die einzelnen Kegel empor ... und der bröckelige, weiß-sandige Dolomitgrus bedeckt die Abhänge weithin vom Fuß hinauf bis zum Gipfel, weiße Berge im wahrsten Sinne des Wortes" [6].

Der Verlauf der Hauptwasserscheide zwischen March und Donau, der auch die politische (Bezirks-)Grenze mit geringen Abweichungen folgte, zeigt uns deutlich, wie wenig in den Kleinen Karpaten — wohl hauptsächlich wegen der ähnlichen Abdachungs- und Grundwasserverhältnisse der beiderseitigen Vorländer — von einem Übergewicht des einen oder anderen Einzugsgebietes gesprochen werden kann. Im allgemeinen entspricht ja der stärkeren Erosionskraft der Donau ein größeres Einzugsgebiet ihrer direkten Zuflüsse. Diese sind jedoch mit Rücksicht auf Klima und Boden fast alle nur periodisch wasserführend mit wenigen Ausnahmen, wie der Weidritzbach/Vydrica und die Bäche von Stampfen/Stupava und Pila. Aber auch diese führen nur innerhalb des Gebirges beständig Wasser und versickern und vertrocknen bald nach dem Austritt ins Vorland. Die große Durchlässigkeit von Löß und Flugsand im Vorland, von Kalk und Dolomit an den Rändern des Gebirges sind zusammen mit dem geringen Niederschlag die Ursache dieser Erscheinung. Dazu kommen noch die ungünstigen Abdachungsverhältnisse, besonders im westlichen Vorlande. Denn hier ist die Hauptrichtung der Windakkumulation der Hauptabdachung direkt entgegengesetzt.

Wenn die Wasserscheide trotzdem stark gebuchtet und — abgesehen vom Südzipfel — im allgemeinen gegen den Westrand besonders im Norden stark verschoben ist, so hängt dies mit dem vom Gestein abhängigen Relief aufs engste zusammen. Die Wasserscheide quert die Bucht von Blumenau/Lamač in der Gegend von Blumenau und wird im Südzipfel — bis zur Linie Marienthal/Marianka — St. Georgen/Jur p. B. durch den Weidritzbach an den Westrand gedrückt. Dann bewirkt der Stampfener Bach, der seine verhältnismäßig gleichmäßige Wasserführung starken Karstquellen im Oberlaufe verdankt und der mit 31 km Gesamtlänge (21 km innerhalb des Gebirges) die längste Entwässerungslinie der Kleinen Karpaten ist, eine fast ebenso starke Ausbuchtung der Wasserscheide nach Osten. Diese erreicht in der Gegend der Baba (Straßensattel Kote 527) ungefähr die Mitte des Gebirges. Über den Schmalberg/Čmele (709 m) läuft sie in nordöstlicher Richtung, die Visoká westlich lassend, auf die Hochfläche der Biela skala, steigt auf den Hauptkamm des Rachsthurn/Vapenná, ohne den Hauptgipfel selbst zu berühren, und erreicht schließlich den Kamm des Wetterling/Veternik. Diesen verfolgt sie fast in seiner ganzen Länge, wechselt dann hinüber auf den benachbarten höchsten Punkt des Scharfensteinkammes. Von diesem höchsten Gipfel der Kleinen Karpaten (Záruby oder Ostri vrch, 768 m) quert sie in nördlicher Richtung das Becken von Bixard/Buková, das bereits von der Tyrnau/Trnávka angezapft ist, die auch den größten Teil des Dolomitberglandes erobert hat.

Klima und Böden

Unser Raum liegt nahe der Grenze zwischen dem östlichen und westlichen Mitteleuropa am Nordwestrand des innerkarpatischen Raumes und damit im Bereich des sogenannten Pannonischen Klimas. Man versteht darunter

das Gebiet des langsamen Überganges vom ozeanisch beeinflußten Klima West-
europas zum kontinentalen Klima des Ostens unseres Erdteiles in mittlerer
Breitenlage. Dieses Übergangsklima, durch den großen Karpatenbogen gegen
einen allzu raschen und starken Einfluß Osteuropas wirksam geschützt, reicht
jedoch über das Gebiet der römischen Provinz Pannonien (Westungarn einschließlich des Wiener Beckens) insoferne weit hinaus, als es große Teile von
Niederösterreich sowie große Teile Südmährens mitumfaßt. Das mäßig winter-
kalte und sommerheiß-trockene Klima mußte den Römern als nahe verwandt
mit der Heimat und daher durchaus erträglich erscheinen.

Das eiszeitliche Geschehen in diesem durch die Donau als mächtigem
Schmelzwasserstrom der jeweiligen Warmzeiten gekennzeichneten inner- und
außerkarpatischen P e r i g l a z i a l r a u m begünstigte außerordentlich die Entstehung und Verbreitung der fruchtbaren Lößdecken aus verwehtem Hochwasserschlamm. So kann man das Pannonische Klima als ein h a l b k o n t i n e n -
t a l e s Übergangsklima zwischen West und Ost bezeichnen, dessen Temperatur-
gang und Niederschlagsverteilung halb-kontinental und halb-ozeanisch wirksam
wird. Die typischen Kulturpflanzen eines solchen Klimas (Weizen, Mais, Zucker-
rübe) sind daher in unserem Raum ebenso weit verbreitet wie der Wein- und
Obstbau. Ein weiterer Vorteil dieses halbfeuchten und halbtrockenen Klimas
besteht in der K o n s e r v i e r u n g d e s R e l i e f s infolge starkt verminderter
Erosion, damit der Erhaltung großer zusammenhängender Agrarflächen und der
Möglichkeit eines leichteren und billigeren Verkehrs von Mensch und Gütern,
allerdings bei meist verstärkter Windwirkung und verminderter Wassernutzung.
Dazu kommt noch der Mangel größerer landschaftlicher Gegensätze und somit
das Fehlen der Voraussetzung für einen stärkeren Fremdenverkehr.

Neben den fruchtbaren, weitgespannten und nur schwach zerschnittenen
Lößflächen finden wir auch unfruchtbare, weil durch nacheiszeitliche westliche
Winde aus Flußsanden herausgewehte, oft mit Dünen besetzte kleinere Flug-
sanddecken im karpatischen Raume, vor allem zwischen Donau und Theiß über
dem älteren Löß darunter. Diese sterilen Sande eignen sich zwar besonders
für Aufforstung mit Nadelbäumen, sonst aber nur für Hafer-, Kartoffel-
und Gerstenbau, sowie bei entsprechender Düngung für Gemüse-, Obst- und
Weinbau (‚Sandweine‘). Sie finden sich in unserem Raum nur im äußersten
Nordwesten vom linken Marchufer bis in die Nähe des Nordwestrandes der
Kleinen Karpaten und bilden hier die mehr-weniger geschlossene Flugsanddecke des Bôrwaldes.

Die relativ kleinen Temperaturunterschiede im Sommer- und Winter zwischen Ebene und Gebirge sind vor allem durch die geringen Höhenunterschiede
bedingt. Größer sind die durch Luv- und Leeseite bedingten Unterschiede, d. h.
der O s t r a n d der Kleinen Karpaten ist durch seine windgeschützte Lage
der klimatisch begünstigte Teil des Gesamtraumes und daher zum Hauptstandort des sogenannten „Weingebirges“ geworden, wo nicht nur auf Lößboden,
sondern auch höher oben auf kristallinem Verwitterungsboden hochwertige
Weinsorten — wie der berühmte „Limbacher“ — gezogen werden.

Die höchsten Jahresmittel der Temperatur (8,5°—10° C) finden sich in der
südslowakischen Ebene und am Unterlauf der Haupttäler, im Waagtal nur bis
Freistadtl/Hlohovec. Ab Tyrnau gibt es im Winter keine Temperaturunterschiede zwischen Ebene und Gebirge. Die Jahresniederschläge steigen von Westen auf den Kamm der Kleinen Karpaten von 600 auf 1000 mm. Der schmale
Streifen der slowakischen Marchebene bleibt unter 600 mm, während das west-

liche und östliche Vorland und darüber hinaus die gesamte Waagbucht sowie das Neutra- und Grangebiet auf 800 mm Jahresniederschlag ansteigen. Die große südslowakische Wärmeinsel verlängert sich in den Tälern der Nordwest-Karpaten zungenartig talauf. In dieses Warmluftgebiet stoßen die Kleinen Karpaten als kühlere und feuchtere Zunge nach Südwesten hinein, und wirken sich mehr durch ihre Breite als ihre Höhe klimatisch aus, wenn auch der tektonisch bedingte Innenrand des Gebirges die Wirkung der Leeseite verstärkt.

Die weitaus vorherrschende W i n d r i c h t u n g ist — wie in Böhmen und Mähren — die atlantische der West- und Nordwestwinde und zwar nicht nur der Bodenwinde, sondern auch der Höhenwinde in 2000 m Höhe, wie Messungen über Preßburg und Neutra ergeben haben.

Bevölkerung

Das menschenarme Waldland der Kleinen Karpaten wird von einer Kette volkreicher Randsiedlungen umgeben, deren Lage, Bevölkerungs- und Wirtschaftsverhältnisse viele interessante Fragen stellen. Die Darlegung eines Teiles der Bevölkerungsverhältnisse muß sich allerdings hier auf die Zeit vor dem Ersten Weltkrieg beschränken, u. a. deswegen, weil die Ergebnisse der Volkszählung 1930 erst 1936 vollständig vorlagen und dann vom Verfasser nicht mehr ganz ausgewertet werden konnten.

Der Gegensatz zwischen L u v und L e e des Gebirges kommt in der Zahl und Größe der Siedlungen nur wenig zum Ausdruck. Die Leeseite trägt etwas mehr und größere Siedlungen (Luv: 20, Lee: 22 Ortsgemeinden einschließlich Preßburg; hier ist Theben/Devín, das wirtschaftlich zum Osten gehört, zu den Luvgemeinden gezählt). Zählt man jedoch nur die geschlossenen Wohnplätze, so wird der Unterschied noch geringer (Luv: 19, Lee: 20). Allerdings sind hierbei vier Siedlungen (Ballenstein/Borinka und Marienthal/Marianka im Westen, Bixard/Buková und Pila im Osten), die eigentlich innerhalb des Gebirges, nur in Randnähe, liegen, mitgezählt. Ohne sie ergibt sich ein deutlicheres Übergewicht des O s t r a n d e s. Sonst wies das Gebirge nur die spärlichen Siedlungen der Holzhacker und Jäger auf, zu denen noch einige Schutzhütten und Jagdhäuser sowie die Villenkolonie „Harmonie" oberhalb Modern/Modra als nur zeitweise bewohnte Siedlungen hinzukamen.

Am Westrand wohnten 1910 rund 28.000 (1930 rund 29.000), am Ostrand rund 34.000 (1930 rund 40.000) Menschen, wenn wir von Preßburg absehen. Dabei lagen die volkreichsten Siedlungen beiderseits im Süden im weiteren Hinterland von Preßburg. Im Westen war es der Wohnplatz Stampfen-Maßt/Stupava-Mást (4251/4201 E.) [7], im Osten Bösing-Zeil/Pezinok-Cajla (6034/7520 E.). Doch wies der Ostrand mit dem Gebirgsdörflein Pila (279/337 E.) und den Weinbaudörfern Zuckersdorf/Kučišdorf/V. Trnie (344/403 E.) und Terling/Trlinok/M. Trnie (327/369 E.) auch die kleinsten Siedlungen des Gebietes auf, während jene der Westseite immerhin 600—900 Einwohner zählten.

Die B e v ö l k e r u n g s b e w e g u n g der Jahre 1870—1910 zeigte ähnlich wie für das ganze Komitat Preßburg auch für unser Teilgebiet kein erfreuliches Bild. S t i l l s t a n d und A b n a h m e waren weitaus vorherrschend, besonders am Westrand. Nennenswerte Zunahmen fanden sich — abgesehen von Preßburg — nur in den wenigen Orten mit aufkommender Industrie (Blumenau/Lamač, Theben-Neudorf/Devínska N. Ves) oder jenen der Umgebung von

---

[7] Hier und im folgenden bezeichnet die erste Zahl die Einwohnerzahl 1910, die zweite die Einwohnerzahl 1930.

Preßburg, die immer mehr zu Wohnvororten der Stadt wurden (Ratzersdorf/
Rača). Diese Alterserscheinung in der Entwicklung der Bevölkerung eines
Grenzgebietes mit starken Beziehungen zum benachbarten Niederösterreich,
vor allem Wien, und anderen altösterreichischen Kronländern mitten während
des wirtschaftlichen Aufschwunges der Gesamtmonarchie war weniger auf
zu geringe Vermehrung als auf die starke A u s w a n d e r u n g nach Österreich
und dem Auslande, besonders nach Nordamerika, zurückzuführen. So betrug
die Auswanderung aus dem Komitat Preßburg nach Amerika in % der natürlichen Zunahme 1899—1913 18,4%, aus der Stadt Preßburg 13,6%. Bei benachbarten Gemeinden, die einen zusammenhängenden Wohnplatz bilden, — in unserem
Gebiet St. Georgen-Neustift/Jur p. B.-Neštich und Bösing-Zeil/Pezinok-Cajla
auf der Ostseite, Stampfen-Maßt/Stupava-Mást auf der Westseite — ergaben
sich Zu- oder Abnahme der Bevölkerung oft durch Umsiedlung von einer
Gemeinde in die andere. Der Westrand zeigte ab Apfelsbach/Jablonové nach
Norden fast nur Stillstand oder Abnahme, die in dem abgelegenen Nordwest-
Winkel besonders ausgeprägt war. Dieser Raum wurde durch die hauptsächlich
dem Holztransport dienende Bahn Zohor—Blassenstein—St. Nikolaus/Plavecký
Mikuláš (36 km), die erst 1912 erbaut wurde, nur unvollkommen erschlossen.
Etwas günstiger ist die Bevölkerungsbewegung am Ostrand der Kleinen
Karpaten. Hier zeigt nur — wie schon erwähnt — das kleine Pila,
meist von Holzarbeitern und Forstleuten der Herrschaft Biebersburg/
Červený Kameň bewohnt, eine bedeutende, ständige Abnahme. Diese fin-
det sich sonst wohl auch unregelmäßig bei einzelnen Siedlungen im
Nordosten (Schattmannsdorf/Častá, Ottental/Dol'any, Unternußdorf/Dol. Ore-
šany), ferner bei Zuckersdorf/V. Třnie und Terling/M. Třnie sowie bei
Modern/Modra, wo sie durch Auswanderung bewirkt wurde (1910: —228). Die
Bevölkerungsabnahme des sonst begünstigten Ostrandes erklärt sich durch
die Anziehungskraft von Preßburg und Tyrnau (Industrie) sowie ebenfalls durch
Auswanderung nach Österreich und ins Ausland.

Art und Umfang der A u s w a n d e r u n g aus Altungarn während der
letzten eineinhalb Dezennien der Vorkriegszeit (1899—1913) lassen sich wegen
unvollständiger statistischer Grundlagen nur teilweise richtig erkennen. Die Auswanderung nach Österreich konnte leider nicht erfaßt werden. Die veröffent-
lichten Zahlen beziehen sich höchstens auf Komitate und Freistädte, aber nicht
auf Bezirke und Gemeinden. So dürfen Schlüsse auf die Auswanderung einzelner Orte nur vorsichtig gezogen werden. Jedenfalls stellen die Auswanderungs-
zahlen nur Mindestwerte dar. Die Hauptursachen der Auswanderung aus Altungarn waren bestimmt wirtschaftlicher Natur (Bodenhunger, niedrige Löhne,
Mißernten, Reblaus, hoher Zinsfuß, Wucherunwesen), daneben aber auch politische Unzufriedenheit und reines Erwerbsstreben, gefördert durch die Berichte
der Ausgewanderten und die Werbetätigkeit der Schiffahrtsgesellschaften.
Hauptauswanderungsgebiet war Nordamerika, besonders die USA. In der
angegebenen Zeit sind aus dem Komitat Preßburg einschließlich der Stadt
Preßburg rund 13.500 Menschen ins Zollausland ausgewandert. Fast dreimal
so groß (36.372) war 1910 die Zahl der ungarischen Staatsbürger in Österreich,
die aus dem Komitat Preßburg (einschließlich der Stadt Preßburg) stammten.
Weitaus die meisten von ihnen lebten in Wien (70%) und Niederösterreich (21%).
Denn die nach allen Seiten ausgreifende mächtige Anziehungskraft der Reichs-
hauptstadt machte sich besonders nach dem Osten der Monarchie mit seinem
großen Zivilisationsgefälle geltend. Obwohl über die Gliederung dieser Binnen-

wanderung nach Volkszugehörigkeit, Konfession und Beruf leider nichts gesagt werden kann, ist es ohne weiteres klar, daß diese „Österreichgänger", soweit sie bäuerlicher Herkunft waren, als billige Arbeitskräfte hauptsächlich in die Fabriken zogen oder Bau- und Erntearbeiter wurden, während die aus Preßburg und den Kleinstädten Stammenden sich mehr im Gewerbe oder als Dienstboten betätigten.

Von den oben genannten rund 13.500 Auswanderern sind im gleichen Zeitraume rund 3500 Rückwanderer in Abzug zu bringen, sodaß das Mißverhältnis zwischen „Auslands-" und „Österreichgängern" noch größer wird. Der Höhepunkt dieser Auswanderung fiel in die Jahre 1905—10 und wurde hauptsächlich von den Landgemeinden bestritten, während die Abwanderung aus Preßburg durch die zunehmende Industrialisierung eingeschränkt wurde. Besonders stark war die Auswanderung aus dem Bezirke Malacka mit seinen Sandböden und dem vorherrschenden Großgrundbesitz (1899—1913 rund 3000 Auswanderer). Unter den Landstädten stand Modern an der Spitze.

Der Anteil der S l o w a k e n unseres Gebietes an der Wanderung ins Ausland und nach Österreich war so stark, daß die Statistik von einem „slowakisch-nationalen Charakter" der Bewegung sprach. An zweiter Stelle im Komitat, an erster in der Stadt Preßburg standen die Deutschen, dann folgten erst die Madjaren, die in der Stadt Preßburg an zweiter Stelle standen [8].

	Deutsche	Slowaken	Madjaren
aus dem Komitat Preßburg	8,2	83,7	7,9
aus der Stadt Preßburg	71,7	8,8	18,7

Geringer waren die Unterschiede bei den Rückwanderern (45,5% Slowaken, 32,1% Madjaren und 26,5% Deutsche). Man kann daraus wohl mit Recht auf verschieden rasche Erwerbsfähigkeit und Heimatsehnsucht schließen. Der Anteil der Geschlechter (an der Amerikawanderung 1911—13) zeigt für das Komitat Preßburg ein leichtes Übergewicht der Männer (51,6%), während bei der Stadt Preßburg die Frauen mit 73,5% weitaus vorherrschten. Aufschlußreich ist auch die Berufsgliederung. Sie wurde leider nur für die Amerika-Auswanderung 1905—07 und 1911—13 erhoben. Zwei Drittel der Auswanderer aus dem Komitat waren Bauern, der Rest verteilte sich auf Industrie, Dienstboten und Taglöhner. Bei der Stadt Preßburg waren dagegen mehr als zwei Drittel der Auswanderer Gewerbetreibende und Industriearbeiter, 15% Dienstboten.

Bei einer vergleichsweisen Betrachtung der Bevölkerungsbewegung innerhalb des gesamten Komitats Preßburg, das aus rund 300 Ortsgemeinden bestand, für die Zeit 1870—1910 nach den 7 Bezirken und den autonomen Stadtgemeinden zeigte sich bereits rein statistisch das deutliche Bild der Veränderungen, die sich aus dem starken Wachstum der beiden Industriestädte Preßburg und Tyrnau/Trnava, ebenso zahlreicher begünstigter Landgemeinden, der teilweisen Stagnation der übrigen Landstädtchen und dem Rückgang des Restes ergaben. In den Unterschieden der Bevölkerungsbewegung der einzelnen Bezirke kommen die sie mitbedingenden Bodenunterschiede (Löß, Sand) zum Ausdruck. Die stärkste Dauerzunahme zeigte der Bezirk Preßburg. Sie beträgt eigentlich 100%. Denn die einzige Gemeinde, die eine Ausnahme bildete, war Maßt/Mást, der Vorort von Stampfen/Stupava, der — wie schon erwähnt — einen Teil seiner Einwohner durch Umsiedlung an dieses verlor. Ebenfalls

---

[8] Nationale Gliederung der Auswanderer (1899—1913) in % der Gesamtauswanderung:

sehr stark (mehr als je $^3/_4$ der Gemeinden) war die Zunahme in den beiden Lößbezirken Tyrnau und Galanta, während die Flugsandbezirke Malacka und die Untere Schütt die geringste Zunahme aufwiesen.

Im allgemeinen ist für die gesamte Tschechoslowakei festzustellen, daß die vor dem Ersten Weltkrieg bestehenden großen Unterschiede in der Gliederung und Bewegung der Bevölkerung, ihrer beruflichen und sozialen Struktur sowie ihrer Schul- und fachlichen Bildung zwischen den Sudetenländern (Böhmen, Mähren und Österreichisch-Schlesien) und dem Anteil am Karpatenraum (Slowakei, Karpaten-Ukraine) in der Zwischenkriegszeit abgenommen haben. Die Hauptkennzeichen der Unterentwicklung eines Landes, der A n a l p h a - b e t i s m u s und eine starke, dauernde A u s w a n d e r u n g, gingen stark zurück. Die V o l k s d i c h t e erreichte um 1930 in Preßburg/Bratislava Werte über 200 Menschen pro km², blieb in Tyrnau/Trnava und den übrigen größeren Orten darunter, erreichte in Malacky 110. Während der begünstigte Ostrand des Gebirges Werte von 50—95 im Durchschnitt aufwies (Modern/Modra 145—170), besaß der Westrand nur eine Volksdichte von 35—65. Im Gebirgsland sanken die Werte auf unter und über 20.

Die nationale Gliederung zeigte das starke Übergewicht der Slowaken, den damals noch bedeutenden Anteil der Deutschen in Preßburg und seiner nächsten Umgebung sowie die damals noch große Zahl fast rein madjarischer Dörfer und Märkte im Bereich der Großen Schüttinsel. In k o n f e s s i o n e l - l e r H i n s i c h t stand die römisch-katholische Kirche weitaus an erster Stelle, da ihr nicht nur die Slowaken und Madjaren, sondern auch viele Deutsche angehörten. In den östlichen Randgemeinden befanden sich auch viele Protestanten. So war 1930 Modern/Modra etwa zur Hälfte und Bösing/ Pezinok zu mehr als einem Viertel evangelisch. Namhafte evangelische Minderheiten wiesen Ratzersdorf/Rača, St. Georgen/Jur p. B. und Grünau/Grinava/ Myslenice auf. Die bekannte deutsche Weinbaugemeinde Limbach/Hlinik/Limbach war fast rein evangelisch. Die Zahl der Israeliten war in Bösing/Pezinok und Stampfen/Stupava nennenswert. Dagegen war die Zahl der Konfessionslosen — abgesehen von Preßburg — gleich Null. Die sogenannte „tschechoslowakische Kirche" war auf die Sudetenländer beschränkt.

Dem Kinderreichtum der westlichen und mittleren Slowakei stand die auffallende Kinderarmut in Theben/Devín und Umgebung gegenüber (viel Rentner und Pensionisten). Das Maximum kinderreicher Familien (7 und mehr Kinder) befand sich besonders auf der Großen Schüttinsel. Wie in der gesamten Slowakei überwog auch in unserem Raum die landwirtschaftliche Bevölkerung weitaus den Anteil der Industriebevölkerung. Trotz der großen Fortschritte der Slowakei in Fragen des Unterrichts und der Bildung bis 1930 bestanden gegenüber den Ländern Böhmen-Mähren-Schlesien weiterhin sehr große Unterschiede, da die Sünden der Vergangenheit nur nach und nach gut gemacht werden konnten.

Die Entwicklung des Zahlenverhältnisses der drei H a u p t n a t i o n e n des Gebietes läßt sich schon in den Werten für 1900 und 1910 gut erkennen. Für Preßburg und die vier Landstädte „mit geordnetem Magistrat" (St. Georgen/Jur p. B., Bösing/Pezinok, Modern/Modra und Tyrnau/Trnava) liegen die Zahlen von 1880—1930 vor. Das Jahrzehnt 1900—1910 ist auch deshalb wichtig, weil in diesem Zeitraum (und darüber hinaus bis 1914) die M a d j a r i s i e - r u n g in Altungarn am planmäßigsten und erfolgreichsten durchgeführt wurde. Die Zahlen über die Anteile der Nichtmadjaren stellen daher Mindest-

Bild 1: **Kleine Karpaten** (zentraler Teil): Laubmischwald, vorne durch Waldweide gelichteter Eschenhain, die schwärzliche Farbe durch den Eschenbastkäfer zusammen mit einem Pilz verursacht (frdl. Mitteilung von Forstrat Dipl.-Ing. Alois KOHL,
Wien). Dahinter meist Buchenwald (kalkhold). Hinten Geldek-Kamm (688 m), Triaskalk.
Blick nach Westen. Mittelwald (Ausschlagwald). 17. 5. 1932 (phot. R. R.).

Bild 2: **Alttertiäres Becken von Biksard/Buková** am Nordende der
Kleinen Karpaten vom Scharfenstein/Ostri Vrh (761 m). Blick nach Norden. Becken durch
den Tyrnaubach/Trnávka nach Osten entwässert. Vorne Dolomithügelland (zerschnittene,
z. T. nackte Konvexhänge mit etwas Buschwald und Schafweide, dahinter das große
Anger- und **Straßendorf** B. (1930: 2.429 ha, 916 Einw.) an langer Straßengabel mit
großer Gewannflur (Dreifelderwirtschaft). Am Rande rechts oben kleine Waldhufenflur,
am Rande links kleine Flurerweiterung (frdl. Mitteilung von Prof. Dr. Adalbert KLAAR).
Hinten das Miava-Hügelland/Myjavská pahorkatina. 17. 5. 1932 (phot. R. R.).

Bild 3: Kleinstadt M o d e r n / M o d r a am Ostrand der Kleinen Karpaten von Nordosten (Blick nach SW). 22 km nordöstl. Preßburg/Bratislava (Luftlinie). 1930: 4.970 ha,
5.685 Einw. (356 Dt., 2.770 Evang.). Blick nach Südwesten auf das Modreiner Granitgebirge und die Weingärten. Vorne die ‚Hofweingärten', durch Tore in der Stadtmauer
(Mittelgrund) zugänglich. Rand rechts: kathol. Pfarrkirche, Rand links: dt. und slowak.
evangel. Kirchen. Am Bergfuß moderne Wohn- und Geschäftshäuser.

15. 5. 1932 (phot. R. R.).

Bild 4: Ehemals deutsche „H o l z h a c k e r" des „Davidhauses" am Nordwesthang der
Kleinen Karpaten (3 km südöstl. Rohrbach/Rohožnik vor dem gemauerten, mit Dachpappe gedeckten Wohnhaus für vier Familien (15 Personen, davon 8 Erwachsene).

15. 10. 1932 (phot. R. R.).

werte dar. Die starke Zunahme der Slowaken und Abnahme der Madjaren
bei der Zählung 1920, diese durch die Abwanderung vieler Staatsangestellter
allerdings mitverursacht, beweisen dies.

Auch bezüglich der nationalen Verhältnisse unterschieden sich West- und
Ostrand der Kleinen Karpaten, wobei wir hier Preßburg wegen seiner Sonderstellung und seines zahlenmäßigen Übergewichtes ausschalten. Der A u ß e n -
r a n d des Gebirges war stärker von Slowaken besiedelt. Sie nahmen hier
rund $4/_5$ der Bevölkerung ein, $1/_{12}$ entfiel auf die Deutschen, $1/_{20}$ auf die Madjaren und 4% auf Kroaten (in Theben-Neudorf/Devínska N. Ves). Die Deutschen
und Madjaren erschienen nur punktförmig. Mit Ausnahme von Theben,
Theben-Neudorf und Stampfen/Stupava standen 1920 die S l o w a k e n mit
88—98% in allen Siedlungen weitaus an der Spitze. Doch stand ihre Bevölkerungsbewegung gegenüber der Vorkriegszeit nahezu still. Die D e u t s c h e n
waren vor allem am Südende und im südlichen Teil des Ostrandes der Kleinen
Karpaten zu finden (siehe die folgende Tabelle). Mit Ausnahme von Limbach
gab es 1930 keine mehrheitlichen deutschen Orte mehr; in Theben war ihr
Anteil von 63% (1920) auf 37% (1930) abgesunken. Die Zahl der M a d j a r e n
blieb — mit Ausnahme von Preßburg — verhältnismäßig gering und erreichte
1930 nur in Bösing/Pezinok, Theben/Devín und Theben-Neudorf/Devínska N. Ves
Anteile von 3—4%. Sie beschränkte sich vielfach auf Beamte und Angestellte,
vor allem der Industrie und des Großgrundbesitzes. Die Gutsherrschaft Pálffy
in Malacky beschäftigte allerdings eine namhafte Zahl deutscher Beamter
und Angestellter.

Deutschsprachige Bevölkerung in den Randgemeinden der Kleinen Karpaten
(Volkszählung 1930)

G e m e i n d e	Deutschsprachige	
		in % der
		anwesenden
	absolut	Bevölkerung
Ratzersdorf/Racistorf/Raca	847	13,7
Sankt Georgen/Svätý Jur/Jur pri Bratislave	918	24,7
Grünau/Grinava/Myslenice	562	45,3
Limbach/Hlinik/Limbach	916	96,5
Bösing/Pezinok	1325	21,8
Modern/Modra	356	6,2
Theben/Devín	885	37,4

Eine gute Vorstellung von dem teilweise erschreckend niedrigen Stand
der allgemeinen V o l k s b i l d u n g in Altungarn geben uns die Zahlen der
A n a l p h a b e t e n in den einzelnen Gemeinden unseres Gebietes. Sie zeigen
uns auch, daß der Ausdruck „Kulturgefälle" jenseits der österreichischen
Grenze wirklich berechtigt war, denn die Kenntnis des Lesens und Schreibens
ist keine Angelegenheit der bloßen Zivilisation. Ihre geringe Verbreitung
wurde durch die vorherrschend bäuerliche Berufsgliederung, besonders des
Westrandes, gewiß mitbedingt. Wenn aber sogar hier unmittelbar an der
österreichischen Grenze 20—50% der Gesamtbevölkerung (einschließlich der

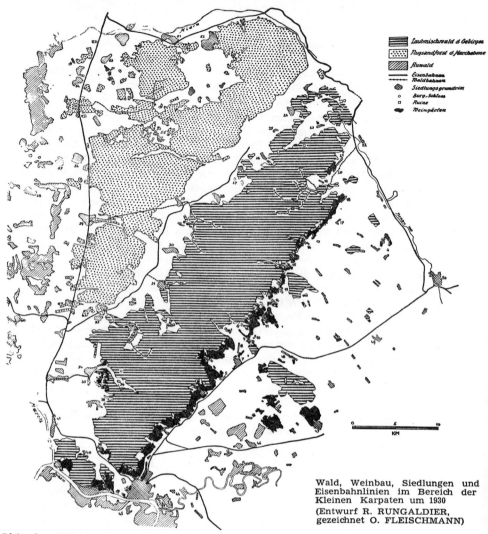

Wald, Weinbau, Siedlungen und
Eisenbahnlinien im Bereich der
Kleinen Karpaten um 1930
(Entwurf R. RUNGALDIER,
gezeichnet O. FLEISCHMANN)

Liste der Orte am Fuße und im Vorland der Kleinen Karpaten in deutscher und slowakischer Schreibweise

1 Preßburg/Bratislava
2 Ratzersdorf/Račistorf/Rača
3 St. Georgen/Svätý Jur/Jur pri Bratislave
4 Neustift/Neštich
5 Grünau/Grinava/Myslenice
6 Limbach/Hlinik/Limbach
7 Bösing/Pezinok
8 Zeil/Cajla
9 Zuckersdorf/Kučišdorf/ V. Trnie [1]
10 Terling/Trlinok/M. Trnie [1]
11 Modern/Modra
12 Königsdorf/Král'ová (6. Bezirk von Modern)
13 Dubová/Dubová
14 Pila/Píla
15 Schattmannsdorf/Častá
16 Ottental/Ompitál/Dol'any
17 Unter-Nussdorf/Dol. Orešany
18 Ober-Nussdorf/Hor. Orešany
19 Loschontz/Lošonec
20 Neustift/Neštich/Smolenice N. Ves

21 Smolenitz/Smolenice
22 Nadasch/Nádaš/Trstín
23 Bixard/Biksard/Bukvá
24 Schandorf/Sandorf/Prievaly
25 Blassenstein-St. Peter/ Plavecký (Svätý) Peter
26 Blassenstein-St. Nikolaus/ Plavecký (Svätý) Mikuláš
27 Blassenstein/Plavecké Podhradie
28 Breitenbrunn/Sološnica
29 Rohrbach/Rarbok/Rohožnik
30 Kuchel/Kuchyňa
31 Pernek/Pernek
32 Apfelsbach/Jablonové
33 Lozorno/Lozorno
34 Stampfen/Stupava
35 Maßt/Mást
36 Ballenstein (Paulenstein)/ Pajštún/Borinka
37 Bisternitz/Záhorská Bystrica
38 Marienthal/Marianka
39 Blumenau/Lamač
40 Kaltenbrunn/Dúbravka

41 Theben-Neudorf/Devínska Nová Ves
42 Theben/Devín
43 Karlsdorf/Karlova Ves
44 Oberufer/Prievoz
45 Engerau/Petržalka
46 Lanschütz/Bernolákovo
47 Wartberg/Senec
48 Schenkwitz/Šenkvice
49 Cifer/Cífer
50 Tyrnau/Trnava
51 Schoßberg/Saštinske Stráže
52 Búr-St. Nikolaus/Borský (Svätý) Mikuláš
53 Búr-St. Georgen/Borský (Svätý) Jur
54 St. Johann a. d. March/ Moravský-Ján
55 Hausbrunn/Hasprunka
56 Groß-Schützen/Velké Leváre
57 Klein-Schützen/Malé Leváre
58 Gayring/Gajary
59 Malacka/Malacky
60 Hochstädten/Hochřetetno/ Vysoka pri Mor.

[1] Ortsteile von Vinosady.

Kinder unter 6 Jahren) Analphabeten waren, dann ist der V o r w u r f einer bewußten Vernachlässigung der allgemeinen Volksbildung berechtigt. Denn weder das Gelände — wie etwa im Hochgebirge oder in weiten Waldgebieten — noch die Abneigung des Volkes gegen die Schule konnten hier als Entschuldigung angeführt werden. Als solche könnte nur der durch die historisch gewordenen Vorrechte der einzelnen Kirchengemeinden bezüglich des Unterrichtes in der betreffenden Muttersprache mitbedingte M a n g e l einer allgemeinen S c h u l - p f l i c h t in Altungarn gelten. Denn die Erhaltung der Schulen war vielfach den einzelnen, oft wenig leistungsfähigen Kirchengemeinden überlassen, die wieder eine stärkere staatliche Unterstützung oder gar Verstaatlichung nur gegen teilweise oder gänzliche Madjarisierung des Unterrichtes erreichen konnten. So waren auch hier Politik und Kulturfragen eng miteinander ver-knüpft.

Gewiß wurde die Kenntnis des Lesens und Schreibens von einer rein bäuerlichen, patriarchalisch lebenden Bevölkerung weniger schwer vermißt als in Märkten und Städten. Aber die allgemeine S t a g n a t i o n im Wirtschafts-leben wurde durch Unbildung des Volkes mitbedingt. So wurde die Furcht vor politischen Forderungen einer allgemein gebildeten nationalen Minderheit durch die Gleichgültigkeit und Unfähigkeit des Analphabetentums wohl aufgewogen.

Auch in dieser Hinsicht zeigte der W e s t r a n d wesentlich ungünstigere Verhältnisse als der Ostrand (vgl. Tabelle). Es gab im Gesamtgebiet überhaupt

Analphabeten (1910) in % der Gesamtbevölkerung	Zahl der Gemeinden Westrand Ostrand der Kleinen Karpaten	
über 50%	1	0
40—50%	6	3
30—40%	8	10
20—30%	5	6
unter 20%	0	2
Summe	20	21

keine Siedlung mit weniger als 19% Analphabeten; selbst Preßburg hatte 1910 (mit Militär) 19,8%. Die Hundertsätze beziehen sich auf die G e s a m t b e v ö l - k e r u n g, d. h. es sind auch die nicht schulpflichtigen Kinder (unter 6 Jahren) mitgerechnet. Nach Stichproben betrug der Hundertsatz der Kinder bis 6 Jahren in den einzelnen Gemeinden 11—19%, meist 13—14% der Gesamtbevölkerung (samt Militär) in 1910.

Form und Gliederung der Siedlungen

Die Randsiedlungen der Kleinen Karpaten sind Straßen- und Anger-dörfer oder aus solchen hervorgegangen. Dieser Grundriß herrscht auch sonst im Gebiete des einstigen Komitates Preßburg weitaus vor. Selbst die von Deutschen mitbegründeten und zu städtischen Siedlungen ausgebauten und befestigten drei Landstädtchen St. Georgen/Jur p. B., Bösing/Pezinok und Modern/Modra lassen noch heute den Kern der alten Straßensiedlung unschwer erkennen. Am stärksten weicht von diesem Schema noch B ö s i n g ab, das ähnlich wie Tyrnau/Trnava einen rechteckigen Grundriß mit einem Marktplatz annähernd in der Mitte aufweist. Am Außensaum der Doppelbucht von Limbach und Zeil/Cajla gelegen, fand es zu seiner Entwicklung den Raum, der den übrigen Randsiedlungen fehlte. So erklärt sich deren Straßendorftypus vor allem aus der Vereinigung von Schutz- und Verkehrslage auf beschränktem Siedlungsraum.

Der verschiedene Bau und die verschieden starke Zertalung des windausgesetzten, feuchteren Westrandes und des geschützteren, trockeneren Ostrandes sowie die verschiedene Zusammensetzung des jeweiligen Vorlandes sind wohl die Hauptursachen für die verschiedenen Anteile der mehr oder weniger parallel und der mehr oder weniger senkrecht zum Gebirge gerichteten Siedlungen. Der Unterschied ihrer Lage am West- und Ostrande ist jedenfalls deutlich und verlangt eine Erklärung. So liegt rund die Hälfte der Westrandsiedlungen am Ausgang von Tälern, annähernd senkrecht zum Gebirge. Nur vier Orte (Theben-Neudorf/Devinska N. Ves, Stampfen-Maßt/Stupava-Mást, Blasenstein-St. Peter/Plavecký Peter, Schandorf/Šandorf/Prievaly) liegen annähernd parallel zum Gebirge. Am Ostrande sind dagegen acht (Ratzersdorf/ Rača, Terling/M. Třnie, Dubová, Schattmannsdorf/Časta, Unter- und OberNußdorf/Dol. Orešany, Hor. O., Neustift/Smolenice N. Ves., Smolenice). Besonders die geringe Zertalung des Preßburger Granitgebirges sowie des mauerartigen Schieferzuges zwischen Königsdorf/Král'ová und Obernußdorf/Hor. Orešany sind hier als Mitursache anzuführen. Am Westrande mag auch die Wasserversorgung, die tiefe Lage des Quellhorizontes am Rande des Kalkgebirges von Einfluß gewesen sein. So liegt Pernek schon zur Hälfte im Gebirge, noch mehr gilt dies von den Siedlungen der Eozänsenke und den eigentlichen Gebirgsdörfern (Ballenstein/Borinka und Marienthal/Marianka). Die bessere Erhaltung der Strandterrassen und Leisten am Leehang, die einen viel eheneren Siedlungsboden bieten als die Talböden und schwachausgeprägten Schwemmkegel, mag ebenfalls Einfluß gehabt haben. Am Ostrande lagen übrigens drei Siedlungskerne ganz oder teilweise auf dem Granit des Gebirgsrandes (Ratzersdorf/Rača, St. Georgen-Neustift/Jur p. B.-Neštich, Modern/Modra) sozusagen hochhinaufgezogen, abseits der im Vorlande verlaufenden Hauptstraße. Zwischen Preßburg und Modern wurde außerdem noch der Siedlungsraum durch S u m p f l a n d (Hochwassergebiet der Donau mit ständig hohem Grundwasserstand) stark beschränkt, dessen stattliche Reste in den ŠurWäldern noch heute sichtbar sind. Auch am Westrand ist ab Lozorno der Siedlungsraum durch die vorgelagerte mächtige Flugsandmasse auf eineinhalb bis drei Kilometer eingeengt. Außerdem ist der Streifen von der Dünenstirn infolge des unzureichenden Gefälles leicht sumpfig. So ist die Lage der Siedlungen auch hier von der Natur bis zu einem gewissen Grade vorgezeichnet.

Ein z. T. weithin sichtbarer Schmuck der Landschaft des Gebirgsrandes sind die f ü n f B u r g e n Weißenstein/Biely kameň (bei St. Georgen/Jur p. B., im Walde versteckt), Bibersburg/Červený kameň, Scharfenstein/Ostrý kameň, Blaßenstein/Plavecký hrad und Paulenstein (Ballenstein)/Borinka. Die letzten drei liegen am Westrande. Bis auf die noch völlig in Stand gehaltene und bewohnte Bibersburg sind es nur mehr malerische Ruinen, die aber noch durch die Kühnheit (Scharfen- und Blaßenstein) oder durch die Größe ihrer Anlage (Paulenstein) mächtigen Eindruck machen. Die felsigen Steilhänge der Trias- und Liaskalke des Westrandes sind ja für die Anlage von Burgen wie geschaffen. Ihre Geschichte ist eine reiche. Besondere Beachtung verdienen die zwei einstigen F u g g e r b u r g e n Blaßenstein und Bibersburg, die in der zweiten Hälfte des 16. Jahrhunderts kurze Zeit im Besitze der mächtigen Augsburger Kaufherren waren und später von den Pálffy erworben wurden. An deren Vermählung mit einer Fuggerin erinnert noch eine Inschrift auf der Bibersburg. Zu diesen Burgen kommen noch die verschiedenen Schlösser und Kastelle in den einzelnen größeren Orten des Gebirgsrandes und Vorlandes, einst meist Pálffy-Besitz. Besondere Erwähnung verdient der mächtige Neubau (nach den alten Plänen) der Burg in Smolenice.

Das Gebirge selbst enthielt zur Zeit der Begehung nur wenige E i n z e l - s i e d l u n g e n der Jäger und Holzhacker und einige Jagdschlößchen. Erstere waren meist Holzbauten, ausgenommen im Kalkgebirge. Die Glashütten, Poch- werke und Papiermühlen der Vergangenheit waren nur mehr als Ruinen oder gar nur dem Namen nach erhalten. Eine Ausnahme bildeten hier nur die Anlagen des stillgelegten K u p f e r h a m m e r s bei Ballenstein/Pajštun/ Borinka.

Bei der Betrachtung des G r u n d r i s s e s der Siedlungen müssen die einstigen bevorrechteten „Städte" im rechtlichen Sinne S t . G e o r g e n / J u r p. B., B ö s i n g / P e z i n o k und M o d e r n / M o d r a von den reinen Land- gemeinden unterschieden werden, wenn sie auch — wie schon erwähnt — in ihrem heutigen Grundriß teilweise noch die alte Straßendorfanlage gut erken- nen lassen. Seit dem Ende des 30jährigen Krieges (Modern seit Beginn des 17. Jahrhunderts) bis zur Einrichtung des Dualismus waren die drei Orte durch rund zweieinhalb Jahrhunderte k ö n i g l i c h e F r e i s t ä d t e mit einer Reihe von Privilegien und diese Sonderstellung ist am Siedlungsbilde noch deutlich zu erkennen. Daß sie es geworden sind, verdanken sie nicht nur der Wohlhabenheit ihrer Bürger, sondern vor allem ihrer damaligen wirtschaftlichen Bedeutung, die in erster Linie auf dem deutschen Gewerbe beruhte.

Bodenbesitz und Bodenverteilung

Auch hier vermögen wir nur ein Bild der Zeit vor dem Ersten Weltkrieg zu entwerfen, da für die Zwischenkriegszeit eine Agrarstatistik einzelner Gemeinden nicht vorlag. Die letzte veröffentliche stammte übrigens aus dem Jahre 1895, sodaß auch für die folgenden beiden Jahrzehnte die nicht allzu großen Veränderungen im Besitzstand und der Bodennutzung einzelner Gemeinden nicht erfaßt sind. Durch die Aufteilung von Großgrundbesitz im Zuge der Bodenreform nach dem Ersten Weltkriege traten weitere Verände- rungen ein. Doch war in den Dreißigerjahren der gerade in unserem Gebiete weitaus vorherrschende Waldbesitz der Pálffy und der übrigen Magnaten noch nicht aufgeteilt, sondern bis zur endgültigen Regelung der Entschädi- gungsfrage erst teilweise verstaatlicht (besonders im Gebiete des Bôr mit seinen Artillerieschießplätzen), teilweise — besonders in den Kleinen Karpaten selbst — noch der Pálffy'schen Güterverwaltung in Malacký unterstellt. Über diese, für einzelne Gemeinden gewiß einschneidenden Veränderungen konnte ebensowenig in Erfahrung gebracht werden wie über die Flurformen, deren Studium nur die den Fremden verwehrte Einsicht in die Katasterkarten ermöglicht hätte. Die große Beständigkeit der bäuerlichen Wirtschaft, ihr zähes Festhalten an ererbten Betriebsformen war auch hier deutlich feststellbar. Sie wurde durch die bereits besprochene, noch geringe allgemeine und fachliche Bildung des Bauernstandes, besonders bei den Slowaken unterstützt.

Soweit der Wohlstand der Ortsgemeinden aus der G r ö ß e der Gemeinde-flur ersichtlich ist, war eine Bevorzugung des Ostrandes nicht festzustellen. Die Unterschiede zwischen West und Ost zeigten sich mehr in der Boden-verteilung. So besaß 1895 der Wohnplatz Stampfen-Maßt/Stupava-Mást als die volkreichste Siedlung des Westrandes eine fast ebenso große Flur wie Preßburg (65 km²). Die Siedlungen im mittleren Teile des Westrandes (Lozorno-Breiten-brunn/Sološnica) wiesen Flurgrößen von rund 35—45 km² auf. Erst im nörd-lichen Teile mit seiner bekannten Ungunstlage lagen ärmere Gemeinden. Die kleinste Flur des Westrandes besaß das Gebirgsdörfchen Marienthal/ Marianka (319 ha). Auf der Innenseite der Kleinen Karpaten entsprach der Wohnplatz Bösing-Zeil/Pezinok-Cajla ungefähr dem genannten Gegenstück am Außenrande. Auch Modern/Modra, St. Georgen-Neustift/Jur p. B.-Neštich und Schattmannsdorf/Časta verfügten über große Flächen. Dagegen waren die übrigen Gemeinden mit wesentlich kleineren Fluren ausgestattet als im Westen. Am kleinsten waren die Gebiete der wegen ihrer starken Auswanderung bereits genannten Slowakendörfer Zuckersdorf/Kučišdorf/V. Trnie (197 ha) und Terling/Trlinok/M. Trnie (308 ha), für die zwischen den reichen Nachbarn Bösing und Modern nur wenig Raum mehr verblieb. So könnte man beinahe von einer Benachteiligung der Ostrandsiedlungen bezüglich ihrer Ausstattung mit Grund und Boden sprechen, was zum bisher erkannten L e i t g e d a n k e n der Arbeit vom wirtschaftlich-kulturellen Leecharakter der Luvseite des Gebirges in Widerspruch zu stehen scheint. Doch ist hier zu beachten, daß der wirtschaftliche Wohlstand der Ostrandsiedlungen bis in die Höhe von Ober-Nußdorf/Hor. Orešany sich hauptsächlich auf den verhältnismäßig nur kleine Flächen beanspruchenden W e i n b a u gründete, während die Gemein-den des Westrandes vorwiegend W a l d besaßen.

Wenn wir nun die B o d e n n u t z u n g der Randsiedlungen, deren Fluren oft bis auf den Hauptkamm des Gebirges reichten, näher betrachten, so ergibt sich folgendes Bild: Am Westrande waren Ackerbau, besonders auf Roggen, Hafer, Kartoffeln, im Süden auch Weizen-Mais, und Viehzucht, besonders Rinder-Schweine-Schafe, und die Nutzung der großen Gemeindewälder die Grundlage der bäuerlichen Wirtschaft, während andere Zweige wie Wein-und Obstbau nur im Süden im Raume Theben/Devín — Stampfen/Stupava — Blumenau/Lamač, einige Bedeutung besaßen. T h e b e n, das wegen seiner Schutzlage am Südhang des Thebener Kobels, seiner damals vorwiegend deut-schen Bevölkerung und seines starken Weinbaus (10,5% der Fläche einschließ-lich des Ortsbestandteiles Karlsdorf/Karlova Ves) eigentlich besser den Ost-randsiedlungen zuzurechnen war, fiel aus dieser Reihe heraus. Sonst hatten nur Stampfen-Maßt und Blumenau Weinbau aufzuweisen, der ab Lozorno fast vollständig fehlte. Die großen W a l d a n t e i l e der Westrandsiedlungen wurden jedoch von einzelnen Ostrandgemeinden (Limbach, Zeil/Cajla, Schatt-mannsdorf/Časta, Lošonec) mit rund ¾ der Gesamtfläche nicht unbedeutend übertroffen. Am Gebirgswald hatten also beide Siedlungsreihen ziemlich gleich-mäßigen Anteil. Der grundlegende Unterschied in der agrarischen Struktur der beiden Ränder des Gebirges lag vielmehr in der einseitigen Bevorzugung des W e i n b a u e s am Ostrande, auf den seiner Bedeutung wegen noch näher eingegangen wird. Nur drei Orte (Königsdorf/Kráľova, Pila und Lošonec) besaßen 1895 keine Weingärten. Ihre Fläche hatte in der Folgezeit, wie schon ein Blick auf die Spezialkarte zeigt, zugenommen. Wir mußten daher fast alle bäuerlichen Ostrandsiedlungen als W e i n b a u o r t e bezeichnen und konnten hier beinahe von einer M o n o k u l t u r sprechen. Denn alle übrigen Zweige der Landwirtschaft dienten fast nur der teilweisen Deckung des Eigenbedarfes.

Der Anteil des Ö d l a n d e s war verhältnismäßig gering (bis 6%). Er war im Osten kleiner als im Westen, was hauptsächlich aus Bau und Bodenarten zu erklären ist. Ausnahmen bildeten hier nur die Gemeinden Bixárd/Biksard/ Bukova mit 7,3% (sterile Dolomithügel), Theben-Neudorf/Devínska N. Ves mit 8,3% und Theben/Devín selbst mit 18,4% (!) (abgeholzte Hänge des Thebner Kogels?).

Landwirtschaft

Gerade unser Raum ist zum großen Teil durch Boden und Klima für den Anbau von W e i z e n, G e r s t e, M a i s und Z u c k e r r ü b e n, den Haupt- kulturpflanzen auf hochwertigen Böden des Pannonischen Klimas, besonders auf den Schwarzerdeböden der Waagbucht und der südslowakischen Donau- ebene, sehr geeignet, während die Sandböden des Bôrwaldes (Bezirk Malacky) gute Roggen- und Kartoffelernten liefern. Ein Hauptschwerpunkt der Zucker- rüben-Verarbeitung der Tschechoslowakei lag — und liegt — in der südlichen Donauebene und der südlichen Waagbucht mit Erntezahlen, die in den frühen Dreißigerjahren 180—250 dz/ha betrugen. Der O b s t b a u ist nur in der weiteren Umgebung von Preßburg von Wichtigkeit. Dagegen war — und ist —, wie bereits gesagt, der W e i n b a u am Innenrand der Kleinen Karpaten (im „Weingebirge") nach Qualität und Quantität von großer Bedeutung.

Bedeutend war auch die Viehzucht in unserem Raume, wenn auch die R i n d e r z u c h t im Vergleich zu Böhmen und Mähren relativ gering war. So betrug die Zahl der Kühe nur 17—24 Stück je 1000 ha Kulturland, in Böhmen und Mähren 37—75 Stück. Damals waren die Pferde in der westlichen Süd- und Mittelslowakei noch reichlich vertreten, während die Zahl der Schweine nur in der westlichen Südslowakei bedeutend war (340—593 Stück auf 1000 Ein- wohner, Schweinemast mit Mais und Zuckerrübenschnitzel). Die Zahl der Schafe war trotz der großen Stoppelfelder mäßig im Gegensatz zur Mittel- slowakei, weil Gebirgsweiden hier fehlen. Noch geringer war — besonders im Vergleich zu den Sudetenländern — der Ziegenbestand. Dagegen war die Erzeugung von Honig und Wachs — neben jener der Karpatenukraine — die größte in der ČSR.

Weinbau

Die große Ausdehnung, die der Weinbau am Ostrande der Kleinen Karpaten und z. T. auch im östlichen Vorlande seit altersher besitzt, ist in erster Linie durch die sonnige, wind- und frostgeschützte Lage am Leehang des Gebirges bedingt. Doch kann man von einer Bodengunst hier deshalb nicht sprechen, weil es sich vorwiegend um Gebirgsböden handelt, d. h. ziemlich schwere, wenig durchlässige Verwitterungsböden des Kristallins (Granit, Schiefer, Gneis), die von Gesteinstrümmern noch stark durchsetzt sind. Denn die L ö ß- d e c k e des östlichen Vorlandes reicht nirgends soweit ins Gebirge hinauf. Die Gewinnung dieser Hangflächen durch Rodung des dichten Gebirgswaldes rechtfertigt die alte Bezeichnung der Weinbauzone des Ostrandes als „W e i n- g e b i r g e". Auch die Eigenschaften dieser ziemlich zucker- und alkoholarmen, aber eiweißreichen Gebirgsweine (vorwiegend Weißweine) mit berühmter „Blume" weisen auf die Besonderheit des Bodens hin. Erst weiter draußen im eigentlichen Vorlande, im Bereich des „Tyrnauer Hügellandes" (Trnavska pahorkatina) werden schwerere Sorten auf den leichteren und kalkhältigeren Lößböden geerntet. Dabei dürfen wir uns — wie schon erwähnt — trotz der großen wirtschaftlichen Bedeutung des Weinbaus und seiner augenfälligen Erscheinung in der Kulturlandschaft über die Größe der von ihm besetzten Flächen keiner Täuschung hingeben. Denn Flächen intensiver Kultur sind meist verhältnismäßig klein. Wenn man die Gesamtfläche der Weingärten am Ost- und Westrande der Kleinen Karpaten um 1930 wenigstens annähernd bestimmen will, so muß man sie auf den Blättern der Spezialkarte ausmessen, da eine Statistik nicht veröffentlicht wurde. Das Ergebnis ist für den Ostrand rund 3600 ha, für den Westrand nur rund 200 ha (in der Umgebung von Blumenau/Lamač und Stampfen/Stupava). Immerhin war die Rebfläche des Ostrandes rund um die Hälfte größer als jene am Alpenostrande an der Thermenlinie (rund 2430 ha).

Die geschlossene Weinbauzone am Ostrande der Kleinen Karpaten reicht auf einer Strecke von 44 km (Luftlinie) von Preßburg bis zum kapartigen Nordostende des Schieferzuges bei Ober-Nußdorf/Hor. Orešany (wahre Länge auf dieser Strecke = 53 km) und setzt sich in größeren und kleineren Inseln auf den Südhängen des Thebener Kogels und seiner Ausläufer nach Westen bis zur Marchmündung fort. Auch im Norden gab es noch eine Insel bei Neustift/Neštich-Smolenice. Unterbrochen wurde dieser bis 1½ km breite Streifen der Rebgärten nur durch eine Anzahl von Talböden und noch nicht in Kultur genommene Hänge, besonders bei Ratzersdorf/Rača, Bösing/Pezinok und Königsdorf/Kral'ová. Gebirgseinwärts reicht die Zone am weitesten in der Bucht von Limbach, die sie geschlossen umrahmt. Nach außen hin war ursprünglich der schwach terrassierte Rand des Gebirgskörpers im allgemeinen auch die Grenze des Weinbaus. Erst seit etwa 1900 dehnte er sich stellenweise auch darüber hinaus jenseits von Straße und Eisenbahn aus. Doch sind diese Fußflächen stärker vom Froste bedroht und z. T. — besonders zwischen Preßburg und Modern — auf ungünstigeren, weil feuchteren Böden gelegen. Im eigentlichen Vorlande bereits im Bereiche des Lösses jenseits der Zone des Šur-Waldes gab es ebenfalls allenthalben auf den sanften, riedelartigen Höhenrücken und den Hängen der windgeformten „Großdünen" im Nordosten in geeigneter Auslage Rebflächen verschiedenen Alters und verschiedener Größe, so besonders bei Kroatisch-Eisgrub/Chorvátsky Grob, Schweinsbach/Viničné und Schenkwitz/Šenkvice und bei Suchá n. P.

Auf einer breiten, 30 m hohen Bodenwelle zwischen dem Nußdorferbach/Orešíanka und der Tyrnau/Trnávka liegen in Südlage seit altersher die Weingärten der Stadt Tyrnau, 7 km nordwestlich von ihr. Hier und besonders im Flugsandgebiet des westlichen Vorlandes, vor allem knapp südlich der Miava/Myjava, erinnern noch häufig Flurnamen wie „Vinohradki" an die einst größere Verbreitung des Weinstockes. Damit soll nicht gesagt sein, daß auf den Flugsandböden Weinbau nicht möglich wäre. Die alten Flurnamen und die weite Verbreitung von „Sandweingärten" im heutigen Ungarn widersprechen dem. Am Beginn der Dreißigerjahre gab es aber im Vorland südlich der Miava nur bei Búr-St. Georgen/Borský Jur noch eine größere Rebfläche. Die übrigen waren zugunsten des Waldes aufgelassen. Dafür bestand sie noch zum großen Teil nördlich der Miava.

Im Verhältnis zur Gesamtfläche der einzelnen Gemeinden bildete die Rebfläche einen viel kleineren Teil, als man zu glauben geneigt wäre, und trat besonders hinter dem Wald, aber auch hinter Feldern und Wiesen ganz zurück. Im Durchschnitt nahm sie am Ostrande 10—15%, am Westrande nur 1—2% der Gemeindeflur ein. Ausnahmen bildeten im Osten die Gemeinde Zuckersdorf/Kučišdorf/V. Trnie mit 24,1%, im Westen Theben/Devín mit 10,5%, das aber — wie schon erwähnt — auch aus diesem Grunde besser dem Ostrande zuzurechnen wäre. Die Flächen intensivster Bodennutzung konnten eben nicht zugleich die größten Kulturflächen sein, besonders hier bei ihrer Beschränkung auf den Gebirgsrand.

Die Geschichte des Weinbaus in unserem Raume hat bereits ihren literarischen Niederschlag (BATKA 1902) gefunden und wurde auch in dem in den Zwanzigerjahren gegründeten Weinbaumuseum in Preßburg lebendig erhalten. Die Bedeutung des hiesigen Weinbaus im Vergleich zu Niederösterreich läßt sich nur jenem der Wachau und von Krems gegenüberstellen. Denn am Alpenostrand hat er niemals diese Ausdehnung erreicht. Seit seiner Einführung durch die Römer unter Kaiser Probus im 3. Jahrhundert n. Chr. hat er trotz aller kriegerischen Ereignisse niemals eine länger dauernde Unterbrechung erfahren, angeblich selbst nicht während der Völkerwanderung. Der ausschlaggebende deutsche Anteil an der Ausbreitung und Erhaltung dieser Kultur ging schon daraus hervor, daß es zwischen Preßburg und Modern fast nur deutsche, heute oft verballhornte Riednamen (z. B. „Truliba" aus ‚Treue Liebe' u. v. a.) gab. Die starke Vergrößerung des „Weingebirges" nach den Türkenkriegen beweist die beständige Wertschätzung dieser Sorten. Ihre Bedeutung als Markenbezeichnung hat z. B. nach dem Ersten Weltkriege die beabsichtigte Umbenennung von Ratzersdorf in „Rastislavice" zugunsten von „Račistorf" verhindert [9].

Daß aber auch auf kleinem Raume Unterschiede im Ertrag und in der Güte des Weines seit altersher bestanden, beweist das alte Sprichwort: „Das Preßburger Weingebirge ist das größte, das St. Georgener das beste, das Bösinger das prächtigste, das Modreiner das trächtigste". Das Mißverhältnis zwischen der Weinernte des Ost- und Westrandes der Kleinen Karpaten drückte sich z. B. im Jahrzehnt 1860—70 so aus, daß einer Ernte nur des Raumes Preßburg-Modern von 120.000—150.000 Eimern im Westen nur eine von 10—12.000 gegenüberstand. Dieser Unterschied hat sich seither noch vergrößert.

Im großen Wirtschaftsgebiete der alten Monarchie hatte der Wein der Kleinen Karpaten im nahen Niederösterreich, besonders in Wien und den übrigen Industrieorten des Wiener Beckens, und in Oberungarn ein gesichertes Absatzgebiet. Lebensmittel für die Weinbau treibenden Siedlungen konnten aus den nahen Überschußgebieten jederzeit leicht und zu wohlfeilen Preisen beschafft werden. So ist es verständlich, daß in der Zeit vor 1914 die Rebfläche mit großer Hartnäckigkeit im Kampf gegen Bodenmangel und Geländeschwierigkeiten immer weiter ausgedehnt wurde. Mit der politischen Umwälzung nach dem Ersten Weltkriege hatten sich auch für den Weinbau die Verhältnisse verschlechtert. Die alten Absatzgebiete gingen z. T. verloren, der Versuch, in den Sudetenländern neue zu gewinnen, schlug so ziemlich fehl. Auch die zahlreichen zugewanderten Tschechen bewirkten keine nennenswerte Verbrauchssteigerung bei ihrer oft alkoholfreien Lebenshaltung und ihrer Gewöhnung an Bier und Kunstweine. So ist es erklärlich, daß die sinkenden Weinpreise zu erhöhtem

---

[9] Hierzu ein Parallelfall aus der Zeit nach dem Zweiten Weltkrieg: Die Beibehaltung des deutschen Ortsnamens Limbach wurde trotz der völligen Aussiedlung der deutschen Ortseinwohner von den slowakischen Weinbauern durch den Hinweis auf die alte Bedeutung des Namens „Limbach" als Weinmarke durchgesetzt.

Eigenverbrauch und zu einer Verschlechterung der wirtschaftlichen Lage der „Weingärten" führten. Man versuchte zwar durch stärkere Pflege des schon vor dem Kriege in den Weingärten nebenbei geübten O b s t b a u s (neben Pfirsichen und Kirschen besonders Beeren, wie Johannis-, Stachel-, Him- und Erdbeeren), des Gemüse- und Hülsenfrüchtenbaus sowie durch Verkauf von Tafeltrauben, besonders in der marktnahen Gegend von Ratzersdorf/Rača und St. Georgen/Jur. p. B., der Not des Weinbaus zu steuern. Teilweise trat auch Rückbildung von Rebland in Buschwald ein. Andrerseits zeigten aber gerade die deutschsprachigen Weinbauern eine bewundernswerte Ausdauer und ließen sich durch die Krise um 1930 nicht entmutigen. Ein völliger Wechsel der Kultur auf den Gebirgsböden kam ja auch gar nicht in Frage und das Bestreben, oft uralten Familienbesitz über die Not der Zeit möglichst ungeschmälert zu erhalten, war durchaus begreiflich. Denn der „Weingärtner" war hier ein alter, angesehener Beruf mit starker Überlieferung. Die Söhne gingen zwar meist zur Industrie oder betätigten sich als Bauarbeiter in Preßburg oder als Erntearbeiter in der Schütt, aber die Verbindung mit der Heimat blieb enge und alle Familienmitglieder waren am Schicksal des väterlichen Weingartens weiter interessiert. Beide Nationen waren seit jeher im Weinbau eifrig tätig, sei es im Haupt-, sei es im Nebenberuf. Die meisten nichtbäuerlichen Bürger — ausgenommen Preßburg — besaßen noch immer einen eigenen Weingarten- und Kellermeister, „Weinzettel" genannt, der als Vertrauensperson des Besitzers die ganze Verwaltung führte. Diese Posten waren früher meist von Deutschen besetzt, in der Zwischenkriegszeit drangen die Slowaken vor. Nur in Bösing/Pezinok bestand noch eine Zuwanderung deutscher „Weingärtner" aus den Vororten in die Stadt bei Erweiterung ihres Besitzes.

Die trotz Wirtschaftskrise weiter bestehende B o d e n n o t wollte man durch Abtragen oder Vergraben (bis 3 m Tiefe) der mächtigen „Steinriegel" zwischen den einzelnen Rieden bekämpfen, die Lesesteine zum Bau einer Straße durch den Šur-Wald verwenden u. a. Wie sehr schon früher jedes geeignete Fleckchen ausgenützt wurde, sah man besonders schön an der Lage der Weingärten um St. Georgen/Jur p. B. und Modern/Modra, wo sie zum großen Teil bis unmittelbar an die Stadtmauern heranreichten. Sie konnten so von den einzelnen Höfen aus durch später durch die Stadtmauer gebrochene Pforten unmittelbar erreicht werden („Hofweingärten"). Im eigentlichen Weingebirge gliederten zahlreiche Terrassen neben den erwähnten Steinriegeln die Hänge. In den weiter entfernten Rieden fanden sich allenthalben kleine Häuschen. Die Weinpresse und die Keller blieben jedoch stets im Hof. Es kam daher wegen der verhältnismäßigen Nahlage der Rebflächen nicht zur Ausbildung jener Form der Weinbaulandschaft, in der die typischen Weingarthäuser — einzeln verstreut oder in Zeilen angeordnet — einen wichtigen Bestandteil bilden. Für unser Gebiet waren neben den erwähnten anderen Kulturen und den noch immer prächtigen Beständen von Nußbäumen (besonders um Unter- und Ober-Nußdorf/Dol. Orešany, Hor. O.) die zahlreichen Standbilder des Hl. Urban als des Patrons des Weinbaus bezeichnend. Sie fanden sich meist in den ebeneren Teilen an Straßen und Feldwegen. Eine solche Statue wurde einmal vom ergrimmten Volk deshalb verstümmelt, weil trotz ihrer Aufstellung und zahlreichen Bittgängen die benachbarten Weingärten vom Froste besonders stark heimgesucht wurden. Es handelte sich aber um bereits in der Ebene gelegene und deshalb stets stärker frostgefährdete Kulturen bei M o d e r n / M o d r a. Dieses als altberühmter Mittelpunkt des Weinbaus war nunmehr auch Sitz der aus Preßburg hierher verlegten W e i n b a u s c h u l e, die in einem alten Klostergebäude stimmungsvoll untergebracht war.

Forstwirtschaft

In unserem Raume ist der W a l d als Laubmischwald, vor allem als prächtiger B u c h e n w a l d, vertreten und wurde — und wird — forstlich und jagdlich gut betreut. Nur wenige Einzelsiedlungen der Waldarbeiter (meist die slowakisierten Nachkommen der einst aus Nieder- und Oberösterreich geholten „Holzhacker") und die Wohnhäuser des Forstpersonals verrieten die Anwesenheit des Menschen, deren Schweinezucht durch die großen Mengen von Bucheckern und Eicheln begünstigt wurde. Den Außen- und Innenrand des Gebirges begleiten vereinzelte Laub- und Nadelgehölze. Aufforstungen erfolgten sowohl mit Laub- als auch mit Nadelhölzern, letztere vor allem auf Kalk.

Größere geschlossene N a d e l w ä l d e r (Föhre, Fichte) bedecken große Flächen des Bôr genannten Flugsandgebietes im Nordwesten unseres Raumes, das in der Nacheiszeit aus den großen Sandmassen der Donau-, March- und Thayahochwässer durch westliche und nordwestliche Winde nach Nord- und Südosten verweht und vielfach zu Dünen aufgehäuft wurde. Auf diesen mehr oder weniger sterilen Sandböden gediehen nur Hafer, Gerste und Kartoffeln auf kleinen Rodungsflächen. Der Wald lieferte vor allem Brenn- und etwas Nutzholz für die Industrie.

An dritter Stelle sind noch z. T. bedeutende Reste der einst großen und wertvollen A u w ä l d e r mit großem Wild-, Wasservogel- und Fischbestand an der Donau, der March, der Waag und den vielen Altwasserarmen, besonders im Bereich der Großen Schüttinsel, zu nennen mit oft stattlichen Resten der „Harten Au" neben großen Rodungsflächen.

Die Holzhacker

In den Wäldern der Kleinen Karpaten lebten als Angestellte (Holzhacker und Heger) der Gemeinden und besonders der Familie Pálffy einige hundert Deutsche. Man schätzte ihre Gesamtzahl auf 500—800 Köpfe. Sie sollen im Gebiet von über 40 Gemeinden verstreut gewesen sein. Sie waren meist aus den Alpenländern, besonders aus dem Grenzgebiet zwischen Steiermark und Niederösterreich und dem Salzkammergut, bereits zur Zeit Maria Theresias und Joseph II. unter Förderung der Grundherren und Gemeinden eingewandert, angeblich z. T. als Deserteure. Ein Teil, besonders im Norden und den anschließenden Weißen Karpathen, stammte angeblich aus Mähren und Schlesien (Csáki). Jedenfalls waren sie keine Glaubensflüchtlinge, sondern seit jeher katholisch. In ihren meist recht abgelegenen Siedlungen haben sie sich durch fast zwei Jahrhunderte ziemlich rein erhalten. Erst seit etwa 1910 trat stärkere Vermischung mit den Slowaken ein. Durch die Errichtung von „Waldschulen" (z. B. Am Sand/Piesok, nordwestl. Modern, 1929) war die Wahrscheinlichkeit ihrer völligen S l o w a k i s i e r u n g bereits recht groß geworden. Literatur besteht über sie so gut wie keine, von kurzen Notizen in Zeitschriften abgesehen. Auch die Nachforschungen im großen Familienarchiv der Familie Pálffy in Wien (früher in Malacky) sowie im Wiener Hofkammerarchiv blieben ergebnislos. Der Mundartenforscher Prof. Dr. Franz J. BERANEK (Neuhaus i. Böhmen), schätzte ihre Gesamtzahl auf 800. In den „Statistischen Nachweisungen über das Preßburger Komitat" (1866, S. 176) ist die einzige Erwähnung der Holzhacker

folgende: „In den einzelnen Thälern dieser Waldungen stehen einsame Holz-
hauerwohnungen, von eingewanderten Deutschen bewohnt, welchen von der
Herrschaft die Benützung dieser Hütten nebst einem Stückchen an die Hütte
anstoßenden Feldes zugestanden ist, wogegen sie für einen selbstbestimmten
Preis das Fällen des Holzes und die Verkohlung des nicht verführbaren besor-
gen …" Im „Anhang zur Instruktion für die Plossensteiner Herrschaft", der
Vorschriften für die Forstwirtschaft enthält, unterfertigt vom Fürsten Joseph
Pálffy am 6. 4. 1813, wird nichts über die Zahl, Herkunft und Lebensverhält-
nisse der Holzhacker gesagt. Diese werden nur kurz erwähnt, indem von der
Pflicht der Jäger und übrigen Waldbeamten gesprochen wird, für die Winter-
arbeit „die nötigen Holzhacker an der Zahl herbeizuschaffen".

Auf Grund der bei verschiedenen deutschen Holzhackern und Hegern ge-
sammelten Nachrichten handelte es sich um Einzelsiedlungen für eine bis zwei
Familien, seltener waren Häusergruppen (z. B. Am Sand/Piesok im Gebiet der
Stadt Modern, in Glashütten/Sklene huty u. a.).

Auch größere Mehrfamilienhäuser, besonders auf Pálffy'schem Grund,
kamen vor (z. B. das ‚Davidhaus' bei Rohrbach/Rarbok/Rohožnik für vier Familien u. a.). Im allgemeinen waren die Häuser der Stadtgemeinden besser gehalten als jene auf Pálffy'schem Grund, was aber auch mit der Enteignung nach
dem Ersten Weltkriege zusammenhängen mag. Letztere waren meist mit Schin-
deln oder Dachpappe gedeckte Steinbauten, besonders im Kalkgebirge, erstere
geräumige ziegelgedeckte Holz- und Steinbauten mit stattlichen Nebenge-
bäuden.

Zu den eigentlichen Holzhackern und den aus ihnen hervorgehenden Hegern
kamen noch die meist ebenfalls deutschen Förster in den einzelnen „Herren-
häusern" des Gebirges, den Absteigquartieren der Jagdherren und ihrer Gäste,
und in den meisten Randsiedlungen. Fast alle Deutschen sprachen mehr oder
weniger gut die drei Landessprachen, wobei Deutsch die Haus- und Slowakisch
die Verkehrssprache war. In der Zeit vor 1914 gab es auf Pálffy'schem Grund
deutschen und madjarischen Schulunterricht für die Holzhackerkinder im abgelegenen Gebirge durch Wanderlehrer (pensionierte Jäger), während die näher
den Randorten wohnenden Holzhacker ihre Kinder dorthin in die Schule
sandten, was besonders im Winter eine beachtenswerte physische Leistung
darstellte. — Als P e r s o n e n n a m e n kamen z. B. vor: Graus oder Kraus,
Taverner, Gschwandtner, Graf (Gróf), Staberl, Wolfsberger, Eckardt, Weber,
Großhappel u. a. Es überwogen weitaus deutsche Familiennamen, wenn auch
manchmal in fremder Schreibart. Durch Heirat waren viele Holzhacker miteinander verwandt. Inzuchterscheinungen waren noch nicht auffällig, die Kinderzahl war meist recht groß.

Die wirtschaftliche Lage der Holzhacker war nicht nur vom Holzmarkt
abhängig, sondern auch von der Lage ihres Wohnortes im Kristallin- oder
Kalkgebirge, ferner ob sie auf Gemeinde- oder Pálffy'schem Grund lebten, wo
es ihnen nach 1920 materiell etwas schlechter ging. Die Boden- und Wasserver-
hältnisse im Kalk sind naturgemäß ungünstiger.

Der Holzhacker bezog im Gegensatz zum Forstpersonal keine feste Bezah-
lung, sondern bewohnte die freie Dienstwohnung und bebaute ein Stück Feld
(bis vier Joch groß) mit Korn, Gerste, Mais und Kartoffel je nach der Höhen-
lage, den Boden- und Klimaverhältnissen. An Rindern durften vier Stück für
den Eigenbedarf, außerdem mußten ein Paar Zugochsen für den Holztransport

gehalten werden. Daneben wurde Schweine- und Geflügelzucht betrieben. Brennholzbezug (Fallholz) war frei, Bauholz verbilligt. Bar bezahlt wurde nur die besonders im Winter schwere und gefährliche Holzarbeit (Fällen, Zerkleinern und Wegführen der Stämme) je nach den Holzpreisen. Der durchschnittliche Tagesverdienst in normalen Zeiten betrug 12—14 Kč. In der Wirtschaftskrise brachte diese Arbeit sehr wenig ein und die Holzhacker litten Not. Im Alter erhielten sie eine kleine Gnadenpension. Etwas besser gestellt waren die Heger.

Verkehr

Während die Kleinen Karpaten — wie schon erwähnt — für den West-Ost-Verkehr zusammen mit den Au- und Sandwäldern der Marchebene einen starken Riegel bilden und ihrer ganzen Länge nach nur von einer einzigen Fahrstraße zwischen Pernek und Bösing gequert werden, die den Hauptkamm beim Sattel Baba, 527 m, überschreitet und die ursprünglich als Pálffy'sche Privatstraße zwecks besserer Holzbringung gebaut wurde, findet der Längsverkehr in der Streichrichtung des Gebirges, besonders am Innenrande, keine wesentlichen Hindernisse. Die schwache Talbildung des Ostrandes mit seiner mäßig zerschnittenen Terrassenlandschaft und die mehr durch Windwirkung als durch Erosion schwach gehügelte und zerriedelte Lößtafel der Waagbucht behindern den Verkehr nicht. Denn ihr geringes Gefälle und die Niederschlagsarmut ließen keine richtigen Lößschluchten, sondern nur Lößmulden und seichte Rinnen entstehen. Dagegen bereiten der stärker terrassierte Außenrand des Gebirges sowie der trügerische Flugsand- und Sumpfboden der Marchebene dem Verkehr größere Hemmungen.

Die alte Handelsstraße am Innenrande des Gebirges führt zuerst genau an der Grenze zwischen Gebirge und altem Auland von Preßburg nach Nordosten in der Richtung auf Waag-Neustadt (Nové Mesto n. V.), den ungefähren Scheitel des annähernd rechtwinkeligen Dreieckes der Waagebene. Sie verbindet so alle Randsiedlungen, ohne diese immer zu schneiden oder alle auch nur zu berühren. Denn die schon besprochene mehrfache Gunst der Schutzlage ließ gerade die ältesten geschlossenen Siedlungen möglichst nahe dem Gebirge entstehen auf den geneigten Flächen von Schwemmkegeln und Strandhalden oder auf Terrassen und Leisten des Gebirgsfußes. So sind die Kerne einiger Orte durch kurze Querstraßen mit der Längsstraße verbunden (Ratzersdorf/Rača, Ottental/Dol'any) oder werden von ihr nur am Rande berührt (St. Georgen/Jur p. B., Königsdorf/Kral'ová u. a.). An der Nordgrenze, im niederen Dolomithügelland des ‚Weißen Gebirges', werden die Kleinen Karpaten von zwei Straßen gequert (Becken v. Bixard/Buková).

Die älteste Eisenbahn der Slowakei ist die Linie Preßburg-Tyrnau. Sie wurde 1837 als Pferdeeisenbahn begonnen und 1840—46 bis Tyrnau und Sered' fertig gestellt. Die Strecke folgt dem Gebirgsrand nur bis Bösing und quert dann die Waagbucht in Richtung auf Tyrnau, ihren Hauptverkehrsknoten. Hier vereinigt sie sich mit der längs der Tyrnau nach Nordwesten durchs Weiße Gebirge ins Miavatal nach Jablonica führenden Linie. 1848 wurde die Teilstrecke Preßburg—Marchegg eröffnet, 1850 die Linie Preßburg—Gran. Die jüngste Eisenbahn führt am Außenrand der Kleinen Karpaten als normalspurige Sackbahn, von der Hauptlinie Preßburg—Lundenburg in Zohor abzweigend, bis nach Blasenstein-St. Nikolaus/Plav. Mikuláš (Gesamtlänge 36 km). Ihr Hauptzweck ist der Holztransport. Als Sackbahn mit geringer Zugsdichte hat sie für den örtlichen Personenverkehr nur bescheidene Bedeutung.

Schlußfolgerungen

Wesen und Besonderheit der innerkarpatischen Landschaft

Die Großlandschaft des i n n e r k a r p a t i s c h e n R a u m e s ist nicht nur durch große Einheitlichkeit, sondern auch — trotz des Tieflandcharakters — durch Mannigfaltigkeit ausgezeichnet und läßt sich innerhalb Mitteleuropas am besten mit der alpinen Landschaft als der ihr gegensätzlichsten vergleichen, Wir müssen dabei selbstverständlich das Randgebirge vom Tiefland trennen, das wohl nur mit den weit bescheideneren inneralpinen Räumen verglichen werden darf. Doch bilden die Karpaten nicht nur einen selbständigen, sondern auch einen integrierenden Bestandteil des Gesamtraumes, der ihnen zum großen Teil seine Sonderart verdankt. Trotz der Ähnlichkeit des zonalen Baus, der durch große Längstäler bewirkten Durchgängigkeit von Einzelteilen (Ostalpen, West-karpaten) gibt es doch weit mehr V e r s c h i e d e n h e i t e n, von denen nur einige hier aufgezählt seien. Die in den Alpen ziemlich schwach entwickelte F l y s c h z o n e erlangt in den Karpaten besondere Mächtigkeit und bildet die Haupt-Sperrzone des Gebirges, dem dafür eine auch nur annähernd gleich mächtige Kalkzone wie in den Alpen völlig fehlt. Dagegen erreichen hier j u n g e E r u p t i v a eine viel größere Ausdehnung und Bedeutung als in den Alpen. Sie kennzeichnen in ähnlicher Weise den Innenrand wie der Flysch den Außen-rand des Gebirges. Wegen der Fruchtbarkeit ihrer Verwitterungsböden ist ihre Verbreitung nicht nur für den Gebirgsrand selbst, sondern auch für den Innen-raum wichtig, in den diese durch Wind und Wasser verfrachtet werden. Die geringere Höhe der Karpaten und die größere Trockenheit führen dazu, daß die Gesamtwirkung der abtragenden Kräfte bereits innerhalb des Gebirges weit geringer ist als in den Alpen, trotz der größeren Windwirkung im Tieflande. In den Karpaten fehlt daher weithin das Steilrelief. An die Stelle der stür-mischen Erosion tritt meist die langsamer und gleichmäßiger arbeitende Ver-witterung, die im geeigneten Gestein eine wertvolle, weil weniger ausgelaugte Bodendecke schafft. Dies zeigt sich deutlich in der Slowakei, die neben Sieben-bürgen die einzige Gebirgslandschaft der Karpaten von alpinem Ausmaß ist. Dem Bau sowie der Querlage des Gebirges zu den vorherrschenden Nordwest-winden entsprechend, nehmen B o d e n g ü t e r, B o d e n s c h ä t z e, D u r c h-g ä n g i g k e i t und vor allem die T r o c k e n h e i t, dieser allgemeine Charak-terzug aller innerkarpatischen Landschaften, von außen nach innen deutlich zu. So sind Bodenausstattung und Zugänglichkeit der innerkarpatischen Siedlungs-räume eine bessere als in den Alpen. Dagegen bedeutet die W a s s e r a r m u t besonders auf durchlässigeren Böden einen großen Nachteil. Denn sie hat die durch Rodung und Waldweide erzeugte W a l d a r m u t mitverschuldet, da sie die Wiederaufforstung erschwert. Ähnlich wie in den mediterran beeinflußten Südalpen ist die Frage der W a s s e r v e r s o r g u n g und der B e w ä s s e r u n g im Gesamtgebiete der Karpaten von besonderer Bedeutung.

Bezeichnet man Ägypten als ein Geschenk des Nils, so könnte man mit gleichem Rechte das innerkarpatische Tiefland als ein G e s c h e n k d e s W i n-d e s bezeichnen. Denn die Bodendecke, die es überzieht, ist nur zum geringsten Teil durch Fließwassertransport hingebracht worden. Die Alluvialböden sind sozusagen nur linienhaft ausgeprägt, riesige Löß- und Flugsandflächen spannen sich als ä o l i s c h e B ö d e n von Gebirgsrand zu Gebirgsrand. Gewiß sind es eigentlich auch nur sekundäre Alluvialböden wegen ihrer vorzugsweisen Her-kunft aus Flußsedimenten. Aber das Entscheidende ist — auch beim Flugsande — ihr durch den Windtransport und das Trockenklima konservierter großer

Nährsalzgehalt und ihre große Wasserdurchlässigkeit. Ihre Verbreitung bedingt im Zusammenhang mit dem Trockenklima nicht nur das Aussehen der Naturlandschaft, sondern auch in Verbindung mit der geschichtlichen Entwicklung die Besonderheit der Kulturlandschaft, die sich auch heute noch von der benachbarter Räume deutlich unterscheidet.

Zugehörigkeit der Kleinen Karpaten zum innerkarpatischen Raume

Sind die Kleinen Karpaten und ihr Vorland, die beide zusammen hier als Gesamtraum der Untersuchung zugrunde gelegt wurden, vollwertiger Bestandteil der Innerkarpatischen Landschaft oder nur Übergangsgebiet zwischen dieser und dem Westen?

Der rein karpatische Charakter des Gebirges wird durch die volle Berechtigung seines Namens bewiesen. Es sind wirklich die Karpaten in verkleinerter Ausgabe. Der B a u , vor allem die mächtige Entwicklung von kristallinen und Trias-Gesteinen, der dadurch bedingte Gegensatz der F o r m e n , die wieder durch ihre Eintönigkeit und Einförmigkeit innerhalb desselben Hauptgebietes eine weitere Kleingliederung wirksam verhindern, der unbedingte Vorrang der waagrechten vor den senkrechten Entfernungen oder — anders gesagt — das Mißverhältnis zwischen Länge und Höhe des Gebirges, der scharfe, nur durch Gesteinsunterschiede stellenweise etwas abgeschwächte Gegensatz zwischen L u v - u n d L e e s e i t e , die ziemlich gleichmäßig dichte L a u b w a l d d e c k e , die Kalk und Kristallin ohne Unterschied überzieht und das Gebirge zu einem schwer passierbaren Waldriegel macht, die weite Verbreitung von fossilen ä o l i s c h e n B ö d e n im Vorland (Flugsand und Löß) als Beweis für ein ähnliches, aber noch exzessiveres Trockenklima seit der letzten Gebirgsbildung, besonders im Eiszeitalter, die Verbreitung von Steppenflora — besonders am Innenrand — und last not least die durch den geringen Niederschlag, die starke Verdunstung und Durchlässigkeit der Vorlandsböden beförderte T r o c k e n h e i t sowie die allgemein starke W i n d w i r k u n g als Teilersatz für die geringe Fließwasser-Erosion sind die wichtigsten Kennzeichen der innerkarpatischen Randlandschaft.

Was den Kleinen Karpaten fehlt, sind eigentlich nur die Flyschzone am Außenrand, die aber zumindest in ihrer absperrenden Wirkung durch das Flugsandvorland wirksam ersetzt wird, sowie die Eruptiva am Innenrande. Die tektonische Natur des Innenrandes wird hier nur durch die Beben- und Thermenlinie angedeutet, die fruchtbaren Verwitterungsböden des vulkanischen Gesteins werden durch den Löß reichlich ersetzt.

Die klimatische und z. T. auch pedologisch-pflanzengeographische Zugehörigkeit der westlichen Grenzräume, besonders des Wiener Beckens und des Weinviertels, zum pannonischen Raume sind der klarste Beweis, daß die Kleinen Karpaten in diesem Sinne keine Scheide zwischen außer- und innerkarpatischen Landschaften bilden. *Alles dies bezieht sich aber nur auf die Naturlandschaft.* Ganz anders liegen die Dinge, wenn wir die K u l t u r l a n d s c h a f t als Vergleichsbasis wählen. Wir halten hierbei an der zuerst von HANSLIK festgestellten annäherndden Übereinstimmung der altösterreichischen politischen Grenze mit dem Verlauf der ehemaligen europäischen Kulturgrenze in diesem Teilstück fest.

Als Besonderheit der innerkarpatischen Kulturlandschaft der Dreißigerjahre kann bezeichnet werden:

(1) die zunehmende Größe der Wirtschaftsflächen und die abnehmende Intensität ihrer Bewirtschaftung;

(2) das häufigere unmittelbare Nebeneinander von Flächen intensiver und extensiver Kultur und Ödland;

(3) die großen, holz- und wildreichen, für den Touristenverkehr noch wenig erschlossenen Gebirgswälder;

(4) die typischen Haus-, Siedlungs- und Flurformen der Bauern und Grundherren, vor allem die relative Weiträumigkeit der ländlichen Siedlungen auch im Gebirge;

(5) die große Bedeutung von grundherrlichen und kirchlichen Bauwerken im Siedlungsbilde;

(6) die für obiges mitverantwortliche, vom Westen stark abweichende soziale Gliederung;

(7) die Abnahme des deutschen Kultureinflusses von Westen nach Osten und vom Rand gegen die Mitte.

Landschaftliche Gliederung

Die landschaftliche Gliederung unseres Raumes ist durch die großen, vor allem bodenbedingten Vegetations- und Wirtschaftszonen gegeben, die meist in der Streichrichtung des Gebirges verlaufen. Eine wirkliche Kleingliederung ist nicht vorhanden. Die Einförmigkeit von Bau, Boden, Klima und Pflanzendecke auf weite Strecken wirkt dem entgegen. Wir erkennen an dieser vorherrschenden Großgliederung bereits hier am Außenrande der Karpaten ein Merkmal des innerkarpatischen Raumes und eine Besonderheit seiner Natur- und Kulturlandschaft. Die drei ungleich großen Teile des Gesamtraumes, das G e b i r g e und das V o r l a n d am Außen- und Innenrande, gliedern sich weiter unter wie folgt:

(1) das vorwiegend kristalline, kuppige L a u b w a l d - R u m p f g e b i r g e, das zwei Drittel der Kleinen Karpaten umfaßt;

(2) die leicht verkarsteten, langgestreckten, ebenfalls laubwaldbedeckten K a l k-k ä m m e des Nordwestens und

(3) das vielfach kahle D o l o m i t h ü g e l l a n d des äußersten Nordens. Innerhalb des Gebirges, wenn auch durchaus randlich gelegen, könnte man noch die E o z ä n s e n k e von Bixard/Buková-Blassenstein/Plavecké Podhradie als Teilgebiet aussondern.

Das V o r l a n d a m A u ß e n r a n d e, die hier so genannte ‚slowakische Marchebene‘, nimmt zum großen Teil den Raum der hier abgesunkenen Flyschzone ein. Auch dieses Vorland läßt sich bequem in drei Teile gliedern:

(1) der A u w a l d s t r e i f e n an der March, der nur mehr in Resten vorhanden ist und dem alten Hochwassergebiet entspricht. (Eine Teilung in ‚weiche‘ und ‚harte‘ Au ist hier kaum mehr zu erkennen, denn letztere ist auf große Strecken hin gerodet und in Kulturland verwandelt, trägt zahlreiche Siedlungen und Aufforstungen (besonders Robinien) und wird im Osten ungefähr durch die Nordbahn begrenzt);

(2) das F l u g s a n d - D ü n e n g e b i e t des B ô r mit großen Föhrenwäldern und spärlicher Besiedlung (z. T. schwach versumpft) und

(3) der eigentliche G e b i r g s f u ß, ein schwach terrassierter, schmaler Landstreifen in Luv beiderseits der Bahn Zohor—Blassenstein—St. Peter/Plavecký Peter mit zahlreichen Siedlungen.

Das V o r l a n d a m I n n e n r a n d e, die ‚Waagebene', zeigt eine ähnliche Dreigliederung, allerdings infolge der grundverschiedenen Bodenverhältnisse und der starken Trockenheit von ganz anderem Teilcharakter:

(1) der G e b i r g s f u ß i n L e e mit der geschlossenen Weinbauzone sowie zahl- und volkreichen Siedlungen, begleitet von einer Feuchtbodenzone (Altwassergebiet) mit Auwaldresten (Šur-Wälder) bis Bösing/Pezinok, die dann zu einer windgeformten „Großdünenlandschaft" als Übergang zur Lößtafel wird;
(2) die schwach zerriedelte L ö ß t a f e l mit spärlichen Waldinseln und
(3) der 6—7 km breite a l t e T a l b o d e n der Waag.

Die mehr oder weniger senkrecht zur vorherrschenden Windrichtung, annähernd in der Streichrichtung des Gebirges verlaufenden W i r t s c h a f t s z o n e n, die sich ja zum größten Teil mit den Einzellandschaften decken, lassen sich folgendermaßen charakterisieren:

(1) die M a r c h a u w a l d r e s t z o n e, vorwiegend Kulturland (Getreidebau, Kartoffel) mit viel Viehzucht, Waldnutzung (Auwald und Aufforstungen von Robinien und Föhren), etwas Jagd und Fischerei;
(2) die N a d e l w a l d z o n e (Föhrenwaldzone) des Bôr mit Holzwirtschaft und Jagd (früher mit bedeutender Schafzucht), heute zum großen Teil als Truppenübungsplatz verwendet;
(3) die K u l t u r l a n d z o n e i n L u v der Kleinen Karpaten mit Acker- und Weideland und zahlreichen Siedlungen;
(4) die L a u b w a l d z o n e des Gebirges mit hochentwickelter Forstwirtschaft und Jagd (früher auch Bergbau);
(5) die K u l t u r l a n d z o n e i n L e e der Kleinen Karpaten (das „Weingebirge"), der intensivst genutzte Teil;
(6) der A u l a n d s t r e i f e n am südöstlichen Gebirgsfuß, früher extensives Weide- und Jagdgebiet, jetzt intensivere Nutzung durch Obstbau, Wiesen und Felder;
(7) das W e i z e n - M a i s l a n d der Lößtafel mit Waldinseln (Eichenwaldreste und Aufforstungen), spärlichen Weingärten und Straßendorfreihen, meist längs der schwach ausgeprägten Tiefenlinien;
(8) die A u w a l d r e s t z o n e an Waag und Donau (Kleiner Donau), als Grenzsaum noch lückenhafter wie an der March, heute zum größten Teil in Kulturland umgewandelt und sehr dicht besiedelt.

Quellenverzeichnis

Literatur
BECK, Heinrich — VETTERS, Hermann: Zur Geologie der Kleinen Karpaten. Wien 1904.
Fremdenverkehrskommission der Stadt Bratislava: Führer durch die Umgebung der Stadt Bratislava. Bratislava, o. J. (1933).
HASSINGER, Hugo: Die Tschechoslowakei. Wien 1925.
MACHATSCHEK, Fritz: Landeskunde der Sudeten- und Westkarpatenländer. Stuttgart 1927.
PAX, Ferdinand: Grundzüge der Pflanzenverbreitung in den Karpaten. 2 Bde., Leipzig 1898, 1908.
SCHENITZ, Ilona: Preßburg und Umgebung (Lage, Wirtschaft und Deutschtum). Diss. Tübingen 1935.
Statistický Lexikon obcí v Republike Československej. III. Krajna Slovenská (Statistisches Gemeindelexikon der tschechoslowakischen Republik, Land Slowakei). Prag 1936.

Atlanten und Karten
Tschechische Akademie der Wissenschaften und Künste: Atlas Republiky Československé. Verlag Orbis, Prag 1935 (mit französischer Übersetzung aller Titel und Texte.)
VETTERS, Hermann: Geologische Karte der Kleinen Karpaten. Geologische Reichsanstalt, Wien 1904.

Österreichische Spezialkarte 1 : 75.000, Blätter 4558 Hohenau, 4559 Pistyan, 4658 Bösing, 4659 Tyrnau, 4758 Preßburg, 4759 Wartberg.

Österreichische Generalkarte 1 : 200.000, Blätter Preßburg u. Lundenburg.

FARKAS, Mikulaš — STASZ, Michal: Malé Karpaty. Súbor turistických máp 1 : 100.000. Ústrední správa geodézie a kartografie, Bratislava 1965.

RUNGALDIER, Randolf — FLEISCHMANN, O.: Wald, Weinbau, geschlossene Siedlungen und Verkehrslinien im Bereich der Kleinen Karpaten. Handgezeichnet, 1 : 75.000, Wien 1936.

Eine Durchquerung des Ost-Balkans

LEOPOLD SCHEIDL †, Wien

Wer die einsame Natur liebt und auf alle gewohnten Bequemlichkeiten verzichten mag, kann auch heute noch * in ganz Südost-Europa abseits der Hauptverkehrslinien wochen-, ja monatelang umherstreifen, ohne einem Landesfremden zu begegnen. Eines der einsamsten Gebiete aber ist gewiß der Ost-Balkan, dem wir im folgenden einen kurzen Besuch abstatten wollen.

Wir verlassen die Bahn, die über die Nordbulgarische Tafel ans Schwarze Meer nach Varna führt, etwa 40 km vor der Küste in dem Städtchen Provadija (25 m). Die Straße, die von hier südwärts zieht, ist wohl die bequemste über den Ost-Balkan und erreicht auch verhältnismäßig bald (nach ca. 85 km) und ohne übermäßige Steigung (bis höchstens 400 m) bei der kleinen Stadt Ajtos (70 m) wieder die Bahn und zwar die Linie Sofia—Philippopel [1]—Burgas. Da sie zugleich ein Stück der besten Festlandsverbindung zwischen Varna und Burgas sowie dem östlichen Nordbulgarien und Ostrumelien überhaupt darstellt, ist sie zu einer Autostraße ausgebaut worden, auf der auch täglich einmal in jeder Richtung ein Autobus verkehrt. Auch wir wollen diesen benützen, um uns zunächst eine etwas eintönige Wanderung zu ersparen, die bei der brennenden Julisonne — hat es doch um 11 Uhr vormittags bereits über 30 Grad C im Schatten — auch nicht angenehm wäre.

Endlich setzt sich der Wagen, vollgepfropft mit Menschen und schwer beladen mit Gepäck, in Bewegung. Zuerst fahren wir ein Stück durch die Hauptstraße von Provadija, deren viele kleine und nüchterne Geschäftshäuser durch vorgebaute Weinlauben geschmückt und beschattet werden. Dann müssen wir uns noch durch eine ganze Burg von Wagen durchwinden: schwerfällige Ungetüme, von Büffeln im Rahmenjoch gezogen, und leichte mit Pferden und Eseln bespannte Wägelchen, die zwischen Leiterbäumen, in oft bunt bemalten hölzernen Wagenkasten oder in geflochtenen Wagenkörben Feldfrüchte zur Stadt gebracht haben. Schließlich gewinnen wir die freie Straße und rasch steigen wir die steile Flanke des Prowaditales empor. Hinter uns im Engtal unten bleibt das Städtchen zurück, eine langgestreckte Siedlung mit einigen Moscheen und vielen alten türkischen Häusern, die im Zentrum bereits Neubauten Platz machen müssen.

Bald haben wir (etwa 100 m über dem Talboden) die Höhe erreicht und vor uns dehnt sich die Provadijska Planina aus, ein Stück der Bulgarischen Kreideplatte, durch den Provadifluß im Norden und Osten

---

* Der hier geschilderte Besuch wurde vom Verfasser in Begleitung von L. KUNTNER (Wien) in der zweiten Julihälfte 1931 gemacht. Die geologischen Angaben und morphologischen Grundlagen des Folgenden sind den „Balkanforschungen des geol. Instituts der Univ. Leipzig" entnommen, besonders den Arbeiten von KOCKEL, C. W.: Zur Stratigraphie und Tektonik Bulgariens. Geol. Rundsch. 1927, 350 ff.; GELLERT, J. F.: Zur Morphologie des Balkangebietes. Ebda. 1927, 164 ff.; Morphotektonik und Neogenbuchten in Ostbulgarien. Ebda. 1930, 209 ff. — Zur Übersicht vgl. die Österr. Generalkarte von Mittel-Europa, Blatt Schumen. Die geographischen Eigennamen sind ins deutsche Alphabet transkribiert.
[1] Heute Plovdiv.

und die Golema [2] Kamtschija im Süden und Westen herausgeschnitten. Schotter
südlicher Herkunft beweisen den früheren Zusammenhang mit dem Ost-Balkan.
Eine Einebnungsfläche überschneidet harte Kalkbänke (Oberkreide) und merge-
lig-sandige Schichten (Eozän), die hier so wenig gefaltet sind, daß die Ver-
ebnungsfläche bisher für eine Schichtfläche gehalten worden ist. — Die östliche
Provadijska Planina, die wir durchqueren, wird allerdings — und vielleicht
mehr als irgendeine andere Planina des Balkan-Vorlandes — ihrer Einheitlichkeit und ihres Plateaucharakters beraubt: ein Seitenbach des Provadi-
flusses trennt uns noch von der südlichen, höheren Hälfte der Planina und
hat mit seinem wirren Netz von Zuflüssen weite Teile der Hochfläche in ein
Hügelland zerlegt. Zu beiden Seiten der breiten, schattenlosen Straße verbirgt
hellbrauner lehmiger Boden den meist kalkigen Untergrund. Große Flächen
sind mit sommergrünem Busch bestanden, der uns durch seinen Wuchs an die
Macchie erinnert und daran, daß wir uns hier noch im mediterranen Floren-
gebiet befinden. Felder, vor allem mit Mais und Sonnenblumen bestellt,
ziehen sich hin, aber weit und breit kein Haus. Erst unten am Bach erblicken
wir ziemlich abseits ein Dorf. Auf dem südlichen, höheren Teil der Planina,
auf den wir jetzt in weiten Serpentinen hinauffahren, nimmt der Busch
überhand und läßt die Felder und Obstbäume zurücktreten. Von oben sehen
wir gerade vor uns im Süden einen dunklen, im Gegenlicht fast düsteren,
bewaldeten Bergzug, der den Blick auf den eigentlichen Ost-Balkan verwehrt.

Schnell kommen wir durch ein Tälchen hinab ins weite Tal der
G o l e m a [2] K a m t s c h i j a (türk.: Büjük Kamtschik, „Große(r) K., etwa 50 m).
Das Tal soll hier einer Bruchlinie folgen; sein Querschnitt — relativ steile,
konvexe Hänge über einer flachen, breiten (weiter unten auch versumpften)
Sohle — verrät uns seine Geschichte und die des ganzen Gebietes: auf eine
Zeit der Hebung (miopliozän), während der lebhafte Erosion konvexe Hänge
schuf und die einförmige Kreidetafel zu Plateaus zerschnitt, folgt eine Phase
der Senkung (postdiluvial) gegen das Schwarze Meer, in der die Hauptflüsse
sedimentieren und ihre Zuflüsse die Plateaus weiter modellieren konnten.
Wir fahren am Nordrande des Tales aufwärts nach Westen. Der Fluß bleibt
unsichtbar. Riesige Felder, mit Hilfe von Schöpfrädern bewässert, bedecken
den fruchtbaren Aulehm des Talbodens. Kleine Plattformen auf Holzgestängen
oben, durch flache Laub- und Strohdächer gegen die sengende Sonne
geschützt, dienen den Feldhütern und rastenden Landleuten. Bauern fahren
auf plumpen, mit Ochsen bespannten Wagen zu den Äckern. Wir nähern uns
dem Dorfe. N o v o s e l o („Neudorf“) [3] liegt — wie die Straße — weit vom
Fluß, wohl gegen jede Überschwemmung geschützt, am Nordrande des Tales
und noch ein Stück den Hang hinauf. Lehmhäuschen, von den flachen, schweren
Walmdächern mit Hohlziegeln fast erdrückt, stehen an der Straße; Zäune
und Tore aus Reisiggeflecht umfrieden sie und die Nebenbauten aus Lehm,
Latten- und Flechtwerk, Puštabrunnen ragen über sie empor. Vor einigen
Läden machen wir halt. Bulgaren umringen unseren Wagen, noch in ihre alte
Tracht gekleidet: die Männer — trotz der Hitze — in braunen engen Hosen
und weiten offenen Westen aus schwerem Tuch, dazu oft noch Pelzmützen
auf dem Kopf; die Frauen tragen über ihrem hellen Hemdrock Leibchen und
bunte „Teppich“-Schürzen, während sie das Haar mit einem lichten Tuch
bedeckt haben. Zwischen den Bulgaren drängt sich ein alter, buckliger Türke

---

[2] Heutige Transkription: Goljama.
[3] Heute Dâlgopol.

bettelnd vor: seine einst hier zahlreicheren Glaubensgenossen sind fast alle in die große Heimat zurückgewandert, die Dorfmoschee ist längst verfallen. — Auf der Weiterfahrt verengt sich das Golema-Kamtschija-Tal rasch zu einer niederen, kurzen Schlucht durch einen Riegel von nord- und ostfallenden Kalken. Jenseits des Durchbruches öffnet sich das Tal ebenso schnell wieder und wird im Norden von einer weiten Terrasse begleitet.

Wir entfernen uns vom Haupttal und fahren an einem Seitengraben auf diese hinauf nach M u r n a   T s c h i f t l i k (etwa 100 m). — In diesem Dorfe verlassen wir nach 30 km Fahrt den Autobus, um den schönsten und interessantesten Teil der ganzen Strecke zu Fuß zurückzulegen. Während die neue Autostraße geradeaus weiter nach Südosten zum Dorf Tschenge an der Luda Kamtschija führt, um dann diesem Fluß aufwärts nach Südwesten zu folgen, wollen wir die alte „Chaussee" westwärts über Predscha und darauf nach Süden über den Lopuschnapaß benützen, um erst morgen wieder die neue Straße zu erreichen. Zunächst aber flüchten wir vor der prallen Mittagssonne zum Dorfkrämer und lassen uns in seinem Laden, zugleich Gaststube, alles Eßbare auftischen. Dann erst sehen wir uns das Dorf an: Es zieht sich, von einem Streifen von Bäumen begleitet, längs des niedrigen Grabens hin; die Gehöfte liegen ziemlich geschlossen an seinen beiden Flanken und auf der Terrasse darüber, die meisten östlich, längs der Hauptstraße, obgleich der erwähnte Kalkriegel den Siedlungsraum einschränkt. Vom Tschiftlik selbst, dem türkischen Gutshof, finden wir keine Spur mehr; auch die Moschee verfällt, und die Türken sind meist schon ausgewandert. Nur die Häuser — meist aus Lehmziegeln und Stein, selten schon aus gebrannten Ziegeln aufgeführt, — verraten noch in ihrer ganzen Bauart und durch ihre Altane türkischen Einfluß. Die meisten Bewohner aber sind Bulgaren; selten sehen wir einen orientalischen Typus oder gar mongoloide (tatarische) Merkmale. — Ein Zigeunerstamm zieht durch das Dorf: zarte, dunkelbraune Gestalten, schmutzig und zerlumpt, die Weiber in bunten Pluderhosen und Blusen; auf einem Dutzend Esel- und Pferdewagen führen sie ihre Habe und hocken sie; andere laufen daneben und betteln.

Um 4 Uhr müssen wir endlich unsere Wanderung antreten, obwohl die Sonne noch kaum von ihrer Kraft verloren hat. — Wir steigen zum Bach hinunter und drüben wieder zur T e r r a s s e empor. Sie ist eine Rumpffläche (ca. 100 m) über Mergel (Neokom), die nach Norden ganz allmählich bis zum Rand des Kamtschijatales abfällt, während sie im Süden ziemlich unvermittelt von dem Kalkzug der Kamtschijska Planina (besonders Orbitoidenkalk der Oberkreide), der uns noch vom eigentlichen Ost-Balkan trennt, um etwa 300 m überragt wird. Die weichen, mergelig-sandigen Schichten sind tiefgründig verwittert und weithin mit Stoppelfeldern bedeckt, auf denen noch die Garben stehen. Nur da und dort spendet ein Baum Schatten. Erst an den Berghängen setzt der geschlossene Laubwald ein. — Nach einer Stunde Wanderns breitet sich vor uns in einer sanften Mulde ein weitläufiges Dorf aus: P r e d s c h a. Die großen Höfe, die ziemlich willkürlich an den unregelmäßigen Gassen liegen, sind fast ganz aus Lehm und Geflecht aufgebaut: geflochten sind die Zäune, die großen, korbartigen Speicher und Schuppen, ja selbst die Wohnhäuser sind nicht immer aus Lehmziegeln, sondern oft nur aus Geflechtwerk und mit Lehm verstrichen. Ein bulgarischer Bauernbursche, der sich uns angeschlossen hat, schätzt die Einwohnerzahl seines Dorfes auf 300, wovon ungefähr die Hälfte Türken seien, die auch eine einfache Moschee besitzen.

Als wir ihm erklären, auf den Lopuschnapaß gehen zu wollen, will er uns nach dem gleichnamigen Dorf, 5 km westlich, weisen. Den Ü b e r g a n g über die K a m t s c h i j s k a P l a n i n a, den wir meinen, kenne hier niemand unter diesem Namen. — Jedenfalls wäre es glücklicher, den Paß nach dem weit größeren Dorf Predscha, das tatsächlich an der alten Paßstraße liegt, zu benennen, als nach dem kleineren und noch dazu völlig abseits gelegenen Lopuschna. — Kaum aber versteht unser Begleiter unsere Absicht, als er nach Hause eilt und uns Brot bringt: denn drüben gäbe es keines; auch die Straße höre — wie übrigens auch die Leute in Murna Tschiftlik behauptet haben — oben auf dem Kamme plötzlich auf. Doch wir beginnen unbekümmert den Aufstieg. Hoch hinauf reichen die Felder. Eine gefaßte, frische Quelle lädt zur Rast ein. Sommergrüner Busch setzt ein und geht rasch in niedrigen Mischlaubwald über, der hauptsächlich Eichen, aber auch Silberlinden, Manna-eschen, südliche Weißbuchen und andere Elemente aufweist. Ein Maultier-treiber begegnet uns. Manchmal raschelt eine Schildkröte im Gebüsch. Der Kalk, der den steilen Hang und den Rücken bildet, ist oben, knapp vor der Paßhöhe, an der Straße gut aufgeschlossen: er ist plattig, stellenweise stark zerklüftet und zerknittert, im allgemeinen SSO-fallend (Orbitoidenkalk der Oberkreide). — Wenig später ($^{1}/_{2}7$ Uhr) erreichen wir den P a ß (ca. 400 m) über die Kamtschijska Planina bzw. über die Tschudni Steni („Wundermauer"), wie wir (mit Kockel) diesen Zug der Planina — nach ihren Abbrüchen zur Luda Kamtschija weiter im Osten — nennen wollen. Wir stehen auf einer weiten Verebnung, die von sanften Höhen nur wenig überragt wird. Der Boden ist mit feinem Sand bedeckt (verwitterter eozäner Nummulitensandstein). Ein-zelne Eichen, Buchen und andere Bäume weisen auf die ursprüngliche Bedeckung mit Wald hin; er ist dem Busch gewichen, weil er abgeschlagen worden ist und — wie uns die Verbißformen verraten — das weidende Vieh sein neuerliches Aufkommen verhindert hat.

Wir müssen erst eine freie Stelle suchen, um Aussicht nach Süden, auf den O s t - B a l k a n, zu gewinnen. Denn nicht an der Großen Kamtschija, wie Toula und auch Cvijić gemeint haben, liegt die Grenze zwischen der Kreidetafel und dem Ost-Balkan, sondern erst am Südflügel des Tschudni-Steni-Sattels, an dem der gefaltete sedimentäre Komplex des Ost- oder Flysch-Balkans auf den faziell andersartigen Tafel- oder Autochthonen-Balkan (auf Eozänsandstein) aufgeschoben (und noch nachträglich gefaltet) worden ist („Wundermauerstörung"), ähnlich wie die Sliven-Schipka-Decke des Hohen Balkans im Westen. Eine morphologische Grenze allerdings besteht nicht, da postoligozäne, bis ins Quartär andauernde und von Brüchen begleitete Groß-faltung das ganze Gebiet ergriffen hat. Die einzelnen Aufwölbungen und Einbiegungen zeigen zwar eine weitgehende Übereinstimmung mit den schicht-tektonischen Hauptsätteln und -mulden, aber nicht diese, sondern die Auf-wölbungen und die mit ihnen verbundene Ausbildung von Rumpfflächen bestimmen das heutige Landschaftsbild: Wir sehen also kein Kettengebirge vor uns, sondern eine Rumpfstufen-(Piedmonttreppen-) Landschaft, eine Reihe von Hebungszonen (gegenüber einer einzigen Aufwölbungszone im Zentral-Balkan) mit Abtragungsflächen, die stufenähnlich übereinander liegen (im Flysch-Balkans selbst nach den Untersuchungen Gellerts 5 Niveaus in 580/650, 4/500, 4/500, 300 und 200 m und ein noch tieferes) und durch relativ steile, oft konvexe Hänge getrennt sind. Nur das 200 m-Niveau ist im allge-meinen flächig entwickelt, während die höheren nur schmale Leisten an den

Hängen bilden oder die Kämme formen; die Niveaus sind alle eng verzahnt und vielfach schräg gestellt und verbogen. — Die Rumpfflächen sind aber nicht nur auf den eigentlichen Flysch-Balkan beschränkt, sondern greifen auch auf sein Vorland über. So gehört die Verebnung auf dem Tschudni-Steni-Kamm, auf dem wir stehen, einem der höchsten Niveaus an und auch die Hochfläche von Predscha dürfen wir als solches ansehen. — Die Schichten, die den Ost-Balkan aufbauen, von TOULA noch als „Flysch" und von ZLATARSKI als „Oberkreide" (mit wenig Liasklippen) kartiert, bestehen nach den neueren Forschungen von KOCKEL und KOSSMAT aus einer abwechslungsreichen Serie von Kalken, Mergeln und Sandsteinen, die von der unteren Trias bis ins ältere Tertiär reicht. Die Faltung (und Überschiebung) zeigt — wie im übrigen Balkan — eine nördliche bis nordöstliche Tendenz, nimmt aber gegen Osten und Süden zu ab, um schließlich sogar südlich zu werden. Die Rumpf-flächen werden vom Gestein nur insofern beeinflußt, als sie über härterem besser erhalten und über weicherem flächenhafter ausgebildet sind. Nur die Formen im Gebiete stärkster Erosion (Durchbruchstäler) und die Kleinformen sind materialbedingt.

Aber allzulange haben wir uns hier oben aufgehalten und schon zwingt uns die Dämmerung zum eiligen A b s t i e g nach T e k e n l i k: Bald haben wir wieder die alte Straße erreicht, die zunächst eine Zeit lang über den uns bekannten plattigen Kalk durch Buschwald hinabführt. Dann setzt, vielleicht schon über den Gesteinen des Flysch-Balkan, eine starke Verlehmungsdecke ein und mit ihr der Anbau von Getreide und Mais. Auch weiterhin nimmt buschbewachsendes Weideland die größte Fläche ein. Da und dort erblicken wir einen Schafpferch aus grobem Reisiggeflecht neben einer Hirtenhütte, die oft nur — wie im Karst — aus unverputzten Kalksteinen aufgeführt und mit einem Strohdach bedeckt ist. An einem Quellbrunnen treffen wir einen jungen türkischen Hirten, dessen Mundart vom anatolischen Türkisch ziemlich abweicht. Das Tal, zu dem wir jetzt, nach einem Stück fast ebenen Wanderns, hinabsteigen, nennt er Kodscha Dere („Großes Tal"; vielleicht auch Chodscha Dere, „Priestertal"). Unten am Bach sehen wir dunkelbraune und dunkellila Schichtpartien (Jura!) aufgeschlossen. Bei zunehmender Dunkelheit durch-wandern wir eine Schlucht durch einen Zug hellen Gesteins (wahrscheinlich kalzithältiger Quarzsandstein des Cenoman). Wo sie sich öffnet, wird das Rauschen des Wassers von Hundegebell und Schellengeläute übertönt. Herden von Büffeln, Rindern, Pferden, Schafen und Ziegen strömen von allen Seiten zusammen und ziehen zum Dorf.

Wir queren das breite Wildbachbett, steigen zu einer niederen Terrasse empor und stehen am Eingang von T e k e n l i k (ca. 100 m). Es ist ein abwehrendes Dorf: Nirgends ein Licht, kaum daß man hinter den hohen, geflochtenen Zäunen und Toren ein Haus sieht; auch die verschleierten Mohammedanerinnen am Dorfbrunnen wenden sich von uns Fremden scheu ab. Eine junge Bulgarin führt uns ins Dorfcafé, ein Mann ins Gemeindehaus. Durch einen Garten, der von einer einzigen großen Weinlaube überdeckt ist, kommen wir zu einem einst vornehmen Türkenhaus: Gasthaus gibt es keines im Dorf; aber auf unsere Empfehlungen hin wird uns in dem halboffenen Altan — dem angenehmsten Raum während der warmen Sommernächte — ein Lager bereitet, nachdem wir beim Dorfkrämer noch ein frugales Mahl eingenommen haben. — Am nächsten Morgen sehen wir uns das Dorf und seine Umgebung an. Wir stehen am Nordrand eines weiten B e c k e n s, inmitten eines Berglandes, das ringsum, von Rumpfflächen oft deutlich gestuft, bis über 400 m, in einzelnen Erhebungen über 600 m ansteigt. Das Becken entspricht einer Einmuldung zwischen zwei Sattelzonen im Norden und Süden, in der noch die jüngsten Schichten des Flysch-Balkans, Molasseflysch, erhalten sind. Es wird seiner Länge nach von der Luda Kamtschija (türk.: Deli Kamtschik, „Tolle(r), d. h. „Wilde(r)" K.) durchflossen, die es im Süden durch ein Engtal (durch den südlichen Sattel) betritt, um es im Norden, kurz nachdem sie von Westen den Kodschabach aufgenommen hat, wieder in einem Durchbruchstal (durch den nördlichen Sattel) zu verlassen und sich mit der Großen Kamtschija zu vereinen. Die Luda Kamtschija und ihre Zuflüsse haben nun in die Beckenschichten eingeschnitten und zwei ungleich große Terrassen geschaffen: die kleine östliche trägt das türkische Dörfchen Tschiftlik Mahle; die westliche zwischen Kamtschija und Kodschabach, die fast den ganzen Boden des Beckens einnimmt, ist von Tekenlik und seinen Feldern besetzt. Tekenlik selbst liegt am Nordrande der Terrasse über dem rechten Ufer des Kodschabaches, der hier aus seiner Schlucht (durch die nördliche Sattelzone) tritt, um zwei Kilometer weiter südöstlich in die Kantschija zu münden. Am Ausgang dieser Schlucht sind auch die Beckenschichten gut aufgeschlossen: dickgebankte, bleich- bis braungrau verwitternde, hellgrüne Sandsteine wechseln mit blaugrünen und roten Tonen und sind von einer mächtigen braunen Verwitterungsdecke überlagert.

Das D o r f ist nicht regelmäßig angelegt. Selbst die Hauptstraße, durch die wir angekommen sind, ist gewunden und von wechselnder Breite und Güte. Die ärmlichen Gehöfte reihen sich aneinander, wie gerade Platz ist. Hinter Hecken oder geflochtenen, oft lehmbeworfenen Zäunen stehen die Häuser und Hütten, ebenfalls aus Geflechtwerk und Lehm, seltener aus Stein erbaut, meist mit Stroh, bestenfalls mit Hohlziegeln gedeckt. Von den zwei Dorfmoscheen ist die größere, an der Hauptstraße, ein hübsches, rechteckiges Steingebäude mit einem kleinen Vorraum und einem Holzminarett; bei der kleineren, weiter nördlich und etwas abseits, muß ein Baumstrunk mit einer kleinen Kanzel, zu der eine Holzstiege führt, das Minarett ersetzen. Noch gehört das Dorf zum Orient, denn die Einwohner sind überwiegend Türken (angeblich nur 150), die zwei oder drei Dutzend Bulgaren, die erst in den letzten Jahren zugewandert sind, fallen kaum auf und erst recht nicht die paar Zigeuner, die eine Zeile elender Hütten abseits am Südostrand des Dorfes bewohnen. Auch an der alten Tracht wird noch festgehalten: verhüllte Frauen in schwarzen Pluderhosen und Überwürfen holen an den Quell- und Pußtabrunnen Wasser; Männer in Sackhosen, bunter Weste und Gürtel, ein Käppchen und oft noch einen Turban auf dem Kopf, hocken auf der hölzernen Plattform vor dem Kaffeehaus. Die meisten Leute sind allerdings schon mit Tagesanbruch hinausgezogen, um das große Wirtschaftsgebiet ihres Dorfes zu betreuen: Die Pferche überm Bach sind leer; die Herden weiden ringsum in den Bergen. Viel mehr Arbeitskräfte aber brauchen die Felder, die im Süden von Tekenlik auf der T e r r a s s e liegen. Zu ihnen führt auch unsere Straße, auf der wir heute (um 1/₂9 Uhr) weitermarschieren. Am Dorfrand liegt zunächst der Anger mit einem Pußtabrunnen und, etwas abseits, das Zigeunerquartier. Dann folgt eine ungemähte, sonnverbrannte Wiese, besät mit dunklen, unbehauenen Steinen: der türkische Friedhof. Weiterhin Feld auf Feld, eine halbe Stunde und länger vom Dorf entfernt. Viele von ihnen bewässert ein Kanal, der vom Bache abgezweigt und um den Steilrand der Terrasse herumgeleitet wird. Nur einzelne stattliche Bäume spenden Schatten; die Hänge dagegen, die das Becken umrahmen, sind von niederem Laubwald bekleidet. Nach einer guten Stunde erreichen wir das Südende der Terrasse.

Wir gehen hinab zur L u d a   K a m t s c h i j a und überschreiten sie auf einer langen, wackeligen Holzbrücke. Am rechten Ufer gelangen wir wieder auf die neue Straße, die wir in Murna Tschiftlik verlassen haben und die uns nun das enger werdende Tal aufwärts führen soll. Das Tal wird vom 200 m-Niveau und von jüngeren Schotterterrassen begleitet und ist demnach antezedent. Ihm entlang sehen wir auch das geologische Profil der erwähnten südlichen Sattelzone — eine bunte Serie mesozoischer Mergel, Sandsteine und Kalke — gut bloßgelegt. Es ist drückend heiß; die paar Bäume am Fluß und der niedere Busch am Hang schützen uns nicht vor der stechenden Sonne. Einige Bauernwagen begegnen uns, aber leider fährt keiner in unsere Richtung. Endlich ein Haus: neben einem stattlichen, neuen Ziegelbau eine urtümliche Dachhütte aus Holz- und Geflechtwerk, bis auf die Vorderseite ganz in die Erde eingegraben. Bulgarische „Kurortisten" (Sommerfrischler) laden uns zu einer Rast und Erfrischung ein. Wir befinden uns unterhalb Tojköi, eines fast rein türkischen Dorfes. Ein wenig südlicher queren wir innerhalb von Mergeln eine Störungszone, die den Flysch-Balkan in eine schmälere, stärker gefaltete bis geschuppte und stratigraphisch umfangreichere (Trias-Tertiär) nördliche Zone (auch Randschuppen- oder Klippenzone) und eine weit breitere, einfachere südliche (Haupt-) Zone scheidet, deren Schichten erst mit der Oberkreide beginnen. Es sind zunächst fast saiger stehende, helle, kalzitische Quarzsandsteine und hornsteinführende, mehrminder mergelreiche Plattenkalke, die auch den im Westen jäh aufsteigenden Zug des Akrikes-Balkans zusammensetzen. Von unserer Raststation und einer Ziegelei abgesehen, haben wir seit Tekenlik keine menschliche Stätte getroffen. Auf der immer breiter werdenden Talsohle und auf den sanften Hängen gibt's nur Wiesen, Bäume und etwas Busch. Das Ajvadschiktal, das hier von Westen einmündet, scheint menschenleer. Auch das Dorf Bojalar, am linken Ufer drüben, bleibt vor unseren Blicken hinter Bäumen versteckt.

Jetzt aber weitet sich das Tal zu einem B e c k e n, das einer Molasseflyschmulde entspricht und auch sonst jenem von Tekenlik ähnlich ist. Auf einer modernen Brücke überschreiten wir einen Seitenbach, verlassen die Straße und den Talboden und steigen an einem Hang zu einer Terrasse hinauf, die das Dorf Diskotna trägt. Vom Terrassenrand, an dem sich ein türkischer Friedhof ausbreitet, haben wir einen guten Überblick: Im SW sehen wir die weiten Mäander des (in der Mulde von Molasseflysch tektonisch angelegten und subsequenten) Luda-Kamtschija-Tales etwa 100 m tief in das ausgedehnte 200 m-Niveau eingesenkt. Der Nordrand des Beckens wird vom etwa 300 m hohen Zuge des Akrikes-Balkans und seiner östlichen Fortsetzung abgeschlossen, zwischen denen sich das Tal der Kamtschija weit öffnet, um die Sicht auf Züge des nördlichen Flysch-Balkans freizugeben. — Dann betreten wir D i s k o t n a: Es ist ein Haufendorf aus eng aneinander schließenden, oft großen Gehöften mit Wohnhäusern aus Stein- und Lehmziegeln, ähnlich Tekenlik, aber nicht mehr so einfach und urtümlich. Eine kleine Lehmschlucht, an deren Grund eine gefaßte Quelle austritt, zerreißt die Siedlungsfläche. Von den etwa 400 Einwohnern sind die meisten Türken, nur ein Viertel Bulgaren. Am anderen Ende des Dorfes kommen wir zwischen großen Obstgärten wieder zur Hauptstraße hinaus, die den Ort umgeht, und warten hier, bei drückender Mittagshitze, in einer sehr bescheidenen Schenke auf den heutigen Autobus, der uns nach Ajtos bringen soll. Endlich kommt er — aber bis auf den letzten Platz besetzt. Mit Mühe treiben wir einen kleinen, ungefederten, mit zwei Eseln bespannten Wagen auf und können (um 5 Uhr) losfahren. Das Wägelchen rumpelt fürchterlich, und wir fahren nicht schneller, als wir gingen, aber wir sind doch froh, uns einen heißen Marsch zu ersparen. Eine Zeit lang geht's auf der T e r r a s s e dahin, auf der außerhalb des Dorfes Getreide, Mais, Sonnenblumen, Obstbäume und anderes gedeiht.

Unter uns im Westen sehen wir die Luda Kamtschija, bis wir in deren südliches Seitental, ins B o a s D e r e kommen. Es ist, wie der Name sagt (vom türkischen Bogas, „Schlucht") ein steiles, — aus denselben Gründen, die beim Luda-Kamtschija-Tal nördlich Diskotna angeführt worden sind — antezedentes Durchbruchstal und zwar durch das Westende der Ajtoska Planina. Auch deren geologisches Profil ist an der Straße, die am rechten, felsigen Steilhang hinaufzieht, gut zu verfolgen: auf dicke Bänke zerklüfteten Kalkes (Tepe-Tarla-Kalk) folgen die uns bekannten hornsteinführenden Mergelkalke, bald flach liegend, bald saiger stehend, oft mit Blitzfaltung, und schließlich wieder die erstgenannten, jetzt sogar N-fallenden (!) Kalke. — Unten auf der schmalen Talsohle stehen einige Mühlen. Die Steilhänge tragen nur kümmerlichen Buschwald. Auf der Straße ziehen große Herden von Rindern, Büffeln und Schweinen.

Durch den oberen Ausgang der Schlucht gelangen wir wieder in ein langes B e c k e n (ca. 200 m), das denselben Molasseflysch wie die vorigen zum Untergrund hat, aber im Norden von einer Bruchlinie begleitet wird. Schon das Schwefelwasserstoff enthaltende Wasser, das uns der Kutscher von einer nahen Quelle bringt, läßt uns eine solche vermuten; das Landschaftsbild aber, das sich weiterhin vor unseren Augen aufrollt, bestätigt nur diese Vermutung: Das Becken, das wir jetzt fast seiner gesamten Länge nach (über 10 km) in OSO-Richtung durchfahren, ist an seinem ganzen Nordrand auffällig klar durch den bis 400 m hohen Abfall der Ajtoska Planina (621 m) abgeschlossen, der in dem verschiedenartigen Gestein (Tepe-Tarla-Kalk) allein nicht leicht begründet sein kann; nach Süden dagegen geht es allmählich in den sanft ansteigenden, ebenfalls aus Molasseflysch aufgebauten Tschatal-Balkan über, dessen Hang sich als das unter dem Beckenschutt auftauchende 200 m-Niveau erwiesen hat; im Osten ist es gar nur durch eine niedrige Wasserscheide vom Hadschi Dere getrennt, das seine Richtung fortsetzt und auch durch einen Bruch mitangelegt ist. Das ganze Becken ist demnach eine große Einbiegungszone, die im Norden an einer (maximal 150 m betragenden) Verwerfung endet.

Der Hang der Ajtoske Planina wird durch tiefe Schluchten gegliedert, die an ihrem Ausgang zur Ebene einen fast geschlossenen Schuttfuß geschaffen haben. Der Boden des Beckens selbst ist flach gewellt und vom oberen Boasbach und seinen Zuflüssen nur leicht zerschnitten. Er ist weiterhin mit Mais, Getreide und Sonnenblumen, späterhin auch Tabak bebaut und dabei recht baumarm. Die Beckenumrahmung dagegen ist mit Busch bewachsen. Wir holen einen Wagenzug ein: auf den schweren Fuhrwerken, die Ochsen und Büffel ziehen, bringen Türken Holz aus dem Balkan zur Bahn hinab. Rechts und abseits von der Straße liegt Vresovo, ein breitspurig angelegtes Dorf mit vielen neuen Bauten, darunter ein Progymnasium. Die Siedlung Almadere wird von der neuen Straße nicht mehr berührt.

Diese zieht nun in mehreren weiten Serpentinen den flachen Nordhang des Tschatal-Balkans empor, der bisweilen von trockenen Lehmrissen zerschluchtet wird. Die Felder ziehen noch ein Stück hinauf; dann setzt Eichenbusch ein, der nur von wenigen sehr dicken, aber kurzen Stämmen überragt wird; Flöten spielende Hirten, mit bedrohlichen Messern und Ruckssäcken aus umgedrehten Schaf- oder Ziegenfellen ausgerüstet, lassen hier ihr Vieh, meist Rinder, weiden. Hinter uns bleiben der einförmige Kamm der Ajtoska Planina und das weite, dünn besiedelte Becken immer mehr zurück. Im Osten überblicken wir das breite Hadschi Dere, in dem die grünen Flecken um die Dörfer sich vom vergilbten Talboden gut abheben; in der Ferne glauben wir das Schwarze Meer zu sehen. Endlos steigt der Weg an. Keine Wolke am Himmmel. Im Westen versinkt der rote Sonnenball. Endlich wird es kühler. Mehrere Zigeunerwagen begegnen uns. Es ist schon dunkel, als wir die Höhe (ca. 400 m) erreichen. In flotterer Fahrt geht es nun abwärts in eine Art weiten und flachen Kessel hinein, der sich unten öffnet.

Dort blinken bereits von Fern die Lichter des Städtchens A j t o s (70 m), das wir denn auch um 9 Uhr glücklich erreichen. — Am nächsten Morgen steigen wir über verbrannte Wiesen und an Steinbrüchen vorbei die Anhöhe östlich zu der bizzaren Felsgruppe der „Drei Brüder" empor, um zunächst die Gegend, die wir gestern abends durchfahren haben, zu überschauen. Der weite Kessel ist hoch hinauf mit Wein bepflanzt, im übrigen meist Weideland. An seinem Ausgang zum Ajtoska-Reka-Tal und weit schon in dieses hinausreichend liegt das regsame und aufstrebende Städtchen Ajtos. Die Felsgruppe, von der wir herabblicken, besteht aus demselben dunkelgrünen, braun verwitternden, körnigen Gestein, das in den Steinbrüchen gebrochen und unten als Baumaterial viel verwendet wird, aus Andesit: Unsere Anhöhe und auch die Kuppe nordwestlich gegenüber, der Hissar (türk. „Burgberg"), die beide den Südabbruch des Tschatal-Balkan fast wie einen Kessel gegen das Ajtostal abriegeln, gehören bereits der S u b b a l k a n i s c h e n E r u p t i v z o n e („Südbulgarischen Niederung" A. Pencks) an, die weiter westlich durch eine Verwerfung vom Ost-Balkan abgesetzt ist. Aber wie im Norden zeigt auch hier der Ost-Balkan keine scharfe Grenze: Das Andesitbergland um Ajtos und östlich davon bis fast ans Schwarze Meer schmiegt sich eng an den Flysch-Balkan an und ist — und das gleiche gilt sogar von dem Hügelland jenseits des Ajtostales — von denselben Rumpfflächen gestuft, ja zum Teil sogar aus denselben Sedimenten aufgebaut. Aber davon abgesehen, haben wir doch vor uns im Süden eine Landschaft von andersartigem Gepräge: Ein riesiges Senkungs- und Einmuldungsgebiet, mit weiträumigem, einförmigen, baumarmen Hügelland vorwiegend aus kretazischen Eruptiven und ebenso weiträumigen und einförmigen, meist von Quartär erfüllten Niederungen, deren dunkle Erde unter einer südlicheren Sonne reiche Früchte trägt.

AMERIKA

Ghetto Expansion and the Urban Landscape
A Case Study in Detroit

ROBERT SINCLAIR, Detroit

Introduction

The Black ghetto is a well-known feature of most large United States cities. The ghetto's development reflects the large-scale Black migration from the American southern states into northern cities in recent decades, as well as the almost universal tendency for the Black population to be housed in segregated residential areas, rather than integrated with the existing white population. In recent years the Black ghetto has become an important focus of urban geographic research, both as an urban subsystem in its own right, and as part of the overall spatial structure of the city [1].

One particular research interest has been the nature of ghetto expansion. Spatially, the increase in Black population in most U. S. cities has led to a contiguous expansion at the ghetto edge, where the Black population replaces a departing white population. The dynamic nature of this expansion has been the concern of numerous sociological and geographical studies [2]. Several geographers have recognized the phenomenon as a diffusion process, and have presented operational models simulating the process [3].

Ghetto expansion is the subject of the present paper. Here however, the dominant concern is not the expansion process itself, but conditions in areas subjected to the process. The impact of ghetto expansion is not confined to the ghetto edge. Areas far in advance are affected, as they react in anticipation of impending change. Areas behind the ghetto edge are affected, because forces generated during the period of racial transition leave their mark on an area long after the transition has taken place. In effect, a broad zone of urban

[1] See, for example, the entire issue of *Economic Geography*, Vol. 48, No. 1, entitled "Contributions to an Understanding of Black America"; ROSE, H. A., *The Black Ghetto: A Spatial Behavioral Perspective*, McGraw-Hill Problems Series in Geography, (New York: McGraw-Hill, 1971); ROSE, H. A. ed., *Geography of the Ghetto, Perspectives in Geography No. 2*, (DeKalb, Illinois: Northern Illinois University Press, 1972); ROSE, H. A., *Social Processes in the City; Race and Urban Residential Choice*, Assoc. of American Geographers, Commission on College Geography, Resource Paper No. 6 (Washington D. C., 1969); MEYER, D. R., *Spatial Variation of Black Urban Households*, U. of Chicago, Department of Geography Research Paper No. 129, (Chicago: U. of Chicago Press. 1970); ROSE, H. A., "The Development of an Urban Subsystem: The Case of the Negro Ghetto." *Annals of Association of American Geographers*, Vol 60, (1970), pp. 1—17; MORRILL, R. L., "The Negro Ghetto: Problems and Alternatives." *Geographical Review*, Vol. 55 (1965), pp. 339—361; and Department of Geography, Northwestern University, *Interaction Patterns and the Spatial Form of the Ghetto*, Special Publication No. 3, (Evanston, Illinois, 1969).
[2] For example, TAEUBER, K. E. and TAEUBER, A. F., *Negroes in Cities: Residential Segregation and Change*, (Chicago: Aldine Publishing Co., 1965); WOLF, E. P., "The Tipping Point in Racially Changing Neighborhoods", *Journal of the American Institute of Planners*, Vol. 29, (1963), pp. 217—223; WOLF, E. P. "The Invasion-Succession Sequence as a Self-Fulfilling Prophecy", *Journal of Social Issues*, Vol. 13, (1957), pp. 7—20; SMITH W. F., *Filtering and Neighborhood Change*, (Berkeley: Institute for Urban and Regional Development, University of California, 1964); and FARLEY, R. "The Changing Distribution of Negroes within Metropolitan Areas; The Emergence of Black Suburbs", *American Journal of Sociology*, Vol. 75, (1970), pp. 512—529.
[3] MORRILL, op. cit., (1965); ROSE, H. A., "Spatial Development of Black Residential Subsystems", *Economic Geography*, Vol. 48, (1972), pp. 43—65.

space is affected by the ghetto expansion process. It is with this space that the paper is concerned. The study is based upon a section of the city of Detroit.

Black Ghetto Expansion in Detroit [4]

Detroit is one of the United States largest centers of Black population. The city has had a substantial Black population throughout much of the present century, but the large-scale immigration which transformed Detroit into one of the country's leading Black centers came with the boom years of World War II and its aftermath. In the past three decades Detroit's Black population has quadrupled, and the Black percentage of the city's total population changed from 9.3 in 1940 to 44.5 in 1970 [5]. Black immigration into Detroit has coincided

DETROIT
BLACK POPULATION 1940—1970

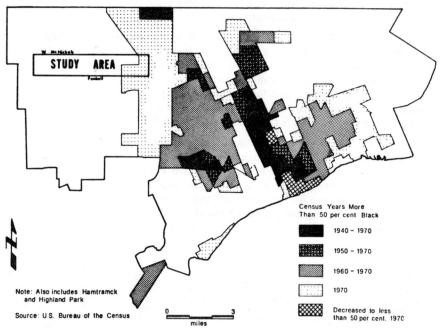

Figure 1

[4] Geographical publications dealing with different aspects of Detroit's Black population include DESKINS, D. R. Jr., *Residential Mobility of Negroes in Detroit, 1837—1965*, Michigan Geographical Publication No. 5, (Ann Arbor: Univ. of Michigan Dept. of Geography, 1972); SINCLAIR, R., *The Face of Detroit, A Spatial Synthesis*, (Detroit: Wayne State University-National Council for Geographic Education, 1970); ANDERSON, M. B., *Racial Discrimination in Detroit: A Spatial Analysis of Racism* (Unpublished Masters Thesis, Wayne State University, 1969); BUNGE, W., *Fitzgerald: Geography of a Revolution*, (Cambridge, Massachusetts: Schenkman Publishing Co., 1971); DESKINS, D. R. Jr., "Race, Residence, and Workplace in Detroit, 1880—1965", *Economic Geography*, Vol. 48, (1972), pp. 79—94; and HUMPHREY, J. S., *Segregation and Integration*, (Detroit: Wayne State University, 1972).

[5] U. S. Bureau of the Census, *United States Census of Population, 1970, General Social and Economic Characteristics of the Population*, (Wash. D. C.: Govt. Printing Office). Unless otherwise indicated, all population statistics utilized in this paper are taken from this source.

with an equally significant suburban outmigration, largely of middle and upper income white families with school age children. The fact that this suburban movement has exceeded Black immigration has had two significant consequences. First, it meant an overall decrease in Detroit's population from 1,850,000 in the 1950's to 1,511,000 in 1970. Second, it meant that more residences were readily available to Blacks, so that racial transition in Detroit has been more rapid than in most other U. S. cities. Between 1950 and 1970 one hundred and forty additional census tracts became more than fifty percent Black.

The spatial pattern of Black expansion is shown in figure 1. Black occupance in Detroit has been a contiguous expansion from two core areas, one, the original Black belt on the lower east side, and one on the near northwest side, into a general area up to seven miles from the Central Business District. Since the 1950's the dominant trend has been into northwest Detroit, so that by 1970 the zone of greatest racial transition was close to the Southfield Freeway, reaching north to the city boundary. A section of this rapidly changing northwestern area is the focus of this paper.

The Northwest Detroit Study Area

The area studied is a one mile strip extending five miles in an eastwest direction from Wyoming to Lahser Roads (Figure 2). Built up in the late 1920's and 1930's, the area traditionally has been one of solid middle and upper income brick homes in quiet tree-lined streets. Those streets were punctuated at one mile intervals by major arteries, which provided both commercial facilities and excellent access to downtown Detroit and other parts of the city. The area's public and parochial schools had an outstanding reputation, churches were a source of local pride, and city services were excellent. Although the population of 51,113 represented a diversity of occupations, incomes, and ethnic groups, it was marked by a high degree of residential stability and a common sense of well-being [6].

In the past decade the long-standing residential stability of the area has been affected by a complex of forces associated with racial change. The Black proportion of the population increased from less than one percent (15 persons) in 1960 to twenty-four percent (12,159 persons) in 1970. In the early 1960's the effects of racial transition were confined to the east and southeast edges of the area, the direction from which ghetto expansion has taken place. By the end of the decade the prospect of racial change had been accepted in all but the westernmost parts and the area's subsequent development has been conditioned by this fact.

The Racial Transition Process in the Study Area

Ghetto expansion in the study area incorporates a series of complex and interacting elements, many of which at first glance seem quite unrelated to the expansion process. Of fundamental importance to an understanding of those elements is the nature of racial succession.

Because the suburban movement from northwest Detroit has entailed families with school age children, the present white population shows a higher-

---

[6] The single exception to this generalization is the presence in the far southwest of the study area of the old workingman's community of Brightmoor, still dominated by poorly built frame houses and a cheap, deteriorated commercial strip along Fenkell Avenue.

than-average proportion of older persons, childless couples, and civil servants tied to the city by political and residence requirements. White families still move into the area, but those have not filled the vacuum created by suburban "pull". Thus, there has been an unusual choice of housing for Blacks who are able to afford it. Because this housing is out-of-reach of the poor, Black expansion in the study area initially involves those of middle and upper income, including professionals, businessmen, and white and blue collar workers. However, after this initial Black migration, pressures follow from the Black ghetto, as poorer Blacks (often deprived of former residences by urban renewal, institutional expansion, and expressway construction) move into areas already occupied by wealthier Blacks. In turn the latter move outward as additional housing becomes available. Thus, ghetto expansion in the study area involves not only racial transition, but also a succession within the Black population.

One of the most important elements associated with the above changes is a series of problems in the area's schools. Partly these problems reflect the overall financial difficulties of the Detroit public school system, but local factors also are involved. First, the dramatic population turnover leads to imbalances in student numbers. Some schools temporarily have declining enrollments due to outward migration. Others are subject to severe overcrowding because incoming Black students, coming from poorer sections of the city, have had more limited educational backgrounds than children brought up in the local area. Finally, public schools have been the scenes of violent racial conflicts [7]. These factors all have an effect upon the quality of public schools. Parochial schools also have been affected. Traditionally, Roman Catholic schools have played an important educational role in northwest Detroit, and they remain a stabilizing influence in the western sections of the study area. However, many parochial schools have closed, largely for financial reasons, so that those desirous of a religious education have turned elsewhere. Overall, school problems have become one of the most important causes of instability within the study area, and one of the main stimulants to more rapid suburban migration.

A second element is an increase in violent crime. Reported crimes in the study area increased from 1,324 in 1966 to 3,249 in 1970 to 4,131 in 1972 [8]. This increase involves a set of complex and apparently contradictory factors. Although "crime in the streets" is a city-wide phenomenon, the greatest concentrations tend to be in slums and more blighted areas of the Inner City. To a large degree the spread of crime in northwest Detroit reflects (a) the spread of blight conditions which accompany the second stage of ghetto expansion, and (b) the instability of the transition process itself. The impact of increasing crime in the study area is great. Evidence of a violent crime induces thoughts of departure for those financially able to move, whether white in a racially changing neighborhood or Black in a neighborhood undergoing the spread of blight. Moreover, the fear of crime, and responses to that fear-watchdogs, brickedover windows, burglar alarms, metal screens, and empty streets-create an appearance of instability and have a further blighting effect upon a neighborhood.

---

[7] Racial confrontation between students in one local high school in 1969 led to a disturbance of riot proportions, and created national attention.

[8] Figures collected by the City of Detroit Police Department. It should be noted that for a variety of reasons, large numbers of crimes remain unreported.

There have been significant changes in northwest Detroit's commercial structure. The one-time prosperous "Mile Roads" of the study area have experienced commercial decline, as local residents were attracted to suburban shopping malls, and as customers replacing them have had lesser purchasing power and different tastes. As a result there has been (a) a decline in the quality of merchandise and services, (b) the introduction of different functions, merchandise, and merchandising habits, catering ot a Black culture, and (c) an overall advance of neglect and decay. Streets in the eastern part of the study area take on aspects of the Inner City ghetto. Many stores are empty or boarded up. Screens, padlocks and security guards are part of the local retail scene. Moreover, many of those indices of commercial decline are noted in advance of other aspects of change, in areas otherwise untouched by blight. The psychological impact upon adjacent residential areas is assumed to be considerable.

The rapidly changing situation in the study area incorporates many elements which have no original relationship with the racial change process, but which become an integral part of that process with the passage of time. One such element is known as the "H. U. D. House Fiasco". H. U. D. houses are houses repossessed by the U. S. Department of Housing and Urban Development from persons delinquent in F. H. A. Mortgage payments, and marketed through the auspices of that organization. In Detroit this procedure has been marked by bureaucratic mismanagement of outstanding dimensions [9]. First-class houses have remained empty for years. Others have had second-rate repairs done by "fly-by-night" construction companies. Others have been marketed to families without the means to sustain home payments, or without the experience of home ownership. The circumstances leading to the presence of such homes are accentuated in areas of instability, and their evidence is marked within the study area. Many streets in Black and mixed neighborhoods are pockmarked with vacant homes, some falling into disrepair, and all presenting an unkempt, unlived-in appearance. The presence of one or more such houses on any street is detrimental to adjacent properties. Potential residents are turned away. Often the result can hasten the approach of residential blight.

Another such element is a general reduction in city services, brought on in the last decade by a consistent decline in city revenues, and an accompanying decline in civil service morale. The reduction is not so marked in the western part of the study area, largely due to the greater political influence of its residents. In the eastern section, where political influence is not so great and population instability has placed greater demands upon limited services, the effects of the reduction are pronounced.

In sum, the complex of elements described above has had a blighting effect upon the landscape of the study area. Blight, in promoting residential instability, becomes itself part of the racial transition process, even though many of the contributing elements originally were independent of that process. Blight is not easily eradicated when the transition process is complete. Indeed, because the initial expansion of Black occupance is followed by a subsequent movement of poorer Blacks, bringing problems of the Inner City ghetto, blighted conditions tend to increase.

---

[9] It has been calculated by the *Detroit Free Press* that fully one-fourth of the nation's abandoned H. U. D. homes are in the city of Detroit.

Several agents consciously are involved in directing or controlling the ghetto expansion process in the study area. One is the real estate industry [10]. Certain real estate companies clearly have manipulated the racial transition process for personal gains, which include not only commissions accruing from rapid housing turnover, but, also profits made by buying homes at panic rates from departing whites and selling at high rates to incoming Blacks. There are case examples of the well-known rumor spreading-leaflet distributing-panic-promoting tactics associated with the blockbusting mechanism. Within the study area two lawsuits are underway charging real estate companies with designating "territories" inside which, by agreement, sales to Blacks (or whites respectively) are discouraged [11]. The interest of realtors in ghetto expansion is marked by concentrations of short-lived real estate offices along the study area's business streets. Although the more overt practices have become subdued in recent years under the pressures of city ordinances, local community organizations, and press publicity, the real estate element still plays an important role in determining the nature and pattern of Black expansion in the study area.

A second and countering agent is the local Community Councils, which have become the foci of efforts to combat the more deleterious aspects of change in the study area [12]. Activities of these councils include pressuring city government to change zoning laws and improve services, obtaining funds for school improvements, organizing "block clubs", and uniting citizen support against real estate blockbusting and the increase in H. U. D. housing. Probably more important, they have fostered considerable community cohesion.

Finally, an element of conflict pervades much of the study area. The most dramatic type of conflict is racial, beginning with white antipathy toward incoming Blacks, and ending with Black resentment toward white persons remaining in otherwise Black areas. As has been seen, the most violent racial conflicts have occurred in the area's schools. However, there also are conflicts within the races. Wealthier Blacks who were original migrants into the area have resented the later movement of poorer "ghetto" Blacks into the area. The white population remaining in the western part of the study area is divided in its attitude toward integration. This brings to the fore another aspect of conflict, that between the real estate industry and organizations attempting to preverse neighborhood stability. Though less clearcut than the racial conflict in the eastern part of the study area, these last named conflicts have much meaning. They imply an awareness of the blighting elements that have accompanied racial transition, a recognition of the need for community efforts to counter those elements, and a realization among many that those efforts must include a considerable amount of integration. At the same time the very existence of this realization tends to create a "self-fulfilling prophecy" of things to come. Conflict within the western part of the study area are symptoms of an early stage of the racial transition process, just as more violent confrontations farther east exemplify a later stage.

---

[10] One analysis of the influence of the real estate industry in ghetto expansion is in BROWN, W. H., Jr., "Accessing to Housing: The Role of the Real Estate Industry", *Economic Geography*, Vol. 48, (1972), pp. 66—78.

[11] One suit is being charged by the federal government; the second by a group of local Community Councils.

[12] These organizations (variously called Community Councils, Citizens Councils, Homeowners Organizations, Residents Associations, Neighborhood Councils, Civic Associations, etc.) have developed voluntarily, and vary greatly in purpose, powers, and degree of formality.

In summary, the process of racial transition in the study area cannot be looked upon as a single entity, but rather as a system of diverse and interacting elements. As part of the system, each of those elements assumes a role which appears to ensure the perpetuation of the system. In other words, forces generated by the process of ghetto expansion tend to bring on conditions of blight and conflict which themselves become reasons for the continuation of that expansion. It is appropriate to examine the spatial variation of those conditions throughout the study area.

Spatial Variation of the Racial Transition Process

The study area can be looked upon as a broad zone of urban space affected by the ghetto expansion process. The status of ghetto expansion is shown in figure 2 [13]. The easternmost square mile has experienced almost complete racial turnover, with all census tracts more than seventy percent Black. In the next three square miles the Black population comprises more than fifty percent, twenty-five percent, and two percent respectively. In the remaining western areas the percentage is less than one.

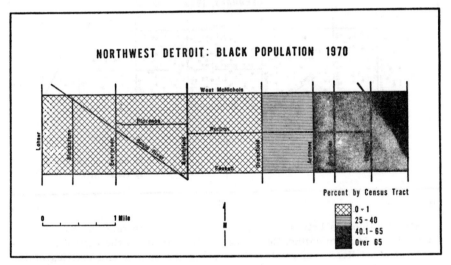

Figure 2

Several other demographic variables show the same basic pattern [14]. For example, one index of residential stability is the percentage of 1970 residents who had been living in the area in 1965. In most of the western part of the area this percentage was between sixty-five and seventy-five, indicating a relatively high degree of stability. Toward the east this percentage declines to forty east of Greenfield and to twenty-five in the two easternmost square miles. This means that population turnover in eastern areas was as much as seventy-five percent within a five-year period. The pattern of 1960—1970 popu-

[13] Information in figure 2 was obtained from U. S. Bureau of the Census, *United States Census of Population, 1970. Census Tract Statistics, Detroit S. M. SA.* (Washington D. C.: Govt. Printing Office).
[14] Information in this paragraph obtained from U. S. Bureau of the Census, *op. cit.* (footnote 13). Maps of these variables were not included here because of limited space.

lation change in the area indicates aspects of the family structure of incoming immigrants. The eastern area shows a considerable population increase, as Black families not only filled vacancies created by departing whites, but did so with larger families and consequently greater population densities. With one exception no significant population change is discerned elsewhere in the study area.

The pattern of active racial turnover in early 1973 is suggested by a map of real estate listings (figure 3) [15]. An east-west profile of numbers of houses for sale resembles a wave, with its crest in the central square mile, between Greenfield and Southfield. To the west, in front of the wave, the "for sale" density is half as great. To the east, behind the crest of the wave, the "for sale" density also is half as great, but this declines to less than thirty percent after the first square mile.

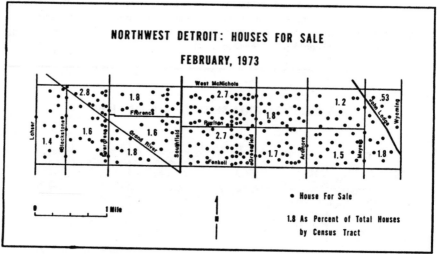

NORTHWEST DETROIT: HOUSES FOR SALE

FEBRUARY, 1973

Figure 3

The relationship between the pattern of houses for sale and that of real estate offices is illuminating. Reference has been made to the eastwest "movement" of short-lived real estate offices along the commercial arteries of the study area. Figure 4 shows the location of such offices during the summer of 1973 [16]. Practically no real estate offices are to be found in the western two miles. Offices in the eastern two miles are relatively few, about three per mile. The greatest concentration, ten and sixteen per mile, are found in the two square miles between Greenfield and Evergreen, closer to the area of active turnover. However, the peak of this concentration is between Southfield and Evergreen. This is one mile ahead of the area of active racial transition, in an area which remains predominantly white. The pattern of real estate offices would seem to be a portent of other patterns of the future.

---

[15] Information in figure 3 reflects listings of main real estate companies. Although this does not include the total number of houses for sale in the area, it can be considered as representative. It is difficult to specify a "normal" for-sale situation for comparative purposes. However, it is reasonable to assume that the basic pattern shown on figure 3 is related to the racial transition process.

[16] This was approximately the same time as the map of "houses for sale". Information for figure 4 was obtained in local field research.

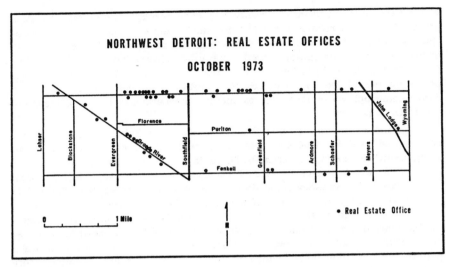

Figure 4

Housing in F. H. A. Mortgage Default has quite a different pattern [17]. In the two easternmost square miles the proportion of such houses is among the highest in the city, ranging from 3.7 to seven percent. This proportion declines rapidly to the west, and becomes negligible throughout the remainder of the area. This general pattern is expressed vividly in a map of vacant H. U. D. homes (Figure 5). Virtually all such homes are in the easternmost

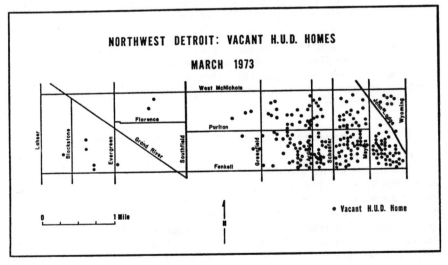

Figure 5

_____

[17] Information for this section (including figure 5) was obtained from the Detroit Office of the U. S. Dept. of Housing and Urban Development.

two square miles. This area already has gone through the racial transition process, and has a relatively stable " for sale" situation. The chain of circumstances which led to mortgage defaults and the presence of vacant H. U. D. homes appears to be initiated well after other change processes have taken place. It might be hypothesized that the rapid turnover of homes in the preceding period led to purchases by families who were unable to afford either home upkeep or mortgage payments. The backwash is the incidence of vacant H. U. D. homes.

Patterns expressing commercial blight closely parallel those of housing default and vacancy. One index is the vacancy status of stores and offices along main commercial arteries [18]. There is an overwhelming concentration in the east, where the percentage of vacancies on some streets is more than forty percent. The vacancy count declines by more than one-half in the middle section, and with the exception of a small section in the northwest, becomes even lower in the western sections. A second index of commercial blight: the incidence of protective devices (iron screens, metal bars, bricked-in windows, etc.) on the windows of commercial structures, shows an almost identical pattern. The circumstances leading to commercial blight are initiated before and during the time of racial transition, but become most prevalent after the initial transition has taken place. The commercial condition in the easternmost square mile is akin to that in Detroit's Inner City Ghetto.

When the different patterns are considered in perspective, a further insight is gained into the complicated process of racial change. Each pattern varies from east to west. The patterns do not coincide, however. If the basic pattern is Black-white occupancy change, then racial change in 1973 is concentrated in the middle square mile, between Greenfield and Southfield. Certain patterns, such as that of houses for sale, correspond to this basic pattern. Others, such as those for population, commercial blight, and housing vacancies are concentrated behind (to the east). Others, including the pattern of real estate offices, show an intensity well ahead (to the west) of the peak of racial transition.

The factors mapped in figures 2 to 5 are essentially mappable surrogates for a variety of associated conditions, which together express the instability and conflict taking place in advance of, and behind, the edge of ghetto growth. If the maps are considered in aggregate, they portray a broad pattern of varying instability stretching westward from the ghetto edge far beyond the boundary of the case study area.

Generalized Model of the Ghetto Expansion Process

Because the preceding analysis examines both the nature and the spatial variation of the ghetto expansion process, it provides an overall insight into the continuity of the process. Based upon this insight, it is possible to consider the process as a continuum, which can be conceived in a temporal sense (the development of the expansion process in one area through time) and in a spatial sense (the variation of the process throughout ghetto expansion space). For convenience, it is possible to divide this continuum into four phases. In figure 6 those phases are applied to the 1973 situation within the study area.

---

[18] Information for commercial blight patterns was obtained in local field research in the summer of 1973. Limited space precludes the presentation of maps of these patterns.

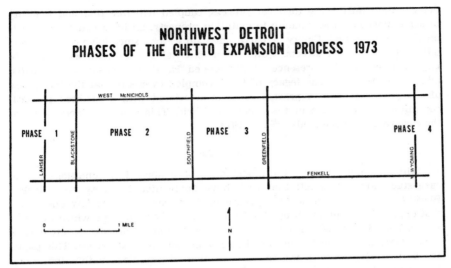

NORTHWEST DETROIT
PHASES OF THE GHETTO EXPANSION PROCESS 1973

Figure 6

The first phase is one in which there is no open and direct recognition of impending change, but residents, consciously or unconsciously, are aware of the possibility of such change. White movement into the area still takes place, but consists largely of families who might not make the area their permanent home. The population has a higher proportion of older persons than the city norm. Some traditional service and retail establishments on adjacent commercial streets depart and are replaced by more transitory businesses. Community councils might be formed to promote neighborhood consciousness. In the study area this stage had disappeared from all but the far western section in 1973.

The second phase occurs when residents become aware that change is pending and react in various ways. More families move to the suburbs. Residents have concerns about declining property values, about confrontations in racially changing schools, about increasing crime, and about numerous other threats that more often are rumor than they are fact. Often these concerns are promoted by real estate agents, many of whom already have set up offices in the neighborhood. Generally no long-term investments are made in homes. Rumors and speculation are widespread and supplemented by clearcut evidence of deterioration in the commercial structure. In the study area in 1973 this stage is represented in a broad area west of Southfield Avenue.

The third phase is one of active turnover, characterized by the rapid movement of Black families into the neighborhood, the blossoming of "for sale" signs on front lawns, and the well known blockbusting activities by real estate agents. The period often is one of racial confrontation, most actively in the schools. In the study area in 1973, this stage is represented in the square mile area between Greenfield and Southfield.

The last phase occurs in the wake of the turnover period. Some neighborhoods retain their original character, with little change other than occupance. In most areas the uncertainties and turmoil of the previous two phases have taken their toll. Postponement of long-term upkeep investment on the part of original owners, departure of many supporting services and institutions, deterioration during the turnover process, coupled with the financial inability of some newcomers adequately to maintain property, all have had their effects on the neighborhood. Empty or barracaded stores long since have characterized adjacent commercial streets. Quite often external factors, such as decline in city services, or the presence of abandoned H. U. D. houses have created additional problems. The legacy of these complex events is that the last phase of the ghetto expansion process often is associated with a blighted physical condition and a change in the economic fabric. This had happened in all of the eastern part of the study area by 1973.

Conclusion

Although the stages of the model have been applied to conditions in the case study area, it is felt that they have application in many areas where Black ghetto expansion is taking place in American cities. At any one place, that expansion is not an abrupt occurrence, but rather a process which involves a long period of time. At any one time, the expansion process is felt over a broad zone, which can be conceived as moving across urban space. This paper has been concerned with the spatial variation of conditions within that zone.

The total area subjected to the ghetto expansion process in many American cities is great. Large sections are undergoing the instability and conflict of racial transition. Even larger areas are going through the long period of uncertainty, tension, and neglect which precedes the actual transition. Moreover, much of the blight in central city ghettos can be attributed to the instability of a previous transition period. By focusing upon the spatial variation of conditions brought about by the ghetto expansion process, this paper provides one approach for interpreting the landscape of large parts of the contemporary United States city.

Leopold G. Scheidls Lebenswerk

L. Scheidl ist in der *Allgemeinen Geographie* hauptsächlich von der Kulturgeographie ausgegangen und hat sich im Laufe der Zeit immer stärker der Wirtschaftsgeographie und ihren Methoden zugewandt. Besonders hat er sich bemüht, in der Agrar-, Energiewirtschafts-, Industrie- und Verkehrsgeographie sowie in den Methoden der Darstellung auf Wirtschafts- und Verkehrskarten neue Wege zu finden.

In der *Regionalen Geographie* lag sein Ziel in einer umfassenden Erforschung bestimmter Räume mit Betonung der *Wirtschaftsraumforschung*. In dieser — zu deren Pflege Scheidl 1962 die Österreichische Gesellschaft für Wirtschaftsraumforschung ins Leben gerufen hat — ging es ihm darum, „die natur- und sozialräumlichen Grundlagen und Kräfte der Wirtschaft, die Verteilung und Ordnung der wirtschaftlichen Faktoren, Erscheinungen, Formen und Vorgänge im Wirtschaftsraum sowie das wirtschaftsräumliche Wirkungsgefüge zu erforschen und zu erkennen". Die Wirtschaftsraumforschung sollte „die Brücke von der Wirtschaftswissenschaft zur Geographie und von der Angewandten Geographie zur Wirtschaftsraumordnung und Wirtschaftsraumplanung schlagen". Als „Wissenschaft von den wirtschaftsräumlichen Ordnungs- und Intensitätsgesetzen" sollte sie nicht nur „die Realitäten untersuchen und erkennen", sondern darüber hinaus „die Wirklichkeit dem Erreichbaren gegenüberstellen und damit zu einer Wertlehre führen, welche die Wirtschaftsräume miteinander vergleicht und die Wertung und Gestaltung der sozioökonomischen Ordnung im Raum ermöglicht" [1].

Scheidls *Arbeitsgebiete* waren neben Österreich Südosteuropa und Kleinasien, in den USA vor allem Kalifornien, in Ostasien in ganz besonderem Maße Japan. Mit dem Problem der Entwicklungsländer befaßte er sich im allgemeinen und auch durch Studien in Nord- und Ostafrika sowie im Indischen Raum. Scheidls letztes umfangreiches Werk, eine Darstellung der Wirtschaft Südafrikas, ist derzeit im Druck.

Als Scheidl die Leitung des Geographischen Instituts der Hochschule für Welthandel übernahm, hatte er den Plan, ganz Österreich und namentlich dessen größere Wirtschaftsräume und -zentren sowie die Hauptzweige der österreichischen Wirtschaft zusammen mit seinen Mitarbeitern und Dissertanten wirtschaftsgeographisch zu erfassen und darzustellen. Wenn sich auch dieses Vorhaben als zu umfangreich erwies, so konnte er doch im Laufe seiner zwanzigjährigen Tätigkeit an der Hochschule von der Mehrzahl seiner Dissertanten einschlägige Themen untersuchen lassen, seine Mitarbeiter zu vielen derartigen Beiträgen anregen, selbst eine Reihe von Aufsätzen zur Wirtschaftsgeographie Österreichs veröffentlichen und mit seinen Mitarbeitern im Stichwortebändchen „Österreich — Land, Volk und Wirtschaft" sowie im „Luftbildatlas Österreich" zusammenfassende Darstellungen über Österreich und seine Wirtschaft herausbringen.

---

1 Zitate aus: L. SCHEIDL: Rückblick auf das erste Jahrzehnt der Österreichischen Gesellschaft für Wirtschaftsraumforschung. In: Zehn Jahre Österr. Ges. f. Wirtschaftsraumforschung, Wiener Geogr. Schriften, Nr. 40, Wien 1973, S. 30—31.

Scheidl war *Verfassser* von etwa 160 wissenschaftlichen Veröffentlichungen (Aufsätzen und Büchern), rund 90 Reiseberichten, etwa 90 Buchbesprechungen und 25 Zeitungsaufsätzen, ferner Bearbeiter zahlreicher Karten und einiger Kartenwerke sowie *Herausgeber* und Mitherausgeber von sechs Schriftenreihen und Zeitschriften und von sechs Einzelwerken. Neben seiner Lehrtätigkeit hat er zahlreiche wissenschaftliche Vorträge sowie eine Reihe von Ansprachen aus wissenschaftlichen Anlässen gehalten. Zur Verbreitung wissenschaftlicher Kenntnisse und zur Förderung der Beziehungen zwischen der Geographie und ihren Nachbardisziplinen, zwischen der Wissenschaft und der Praxis sowie zwischen Österreich und dem Ausland wirkte Scheidl in zahlreichen wissenschaftlichen und zwischenstaatlichen Gesellschaften und Kommissionen mit. Er war Gründer des Österreichischen Auslandsstudentendienstes (1961) und seines Forschungsinstitutes (1963), der Österreichischen Gesellschaft für Wirtschaftsraumforschung (1962) und der Österreichisch-Japanischen Gesellschaft (1963). Er war bei seinem Tode Präsident der traditionsreichen Österreichischen Geographischen Gesellschaft. Er war ferner u. a. Korrespondierendes Mitglied der American Geographical Society (seit 1951) und der Kommission für Angewandte Geographie der Internationalen Geographischen Union (seit 1964), Ehrenmitglied der Società Geografica Italiana (seit 1967) und erstes ausländisches Mitglied der Nippon Chiri-Gakkai (Vereinigung Japanischer Geographen).

Zu Scheidls wissenschaftlichem Bemühen trat das ständige Streben nach einer engen Verbindung mit der *Schulgeographie* und nach Zusammenarbeit mit ihren Vertretern. In diesem Zusammenhang wird Scheidl als Organisator, Leiter und Vortragender der fünf zwischen 1962 und 1972 abgehaltenen österreichischen Geographentagungen einem weiten Kreis von Fachvertretern in guter Erinnerung bleiben; er hat auch die Berichte über diese Tagungen herausgegeben. Dem gleichen Bestreben diente die Mitherausgabe von „Österreich in Geschichte und Literatur mit Geographie" und die Verfassung von Beiträgen für diese Zeitschrift sowie die Leitung des Arbeitskreises für Geographie des Instituts für Österreichkunde. Vor allem ist aber in diesem Zusammenhang das in Österreich für den Schulgebrauch approbierte Lehrbuch zu nennen, dessen Herausgeber und wissenschaftlicher Bearbeiter Scheidl war. Ab 1959 erschien zuerst „Seydlitz — Lehrbuch der Erdkunde" in 8 Bänden, ab 1967 „Seydlitz — Lehrbuch der Geographie und Wirtschaftskunde" in 20 Bänden. Über diesen Teilbereich von Scheidls Lebenswerk sagte H. Lechleitner in seiner Ansprache zum Festkolloquium vom 28. 6. 1974: „Nur wer selbst längere Zeit hindurch eine Gruppe freier Mitarbeiter zusammengehalten hat, wer Manuskripte verschiedener Verfasser zu einem Ganzen verschmolzen hat, wird ermessen, wieviel Geduld und Verhandlungsgeschick und welche enorme Arbeitsleistung in dieser für den Zusammenhang zwischen Hochschul- und Schulgeographie so wichtigen Aufgabe steckt".

Die vorstehende kurze Würdigung von Scheidls Lebenswerk wird nun ergänzt durch eine vollständige Bibliographie seiner Arbeiten und der von ihm betreuten oder herausgegebenen Werke, nach Tätigkeitsbereichen geordnet.

Wissenschaftliche Arbeiten

1928　Die Entstehung des Drei-Kaiser-Bündnisses von 1873. (Dissertation). Philosophische Fakultät der Universität Wien, 1928, 209 Seiten, unveröffentlicht.

1930 Die Verkehrsgeographie Kleinasiens. (Hausarbeit). Mitteilungen der Geographischen Gesellschaft in Wien, Bd. 73, 1930, Nr. 1—3, S. 21—52, mit einer Eisenbahn- und Hafenkarte von Kleinasien (Taf. 2).

1931 Mitarbeit an der Bibliographie von Bruno DIETRICH: Nordamerika (1916—30). Geographisches Jahrbuch, 45. Bd., Gotha 1930, S. 243—390, 46. Bd., S. 228—340.
Eine Durchquerung des Ost-Balkans. Wien 1931, in: Beiträge zur Wirtschaftsgeographie, Teil II, Wiener Geographische Schriften, Nr. 46/47/48, Wien 1976, S. 179—187.

1932 Siedlungsgeographische Beobachtungen und Studien in Nordost-Bulgarien 1931—1932. Wien 1932, 42 Seiten, unveröffentlicht.

1934 Eine Durchquerung des Pirin und Besteigung des El Tepe. Geographischer Anzeiger, Gotha, Jg. 1934, H. 8, S. 176—184, mit 10 Abbildungen (Taf. 11) und 1 Karte (Taf. 12).

1935 Eine Studienreise durch Nordjapan im Sommer 1935. Bericht im Geographischen Institut der Kais. Universität in Tokyo, 11. Nov. 1935, in: Beiträge zur Geographie Japans. Bd. II, Octopus Verlag, Wien, im Druck.

1936 Eine Studienreise durch Südwestjapan im Frühjahr 1936. Bericht im Geographischen Institut der Kais. Universität in Tokyo, 24. Juni 1936, in: Beiträge zur Geographie Japans, Bd. II, Octopus Verlag, Wien, im Druck.

1937 Die geographischen Grundlagen des japanischen Wesens.. Herausgegeben von Kokusai Bunka Shinkokai (Gesellschaft für Internationale Kulturbeziehungen), Tokyo, Publications Series, B. Nr. 35. Konkusai Shuppan Insatsusha, Tokyo 1937, II u. 33 Seiten.
Die Kulturlandschaft Alt-Japans. Herausgegeben von der Japanisch-Österreichischen Gesellschaft (Nichi-Oh Kyokai), Tokyo 1937, VIII u. 43 Seiten u. 10 Seiten mit 28 Bildern.
Der Boden Japans. Mitteilungen der Deutschen Gesellschaft für Natur- und Völkerkunde Ostasiens, Bd. XXX, Teil A, Tokyo. Otto Harrasowitz, Leipzig 1937, VIII u. 44 Seiten, mit farbiger Bodenkarte Groß-Japans 1 : 5,000.000 im Anhang.
Reisen und Arbeiten in Nordamerika und Asien. Mitteilungen der Geographischen Gesellschaft in Wien, Bd. 80, 1937, Nr. 9-10, S. 312—313.

1938 Nippon-no-dojô (Nippons Boden). Japanische Übersetzung der Arbeit „Der Boden Japans" von Shinzô KIUCHI, Chirigaku (Geographie), VI. Bd., Tokyo 1938, Nr. 1, S. 9—37, mit 2 Bodenkarten.
Bäuerliche Arbeit in Japan. Neue Freie Presse, Wien, 8. Mai 1938, S. 5—6.
Die Izu-Halbinsel in Mittel-Honshû. Bericht in der Fachsitzung der Geographischen Gesellschaft in Wien, 23. Mai 1938, in: Beiträge zur Geographie Japans, Bd. II, Octopus Verlag, Wien, im Druck.
Bodenkarte Groß-Japans. Die Ernährung der Pflanze, herausgegeben von Paul KRISCHE, 34. Bd., Berlin 1938, S. 198—200.
Bodenzerstörung und Bodenschutz in den Vereinigten Staaten. Geographischer Anzeiger, Gotha, Jg. 1938, H. 11, S. 252—255.
Die Rohstoffversorgung Japans in den Jahren 1932—1936. Mitteilungen der Geographischen Gesellschaft in Wien, Bd. 81, 1938, S. 359—361.
Flugverkehr in Japan. Mitteilungen der Geographischen Gesellschaft in Wien, Bd. 81, 1938, Nr. 11—12, S. 362—363.

1939   Ferner Westen — Ferner Osten. Forschungs- und Studienreisen im nordpazifischen Raum. Neue Freie Presse, Wien, 1. Jan. 1939, S. 33—34.

Shimoda. (Stadt auf der Izu-Halbinsel in Mittel-Japan). Mitteilungen der Geographischen Gesellschaft in Wien, Bd. 82, 1939, Nr. 3—4, S. 97—101.

Das Gebiet von Nikkô in Mittel-Japan. Petermanns Geographische Mitteilungen, 85. Jg., Gotha 1939, H. 5, S. 141—152, mit Karte des Nikkô-Gebietes, 1 : 75.000 (Taf. 16), geologischer Skizze des Nikkô-Gebietes (Taf. 17), Plänen von Nikkô u. Chûzenji (Taf. 18) und 4 Bildern (Taf. 19 u. 20).

Die Entwicklung der Bevölkerung des Japanischen Reiches seit 1868. Geographische Zeitschrift, 45 Jg., Berlin-Leipzig 1939, H. 7, S. 265—269.

Landesplanung im alten Japan. Ostasiatische Rundschau. Die Zeitschrift für den Fernen Osten, 20 Jg., Nr. 16, Hamburg, 16. Aug. 1939, S. 382—384.

Studien in Mittel-Honshû. Bericht im Geographischen Institut der Kais. Universität in Tokyo, 9. Okt. 1935, überarbeitet für den 27. Deutschen Geographentag 1939, in: Beiträge zur Geographie Japans, Bd. II, Octopus Verlag, Wien, im Druck.

Ein neuer Handatlas der Vereinigten Staaten (Atlas of the Historical Geography of the United States). Mitteilungen der Geographischen Gesellschaft in Wien, Bd. 82, 1939, Nr. 9—12, S. 309—317. (Auch in der Festschrift für Eugen Oberhummer zum 80. Geburtstag).

1940   Landesnatur und Volkscharakter in Japan. Ostasiatische Rundschau, Die Zeitschrift für den Fernen Osten, 21. Jg., Nr. 5—6, Hamburg Mai-Juni 1940, S. 109—110.

Das Bauerntum Japans (I rurali del Giappone). Berlin—Rom—Tokyo, 2. Jg., Berlin, 15. Juni 1940, H. 6, S. 33 u. 37, mit 2 Bildern.

1942   Japan — Land und Volk. In: Kulturmacht Japan. Ein Spiegel japanischen Kulturlebens der Vergangenheit und Gegenwart. Bibliographisches Institut, Leipzig 1942, S. 24—30, mit 12 Bildern.

Das Rotholzgebiet Nordwest-Kaliforniens. Ein länderkundlicher Überblick. Geographische Zeitschrift, 48. Jg., Berlin—Leipzig 1942, H. 3, S. 92—111, mit 4 Bildern (Taf. I. u. II).

Eine Landeskunde der Mandschurei. Petermanns Geographische Mitteilungen, 88. Jg., Gotha 1942, H. 9, S. 324—327.

1943   Untersuchungen zur Geographie Mitteljapans. (Habilitationsschrift). Kurt Vowinckel Verlag, Heidelberg, Berlin, Magdeburg 1943. XVII u. 257 Seiten u. 61 Seiten mit 121 Bildern aus Mitteljapan u. Erläuterungen, mit 7 Karten im Text und 2 großen Karten im Anhang: Geomorphologische Gliederung Mitteljapans, 1 : 1,000.000, farbig; Klimagebiete Mitteljapans, 1 : 1,000.000, farbig.

Die japanische Fischerei. In: Japan, herausgegeben von Martin SCHWIND. Verlag B. G. Teubner, Leipzig u. Berlin 1943, S. 120—127, mit Bild (52 auf Taf. 31).

Die Bevölkerung Japans. In: Japan, herausgegeben von Martin SCHWIND. Verlag B. G. Teubner, Leipzig u. Berlin 1943. S. 164—173.

1950   Geographische Neuigkeiten aus Österreich. (Japanisch). In Zusammenarbeit mit Toshio NOH. Chirigaku Hyôron (Geographical Review of Japan), vol. 23, Tokyo 1950, no. 8, pp. 32 ff.

Die Geographie im heutigen Japan. In Zusammenarbeit mit Toshio NOH. Mitteilungen der Geographischen Gesellschaft in Wien, Bd. 92, 1950, H. 7—9, S. 197—199.

1951 Die Kanadische Geographische Gesellschaft und ihr Beitrag zur Geographie Kanadas seit dem Kriege. Mitteilungen der Geographischen Gesellschaft in Wien, Bd. 93, 1951, H. 7—12, S. 127—147.
Die größten Fluggesellschaften der Welt. Mitteilungen der Geographischen Gesellschaft in Wien Bd. 93, 1951, H. 7—12, S. 147—150.

1952 Geographische Nachrichten aus Japan. In Zusammenarbeit mit Toshio NOH. Mitteilungen der Geographischen Gesellschaft in Wien, Bd. 94, 1952, H. 1—4, S. 109—111.
Altes Volk auf neuen Straßen. Japans Entwicklung seit 1945. Die Österreichische Furche, Wien, Nr. 9, 1. März 1952, S. 4-5.
Die Flugbildaufnahme Kanadas. Mitteilungen der Geographischen Gesellschaft in Wien, Bd. 94, 1952, H. 5—8, S. 286—288.
Freytag-Berndt Atlas für Mittelschulen. Mitarbeit bei der Planung u. Durchsicht der Karte von Ostasien, Blatt 61, Kartographische Anstalt Freytag-Berndt u. Artaria, Wien 1952.
Eine neue geographische Schriftenreihe Japans (Bericht des Geographischen Instituts der Universität Tokyo). Mitteilungen der Geographischen Gesellschaft in Wien, Bd. 94, 1952, H. 9—12, S. 388—389.

1953 Kanadas Luftverkehr. Petermanns Geographische Mitteilungen, 97 Jg., Gotha 1953, H. 1, S. 13—20.

1954 Die Agrarreform in Japan. Petermanns Geographische Mitteilungen, 98. Jg., Gotha 1954, H. 4, (Heinrich-Schmitthenner-Heft), S. 272—279, mit Karte: Gebiete und Präfekturen Japans (Taf. 32) u. 8 Bildern (Taf. 33—34).

1955 Neuere Beiträge zur Siedlungsgeographie Japans. Petermanns Geographische Mitteilungen, 99. Jg., Gotha 1955, H. 2, S. 110—117.
Aus der Werkstatt des Forschers. Österreichische Hochschulzeitung, 7. Jg., Nr. 11, Wien, 1. Juli 1955, S. 3.
Robert Mayer. J. C. Poggendorffs biographisch-literarisches Handwörterbuch der exakten Naturwissenschaften, herausgegeben von der Sächsischen Akademie der Wissenschaften zu Leipzig, 1955.

1956 Styria. Encyclopaedia Britannica, London 1956, pp. 489—490.
Geographisches Institut der Hochschule für Welthandel in Wien. Arbeitsbericht. Geographischer Jahresbericht aus Österreich, XXVI. Bd. (1955—1956), Wien 1956, S. 180—190.

1957 Die Anbaufläche Japans. Festschrift zur Hundertjahrfeier der Geographischen Gesellschaft in Wien 1856—1956, Wien 1957, S. 343—373, mit 5 Kartentafeln und 8 Bildern.
Salzburg Atlas. Geographical Journal of the Royal Geographical Society, London 1957, vol. 123, pp. 243—244.
Österreich. Donauland-Weltatlas, Buchgemeinschaft Donauland, Wien 1957, Textteil S. XLI—XLII, Kartenblätter 47—50.

Österreichs wirtschaftsgeographische Entwicklung seit dem Kriege. (Japanisch). Chirigaku Hyôron (Geographical Review of Japan) vol 30, Tokyo 1957, no. 9, pp. 76—77 (818—819).
Austria's Economic Geographical Development since the War. Abstracts of Papers, International Geographical Union, Regional Conference in Japan, Tokyo and Nara, 1957, pp. 49—50.
Japans Landwirtschaft, gesehen vom europäischen Standpunkt (Japanisch). Chirigaku Hyôron (Geographical Review of Japan), vol. 30, Tokyo 1957, no. 9, pp. 98—99 (840—841).
Japan's Agriculture, as Seen from a European Viewpoint. Abstracts of Papers, International Geographical Union, Regional Conference in Japan, Tokyo and Nara, 1957, pp. 50—51.
The Development of the Geographical Knowledge on Japan in Western Countrys. Study Reports, International Symposium on History of Eastern and Western Cultural Contacts, Tokyo and Kyoto, 1957, p. 63.

1958 60 Jahre Hochschule für Welthandel. Geographisches Institut. Österreichische Hochschulzeitung, 10. Jg., Nr. 10, Wien, 15. Mai 1958, S. 9.
The Provincial Atlases of Austria, Especially the Salzburg Atlas. (Japanisch). Chiri (The Geography), Tokyo 1958, vol. 3, no. 5.
Das japanische Bevölkerungsproblem. Festschrift zum 60. Geburtstag von Univ.-Prof. Dr. Hans Kinzl, Schlern-Schriften, Bd. 15, Innsbruck 1958, S. 225—233.
Australien und Ozeanien. Wandkarte 1 : 6 Mill. Bearbeitet gemeinsam mit der Verlagsredaktion von Freytag-Berndt, geleitet von Fritz AURADA, Neuauflage, Wien 1958.
Tirol und Vorarlberg. Wandkarte 1 : 150.000. Bearbeitung gemeinsam mit der Verlagsredaktion von Freytag-Berndt, geleitet von Fritz AURADA, Erstauflage, Wien, Oktober 1958.
Die Industrie- und Gewerbebetriebe in Wien 1956. Karte 1 : 66.000, Nebenkarte 1 : 75.000. Gemeinsam mit Peter BENDA. Atlas von Niederösterreich (und Wien), herausgegeben von der Österreichischen Akademie der Wissenschaften und dem Verein für Landeskunde von Niederösterreich und Wien, 6. Dopellieferung, Wien 1958, Bl. 16.
Das Autobusnetz Österreichs. Karte 1 : 500.000. Gemeinsam mit Helmut SCHMID. Beilage zu dessen Arbeit: Das Autobusnetz Österreichs, Wiener Geographische Schriften, herausgegeben von L. SCHEIDL, Nr. 5, Wien 1958.

1959 Leopold G. Scheidl. J. C. Pogendorffs biographisch-literarisches Handwörterbuch der exakten Naturwissenschaften, herausgegeben von der Sächsischen Akademie der Wissenschaften zu Leipzig, 1959.
Geographisches Institut der Hochschule für Welthandel in Wien. Arbeitsbericht. Geographischer Jahresbericht aus Österreich, XXVII. Bd. (1957—1958), Wien 1959, S. 205—224.
Die Lage Wiens und Österreichs in Europa. In: Lebendige Stadt, Almanach 1959, herausgegeben vom Amt für Kultur, Volksbildung u. Schulverwaltung der Stadt Wien, S.26— 33.
Austria's Economic Geographical Development since the War. Proceedings of International Geographical Union, Regional Conference in Japan, Tokyo and Nara, 1957, Tokyo 1959, pp. 453—459.

Japan's Agriculture, a Seen from a European Viewpoint. Journal of Geography, Tokyo Geographical Society, vol. 68, 1959, no. 3, pp. 16—21 (120—125).

A European View of Japanese Agriculture. The Oriental Geographer, vol. III, no. 2, July 1959, pp. 1—12, mit 5 Kärtchen.

Seydlitz — Lehrbuch der Erdkunde für die österreichischen Haupt- und Mittelschulen. Methodische Begleitbemerkungen des Herausgebers. Wien, September 1959, 3 Seiten.

Seydlitz — Lehrbuch der Erdkunde. Herausgegeben in Gemeinschaftsarbeit mit Rudolf AUER, Mario BLASONI, Heinz KARPF, Herwig LECHLEITNER, Adolf MEIER und Karl SCHEIDL. 1. Teil, F. Deuticke — Ed. Hölzel-Verlag f. Jugend u. Volk, Wien 1959.

The Development of the Geographical Knowledge on Japan in Western Countries. International Symposium on History of Eastern and Western Cultural Contacts, Collection of Papers Presented, Compiled by the Japanese National Commission for Unesco (Tokyo), November 1959, pp. 25—28.

Seydlitz — Lehrbuch der Erdkunde. 2. Teil, Wien 1959.

Der Globus in Japan (The Globe in Japan). Der Globusfreund, herausgegeben vom Coronelli-Weltbund der Globusfreunde, Nr. 8, Wien, Dezember 1959, S. 8—16 (1—11), mit 2 Abbildungen.

Magnesitlagerstätten und -betriebe Österreichs. Karte 1 : 2,333.000. Gemeinsam mit Adolf TSCHEITSCHONIG. Beilage zu dessen Arbeit: Die Magnesitwirtschaft Österreichs, Wiener Geographische Schriften, herausgegeben von L. SCHEIDL, Nr. 7, Wien 1959.

1960   Die Lage der geographischen Wissenschaft: Japan. In: Denkschrift zur Geographie, im Auftrage der Deutschen Forschungsgemeinschaft verfaßt von Wolfgang HARTKE. Franz Steiner Verlag, Wiesbaden 1960, S. 40—42.

Südamerika. Wandkarte 1 : 6 Mill. Bearbeitung gemeinsam mit der Verlagsredaktion von Freytag-Berndt, geleitet von Fritz AURADA, Neuauflage Wien, Februar 1960.

A Short Survey of the Economic Geography of Austria. Yearbook of the Summer School of the University of Vienna 1960 (Wien 1960), pp. 14—28 (1—17).

Industrialization in Austria and Industrial Structure of the Austrian Provinces. Abstracts of Papers XIXth International Geographical Congress Norden (Stockholm), 1960, p. 256.

Europa (ohne Deutschland und Sowjetunion). Hirts Erdkunde in Stichworten, IV., Kiel 1960. 128 Seiten mit 37 Kärtchen, 7 Diagrammen, 3 Blockdiagrammen, 1 Profil, zahlreiche Tabellen u. 8 Seiten mit 30 Farbbildern. (Polen, S. 118—128, bearbeitet von Theodor ZOTSCHEW).

Wirtschaftsgeographische Beobachtungen in Taiwan 1936 und 1958. Der Österreichische Betriebswirt, 10. Jg., Wien 1960, H. 2, S. 67—76.

Die Belastung der Eisenbahnstrecken in Österreich. Karte 1 : 1 Mill. Gemeinsam mit Franz LANG. Beilage zu dessen Arbeit: Der Güterverkehr der österreichischen Eisenbahnen, Wiener Geographische Schriften, herausgegeben von L. SCHEIDL, Nr. 10, Wien 1960.

Seydlitz — Lehrbuch der Erdkunde. 3. Teil, Wien 1960.

1961 Geographisches Institut der Hochschule für Welthandel in Wien. Arbeitsbericht. Geographischer Jahresbericht aus Österreich, XXVIII. Bd. (1959—1960), Wien 1961, S. 152—177.

Republik Österreich. Wandkarte 1 : 300.000. Bearbeitung gemeinsam mit der Verlagsredaktion von Freytag-Berndt, geleitet von Fritz AURADA, Wien, Jänner 1961.

Nordamerika. Wandkarte 1 : 6 Mill. Bearbeitung gemeinsam mit der Verlagsredaktion von Freytag-Berndt, geleitet von Fritz AURADA, Neuauflage, Wien, Februar 1961.

Geographie und Osthandel. Der Beitrag des Geographischen Institutes der Hochschule für Welthandel zur Vorbereitung auf den österreichischen Osthandel. hermes, Mitteilungsblatt der Österreichischen Hochschülerschaft an der Hochschule für Welthandel und des Verbandes Österreichischer Diplomkaufleute, 2. Jg., Folge 2, Wien, März 1961, S.4.

Industrialization in Austria and Industrial Structure of the Austrian Provinces. The Geographical Review of Japan (Chirigaku Hyôron), vol. 34, no. 4, Tokyo, April 1961, pp. 222—228.

Geographiediskussion. hermes, Mitteilungsblatt der Österreichischen Hochschülerschaft an der Hochschule für Welthandel und des Verbandes Österreichischer Diplomkaufleute, 2. Jg., Folge 3, Wien, Juni 1961, S. 8.

Schweiz. Großer Donauland Weltatlas in Wort und Bild, Buchgemeinschaft Donauland, Wien 1961, Textteil S. 8—9.

Österreich — Land, Volk und Wirtschaft. Großer Donauland Weltatlas in Wort und Bild, Buchgemeinschaft Donauland, Wien 1961, Kartenteil S. 27 a und 27 b, Textteil S. 31—32.

Erde und Menschheit — Statistische Übersicht. Großer Donauland Weltatlas in Wort und Bild, Buchgemeinschaft Donauland, Wien 1961, S. 36.

USA — Das Land, seine Bevölkerung und Wirtschaft. Fachliche Redaktion der deutschen Ausgabe von Compton's Pictured Encyclopedia, Braunschweig-Wien-Bern 1961, 112 Seiten, zahlreiche Karten, Bilder, Diagramme u. Tabellen.

Seydlitz — Lehrbuch der Erdkunde. Herausgegeben in Gemeinschaftsarbeit mit Rudolf AUER, Mario BLASONI, Heinz KARPF, Herwig LECHLEITNER, Adolf MEIER, Karl SCHEIDL und Hans WASCHGLER. 4. Teil, Wien 1961.

Freitag-Berndt Atlas für Mittelschulen. Bearbeitung gemeinsam mit der Verlagsredaktion, geleitet von Fritz AURADA, neubearbeitete Auflage, Wien, November 1961.

Niederösterreich. Wandkarte 1 : 150.000. Bearbeitung gemeinsam mit der Verlagsredaktion von Freytag-Berndt, geleitet von Fritz AURADA, Neuauflage, Wien, November 1961.

Kärnten — Elektrizitätswirtschaft. Karte 1 : 586.000. Gemeinsam mit Friedrich JAUSZ, Beilage zu dessen Arbeit· Die Elektrizitätswirtschaft Kärntens, Wiener Geographische Schriften, herausgegeben von L. SCHEIDL, Nr. 11, Wien 1961.

1962 Afrika. Wandkarte 1 : 6 Mill. Bearbeitung gemeinsam mit der Verlagsredaktion von Freytag-Berndt, geleitet von Fritz AURADA, Erstauflage, Wien, März 1962.

Seydlitz — Lehrbuch der Erdkunde. 5. Teil, Wien 1962.

Freytag-Berndt Atlas für Hauptschulen. Bearbeitung gemeinsam mit der Verlagsredaktion von Freytag-Berndt, geleitet von Fritz AURADA, Neuauflage, Wien, August 1962.

Seydlitz — Lehrbuch der Erdkunde. 8. Teil, Wien 1962.

Die Entwicklungsländer — wirtschaftsgeographisch. Probleme der Entwicklungsländer. Die Industrie, Vereinigung Österreichischer Industrieller, 62. Jg., Nr. 47, Wien, 23. November 1962. S. 21—25.

Rudolf Rungaldier zum siebzigsten Geburtstag. Mitteilungen der Österrreichischen Geographischen Gesellschaft, Bd. 104, Wien 1962, H. III, S. 265—269.

Neudruck der Tabula Peutingeriana. Mitteilungen der Österreichischen Geographischen Gesellschaft, Bd. 104, Wien 1962, H. III, S. 367—369.

1963   Die Probleme der Entwicklungsländer in wirtschaftsgeographischer Sicht. hermes, Mitteilungsblatt der Österreichischen Hochschülerschaft an der Hochschule für Welthandel, 4. Jg., Folge 2, Wien, Jänner 1963, S. 1—2. Ferner erschienen in notabene, Informationen für ausländische Studenten in Österreich, Wien, März 1963, S. 3—4.

Wichtigste Studienbehelfe für Wirtschaftsgeographie. hermes, Mitteilungsblatt der Österreichischen Hochschülerschaft an der Hochschule für Welthandel, 4. Jg., Folge 2, Wien, Jänner 1963, S. 11.

Beobachtungen im heutigen Japan. Meinl-Collegium, Wien 1963, 24 u. III Seiten.

Seydlitz — Lehrbuch der Erdkunde. 6. Teil, Wien 1963.

Die Probleme der Entwicklungsländer in wirtschaftsgeographischer Sicht (Erweiterte Fassung der Antrittsrede, gehalten anläßlich der Inauguration zum Rektor der Hochschule für Welthandel). Herausgegeben von der Hochschule für Welthandel, Verlag Ferdinand Berger, Wien 1963, 67 Seiten.

Ferner erschienen in: Österreichische Schriften zur Entwicklungshilfe, herausgegeben von L. SCHEIDL, Forschungsinstitut des Österreichischen Auslandsstudentendienstes, Nr. 1, Wien 1963, und in: Wiener Geographische Schriften, Nr. 16, Wien 1963.

Geographisches Institut der Hochschule für Welthandel in Wien. Arbeitsbericht. Geographischer Jahresbericht aus Österreich, XXIX. Bd. (1961—1962), Wien 1963, S. 201—234.

Standorte der Elektroindustrie Österreichs. Karte 1 : 1,000.000 mit Nebenkarte 1 : 100.000. Gemeinsam mit Eugen SWOBODA. Beilage zu dessen Arbeit: Die Standorte der Elektroindustrie Österreichs, Wiener Geographische Schriften, herausgegeben von L. SCHEIDL, Nr. 14, Wien 1963.

Arlberg — Wirtschaft. Karte 1 : 100.000, dreifarbig. Gemeinsam mit Elmar SCHNEIDER. Beilage zu dessen Arbeit: Die Wirtschaftsgeographie des Arlberges. Wiener Geographische Schriften, herausgegeben von L. SCHEIDL, Nr. 15, Wien 1963.

Standorte der Buntmetallbergbau- und -hüttenbetriebe Österreichs. Karte 1 : 500.000. Gemeinsam mit Kurt SCHÖMIG. Beilage zu dessen Arbeit: Österreichs Buntmetallwirtschaft, Wiener Geographische Schriften, herausgegeben von L. SCHEIDL, Nr. 17, Wien 1963.

Eisen und Metall erzeugende und verarbeitende Industrie. Karte 1 : 1,000.000, mit Nebenkarte: Die Betriebsstandorte in Wien, 1 : 130.000.

Gemeinsam mit Gunther Chlupac, Atlas der Republik Österreich, herausgegeben von der Österreichischen Akademie der Wissenschaften, Blatt IX/5, Wien 1963.

Die industrielle Entwicklung Österreichs. Festschrift Hans Bobek, Teil II, Mitteilungen der Österreichischen Geographischen Gesellschaft, Bd. 105, Wien 1963, H. III, S. 366—386.

1964 Bericht über Studienreisen nach Marokko und VAR—Ägypten 1963 und 1964. Bustan, Österreichische Zeitschrift für Kultur, Politik und Wirtschaft der islamischen Länder, 5. Jg., Wien 1964, H. 2, S. 35—36.

Europa (ohne Deutschland und Sowjetunion). Hirts Erdkunde in Stichworten, IV, 2. (erneuerte) Auflage, Kiel 1964, 128 Seiten u. 8 Seiten mit Bildern.

Some Problems of Developing Countries. 20th International Geographical Congress, United Kingdom, Abstracts of Papers, London 1964, pp. 194—195.

Bericht über die 2. Geographentagung St. Wolfgang, Strobl, OÖ., 16. bis 20. 5. 1964. Österreich in Geschichte u. Literatur, 8. Jg., Folge 7, Graz, Sept. 1964, S. 346—350.

Some Problems of Developing Countries. Tijdschrift voor Economische en Sociale Geografie, 55 Jg., Nr. 12, Rotterdam, Dez. 1964, S. 250—251.

1965 Seydlitz — Lehrbuch der Erdkunde. 7. Teil, Wien 1965.

Geographisches Institut der Hochschule für Welthandel in Wien. Arbeitsbericht. Geographischer Jahresbericht aus Österreich, XXX. Bd. (1963—1964), Wien 1965, S. 164—197.

1966 Elektrizitätswirtschaft und Wassernutzung in Österreich. Österreich in Geschichte und Literatur mit Geographie, 10. Jg., H. 1—2, Graz, Jän.—Febr. 1966, S. 63—76, mit Karte: Wichtige Kraftwerke und -leitungen in Österreich, 1 : 2,8 Mill.

The Development of Hydro-Electricity in Austria. The Advancement of Science, vol. 23, no. 109, London, July 1966, pp. 133—145, mit Karte: Major power plants and transmission lines in Austria, 1 Profil, 2 Bildern.

Bericht über die 3. Geographentagung vom 27. bis 30 Mai 1966, St. Pölten, Hippolythaus. Österreich in Geschichte und Literatur mit Geographie, 10. Jg., H. 7, Graz, Sept. 1966, S. 395—397.

Ferner erschienen in: Informationen — Österreichische Gesellschaft f. Wirtschaftsraumforschg., Nr. 9, Sept. 1966, S. 3—5.

Kurzfassungen in: Österreichische Hochschulzeitung, Wien, 15. Sept. 1966; und Rundbrief der Bundesanstalt für Landeskunde. Remagen/Rhein, Juli 1966.

Die 3. Geographentagung des Instituts für Österreichkunde. Mitteilungen der Österreichischen Geographischen Gesellschaft, Bd. 108, Wien 1966, H. I, S. 128—131.

1967 Seydlitz — Lehrbuch der Geographie und Wirtschaftskunde. Ausgabe für Hauptschulen u. Ausgabe für allgemeinbildende höhere Schulen. Herausgegeben in Gemeinschaftsarbeit mit R. Auer, H. Karpf, H. Lechleitner, A. Meier, K. Scheidl u. H. Waschgler, 1. Teil: Ausgaben für Wien, Niederösterreich und Burgenland, Oberösterreich und Salzburg, Steiermark und Kärnten, Tirol und Vorarlberg, Wien 1967.

Österreich — Land, Volk, Wirtschaft. Gemeinsam mit Herwig LECHLEITNER. Hirt's Stichwortbücher. 168 Seiten, 61 Tabellen, 45 Diagramme, Kartogramme und Kärtchen. Verlag Ferdinand Hirt, Wien 1967.

Die österreichische Brennstoffversorgung. Österreich in Geschichte u. Literatur m. Geographie, 11. Jg., H. 3, Graz, März 1967, S. 151—166, mit 8 Tabellen, 2 Diagrammen u. 2 Kärtchen.

Seydlitz — Lehrbuch der Geographie und Wirtschaftskunde. 2. Teil, Wien 1967.

Die österreichische Energiewirtschaft. In: Geographie und Wirtschaftskunde, herausgegeben im Auftrag des Institutes für Österreichkunde von L. SCHEIDL, Verlag Ferdinand Hirt, Wien 1967, S. 75—94 mit 2 Kärtchen.

Seydlitz — Lehrbuch der Geographie und Wirtschaftskunde. 3. Teil, Wien 1967.

Economia energiei electrice şi folosirea energiei apelor din Austria (Elektrizitätswirtschaft und Wassernutzung in Österreich). Ins Rumänische übersetzt von Adrian CARANFIL, Revista de Referate şi Recenzii, Academia Republicii Socialiste România, vol. 4, nr. 8, Bucureşti, Aug. 1967, S. 539—543.

Geographisches Institut der Hochschule für Welthandel in Wien. Arbeitsbericht. Geographischer Jahresbericht aus Österreich, Bd. XXXI (1965—1966), Wien 1967, S. 235—261.

1968   Seydlitz — Lehrbuch der Geographie und Wirtschaftskunde. 4. Teil, Wien 1968.

Die Verkehrslage Österreichs und Wiens im europäischen Großraum. Verkehrsanalyse, Mitteilungen der Österreichischen Verkehrswissenschaftlichen Gesellschaft, 15. Jg., Wien 1968, 1. H., S. 23—38.

Österreich als geographische Gegebenheit. Österreich in Geschichte u. Literatur m. Geographie. 12. Jg., H. 5, Graz, Mai 1968, S. 289—310.

Die Erzeugung landwirtschaftlicher Maschinen in Österreich. Karte 1 : 800.000, siebenfarbig. Gemeinsam mit Karl SCHAPPELWEIN, Beilage zur Arbeit von Franz LUGMAIR: Die Landmaschinenerzeugung in Österreich, Wiener Geographische Schriften, herausgegeben von L. SCHEIDL, Nr. 30, Wien 1968.

Bericht über die 4. Österreichische Geographentagung. Informationen — Österreichische Gesellschaft für Wirtschaftsraumforschung, Nr. 13, Wien, Okt. 1968, S. 3—7.

Kurzfassung in: Österreichische Hochschulzeitung, Wien, 15. Sept. 1968, u. Rundbrief, Remagen/Rhein, Sept./Okt. 1968.

Location of Power Plants in Austria. Abstracts of Papers, 21st International Geographical Congress, India 1968, Calgutta 1968, p. 197.

Österreich als geographische Gegebenheit. In: 1918—1969 Österreich — 50 Jahre Republik, herausgegeben vom Institut für Österreichkunde. Verlag Ferdinand Hirt, Wien 1968, S. 119—149.

Die Energiewirtschaft Österreichs. In: 1918—1968 Österreich — 50 Jahre Republik, herausgegeben vom Institut für Österreichkunde. Wien 1968, S. 201—221, mit 2 Kärtchen.

Wirtschaftsgeographie und Hochschule. Österreichische Hochschulzeitung, Sondernummer 70 Jahre Hochschule für Welthandel in Wien, 20. Jg., Nr. 16, Wien, 15. Okt. 1968, S. 31—33.

Die Österreichische Gesellschaft für Wirtschaftsraumforschung (ÖGW). Österreichische Hochschulzeitung, Sondernummer 70 Jahre Hochschule für Welthandel in Wien, 20. Jg., Nr. 16, Wien, 15. Okt. 1968, S. 30—31.

The utilization of water power in Austria. In: Mélanges de géographie physique, humaine, économique, appliquée offerts à M. Omer Tulippe, tome II, Gembloux 1968, pp. 135—158.

Geographie und Wirtschaftsentwicklung. Österreich in Geschichte u. Literatur m. Geographie, 12. Jg., H. 9, Graz, Nov. 1968, S. 512—522.

Österreichische Geographentagung 1968. Mitteilungen der Österreichischen Gesellschaft, Bd. 110, Wien 1968, H. II—III, S. 293—301.

Economic Regionalization. A Bibliography of Publications in the German Language; Deutschsprachige Schriften und Karten zur Gliederung nach Wirtschaftsräumen und funktionalen Bereichen. Mitarbeit für Österreich. Zusammengestellt im Institut für Landeskunde in Bad Godesberg, Berichte zur Deutschen Landeskunde, Sonderheft 10, Bad Godesberg 1968.

Facteurs d'emplacement et régions économiques dans la géographie de l'électricité en Autriche. Recueil des résumés des rapports communiqués au Congrès National de Géographie, Sofia 1968, S. 187—192, mit 1 Kärtchen.

1969   Die verkehrsgeographische Lage Österreichs. — Austria's Geographic Location with Reference to Transportation Routes. — Géographie viaire de l'Autriche. In: Verkehrswege durch Österreich einst und jetzt. Notring-Jahrbuch, Wien 1969, S. 13—16, mit 1 Bild.

Ernst Weigt zum sechzigsten Geburtstag. Nürnberger Wirtschafts- und Sozialgeographische Arbeiten, Bd. 8, Ostafrikanische Studien, Nürnberg 1969, S. 7—17.

Mit dem Ziel der Wertlehre. Wirtschaftsraumforschung ist eine Brücke zur Geographie. 70 Jahre Hochschule für Welthandel, Die Presse, Sonderbeilage, Wien, 9. Mai 1969, S. IX.

Europa, Erdkunde in Stichworten, Bd. IV, 3., neubearbeitete u. erweiterte Auflage, Verlag Ferdinand Hirt, Kiel, 1969. VI u. 176 S., 37 Kärtchen, 3 Blockdiagramme, 3 Klimadiagramme, 1 Abbildung.

Wirtschaftsprobleme der Entwicklungsländer unter besonderer Berücksichtigung von Ostafrika und Indien. VÖWA Wirtschaftskurier, Jg. 1, Wien 1969, H. 5—6, S. 12—16.

Geographisches Institut der Hochschule für Welthandel in Wien. Arbeitsbericht. Geographischer Jahresbericht aus Österreich, Bd. XXXII (1967—1968), Wien 1969, S. 252—292.

Industria Austriei — Localizare şi dezvoltare. (Industrie Österreichs — Standort und Entwicklung). Ins Rumänische übersetzt von Adrian CARANFIL u. Serban DRAGOMIRESCU. Studii şi Cercetări de Geologie, Geofizica, Geografie, Seria Geografie, Academia Republicii Socialiste România, tom. 16, Bukarest 1969, Nr. 1, S. 5—16.

Österreich — eine Landeskunde. In: Luftbildatlas Österreich, herausgegeben von L. SCHEIDL, Freytag-Berndt u. Artaria, Wien, u. Karl Wachholtz Verlag, Neumünster, 1969, S. 9—22 m. 9 Kärtchen, Literaturverzeichnis S. 185—196.

Seydlitz — Lehrbuch der Geographie und Wirtschaftskunde. Herausgegeben in Gemeinschaftsarbeit mit R. AUER, H. HASENMAYER, H. KARPF, H. LECHLEITNER, A. MEIER u. K. SCHEIDL. 5. Teil, Wien 1969.

Seydlitz — Lehrbuch der Geographie und Wirtschaftskunde, 6. Teil, Wien 1969.

Wirtschaftstreuhänder in Österreich. Karte 1 : 800.000, fünffarbig. Gemeinsam mit Alice Bargiel. Beilage zu ihrer Arbeit: Die Standorte der Wirtschaftstreuhänder in Österreich, Wiener Geographische Schriften, herausgegeben von L. Scheidl, Nr. 33, Wien 1969.

1970 Eine moderne Enzyklopädie des geographischen Wissens. Österreich in Geschichte und Literatur mit Geographie, Jg. 14, H. 3, Graz, März 1970, S. 139—141.

Location of Power Plants and Regions of Electricity Production in Austria. 21st International Geographical Congress, India 1968, Selected Papers, Vol. 2, Economic Geography, Calcutta 1970, pp. 229—232, 1 map.

Japans Sprung in die Zukunft. die industrie, Offizielles Organ der Vereinigung Österreichischer Industrieller, Jg. 70, Nr. 17, Wien, 24. April 1970, S. 20—21.

Österreichs Verkehrslage, Verkehrseignung und Verkehrsentwicklung. In: Geographie und Wirtschaftsentwicklung, herausgegeben im Auftrage des Institutes für Österreichkunde von L. Scheidl, Teil I, Beispiele aus Österreich, Verlag Ferdinand Hirt, Wien 1970, S. 9—61.

Japan Industriemacht Nr. 3, Handelsnation Nr. 4. die industrie, Jg. 70, Nr. 27, Wien, 3. Juli 1970, S. 23—24.

Seydlitz — Lehrbuch der Geographie und Wirtschaftskunde, Band Österreich. Wien 1970.

Verkehr und Tourismus im heutigen Japan. die industrie, Jg. 70, Nr. 44, Wien, 30. Okt. 1970, S. 27—29.

Standorte der Kreditunternehmungen in Österreich, Karte 1 : 800.000, mit Nebenkarte: Standorte der Krditunternehmungen in Wien, 1 : 100.00, siebenfarbig. Gemeinsam mit St. Skowronek u. K. Schappelwein. Beilage zur Arbeit von Stefan Skowronek: Die Standorte der österreichischen Kreditunternehmungen, Wiener Geographische Schriften, herausgegeben von L. Scheidl, Nr. 34, Wien 1970.

1971 Seydlitz — Lehrbuch der Geographie und Wirtschaftskunde. Band Europa. Wien 1971.

Walter Strzygowski (1906—1970) — Lebensweg und -werk. Mitteilungen der Österreichischen Geographischen Gesellschaft, Bd. 113, Wien 1971, H. I—II, S. 87—109.

Geographisches Institut der Hochschule für Welthandel in Wien. Arbeitsbericht. Geographischer Jahresbericht aus Österreich, Bd. XXXIII (1969—1970), Wien 1971, S. 243—271.

Die Standorte der österreichischen Ziegelindustrie. Karte ca. 1 : 1,5 Mill. Gemeinsam mit A. Lechner u. K. Nozicka. Beilage zur Arbeit von Klaus Nozicka: Die österreichische Ziegelindustrie, Wiener Geographische Schriften, hg. v. L. Scheidl, Nr. 35, Wien 1971.

1972 Österreich — Land, Volk, Wirtschaft in Stichworten. Gemeinsam mit H. Lechleitner, 2., neubearbeitete u. erweiterte Auflage, Verlag Ferdinand Hirt, Wien 1972, 184 Seiten.

Politische Bildung beginnt in der Schule. Sind die Geographiebücher wirklich so schlecht, wie die Kritiker meinten? Informationsdienst für Bildungspolitik und Forschung, Nr. 156, Wien, 15. März 1972, S. 9—10.

Die Österreichische Gesellschaft für Wirtschaftsraumforschung. WWG (Österreichische Werbewissenschaftliche Gesellschaft) Informationen, Folge 50, o. Professor Dr. Karl Skowronek zum 70. Geburtstag, Wien, 25. März 1972, S. 27—31.

The evolution of road traffic in Austria. In: International Geography 1972, Papers submitted to the 22nd International Geographical Congress, Canada, vol. 1, Toronto 1972, pp. 588—589.

The development of navigation on the Danube, especially in Austria. In: International Geography 1972, Papers submitted to the 22nd International Geographical Congress, Canada, Vol. 2, Toronto 1972, pp. 1169—1171.

Ferner in: Applied Geography and the Human Environment: Proceedings of the Fifth International Meeting, Commission on Applied Geography, International Geographical Union, August 2—8, 1972, Department of Geography Publication Series No. 2 University of Waterlo, edited by R. E. PRESTON, Waterloo 1973.

5. Österreichische Geographentagung. VÖWA Wirtschaftskurier, Offizielles Organ des Verbandes Österreichischer Wirtschaftsakademiker, 4. Jg., (Neunkirchen) 1972, H. 7/8, S. 8.

Zehn Jahre Geographentagungen des Institutes für Österreichkunde. Österreich in Geschichte u. Literatur m. Geographie, 16. Jg., H. 9, Graz, Nov. 1972, S. 496—516.

The Government's Role in the Economic and Social Development of Lebanon. Summary der Arbeit von Herwig LECHLEITNER: Die Rolle des Staates in der wirtschaftlichen und sozialen Entwicklung Libanons, Wiener Geographische Schriften, herausgegeben von L. SCHEIDL, Nr. 36/37, Wien 1972, S. 157—160.

Randolf Rungaldier zum achtzigsten Geburtstag. Mitteilungen der Österreichischen Geographischen Gesellschaft, Bd. 114, Wien 1972, H. III. S. 367—368.

1973 Zehn Jahre Österreichische Gesellschaft für Wirtschaftsraumforschung. Österreichische Hochschulzeitung, 25. Jg., Nr. 5, Wien, 1. März 1973, S. 7.

Zehn Jahre Österreichische Gesellschaft für Wirtschaftsraumforschung. Mitteilungen — Österreichische Gesellschaft für Wirtschaftsraumforschung, Nr. 1, Wien, März 1973, S. 1—5.

100 Jahre Franz Josefs-Land. Zur Erinnerung an die Entdeckungsreise der Österreichisch-Ungarischen Nordpol-Expedition 1872—1874 unter Julius von Payer und Carl Weyprecht. Katalog zur Ausstellung in der Österreichischen Nationalbibliothek. Gemeinsam mit Rudolf FIEDLER, Wien, Mai 1973, S. VII—VIII.

Japans Land und Volk. In: Festschrift 10 Jahre Österreichisch-Japanische Gesellschaft, herausgegeben von der Österreichischen Japanischen Gesellschaft, (Wien, Juni 1973), S. 19—24.

Die Wirtschaft Japans. In: Festschrift 10 Jahre Österreichisch-Japanische Gesellschaft, herausgegeben von der Österreichisch-Japanischen Gesellschaft, (Wien, Juni 1973), S. 65—70.

Hundert Jahre Japan auf der Wiener Weltausstellung — Zehn Jahre Österreichisch-Japanische Gesellschaft. In: Japan auf der Weltausstellung in Wien 1873, herausgegeben v. Herbert FUX, Österreichisches Museum für Angewandte Kunst, Katalog, Neue Folge Nr. 24, (Wien, Juli 1973), S. 6—7.

Zur Eröffnung der Ausstellung „100 Jahre Franz Josefs-Land" in der Österreichischen Nationalbibliothek, 30. Mai 1973. Mitteilungen — Österreichische Gesellschaft für Wirtschaftsraumforschung, Nr. 2, Wien, Okt. 1973, S. 3—6.

Seydlitz — Lehrbuch der Geographie und Wirtschaftskunde. Herausgegeben in Gemeinschaftsarbeit mit R. Auer, H. Lechleitner, A. Meier, K. Scheidl, H. Slanar u. H. Waschgler. 1. Teil: Ausgaben für Wien, Niederösterreich und Burgenland, Steiermark und Kärnten, Tirol und Vorarlberg, Wien 1973.

Untersuchungen zur Geographie Mitteljapans. 2. Auflage (Neudruck), Verlag Ferdinand Hirt, Wien 1973. XVII u. 257 Seiten u. 61 Seiten mit 121 Bildern, 7 Karten im Text u. 2 Karten im Anhang.

Rückblick auf das erste Jahrzehnt der Österreichischen Gesellschaft für Wirtschaftsraumforschung. In: Wiener Geographische Schriften, herausgegeben v. L. Scheidl, Nr. 40, Wien 1973, S. 26—36.

Die 5. Geographentagung des Instituts für Österreichkunde. Mitteilungen der Österreichischen Geographischen Gesellschaft, Bd. 115, Wien 1973, H. I/III, S. 239—251.

Die Österreichische Gesellschaft für Wirtschaftsraumforschung 1962—1972. Mitteilungen der Österreichischen Geographischen Gesellschaft, Bd. 115, Wien 1973, H. I/III, S. 216—219.

1974 Geographisches Institut der Hochschule für Welthandel in Wien. Arbeitsbericht. Geographischer Jahresbericht aus Österreich, Bd. XXXIV (1971—1972), Wien 1974.

Beiträge zur Geographie Japans. Eine Auswahl von Arbeiten aus den Jahren 1936 bis 1974. 2 Bände, Octopus Verlag, Wien 1974, 450 Seiten, 92 Bilder, 8 Karten, 2 Pläne, 2. Band im Druck.

Die Japanarbeit Leopold Scheidls. In: Beiträge zur Geographie Japans, Bd. II, Octopus Verlag, Wien, im Druck.

Die Staaten der Ostafrikanischen Gemeinschaft und ihre Wirtschaftsentwicklung. In: Geographie und Wirtschaftsentwicklung, herausgegeben im Auftrag des Instituts für Österreichkunde v. L. Scheidl, Teil IV, Verlag Ferdinand Hirt, Wien 1975, S. 73—153.

Die Republik Südafrika und ihre Wirtschaftsentwicklung. In: Geographie und Wirtschaftsentwicklung, herausgegeben im Auftrag des Instituts für Österreichkunde v. L. Scheidl, Teil IV, Verlag Ferdinand Hirt, Wien 1975, S. 221—317.

Energiequellen und Elektrizitätswirtschaft der Republik Südafrika. (Abgeschlossen 27. 3. 72) Festschrift für Riccardo Riccardi zum 75. Geburtstag. Società Geografica Italiana, Rom, im Druck.

Bericht über eine Forschungsreise nach Ostafrika (1967). Berichte über die Forschungsprojekte, die vom Fonds zur Förderung der wissenschaftlichen Forschung unterstützt wurden, Bd. II, S. 604—608.

Bericht über eine Studienreise nach Indien (1968). Berichte über Forschungsprojekte, die vom Fonds zur Förderung der wissenschaftlichen Forschung unterstützt wurden, Bd. II, S. 609—622.

1976 Die Wirtschaft der Republik Südafrika. Eine geographische Untersuchung. Wiener Geographische Schriften, Nr. 41/42, im Druck.

Berichte über Studienreisen und Studienaufenthalte im Ausland *

Eine Durchquerung des Ost-Balkans (1931). 15 Seiten u. 12 Bilder. In: Beiträge zur Wirtschaftsgeographie, II. Teil, Wiener Geographische Schriften, Nr. 46/47/48, S. 179—187.

Eine Durchquerung der Pirin und Besteigung des El Tepe. (1931).

Geogr. Anzeiger, Gotha, Jg. 1934, H. 8, S. 176—184, mit 10 Abbild. u. 1 Karte.

Reisen und Arbeiten in Nordamerika und Asien. (1932—1937).

Mitt. Geogr. Ges. Wien, 80. Bd., 1937, S. 312—313.

Reise durch die Großstädte des fernöstlichen Weltreiches. (1934—1936).

Neues Wiener Tagblatt, 26. 2. 1939, S. 33—34.

Eine Studienreise durch Nordjapan im Sommer 1935.

In: Beiträge zur Geographie Japans, Bd. II, Wien, im Druck.

Fahrt kreuz und quer durch den Norden Japans: Hokkaido. (1935).

Neues Wiener Tagblatt, 3. 11. 1940, S. 15.

Reise in das Land eines aussterbenden Volksstammes. Bei den Ainu und auf Japanisch-Sachalin. (1935).

Neues Wiener Tagblatt, 2. 7. 1939, S. 33—34.

Eine Studienreise durch Südwestjapan im Frühjahr 1936.

In: Beiträge zur Geographie Japans, Bd. II, Wien, im Druck.

Studienreise durch die nordwestliche Bundesrepublik Deutschlands, 19. 4. — 4. 5. 1954. Kurzbericht in Rundbrief, Jg. 7, Juni 1954.

Studienreise durch die südliche BRD, 12. 4.—30. 4. 1955.

Kurzbericht in Rundbrief, Jg. 8, Juni 1955.

Studienreise durch Südfrankreich, 6. 4.—26. 4. 1956.

Kurzbericht in ÖHZ, 8. Jg., 15. 6. 1956.

Studienaufenthalt und -reisen in Japan und Studienreise durch Südost- und Südasien, 30. 7. 1957—26. 2. 1958.

Kurzberichte in ÖHZ, 10. Jg., Wien, 22. 5. 1958; Rundbrief, Jg. 11, Mai/Juni 1958.

Beobachtungen im heutigen Japan. (1957—1958).

Meinl-Collegium, Wien 1963, 24 u. III Seiten.

Studienreise durch Dänemark, Schweden und Finnland, 5. 8.—2. 9. 1959.

Kurzberichte in Rundbrief, Jg. 12, Aug./Okt. 1959; ÖHZ, 11. Jg., 15. 10. 1959.

Studienreise durch die Schweiz, 23. 4.—2. 5. 1960.

Studienreise durch Schweden, Norwegen und Dänemark, 4. 8.—29. 8. 1960.

Kurzbericht in ÖHZ, 12 Jg., 1. 10. 1960.

Studienreise durch Jugoslawien (Slowenien, Kroatien), 10. 4.—19. 4. 1961.

Kurzbericht in Rundbrief, Jg. 14, Juni/Juli 1961.

Studienreise durch die Rhein-Maaslande der BRD, 22. 5.—30. 5. 1961.

Kurzbericht in ÖHZ, 13. Jg., 15. 6. 1961.

Studienreise durch die Benelux-Staaten, 27. 4.—13. 5. 1962.

Kurzbericht in Rundbrief, Jg. 15, Juni/Sept. 1962.

Studienaufenthalt in London, 26. 5.—2. 6. 1962.

Kurzbericht in ÖHZ, 14. Jg., 1. 7. 1962.

---

* Abkürzungen:
ÖHZ: Österreichische Hochschulzeitung, Wien seit 1949
Rundbrief: Rundbrief der Bundesanstalt für Landeskunde, Remagen/Rhein, seit April 1953; des Instituts für Landeskunde, Bad Godesberg, seit April 1959
ÖGW-Inform. bzw. -Mitt.: Informationen — Österreichische Gesellschaft für Wirtschaftsraumforschung, Wien, seit 1963; Mitteilungen seit 1973

Studienreise durch Norditalien, Südfrankreich und Spanien nach Marokko, 10. 4.—12. 5. 1963.

Bericht in ÖGW-Inform., Nr. 2, Juli 1963, S. 3—5. Kurzberichte in Rundbrief, Jg. 16, Juni 1963; ÖHZ, 15. Jg., 15. 9. 1963.

Studienaufenthalt und -fahrten in Polen, 7. 9.—16. 9. 1963.

Kurzbericht in ÖHZ, 16. Jg., 1. 1. 1964.

Studienreise durch Italien nach VAR/Ägypten, Rückreise durch Griechenland und Jugoslawien, 20. 3.—18. 4. 1964.

Kurzberichte in Rundbrief, Jg. 17, Juli/Aug. 1964, ÖGW-Inform., Nr. 5, Sept. 1964; ÖHZ, 16. Jg., 1. 10. 1964.

Bericht über Studienreisen nach Marokko und VAR-Ägypten 1963 und 1964.

Bustan, Österr. Zeitschr. f. Kultur, Politik und Wirtschaft d. islam. Länder, 5. Jg., Wien 1964, H. 2, S. 35—36.

Studienaufenthalt und -reisen in England, 11. 7.—5. 8. 1964.

Kurzberichte in ÖHZ, 16. Jg., 1. 12. 1964; ÖGW-Inform., Nr. 6, Mai 1965.

Studienreise durch das Rhein- und Moselland der BRD, durch Ost- und Südostfrankreich und Norditalien, 28. 8.—25. 9. 1964.

Studienaufenthalt in Cambridge, Großbritannien, 31. 8.—5. 9. 1965.

Kurzberichte in ÖGW-Inform., Nr. 7, Sept. 1965; ÖHZ, 17. Jg., 15. 11. 1965.

Studienaufenthalt und -reisen in der Tschechoslowakei, 6. 9.—19. 9. 1965.

Kurzberichte in Rundbrief, Jg. 18, Okt./Nov. 1965; ÖHZ, 17 Jg., 15. 11. 1965; ÖGW-Inform., Nr. 8, Febr. 1966.

Studienaufenthalt in Oxford, Großbritannien 15. 5.—21. 5. 1966.

Bericht in ÖGW-Inform., Nr. 9, Sept. 1966, S. 2—3, Kurzberichte in Rundbrief, Jg. 19, Jui 1966; ÖHZ 18. Jg., 1. 10. 1966.

Studienreise durch Ungarn, 17. 11.—22. 11. 1966.

Kurzberichte in Rundbrief, Jg. 19, Nov./Dez. 1966; ÖGW-Inform., Nr. 10, Febr. 1967.

Studienreise durch Rumänien (Rumän. Tiefland, Donaudelta, Dobrudscha, Schwarzmeerküste, Siebenbürgen), 11. 4.—23. 4. 1967.

Kurzberichte in ÖHZ, 19 Jg., 15. 5. 1967. ÖGW-Inform., Nr. 11, Sept. 1967; Rundbrief, Jg. 20, Sept./Okt. 1967.

Studienaufenthalt in Straßburg, Frankreich, 25. 6.—1. 7. 1967.

Kurzbericht in ÖGW-Inform., Nr. 11, Sept. 1967.

Studienreise durch die Slowakei, 1. 6.—5. 6. 1967.

Kurzberichte in ÖGW-Inform., Nr. 11, Sept. 1967; ÖHZ, 19. Jg., 15. 11. 1967.

Studienreise durch Ostafrika (Tanzania, Kenya und Uganda), 27. 7.—25. 8. 1967.

Bericht in ÖGW-Inform., Nr. 11, Sept. 1967, S. 4—5; Nr. 13, Okt. 1968, S. 7—9.

Kurzbericht in Rundbrief, Jg. 20, Nov./Dez. 1967.

Bericht über eine Forschungsreise nach Ostafrika (1967).

In: Berichte über Forschungsprojekte, die vom Fonds zur Förderung der wissenschaftlichen Forschung unterstützt wurden, Bd. II, 1974, S. 604—608.

Studienreise durch Jugoslawien (Slowenien, Istrien, Dalmatien, Herzegowina, Bosnien), 2. 9.—28. 9. 1967.

Kurzbericht in ÖGW-Inform., Nr. 11, Sept. 1967.

Studienreise durch Rumänien (Karpaten, Siebenbürgen, Bukowina, Moldau), 2. 5.—12. 5. 1968.

Kurzberichte in Rundbrief, Jg. 21, Sept./Okt. 1968; ÖGW-Inform., Nr. 13, Okt. 1968; ÖHZ, 20. Jg., 1. 10. 1968.

Studienreise durch die UdSSR (Moskau, Sibirien, Fernost) und Japan, 15. 8.—18. 9. 1968.
Bericht in ÖGW-Inform., Nr. 15, Okt. 1969, S. 2—3, Kurzberichte in Rundbrief, Jg. 21, Okt. 1968; ÖHZ, 20. Jg., 15. 11. 1968.
Studienaufenthalt und -reisen in Indien, 20. 11.—23. 12. 1968.
Berichte in ÖGW-Inform., Nr. 14, Febr. 1969, S. 3, u. Nr. 15, Okt. 1969, S. 3—4.
Kurzbericht in ÖHZ, 21 Jg., 15. 3. 1969.
Bericht über eine Studienreise nach Indien (1968).
In: Berichte über Forschungsprojekte, die vom Fonds zur Förderung der wissenschaftlichen Forschung unterstützt wurden, Bd. II, 1974, S. 609—622.
Studienreise durch die Niederlande, 30. 4.—10. 5. 1969.
Kurzberichte in ÖHZ, 21. Jg., 15. 6. 1969; Rundbrief, Jg. 22, Juli 1969; ÖGW-Inform., Nr. 15, Okt. 1969.
Studienreise durch Jugoslawien (Kroatien, Montenegro), 31. 8.—30. 9. 1969.
Kurzbericht in ÖGW-Inform., Nr. 16, Febr. 1970.
Studienreise durch Südtirol, 17. 10.—13. 10. 1969.
Bericht in ÖGW-Inform., Nr. 16, Febr. 1970, S. 1—2.
Studienreise durch die Tschechoslowakei (Randgebiete Mährens und Böhmens), 13. 6.—21. 6. 1970.
Kurzberichte in Rundbrief, Jg. 23, Juni 1970, ÖGW-Inform., Nr. 17, Okt. 1970; ÖHZ, 22. Jg., 15. 10. 1970.
Studienaufenthalt und -fahrten auf Rhodos, 29. 8.—20. 9. 1970.
Kurzbericht in ÖGW-Inform., Nr. 17, Okt. 1970.
Studienreise durch Norditalien, 24. 10.—31. 10. 1970.
Bericht in ÖGW-Inform., Nr. 18, Febr. 1971, S. 1—2.
Studienaufenthalt und -reisen in Südafrika (Republik Südafrika, Transkei, Swaziland), 10. 2.—20. 4. 1971.
Kurzberichte in Rundbrief, Jg. 24, Juni 1971; ÖGW-Inform., Nr. 19, Okt. 1971; ÖHZ, 23. Jg., 1. 7. 1971.
Studienreise durch das Rheinland der BRD und Nordfrankreich, 10. 7.—29. 7. 1971.
Kurzberichte in ÖGW-Inform., Nr. 19, Okt. 1971; Rundbrief, Jg. 24, Okt. 1971.
Studienaufenthalt und -fahrten in Südtirol, 29. 3.—12. 4. 1972.
Studienaufenthalt und -fahrten in Ungarn, 10. 8.—20. 8. 1971.
Kurzberichte in ÖGW-Inform., Nr. 19, Okt. 1971; Rundbrief, Jg. 24, Okt. 1971.
Studienreise durch Bayern und das bayrisch-tirolische Grenzgebiet, 7. 12. — 11. 12. 1971. Kurzbericht in ÖGW-Inform., Nr. 20, März 1972.
Studienaufenthalt und -reisen in Kanada, 1. 8.—29. 8. 1972.
Bericht in ÖGW-Inform., Nr. 21, Okt. 1972, S. 3—4, Kurzbericht in ÖHZ, 24. Jg., 1. 10. 1972.
Studienaufenthalt und- fahrten auf Kreta, 7. 9.—28. 9. 1972.
Kurzbericht in ÖGW-Inform., Nr. 24, Okt. 1972.
Studienaufenthalt und -fahrten im Raum von Nürnberg, BRD, 32. 11.— 30. 11. 1972. Kurzbericht in ÖHZ, 25. Jg., 15. 1. 1973.
Studienreise durch die Toskana, Mittelitalien, 11. 4.—22. 4. 1973.
Bericht in ÖGW-Mitt., Nr. 2, Okt. 1973, S. 9—10.
Studienreise durch Griechenland (Ionische Inseln, Mittel- und Südgriechenland), 8. 9.—27. 9. 1973. Bericht in ÖGW-Mitt., Nr. 2, Okt. 1973, S. 13—16.
Bericht über eine Studienreise nach nördlichen Adriahäfen in Italien und Jugoslawien, 3. 12.—8. 12. 1973. ÖGW-Mitt., Nr. 3, März 1974, S. 2—6.
Bericht über einen Studienaufenthalt auf der Insel Hvar, Jugoslawien, 6.—24. 4. 1974; ÖGW-Mitt., Nr. 4, Okt. 1974.

Besprechungen

Besprechungen der von Scheidl betreuten Dissertationen in seinen Arbeitsberichten des Geographischen Institutes der Hochschule für Welthandel, veröffentlicht im Geographischen Jahresbericht aus Österreich, herausgegeben vom
Geographischen Institut der Universität Wien, seit Bd. XXVI (1955—1956), 1956.

Besprechungen von Büchern, Karten und anderen geographischen Veröffentlichungen, namentlich über Ostasien,

in den Mitteilungen der Geographischen Gesellschaft in Wien, später Mitteilungen der Österreichischen Geographischen Gesellschaft,

in der Zeitschrift der Gesellschaft für Erdkunde, Berlin,

in Petermanns Geographischen Mitteilungen, Gotha,

im Geographischen Anzeiger, Gotha,

in der Geographischen Zeitschrift, Leipzig,

im Geographical Journal, London,

in Österreich in Geschichte und Literatur mit Geographie, Graz und Wien,

in der Zeitschrift für Nationalökonomie, Wien,

in der Orientalischen Literaturzeitung u. a.

Wissenschaftliche Veröffentlichungen, herausgegeben und bearbeitet von Leopold G. Scheidl

Wiener Geographische Schriften

Herausgeber und Schriftleiter für das Geographische Institut der Hochschule
für Welthandel, seit 1962 auch für die Österreichische Gesellschaft für Wirtschaftsraumforschung.

Verlag Ferdinand Berger, Horn, seit 1957. Verlag Ferdinand Hirt, Wien,
seit 1968. Bis 1973 40 Nummern (20 Hefte und 6 Bände):

1 JOACHIM KULIGOWSKY: Die Seehäfen des österreichischen Außenhandels.
1957. 54 Seiten, 6 Karten und Pläne.

2 KARL KNOBLEHAR: Die oberösterreichische Industrie. Standort, Entwicklung und Leistung. 1957. 56 Seiten, 1 Karte.

3 JOSEF MATZNETTER: Der Seeverkehr der Kanarischen Inseln. 1958. 56 Seiten, 4 Karten und Pläne.

4 JOSEF DORNER: Wiener Neustadt — Wiederaufbau einer Industrie-
stadt. 1958. 51 Seiten, 5 Kartenskizzen und 1 Plan.

5 HELMUT SCHMID: Das Autobusnetz Österreichs. 1958. 62 Seiten, 2 Diagramme und 1 Karte.

6 MATTHIAS SAILER: Der Hafen Wien. 1959. 48 Seiten, 4 Karten und 1 Diagramm.

7 ADOLF TSCHEITSCHONIG: Die Magnesitwirtschaft Österreichs. 1959. 62 Seiten,
1 Karte, 3 Profile, 2 Diagramme und 4 Bilder.

8 ELFRIEDE KLEE — St. Pölten als Industriestandort. 1959. 67 Seiten,
RUDOLF BÜTTNER: 5 Karten und Pläne.

9 PETER H. BENDA: Die Industrie- und Gewerbebetriebe in Wien. 1960.
58 Seiten, 1 Kärtchen, 6 Diagramme und 1 Karte.

10 FRANZ LANG: Der Güterverkehr der österreichischen Eisenbahnen.
1960. 80 Seiten, 4 Kartenskizzen, 2 Diagramme und
1 Karte.

11 FRIEDRICH JAUSZ: Die Elektrizitätswirtschaft Kärntens. 1961. 64 Seiten, 3 Diagramme, 1 Kartogramm, 1 Karte und 5 Kraftwerksbeschreibungen.

12
13 ERHART WINKLER: Die Wirtschaft von Zonguldak, Türkei. Eine geographische Untersuchung. 1961. 127 Seiten, 4 Kartenskizzen, 1 Diagramm, 1 Profil, 2 Karten, 1 Plan und 16 Bilder.

14 EUGEN SWOBODA: Die Standorte der Elektroindustrie Österreichs. 1962. 77 Seiten, 3 Diagramme, 1 Karte und 11 Bilder.

15 ELMAR SCHNEIDER: Die Wirtschaftsgeographie des Arlbergs. 1962. 63 Seiten, 3 Karten und 12 Bilder.

16 LEOPOLD SCHEIDL: Die Probleme der Entwicklungsländer in wirtschaftsgeographischer Sicht. 1963. 67 Seiten.

17 KURT SCHÖMIG: Österreichs Buntmetallwirtschaft. 1963. 77 Seiten, 1 Kartenskizze, 5 Diagramme und 4 Bilder.

18 Festschrift — Leopold G. Scheidl zum 60. Geburtstag, I. Teil. 1965. 32 Bei-
23 träge, herausgegeben im Auftrag des Vorstandes der Österreichischen Gesellschaft für Wirtschaftsraumforschung von H. BAUMGARTNER, L. BECKEL, H. FISCHER, F. MAYER und F. ZWITTKOVITS. 396 Seiten, 31 Karten und Kartenskizzen, 8 Diagramme und 3 Bilder.

24 Festschrift — Leopold G. Scheidl zum 60. Geburtstag, II. Teil. 1967. 27 Bei-
29 träge, herausgegeben im Auftrag des Vorstandes der Österreichischen Gesellschaft für Wirtschaftsraumforschung von L. BECKEL und H. LECHLEITNER. Kartographische Bearbeitung: F. MAYER und K. SCHAPPELWEIN. 398 Seiten, 93 Karten und Kartenskizzen. 12 Diagramme und 30 Bilder.

30 FRANZ LUGMAIR: Die Landmaschinenerzeugung in Österreich. 1968. 95 Seiten, 1 Karte, 1 Kartenskizze, 4 Diagramme und 23 Bilder.

31
32 OTMAR KLEINER: Österreichs Eisen- und Stahlindustrie und ihre Außenhandelsverflechtung. 1969. 184 Seiten, 1 Kartenskizze und 9 Diagramme.

33 ALICE BARGIEL: Die Standorte der Wirtschaftstreuhänder in Österreich. 1969. 19 Seiten und 1 Karte.

34 STEFAN SKOWRONEK: Die Standorte der österreichischen Kreditunternehmungen. 1970. 59 Seiten und 1 Karte.

35 KLAUS NOZICKA: Die österreichische Ziegelindustrie. 1971. 90 Seiten und 1 Kartenskizze.

36
37 HERWIG LECHLEITNER: Die Rolle des Staates in der wirtschaftlichen und sozialen Entwicklung Libanons. 1972. 171 Seiten und 5 Kartenskizzen.

38
39 PETER SCHNITT: Die Regionalstruktur des Außenhandels Belgien-Luxemburgs. 1973. 126 Seiten.

40   Zehn Jahre Österreichische Gesellschaft für Wirtschafts und Raumforschung. 1973. 36 Seiten

Informationen, bzw. Mitteilungen der Österreichischen Gesellschaft für Wirtschaftsraumforschung.

Herausgeber für die Österreichische Gesellschaft für Wirtschaftsraumforschung. Wien, seit 1963 bzw. halbjährlich.

Österreichische Schriften zur Entwicklungshilfe.

Herausgeber und Schriftleiter als Vorstand des Forschungsinstitutes des Auslandstudentendienstes, seit 1969 als Kuratoriumsmitglied der Österreichischen Forschungsstiftung für Entwicklungshilfe.

Verlag Ferdinand Berger, Horn, bis 1968. Wien, seit 1963. 8 Bände:

1 Leopold SCHEIDL: Die Probleme der Entwicklungsländer in wirtschaftsgeographischer Sicht. 1963. 67 Seiten.

2 Alois BRUSATTI, Herta KARPSTEIN, Dieter WINTERSBERGER: Österreichische Entwicklungshilfe. Leistungen und Möglichkeiten unter besonderer Berücksichtigung der Vermittlung von Wissen und technischem Können. 1963. 83 Seiten.

3 Manfred MEYER: Die ausländischen Studenten in Österreich. Eine soziographische Untersuchung. 1964. 94 Seiten.

4 Horst WEBER: Statistik ausländischer Studenten und Praktikanten in Österreich. 1964. 16 Seiten.

5 Karl STOLZ: Das Schulsystem Griechenlands. 1965. 53 Seiten.

6 Horst WEBER: Die Lebenshaltungskosten der ausländischen Studenten in Österreich. 1965. 100 Seiten.

7 A. C. LUGERT, D. G. GRAF, R. KIRSTEUER, C. KRISTEN, E. ANGERMANN: Die fremde Elite. Massenkommunikation und Stereotype ausländischer Studenten. 1969. 144 Seiten.

8 Paul RÖTTIG: Dialog der Kulturen. Ansatz zu einer kulturanthropologischen und sozialpsychologischen Untersuchung kultureller Begegnung. 1971. 173 Seiten.

Geographie und Wirtschaftskunde.

Herausgegeben im Auftrage des Instituts für Österreichkunde.
Verlag Ferdinand Hirt, Wien 1967. 160 Seiten mit 4 Kärtchen und 2 Diagrammen.

Luftbildatlas Österreich. Eine Landeskunde mit 80 farbigen Luftaufnahmen von Lothar BECKEL, Hans FISCHER, Felix JÜLG und Karl SCHEIDL, herausgegeben von Leopold SCHEIDL.
Verlag Freytag-Berndt und Artaria KG, Wien, und Karl Wachholtz Verlag, Neumünster, 1969. 198 Seiten mit 9 Kärtchen und einer Übersichtskarte 1 : 1,5 Mill.

Geographie und Wirtschaftsentwicklung.

Herausgegeben im Auftrage des Instituts für Österreichkunde.
Verlag Ferdinand Hirt, Wien, seit 1970. 4 Teile:

I Beispiele aus Österreich. 1970. 133 Seiten.

II Beispiele aus verschiedenen Ländern. 1970. 125 Seiten.

III Beispiele aus Europa. 1974. II und 170 Seiten.

IV Beispiele aus Schwarzafrika. 1975. 358 Seiten.

Österreich in Geschichte und Literatur mit Geographie.

Herausgegeben vom Institut für Österreichkunde, Wien.
Mitherausgeber, als Leiter des Arbeitskreises für Geographie seit 1963.
Graz, seit 1957, 10 Hefte jährlich; Wien, seit 1973, 6 Hefte jährlich.

Geoforum — Journal of Physical, Human and Regional Geosciences.
Herausgegeben von Wolf TIETZE.
Mitherausgeber (Associate Editor).
Pergamon Press — Vieweg, Oxford-Fairview Park-Braunschweig, seit 1970.

Atlas der Republik Österreich.
Herausgegeben von der Kommission für Raumforschung der Österreichischen Akademie der Wissenschaften unter der Gesamtleitung ihres Obmanns Hans BOBEK.
Redaktioneller Mitarbeiter.
Verlag, Kartographie und Druck: Kartographische Anstalt Freytag-Berndt, und Artaria KG, Wien, seit 1961.

Dissertationen der Hochschule für Welthandel in Wien.
Betreuer im Auftrag des Kollegiums.
Verlag Notring, seit 1972 Verband der wissenschaftlichen Gesellschaften Österreichs, Wien, seit 1969. Bis 1974 20 Bände, davon aus Wirtschaftsgeographie:

  5   Abraham MEDHANE: Die Wirtschaft Äthiopiens und die Möglichkeiten der Industrialisierung. 1970. II und 175 Seiten.
  6   Azmi BARGHOUTY: Die Entwicklungsprobleme Jordaniens. 1970. VI und 222 Seiten.
  8   Wilhelm MÜLLER: Die wirtschaftliche Entwicklung Irans. 1971. XVIII und 242 Seiten.
18   Erhard FERSTL: Verkehrsprobleme im Raume Salzburg. 1974. 255 Seiten.

Seydlitz — Lehrbuch der Erdkunde (für Haupt- und Mittelschulen). Herausgegeben (und wissenschaftliche Redaktion) von Leopold SCHEIDL in Gemeinschaftsarbeit mit Rudolf AUER, Mario BLASONI, Heinz KARPF, Herwig LECHLEITNER, Adolf MEIER und Karl SCHEIDL, ab 4. Teil auch mit Hans WASCHGLER.
Verleger Franz Deuticke, Ed. Hölzel, Jugend und Volk, Wien, seit 1959, 8 Teile.

Seydlitz — Lehrbuch der Geographie und Wirtschaftskunde (für die Hauptschulen und für die allgemeinbildenden höheren Schulen). Herausgegeben von Leopold SCHEIDL in Gemeinschaftsarbeit mit Rudolf AUER, Heinz KARPF, Herwig LECHLEITNER, Adolf MEIER, Karl SCHEIDL und Hans WASCHGLER, ab 5. Teil auch Herbert HASENMAYER, neue Auflage auch mit Hans SLANAR, Wien, seit 1967, Neuauflage seit 1973, 8 Teile in 5 Ausgaben.

Freytag-Berndt Atlas für Mittelschulen, Atlas für Hauptschulen und Wandkarten.
Bearbeitung gemeinsam mit der Verlagsredaktion, geleitet von Fritz AURADA, Wien, 1952—1962.

Dissertationen, betreut von Leopold G. Scheidl*

1955   KURZ, Dkfm. Rudolf Leopold: Die niederländische Land- und Gartenbauwirtschaft und die agrargeographische Gliederung der Niederlande. XV + 281 + 17 S., davon 6 S. Literatur, 46 Kartenskizzen und Karto-

---

* Besprechungen, wenn nicht anders angegeben, von L. G. Scheidl, in den Arbeitsberichten des Geographischen Instituts der Hochschule für Welthandel in Wien, veröffentlicht im Geographischen Jahresbericht aus Österreich (GJÖ), herausgegeben vom Geographischen Institut der Universität Wien, seit Bd. XXVI, 1955—1956.

gramme, 2 Karten 1 : 300.000, 4 Pläne, 1 Profil, 25 Diagramme sowie zahlreiche Tabellen im Text. (GJÖ, Bd. XXVI, 1955—1956, S. 181—182)

KNOBLEHAR, Dkfm. Karl: Die Industrie Oberösterreichs. Eine wirtschaftsgeographische Untersuchung. V + 304 S., davon 11 S. Literatur, 13 Kartogramme, 1 Karte „Hochspannungsnetz der OKA" 1 : 200.000. (E. WINKLER: GJÖ, Bd. XXVI, 1955—1956, S. 182—183)

KLEE, Dkfm. Elfriede: St. Pölten als Wirtschaftsstandort. VIII + 280 S., davon 6 S. Literatur, 24 Karten, Pläne und Diagramme im Text und 1 Karte 1 : 25.000 im Anhang. (J. MATZNETTER: GJÖ. Bd. XXVI, 1955—1956, S. 183—184)

1956 BÜBL, Dkfm. Franz Josef: Die Elektrowirtschaft Oberösterreichs in wirtschaftsgeographischer Betrachtung. 142 S., 3 Pläne, 1 Karte 1 : 100.000 (E. WINKLER: GJÖ, Bd. XXVI, 1955—1956, S. 184)

KUGLIGOWSKI, Dkfm. Jochen: Das österreichische Seehafenproblem. V + 212 S., davon 8 S. Literatur, 1 Karte, 5 Kartenskizzen, 3 Hafenpläne, 1 Profil, 1 Diagramm, 1 Bild, zahlreiche Tabellen im Text. (GJÖ, Bd. XXVI, 1955—1956, S. 184—185)

SAILER, Dkfm. Matthias: Der Hafen Wien. Eine wirtschafts- und verkehrsgeographische Untersuchung. V + 201 S., davon 8 S. Literatur, 1 Plan, 10 Karten u. Skizzen, 1 Diagramm. (GJÖ, Bd. XXVII, 1957—1958, S. 205—206)

1957 FRANZ, Dkfm. Robert: Die europäische Kupferwirtschaft. 161 S., 4 Kartogramme, 1 Diagramm, Statistiken. (E. WINKLER: GJÖ, Bd. XXVII, 1957—1958, S. 206)

BANCHER, Dkfm. Otto: Der Wein- und Obstbau Südtirols mit besonderer Berücksichtigung des Unterlandes. 217 S., 12 Kartogramme (R. RUNGALDIER: GJÖ, Bd. XXVII, 1957—1958, S. 206—207)

KIEFER, Dkfm. Karl: Erdgas und Erdöl in Italien. Eine wirtschaftsgeographische Untersuchung. VII + 152 S. Text, 17 S. Statistiken u. 8 S. Literatur, 3 Skizzen und 2 Diagramme. (GJÖ, Bd. XXVII, 1957—1958, S. 207—209)

1958 STRAUHS, Dkfm. Fritz: Wirtschaftsgeographische Betrachtung des Textillandes Vorarlberg. Industrie und Gewerbe. III + 282 S., davon 5 S. Literatur, 1 Karte, 2 Skizzen, 7 Diagramme, zahlreiche Tabellen u. Bilder, sowie eine Kartei der Betriebe. (GJÖ, Bd. XXVII, 1957—1958, S. 209—211)

DORNER, Dkfm. Josef: Wiener Neustadt, Wirtschaftszentrum des südöstlichen Niederösterreichs. V + 197 S., davon 6 S. Literatur, 1 Plan, 6 Karten und eine Kartei der Betriebe. (GJÖ, Bd. XXVII, 1957—1958, S. 211—212)

SCHMID, Dkfm. Helmut: Das Autobusnetz Österreichs. VI + 205 S., davon 4 S. Literatur, 24 Tab., 2 Diagramme, 1 Skizze u. 1 Karte. (GJÖ, Bd. XXVII, 1957—1958, S. 212—214)

PRODINGER, Dkfm. Erwin: Das Salzachtal bis Bruck mit Einschluß der Zeller Furche als Wirtschaftsraum. III + 241 S., davon 6 S. Literatur, 1 Karte, 11 Diagramme u. 66 Tab. (GJÖ, Bd. XXVII, 1957—1958, S. 214—216)

SCHUBERT, Dkfm. Jörg: Das österreichische Eisenwesen und seine Einwirkung auf Landschaft und Mensch. 326 S., davon 17 S. Literatur u. 5 S. Statistiken, 8 Skizzen, 4 Profile, 4 Diagramme, zahlreiche Bilder u. Tab. u. eine Kartei der Betriebe. (GJÖ, Bd. XXVII, 1957—1958, S. 216—218)

SCHRAMMEL, Dkfm. Erich Otto: Frankfurt am Main als Wirtschaftszentrum und Industriestandort. III + 246 S., 1 Plan, 7 Kartenskizzen u. Kartogramme. (GJÖ, Bd. XXVII, 1959—1960, S. 152—153)

SCHANDA, Dkfm. Karl: Rumänien und seine Wirtschaft vor und nach dem Kriege. XI + 208 S., 3 Kartenskizzen, 1 Diagramm, zahlreiche Tab., 7 Karten im Anhang. (GJÖ, Bd. XXVIII, 1959—1960, S. 153—155)

TSCHEITSCHONIG, Dkfm. Adolf: Die Magnesitwirtschaft Österreichs. V + 222 S., 4 Karten, 10 Auschnitte d. Österr. Karte, 1 Plan, 4 geol. Profile, 2 Diagramme, 20 Bilder. (GJÖ, Bd. XXVIII, 1959—1960, S. 155—156)

LAMPL, Dkfm. Maximilian: Die Getreidewirtschaft Österreichs. III + 301 S., 20 Tafeln m. 3 Karten, 2 Kartenskizzen, 6 Kartogrammen u. 27 Diagrammen, 1 Kartenbeilage. (GJÖ, Bd. XXVIII, 1959—1960, S. 156—158)

WITSCHEK, Dkfm. Herbert: Wirtschaft und Außenhandel Schwedens. VII + 339 S., davon 8 S. statistischer Anhang, 61 Tab. 20 Diagramme, 2 Kartogramme. (GJÖ, Bd. XXVIII, 1959—1960, S. 158—159)

1959 LANG, Dkfm. Franz: Der Güterverkehr der österreichischen Eisenbahnen. 241 S., 10 Kartenskizzen, 35 Diagramme, 10 Bilder, 1 Kartogramm. (GJÖ, Bd. XXVIII, 1959—1960, S. 159—161)

HÜFNER, Dipl.-Volkswirt Karl Friedrich: Stuttgart als Industriezentrum. V + 238 S., davon 33 S. Tab., 1 Karte, 3 Kartenskizzen, 1 Kartogramm, 1 geol. Profil, 3 Diagramme, 2 Bilder. (GJÖ, Bd. XXVIII, 1959—1960, S. 161—163)

FIALA, Dkfm. Gert: Die Zuckerwirtschaft Österreichs. XXII + 286 S., davon 10 S. Literatur, 19 Karten u. -skizzen, 17 Diagramme, 1 Abbildung, zahlreiche Tab. (GJÖ, Bd. XXVIII, 1959—1960, S. 163—164)

DENKENBERGER, Dkfm. Christine: Der österreichische Bergbau — Eine standortgeographische Darstellung. II + 214 S., 1 Karte, 8 Kärtchen. (GJÖ, Bd. XXVIII, 1959—1960, S. 164—165)

KELLER, Dkfm. Karl Heinz: Verkehrsgeographie des Stuttgarter Raumes. VI + 238 S., davon 16 S. Quellen, 8 Karten und Kartenskizzen, 1 geol. Profil, 2 Bilder, 77 Tab. im Anhang. (GJÖ, Bd. XXVIII, 1959—1960, S. 165—168)

BROKESCH, Dkfm. Hildegard: Jagd und Fischerei in Österreich. 166 S., 3 Karten, 1 Diagramm, zahlreiche Tab. (GJÖ, Bd. XXVIII, 1959—1960, S. 169—170)

PITSCHGER, Dkfm. Dipl. Ing. Josef: Die österreichische Nährflächenreserve — Das zehnte Bundesland. V + 242 S., 32 Tafeln m. Bildern, Kärtchen und Diagramme, ferner 9 Karten u. Skizzen (GJÖ, Bd. XXVIII, 1959—1960, S. 169—170)

1960 FLEISCHHACKER, Dkfm. Harald: Die Wirtschaft des Gebietes von Leoben. V + 217 S., 1 Karte, 2 Kartenskizzen, 1 Kartogramm u. viele Tab. (GJÖ, Bd. XXIX, 1961—1962, S. 201—203)

PETER, Dkfm. Oskar: Die Elektrizitätswirtschaft Niederösterreichs und Wiens in geographischer Betrachtung. X + 182 S., 1 Karte, 1 Kartenskizze, 7 Diagramme u. zahlreiche Tab. (GJÖ, Bd. XXIX, 1961—1962, S. 203—205)

FÜRSTNER, Dkfm. Peter: Das Mürztal — Eine wirtschaftsgeographische Untersuchung mit besonderer Berücksichtigung der Industrie. V + 323 + X S., 1 Karte u. viele Tab. (GJÖ, Bd. XXIX, 1961—1962, S. 205—206)

JAUSZ, Dkfm. Friedrich: Die Energiewirtschaft Kärntens. VI + 204 S., 1 Karte, 4 Diagramme u. 10 Bilder. (GJÖ, Bd. XXIX, 1961—1962, S. 206—208)

MÜLLER, Dipl. Hdl. Heinz: Die Industrie der Stadt Frankfurt am Main. Eine wirtschaftsgeographische Untersuchung der Entwicklung und der gegenwärtigen Struktur nach dem Zweiten Weltkrieg. V + 183 S., 2 Kartenskizzen, 11 Kartogramme, 37 Diagramme, zahlreiche Tab. im Text u. auf 10 S. im Anhang, 4 S. Quellenverzeichnis. (GJÖ, Bd. XXIX, 1961—1962, S. 209—210)

MATZKA, Dkfm. Gerald: Die Wirtschaft des Oststeirischen Hügellandes (Raab-Feistritz-Einzugsgebiet), VI + 196 + XII S., 2 Karten u. zahlreiche Tab. (GJÖ, Bd. XXIX, 1961—1962, S. 210—213)

KLINGAN, Dkfm. Hubert: Das Draugebiet Oberkärntens und seine Wirtschaft. VIII + 205 S. Text, 28 S. Tab., V S. Quellenverzeichnis, 1 Karte, 1 Kartenskizze u. 1 Diagramm. (GJÖ, Bd. XXIX, 1961—1962, S. 213—215)

1961 GRABNER, Dkfm. Herbert: Die Wirtschaft des südlichen Burgenlandes. IV + 282 + VIII S. u. 1 Karte. (GJÖ, Bd. XXIX, 1961—1962, S. 215—216)

RIHA, Dkfm. Peter: Die Wirtschaft des oberösterreichischen Ennsgebietes. V + 202 S., davon 5 S. Literatur, 1 Karte u. 2 Kartenskizzen. (GJÖ, Bd. XXIX, 1961—1962, S. 216—217)

EISENHUT, Dkfm. Ing. Günter: Bergbau und Industrie der Steiermark. Eine wirtschaftsgeographische Untersuchung. IX + 279 S., davon 5 S. Quellen, 1 Karte u. viele Tab. (GJÖ, Bd. XXIX, 1961—1962, S. 218—221)

LESNIK, Dkfm. P. Alfons: Die Energiewirtschaft der Volksrepublik Polen und ihre Reserven. IV + 139 S., 1 Karte, 3 Kartenskizzen u. viele Tab. (GJÖ, Bd. XXIX, 1961—1962, S. 221—223)

KREUCH, Dkfm. Reimar: Die Industrie Kärntens. Eine wirtschaftsgeographische Untersuchung. VIII + 206 S., davon 4 S. Tab. u. 5 S. Quellenverzeichnis, 1 Karte u. 2 Diagramme. (GJÖ, Bd. XXIX, 1961—1962, S. 223—225)

KACSICH, Dkfm. Martin: Die Industrialisierung des Burgenlandes. Grundlagen, Entwicklung, Stand und Ausbaumöglichkeiten. VI + 358 S., 9 S. Quellen, zahlreiche Tab. im Text u. 1 Karte. (GJÖ, Bd. XXIX, 1961—1962, S. 225—227)

1962 VOITL, Dkfm. Ferdinand: Die Nahrungsmittelversorgung von Wien. V + 193 S., davon 5 S. m. 2 Kartogrammen u. 3 Diagrammen, 8 S. Quellen u. 1 Karte. (GJÖ, Bd. XXIX, 1961—1962, S. 227—229)

SCHÖMIG, Dkfm. Kurt: Österreichs Buntmetallwirtschaft IX + 341 S., davon 6 S. Quellen, zahlr. Tab. u. Diagramme, 1 Karte. (GJÖ, Bd. XXX, 1963—1964, S. 164—166)

BINDER, Dkfm. Otto: Die Wirtschaft des Waldviertels unter besonderer Berücksichtigung der Land- und Forstwirtschaft. 225 S., davon 12 S. Quellen, zahlr. Tab., 5 Diagramme, 10 Kartenskizzen, 1 Karte. (GJÖ, Bd. XXX, 1963—1964, S. 166—167)

HALAS, Dkfm. Horst: Österreichs Flugverkehr. V + 204 S., davon 4 S. Quellen, 1 Diagramm, 6 gedruckte Landkarten, 1 Karte. (GJÖ, Bd. XXX, 1963—1964, S. 168—169)

SCHNEIDER, Dkfm. Elmar: Wirtschaftsgeographie des Arlbergs. XI + 242 S., XIX S. Quellenverzeichnis, 56 Tab., 17 Bilder, 2 Diagramme, 4 Karten. (GJÖ, Bd. XXX, 1963—1964, S. 169—170)

TARTAR, Dkfm. Erich: Die chemische, Kunststoff-, Glas- und Keramik-industrie in Österreich. V + 479 S., davon 2 S. Quellen, viele Tab., 1 Karte. (GJÖ, Bd. XXX, 1963—1964, S. 170—171)

SCHULER, Dkfm. Klaus: Standortprobleme der Zellstoffindustrie in der Bundesrepublik Deutschland. X + 211 S., davon 7 S. Quellen, viele Tab. u. Diagramme, 1 Kartenskizze, 1 Karte. (GJÖ, Bd. XXX, 1963—1964, S. 171—173)

KUNZE, Dkfm. Manfred: Die Textilerzeugung Oberösterreichs. VII + 221 S., davon 8 S. Quellen u. 5 S. Tab., 2 Diagramme, 1 Karte. (GJÖ, Bd. XXX, 1963—1964, S. 173—174)

TSCHABRUN, Dkfm. Karl: Der Walgau und das Große Walsertal — Ein geographisch-wirtschaftlicher Vergleich. VIII + 276 S., 4 S. Quellenver-verzeichnis, viele Tab., 11 Diagramme, 2 Profile, 5 Kartenskizzen, 1 Karte. (GJÖ, Bd. XXX, 1963—1964, S. 174—175)

SWOBODA, Dkfm. Eugen: Die Standorte und die Entwicklung der Elektro-industrie in Österreich. 331 + II S., davon 14 S. Quellen, viele Tab., 8 Diagramme, 4 Kartenskizzen. (GJÖ, Bd. XXX, 1963—1964, S. 175—176)

BORNEMANN, Dkfm. Hellmut: Die Steine- und Erdindustrie in Südwest-deutschland. IV + 193 S., davon 11 S. Quellen, viele Tab., 6 Bilder, 3 Diagramme, 4 Pläne, 5 Kartenskizzen, 2 Karten. (GJÖ, Bd. XXX, 1963—1964, S. 176—177)

1963 SEIFERT, Dkfm. Werner: Die Textilindustrie Österreichs. Eine wirt-schaftsgeographische Untersuchung. V + 239 S., davon 7 S. Quellen, zahlr. Tab., 1 Karte. (GJÖ, Bd. XXX, 1963—1964, S. 177—179)

PFEFFER, Dkfm. Rupert. Die Industrie des Waldviertels. V + 265 S., davon 8 S. Quellen, viele Tab., 2 Diagramme, 3 Kartogramme, 1 Karte. (GJÖ, Bd. XXX, 1963—1964, S. 179—181)

LOIBL, Dkfm, Herbert: Die Wasserversorgung der Stadt Salzburg in Ver-gangenheit, Gegenwart und Zukunft, VIII + 211 S., davon 7 S. Quellen, mehrere Tab., 1 Karte. (GJÖ, Bd. XXX, 1963—1964, S. 181—182)

MIKOLASCH, Dkfm. Heinz: Die industrielle Entwicklung Ostsibiriens. — Eine wirtschaftsgeographische Untersuchung. IX + 341 S., davon 10 S. Quellen-verzeichnis, 85 Tab., 1 Diagramm, 19 Karten und Kartogramme (GJÖ, Bd. XXX, 1963—1964, S. 182—184)

KÖRNER, Dkfm. Wilhelm: Das obere Traungebiet. (Vom Ausseer Land bis Gmunden samt St. Wolfgangseegebiet). VI + 251 S., davon 9 S. Quellen, viele Tab., 6 Bilder, 5 Diagramme, 4 Kartogramme, 1 Karte (GJÖ, Bd. XXX, 1963—1964, S. 184—185)

WALDBUNNER, Dkfm. Karl: Die Veränderungen im Streckennetz und die Verkehrsveränderungen der österreichischen Eisenbahnen seit dem Ersten Weltkrieg. IV + 201 S., davon 4 S. Quellen, viele Tab., 1 Karte. (GJÖ, Bd. XXX, 1963—1964, S. 186—187)

BAUMGARTNER, Dkfm. Heinz: Die Eisenbahnknotenpunkte Österreichs. V. + 349 S., davon 6 S. Quellen, 45 Tab., 1 Karte. (GJÖ, Bd. XXX, 1963—1964, S. 187—189)

1964 FEITH, Dkfm. Peter: Die Energiewirtschaft Jugoslawiens unter besonderer Berücksichtigung der Elektrizitätswirtschaft. 303 + X S., davon 17 S. Quellen, 34 Tab. im Text u. Anhang, 3 Diagramme, 3 Kartenskizzen, 1 Karte. (GJÖ, Bd. XXX, 1963—1964, S. 189—191)

KONSTANTIN, Dkfm. Erich: Wirtschaft und Verkehr Floridsdorfs. 217 S., davon 2 S. Quellen, viele Tab., 2 Diagramme, 1 Karte. (GJÖ, Bd. XXX, 1963—1964, S. 191—192)

JUNGWIRTH, Dkfm. Eduard: Wirtschaft und Verkehr des Hausruckviertels. V + 256 S., davon 10 S. Quellen, zahlr. Tab., 5 Kartogramme, 3 Karten-, skizzen, 1 Karte. (GJÖ, Bd. XXXI, 1965—1966, S. 235—237)

FORSTER, Dkfm. Wolfgang: Der gegenwärtige Stand der Industrialisierung Südamerikas. 428 + IV S., davon 25 S. Statistiken u. 25 S. Literatur, viele Tab. im Text, 1 Karte. (GJÖ, Bd. XXXI, 1965—1966, S. 237—238)

KLEINER, Dkfm. Otmar: Österreichs Eisen- und Stahlindustrie und ihre Außenhandelsverflechtung. XIII + 295 S., Anhang von 16 S. und 38 Tab., 19 S. Quellen, zahlr. Tab. im Text, 10 Diagramme, 3 Kartogramme, 1 Karte. (GJÖ, Bd. XXXI, 1965—1966, S. 238—240)

1965 LUGMAIR, Ing. Dkfm. Franz: Die Landmaschinenerzeugung in Österreich und ihre regionalen Verschiedenheiten unter besonderer Berücksichtigung der Betriebsgröße. V + 205 S., davon 10 S. Quellen, 30 Tab., 2 Karten-reprod., 1 Karte. (GJÖ, Bd. XXXI, 1965—1966, S. 240—243)

PRÜFLING, Dkfm. Helmut: Das Salzachtal im Pongau als Wirtschaftsraum. X + 304 S., davon 5 S. Literatur, zahlr. Tab., Diagramme, Kartogramme u. Kartenskizzen, 2 Karten. (GJÖ, Bd. XXXI, 1965—1966, S. 243—245)

SPATZENEGGER, Dkfm. Herbert: Die Molkereiwirtschaft Österreichs. VIII + 248 + XIII S., davon 9 S. Quellen, 58 Tab., S. 245—247)

MARKWITZ, Dkfm. Ingrid: Die landwirtschaftlichen und wirtschaftlichen Veränderungen im französischen Rhônetal durch den Ausbau der Rhône. IV + 238 S., davon 17 S. Quellen, 24 Tab., 3 Diagramme, 7 Kartenskizzen, 1 Karte. (GJÖ, Bd. XXXI, 1965—1966, S. 247—249)

FILZWIESER, Dkfm. Horst: Der Fremdenverkehr der Steiermark. II + 275 S., davon 8 S. Quellen, 22 Tab., 1 Kartenskizze, 1 Karte. (GJÖ, Bd. XXXI, 1965—1966, S. 249—250)

HÄMMERLE: Dkfm. Heino: Die Rheinebene Vorarlbergs — Eine wirtschafts-geographische Untersuchung. VI + 244 S., davon 5 S. Quellen, 86 Tab., 5 Diagramme, 1 Profil, 8 Kartenskizzen, 2 Karten. (GJÖ, Bd. XXXI, 1965—1966, S. 251—252)

LICHTENBERGER, Dkfm. Walter: Der Wirtschaftsraum des oberen und mittleren steirischen Ennstales (einschließlich des Paltentales). VII + 223 + IX S., davon 7 S. Quellen, 12 Bilder, 34 Tab., 4 Kartogramme, 6 Kartenskizzen, 1 Karte. (GJÖ, Bd. XXXII, 1967—1968, S. 252—253)

REISINGER, Dkfm. Helmut: Wirtschaftsentwicklung und -probleme des Kampgebietes. II + 259 S., davon 9 S. Quellen, 12 Bilder, zahlr. Tab., 2 Kärtchen, 1 Karte. (GJÖ, Bd. XXXII, 1967—1968, S. 253—255)

1966 MADER, Dkfm. Dietger: Der Bregenzer Wald — Eine wirtschaftsgeo-graphische Untersuchung. V + 197 S., davon 12 S. Quellen, 19 Bilder, 42 Tab., 5 Kartogramme, 1 Karte. (GJÖ, Bd. XXXI, 1965—1966, S. 253—254)

NOVOTNY, Dkfm. Manfred: Das Ybbsgebiet — Wirtschaft und Verkehr. VII + 306 S., davon 11 S. Quellen, 18 Bilder, 33 Tab., 5 Kartogramme, 1 Karte (GJÖ, Bd. XXXI, 1965—1966, S. 254—256)

WEISSBACHER, Dkfm. Otto: Der Fremdenverkehr des Landes Salzburg. II + 403 S., davon 9 S. Quellen, 48 Bilder, 108 Tab., 10 Diagramme, 1 Karte. (GJÖ, Bd. XXXI, 1965—1966, S. 256—257)

KOCH, Dkfm. Herbert: Die Viehwirtschaft Kärntens, wirtschaftsgeogra-phisch betrachtet. VIII + 211 + XII S., davon 8 S. Quellen, 8 Bilder,

67 Tab., 3 Kartogramme, 5 Kärtchen, 1 Karte. (GJÖ, Bd. XXXII, 1967—1968, S. 255—257)

Pölleritzer, Dkfm. Karl: Die Energiewirtschaft Österreichs. V + 284 S., davon 21 S. Quellen, 24 Bilder, 88 Tab., 10 Diagramme, 3 Kärtchen, 2 Karten. (GJÖ, Bd. XXXII, 1967—1968, S. 257—259)

Chlupac, Dkfm. Gunther: Die Eisen und Metall verarbeitende Industrie Österreichs (Standort, Struktur und Leistung). IV + 294 S., davon 7 S. Quellen, 41 Tab., 1 Karte, 3 Pläne. (GJÖ, Bd. XXXII, 1967—1968, S. 259—262)

Hirschfeld, Dkfm. Helmut: Die Elektrizitätswirtschaft des Montafons. VIII + 230 + XXXVII S., davon 34 S. Quellen, 36 Bilder, 38 Tab., 16 Diagramme, Kartogramme u. Kärtchen, 1 Karte. (GJÖ, Bd. XXXII, 1967—1968, S. 262—264)

Nagl, Dkfm. Heinz: Die Energiewirtschaft Wiens. VII + 209 S., davon 11 S. Quellen, 15 Bilder, 35 Tab., 4 Diagramme, 3 Karten. (GJÖ, Bd. XXXII, 1967—1968, S. 265—267)

Guschlbauer, Dkfm. Johannes: Die Elin-Union — Eine wirtschaftsgeographische Untersuchung. V + 204 S., davon 14 S., Quellen, 10 Bilder, 6 Tab., 3 Diagramme, 2 Kartogramme, 5 Kartenskizzen, 1 Karte. (GJÖ, Bd. XXXII, 1967—1968, S. 267—169)

Hrdina, Dkfm. Leo Walter: Die Wirtschaft des westlichen Alpenvorlandes Oberösterreichs. I + 343 S., davon 11 S. Quellen, 13 Bilder, 32 Tab., 3 Kartogramme, 4 Kartenskizzen, 1 Karte. (GJÖ, Bd. XXXII, 1967—1968, S. 269—272)

1967 Kühndl, Dkfm. Rudolf: Die Almwirtschaft der Steiermark — eine wirtschaftsgeographische Untersuchung. IV + 289 S., davon 24 S. Quellen, 26 Bilder im Anhang, 12 Tab., 8 Diagramme, 9 Kartogramme, 1 Kartenskizze, 1 Karte. (GJÖ, Bd. XXXII, 1967—1968, S. 272—274)

Enzlmüller, Dkfm. Hermann: Wirtschaftliche Entwicklungsmöglichkeiten einer Landgemeinde — dargestellt am Beispiel St. Georgen bei Grieskirchen, Oberösterreich. 242 S., davon 6 S. Quellen, 18 Bilder, 8 Tab., 4 Kartenskizzen, 2 Pläne. (GJÖ, Bd. XXXII, 1967—1968, S. 275—276)

Pfaffenzeller, Dkfm. Walter: Das Handwerk in Oberösterreich. IX + 181 S., davon 13 S. Quellen, 13 Tab., 3 Diagramme, 5 Kartogramme, 2 Kartenskizzen, 1 Karte. (GJÖ, Bd. XXXII, 1967—1968, S. 276—278)

König, Dipl.-Ing. Friedrich Wilhelm: Entwicklungsprobleme Brasiliens, unter besonderer Berücksichtigung der Energiewirtschaft und des Verkehrswesens. IV + 259 S., davon 12 S. Literatur, 39 Tab., 7 Diagramme, 8 Kartenskizzen, 2 Karten. (GJÖ, Bd. XXXII, 1967—1968, S. 278—280)

1968 Blohberger, Dkfm. Günter: Das Gasteiner Tal als Wirtschaftslandschaft. VIII + 371 S., davon 11 S. Quellen, 87 Tab., 14 Diagramme, 2 Karten. (GJÖ Bd. XXXII, 1967—1968, S. 281—284)

Wratschko, Dkfm. Gerhard: Ghana als Entwicklungsland. 378 + XII S., davon 6 S. Quellen, 40 S. m. 69 Tab., 14 S. m. Diagramme, 13 S. m. 4 Kartogramme u. 9 Kärtchen. (GJÖ, Bd. XXXII, 1967—1968, S. 284—287)

Medhane, Dkfm. Abraham: Die Wirtschaft Äthiopiens und die Möglichkeiten der Industrialisierung. 204 S., davon 5 S. Quellen, 44 Tab. 4 Kartenskizzen, 4 Diagramme, 1 Karte. (GJÖ, Bd. XXXIII, 1969—1970, S. 243—246)

Vogrin, Dkfm. Dieter-Jörg: Die Energiewirtschaft Kanadas. VI + 217 S., davon 15 S. Quellen, 43 Tab., 4 Diagramme, 9 Karten. (GJÖ, Bd. XXXIII, 1969—1970, S. 246—249)

KARPSTEIN, Dkfm. Herta: Sizilien — wirtschaftliche und soziale Entwicklungsprobleme. VI + 363 S., davon 10 S. Quellen, 80 Tab., 3 Kartenskizzen, 1 Karte. (GJÖ, Bd. XXXIII, 1969—1970, S. 249—252)

BARGHOUTY, Dkfm. Azmi: Die Entwicklungsprobleme Jordaniens. VI + 252 S., davon 6 S. Quellen, 84 Tab., 12 Diagramme, 7 Bilder, 8 Kartenskizzen, 1 Karte. (GJÖ, Bd. XXXIII, 1969—1970, S. 252—255)

1969 WEGHOFER, Dkfm. Günther: Die wirtschaftliche Bedeutung des Fremdenverkehrs für das Ausseerland. VII + 358 S., davon 13 S. Quellen, 77 Tab., 3 Diagramme, 3 Kartogramme, 2 Karten. (GJÖ, Bd. XXXIII, 1969—1970, S. 255—257)

AUFERBAUER (AESCHLIMANN), Dkfm. Ingeborg: Der Fremdenverkehr Ägyptens. 258 S., davon 13 S. Quellen, 44 Tab. 20 Kartenskizzen und Pläne, 16 Diagramme, 2 Karten. (GJÖ, Bd. XXXIII, 1969—1970, S. 257—260)

1970 PLANER, Dkfm. Klaus: Der Fremdenverkehr Nordtirols. VIII + 631 S., davon 30 S. Quellen, 120 Tab., 21 Diagramme, 4 Kartogramme, 26 Kartenskizzen, 1 Plan, 2 Karten. (GJÖ, Bd. XXXIII, 1969—1970, S. 261—264)

MÜLLER, Dkfm. Wilhelm: Die wirtschaftlichen Entwicklungsprobleme Irans. XVIII + 247 S., davon 5 S. Quellen, 61 Tab., 4 Diagramme, 1 Skizze, 10 Kartenskizzen. (GJÖ, Bd. XXXIII, 1969—1970, S. 264—267)

NOZICKA, Dkfm. Klaus: Die österreichische Ziegelindustrie. IX + 289 S., davon 7 S. Quellen, 45 Tab., 3 S. Bilder, 13 Diagramme, 1 Kartogramm, 1 Karte. (GJÖ, Bd. XXXIV, 1971—1972).

1971 SCHNITT, Dkfm. Peter: Die Regionalstruktur des Außenhandels der belgisch-luxemburgischen Wirtschaftsunion. VI + 352 S. + XIV S. Quellen, 109 Tab., 2 Kartogramme. (GJÖ, Bd. XXXIV, 1971—1972).

LENGHEIM, Dkfm. Fritz: Die Energiewirtschaft Spaniens. XI + 252 S., davon 10 S. Quellen, 70 Tab., 12 Diagramme. 5 Kartenskizzen, 1 Karte (GJÖ, Bd. XXXIV, 1971—1972).

KWEE, Doctorandus Josef: Die Entwicklungsprobleme Indonesiens. VII + 413 S., 78 Tab., Diagramme, Bilder und Kartenskizzen, 1 Karte. (GJÖ, Bd. XXXIV, 1971—1972).

1972 TSCHECH, Dkfm. Michael: Die Erdöl- und Erdgaswirtschaft Österreichs. IV + 177 S., davon 5 S. Quellen, 58 Tab., 4 Diagramme, 2 Skizzen. (GJÖ, Bd. XXXIV, 1971—1972).

WINTERSBERGER, Dkfm. Dieter: Die Kohle in Österreich. VII + 328 S., davon 18 S. Quellen, 34 Tab., 2 Kartenskizzen, 1 Karte u. 1 Kartogramm. Anhang mit 74 S. Tabellen, 1 schemat. Darstellung, 5 Diagrammen u. 1 Kartenskizze. (GJÖ, Bd. XXXIV, 1971—1972).

1973 FERSTL, Dkfm. Erhard: Verkehrsprobleme im Raum Salzburg. 15 + 235 S., davon 8 S. Quellen, 3 Abbildungen, 3 Diagramme, 10 Planskizzen, 1 Karte. (GJÖ, Bd. XXXV, 1973—1974).

1974 SCHWETER, Dkfm. Gerhard: Jüngere wirtschaftsgeographische Veränderungen im Waldviertel. 366 S., davon 15 S. Quellen, 60 Tab., 15 Karten u. Diagramme, 9 Abb. (GJÖ, Bd. XXXV, 1973—1974).